U0058126

試題反應理論（IRT）及其應用

余民寧　著

作者簡介 余民寧

學歷

- 國立政治大學教育學士
- 國立政治大學教育學碩士
- 美國伊利諾大學（香檳校區）哲學博士（主修心理計量學）

經歷

- 考試院考選部試題研究諮詢委員、典試委員、命題暨閱卷委員
- 國家教育研究院《教育研究與發展期刊》編審委員、執行主編
- 國立高雄師範大學《教育學刊》（TSSCI 期刊）編審委員
- 國家教育研究院「高級中等以下學校及幼稚園教師資格檢定考試」命題委員
- 教育部國民中小學課程綱要研究發展小組—自然與生活科技學習領域研修小組委員
- 國家教育研究院「TASA 資料庫」工作推動委員會—核心委員
- 國家教育研究院 TASA 資料庫建置試題研發暨統計分析組組長
- 國科會人文處、科教處專題研究申請案初審及複審委員
- 國科會表揚傑出科學及技術人才審查小組委員
- 國立台灣師範大學《當代教育研究季刊》（TSSCI 期刊）編審委員
- 中國測驗學會理事長
- 中國測驗學會《測驗學刊》（TSSCI 期刊）主編
- 加拿大卑詩大學（University of British Columbia）訪問學者
- 教育部公費留學考試命題及閱卷委員、短期研究人員書面審查委員
- 國立台北師範學院國民教育研究所教授
- 國立政治大學《教育與心理研究》（TSSCI 期刊）主編

● 國立政治大學教育學院教師研習中心主任

● 國立暨南國際大學教育政策與行政研究所教授

● 國立政治大學附設實驗學校校長

現職

● 國立政治大學教授

著作

● 《心理與教育統計學》（台北：三民）（1995）

● 《教育測驗與評量：成就測驗與教學評量》（台北：心理）（1997）

● 《有意義的學習：概念構圖之研究》（台北：商鼎）（1997）

● 《教育測驗與評量：成就測驗與教學評量》（第二版）（台北：心理）（2002）

● 《心理與教育統計學》（增訂二版）（台北：三民）（2005）

● 《潛在變項模式：SIMPLIS 的應用》（台北：高等教育）（2006）

● 《教育測驗與評量：成就測驗與教學評量》（第三版）（台北：心理）（2011）

相關學術論文數十篇，參見網頁：http://www3.nccu.edu.tw/~mnyu/

自　序

　　筆者自 1991 年 12 月起，即已連續發表十六篇系列性文章，介紹過什麼是「IRT」（請參見本書參考文獻中 IRT 的一系列介紹文章）。這麼多年來，IRT 在台灣地區造成流行了嗎？或成為教育測驗與評量的主流理論了嗎？顯然的，它的答案還是「否定」的。比起後來才出現，但較為通俗的「EQ」理論或加納博士（Dr. Howard Gardner）的「多元智慧理論」（multiple intelligence theory, MIT）來說，今天，除了學術界（甚至可以再縮小範圍到「測驗學界」）外，知道什麼是 IRT 的人，真的可以用「只有小貓兩三隻」來形容。一個偉大、嚴謹且具有學術影響力的理論學說，為什麼會落到如此不受重視的地步呢？筆者經過仔細反省思考後認為，除了它先天的理論學說比較複雜（因為理論模式還不斷地再誕生）、深奧（因為需要高度仰賴數學和電腦素養）外，社會大眾對新知識的擷取與接受程度偏低也是原因之一，但更重要的原因可能是：宣傳不夠所造成的。因此，想要推廣深奧學術理論成為一種普世知識的抱負，便成為責無旁貸的學者專家們唯一的宿命。

　　多年來，筆者一直在增訂所開授「測驗理論研究」的課程內容，但因考量到 IRT 還在不斷地發展中，因此，遲遲不敢定稿，才會拖延至今出版。本書的出版目的，係作為諸如「測驗理論研究」等研究所層級課程的教科書使用，主要以介紹「試題反應理論」（item response theory, IRT）為主，並可作為「心理計量學」（psychometrics）的導論書籍之一。針對本書，讀者可以有系統地先閱讀前八章，這是關於 IRT 的理論部分，再續讀後六章，這是關於 IRT 的應用課題部分。讀畢本書，若能再加上實作的練習，假以時日，當能習得 IRT 的精髓，不僅有機會成為百萬身價的心理測量師（參見 2006 年 5 月 6 日《聯合報》新聞報導〈心理測量師爆紅，年薪 640 萬〉一文），更能一窺心理計量學的殿堂之美。

本書能夠完成出版，筆者要特別感謝心理出版社十多年的等待，希望不會辜負該社的期待。其次，筆者要感激內子——沈恂如，沒有她早期繕打本書草稿與多年來的鼓勵與支持，用心照顧與扶持家務，本書還會繼續沉睡多年，不見出版天日。再其次，筆者要感謝協助審閱及校稿的指導學生：謝進昌博士、李仁豪博士、游森期博士、林曉芳博士及林原宏博士，與研究生助理群：賴姿伶、陳柏霖、許嘉家、鐘珮純等人，由於他們細心、縝密的校稿，讓本書得以增添更多光彩與榮耀。最後，本書若有其他編排錯誤或內容表達不當之處，皆是筆者應負的責任，尚祈學界先進不吝指教。

余民寧　謹誌
2009 年 9 月 1 日
於政大教育學院井塘樓研究室

目錄

Contents

第一章　導論　　　　　　　　　　　　　　　　1

　　第一節　心理計量學 ……………………………… 1
　　第二節　測驗理論的分類 …………………………… 6
　　第三節　IRT 的發展簡史 ………………………… 16
　　第四節　本書結構與導讀 …………………………… 33

◎ **理論篇**

第二章　IRT 的基本概念　　　　　　　　　　　37

　　第一節　試題 ……………………………………… 37
　　第二節　測驗分數 …………………………………… 42
　　第三節　試題特徵曲線 ……………………………… 46
　　第四節　IRT 的基本假設 ………………………… 50
　　第五節　IRT 的特色 ……………………………… 54

第三章　IRT 的各種模式　　　　　　　　　　59

　　第一節　二元化計分的單向度 IRT 模式 ………… 60
　　第二節　多元化計分的單向度 IRT 模式 ………… 71
　　第三節　其他類型的單向度 IRT 模式 …………… 92

第四章　能力參數的估計　　　　　　　　　　101

　　第一節　基本概念 …………………………………… 101
　　第二節　能力參數的估計 …………………………… 102
　　第三節　能力分數與能力量尺 ……………………… 119
　　第四節　能力量尺的轉換 …………………………… 125

第五章 試題參數的估計   135

第一節 基本概念 …………………………………… 135

第二節 試題參數的估計 …………………………… 138

第三節 相關的電腦程式 …………………………… 150

第六章 適配度檢定   157

第一節 基本概念 …………………………………… 158

第二節 IRT 模式基本假設的檢定 ……………… 160

第三節 IRT 模式特性的檢定 …………………… 164

第四節 IRT 模式預測力的檢定 ………………… 166

第五節 試題適配度與考生適配度 ……………… 169

第七章 訊息函數   173

第一節 試題訊息函數 ……………………………… 173

第二節 測驗訊息函數 ……………………………… 177

第三節 最佳計分權重 ……………………………… 182

第四節 測驗相對效能 ……………………………… 188

第五節 測量的精確度 ……………………………… 190

第八章 IRT 電腦程式簡介   191

第一節 BILOG-MG 程式簡介 …………………… 191

第二節 PARSCALE 程式簡介 …………………… 196

第三節 MULTILOG 程式簡介 …………………… 203

第四節 TESTFACT 程式簡介 …………………… 207

◎ 應用篇

目錄

Contents

第九章　測驗等化　　　　　　　　　　　　　217

第一節　等化的基本概念 …………………… 218
第二節　CTT 的等化方法 …………………… 222
第三節　IRT 的銜接法設計 ………………… 223
第四節　IRT 的等化方法 …………………… 227
第五節　等化方法的實例 …………………… 232

第十章　題庫建置　　　　　　　　　　　　　241

第一節　題庫發展的流程 …………………… 242
第二節　題庫建置與維護 …………………… 244
第三節　題庫的相關課題 …………………… 249
第四節　題庫的發展趨勢 …………………… 253

第十一章　測驗編製　　　　　　　　　　　　255

第一節　CTT 的測驗編輯方法 ……………… 256
第二節　IRT 的測驗編輯方法 ……………… 257
第三節　廣泛能力測驗的編製 ……………… 260
第四節　效標參照測驗的編製 ……………… 261

第十二章　電腦化適性測驗　　　　　　　　　263

第一節　測驗發展的新天地 ………………… 264
第二節　電腦化適性測驗的步驟 …………… 267
第三節　電腦化適性測驗的實例 …………… 271
第四節　電腦化適性測驗的相關議題 ……… 274

第十三章　差異試題功能　　　　　　　　　　277

目錄

Contents

第一節　IRT 取向的 DIF 檢定法 ……………………… 279

第二節　非 IRT 取向的 DIF 檢定法 ……………………… 286

第三節　IRT 取向的 DIF 檢定實例 ……………………… 293

第四節　DIF 的發展趨勢 ……………………………… 296

第十四章　IRT 的其他應用與未來　　　　299

第一節　IRT 的其他應用 ……………………………… 299

第二節　IRT 的未來 …………………………………… 313

參考文獻 …………………………………………………… 327

程式範例舉隅（請見隨書所附贈之光碟）

第一章

導　論

筆者曾於 1991 年至 1994 年間，在國民小學教師研習會出版的《研習資訊》期刊上，刊載一系列文章，專題介紹試題反應理論的主要內涵及其應用。在深入介紹本書各章節之前，我們有必要先從歷史的觀點，回顧與展望一下測驗的發展，以明瞭測驗理論發展的來龍去脈，作為本章緒論的開始。

 **心理計量學**

考試制度的創設雖然源自中國，綿延數千年後，世界各國爭相採用，以作為建立文官制度的選拔依據，但是中國卻一直沒有針對「考試」這門學問進行比較科學化的系統性研究，致使近代對考試進行系統性研究的一門學問——「心理計量學」（psychometrics），卻是發展且發揚於國外，西風東漸之後，才傳入中國。

心理計量學是一門研究心理測驗（psychological testing）與評量（assessment）的科學（Cohen, Montague, Nathanson, & Swerdlik, 1988, p. 26），也是一門包括量化心理學（quantitative psychology）、個別差異（individual differences）和心理測驗理論（mental test theory）等研究範圍的學問。1905 年的比奈─賽門（Binet-Simon）智力測驗，可說是人類有史以來第一個發展的心理測驗，測驗理論便是起源於此，並由此繼續往前發揚光大，逐漸演化成為目前心理計量學的整個架構。

至於心理計量學的研究範疇、議題和定義為何，國內諸多教科書的記載，多半都沒有很具體地提及和說明。然而，我們只要循序查詢以 test theory、psychometric theory 或 measurement theory 為名的專書內容，即可約略窺知心理計量學的

內涵大致為何。茲根據歷史發展的先後，逐步探索心理計量學的發展脈絡如下。

首先，第一本以討論測驗理論為主題的專書，係古典測驗理論的代表人物 H. Gulliksen（1950/1987）的著作《心理測驗理論》（*Theory of Mental Test*）。該書所提出的理論主張、測驗編製與發展方法，以及統計估算程序，即成為後人所稱「古典測驗理論」（classical test theory, CTT）的濫觴。後來，Guilford（1954）撰寫《心理計量學方法》（*Psychometric Methods*）一書，來闡述當時的測驗理論方法與發展概況，於是成為「心理計量學」一詞開始出現的來源。之後，Lord 和 Novick（1968）出版《心理測驗分數的統計理論》（*Statistical Theories of Mental Test Scores*）一書，率先提出試題反應組型（item response pattern）中試題參數的估算方法與理論見解，但由於他們所提出的數理模型及演算法過於艱深難懂，且當時電腦科技也未達精進成熟的發展地步，這本後來發展成為試題反應理論（item response theory, IRT）的先驅作品，在當時並未受到此領域學者的青睞，此本著作經三十年的銷售才售完第一版，因此，已成為心理計量學中絕版的經典作品代表之一。

在此同時，另一本歷史悠久、也是專門談論心理計量學理論的經典作品，開始受到重視。它自從 1967 年初版發行、1978 年第二版，到 1994 年出版第三版止，這中間作者 Jum C. Nunnally 教授早已於 1982 年過世，隨後改由他的好友兼合作夥伴 Ira H. Bernstein 教授繼續完成他的遺志，而共同合作出版目前的第三版作品《心理計量學理論》（*Psychometric Theory*）（Nunnally & Bernstein, 1994）。在第三版的著作中，共計包含五篇十五章的篇幅論述，有系統地介紹什麼是心理計量學理論，分別為：第一篇為「緒論」篇，內含「導論」（introduction）一章；第二篇為「統計基礎」篇，內含「量尺化的傳統方法」（traditional approaches to scaling）、「效度」（validity）、「統計描述與估計的元素」（elements of statistical description and estimation）、「線性組合、淨相關、多元相關與多元迴歸」（linear combination, partial correlation, multiple correlation, and multiple regression）；第三篇為「多道試題測量的編製」篇，內含「測量誤差理論」（the theory of measurement error）、「信度的評估」（the assessment of reliability）、「傳統測驗編製」（construction of conventional tests）、「古典測驗理論的特殊問題」（special problems in classical test theory）、「測驗理論的近期發展」（recent developments in test theory）；第四篇為「因素分析」篇，內含「因素分析 I：一般模式與變異數濃縮」（factor analysis I: the general model and variance condensation）、「探索性因素分析 II：轉軸與其他議題」（exploratory factor analysis II: rotation and other topics）、「驗證性因素分析」（confirmatory factor analysis）；第五篇為「其他統計模式、概念和議題」篇，內含「剖面圖分析、區別分析與多元量尺法」（profile analysis, discriminant analysis, and multidimensional scaling）、「類別資料分析、二元分類和另類幾何表徵法」（the analysis of categorical data, binary classification, and alternatives to geometric representations）等。由此經典作品的章節所述可知，心理計量學的內容已包括目前國內大學程度「教育測驗與評量」（余民寧，2002）教科書的基礎知識，外加統計學基礎方法、因素分析，甚至是多變量分析的技術在裡頭，同時，Nunnally 教授經由多年的觀察，已開始注意到試題反應理論（IRT）的誕生、發展、茁壯，與其對測驗發展的影響力。故，在第三版的著作中，也新增一章「測驗理論的近期發展」，專門介紹試題反應理論的發展概況與研究議題。

其次，我們也可以從另一位有名的心理計量學家 Roderick P. McDonald 的畢生研究心血中，窺知心理計量學所應該涵蓋的範圍。McDonald 教授係美國依利諾大學（香檳校區）的心理系教授，在他為教授「測驗理論」課程所準備的教材中，彙整他畢生對此領域研究的學術論著，並企圖提出一個創新的統整理論於《測驗理論：一個統整的方法》（*Test Theory: A Unified Treatment*）（1999）一書中，該書內容涵蓋十九章，共計包括：「導論」（general introduction）、「試題與試題分數」（items and item scores）、「試題與測驗統計」（item and test statistics）、「量尺的概念」（the concept of scale）、「測驗總分的信度理論」（reliability theory for total test scores）、「測驗同質性、信度和推論力」（test homogeneity, reliability, and generalizability）、「信度—應用」（reliability-applications）、「預測與多元回歸」（prediction and multiple regression）、「共同因素模式」（the common factor model）、「效度」（validity）、「古典試題分析」（classical item analysis）、「試題反應模式」（item response models）、「試題反應模式的特性」（properties of item response models）、「多向度試題反應模式」（multidimensional item response models）、「比較母群」（comparing populations）、「複本與

等化問題」（alternate forms and the problem of equating）、「結構方程式模型導論」（an introduction to structural equation modeling）、「量尺化理論」（some scaling theory）、「回顧」（retrospective）等章節。從此著作中可以得知，心理計量學的內涵除了涵蓋 Nunnally 教授所主張的內容外，並已擴增加入多向度試題反應理論（multidimensional item response theory, MIRT）的概念，以及將結構方程式模型（structural equation modeling, SEM）的方法學也融入其中，這些都是對心理計量學內涵的創新見解。

隨後，則由 McDonald 教授的門生及同僚 Maydeu-Olivares 和 McArdle（2005）等人彙編一本《當代心理計量學》（Contemporary Psychometrics）專書，以用來表彰及宣揚 McDonald 教授對心理計量學理論建構的貢獻。該書的內容綱要，即包括四大篇十七章：第一篇為「測驗理論」（test theory），包括「多向度試題反應理論模式」（multidimensional item response theory modeling）、「試題反應理論模式的侷限與完整訊息估計法」（limited- and full-information estimation of item response theory models）、「線性試題反應理論模式、非線性試題反應理論模式與因素分析：一個統整架構」（linear item response theory, nonlinear item response theory, and factor analysis: a unified framework）、「行為科學研究所忽略的測量問題」（neglected thinking about measurement in behavioral science research）；第二篇為「因素分析模式」（factor analysis model），包括「共同因素分析導論」（a general introduction to the common factor model）、「因素不變性研究中四個待解的問題」（four unresolved problems in studies of factorial invariance）、「因素分析中未確定性矛盾的回顧」（looking back on the indeterminacy controversies）、「因素分數的貝氏推論」（Bayesian inference for factor scores）；第三篇為「結構方程式模型及其相關方法」（structural equation models and related methods），包括「潛在變項結構方程式模型的 RAM 規則的發展」（the development of the RAM rules for latent variable structural equation modeling）、「結構方程式模型的適配度檢定」（goodness of fit in structural equation models）、「結構方程式模型的再抽樣方法」（resampling methods in structural equation modeling）、「相關係數的比較：獨立樣本間和／或獨立樣本內的組型假設檢定」（comparing correlations: pattern hypothesis tests between and/or within independent samples）、「以動態因素模式表徵心理過程：自我回歸移動平均數時間數列模式的應用與展望」（representing psychological processes with dynamic factor models: some promising uses and extensions of autoregressive moving average time series models）、「連續性和間斷性資料的多層次因素分析模式」（multilevel factor analysis models for continuous and discrete data）；第四篇為「多變量分析」（multivariate analysis），包括「次序性測量的量尺化問題：一個雙重量尺化的觀點」（on the scaling of ordinal measurement: a dual-scaling perspective）、「時間數列分析的遺漏值和一般轉換方法」（missing data and the general transformation approach to time series analysis）、「讓多變量方法更有意義」（making meaning of multivariate methods）。由此彙編的專書章節所述可知，它已企圖將「測驗理論」、「因素分析」、「結構方程式模型」及「多變量分析」等四個領域的知識學說，融合成為一門當代心理計量學的學說內涵。

　　近年，更可由 Brennan（2006）負責編輯的第四版《教育測量》（*Educational Measurement*）一書為代表，窺知心理計量學的完整梗概。該書大約每隔二十年左右修訂再版一次，每版的出版發行，均由此領域中有名望的資深學者負責編輯，從第一版 1951 年發行、第二版 1971 年發行、第三版 1989 年發行，到目前第四版於 2006 年發行為止，整個心理計量學領域的發展歷史與概況，在這本書中都有鉅細靡遺的文獻記載。因此，這本書被此領域學者暱稱為心理計量學的「食譜」（cook book）或「百科全書」（encyclopedia），也就是意有所指地說，只要熟讀本書，此領域中的其他書籍大概都可省略不讀。這本書包括下列幾個章節：「效度」（validity）、「信度」（reliability）、「試題反應理論」（item response theory）、「量尺化與常模化」（scaling and norming）、「連結與等化」（linking and equating）、「測驗公平性」（test fairness）、「認知心理學與教育評量」（cognitive psychology and educational assessment）、「測驗發展」（test development）、「施測、安全性、計分與報告」（test administration, security, scoring, and reporting）、「實作評量」（performance assessment）、「標準設定」（setting performance standards）、「科技與測驗」（technology and testing）、「第二外語測驗的應用」（old, borrowed, and new thoughts in second language testing）、「十二年國民教育績效評鑑」（testing for accountability in K-12）、「十二年國民教育

5

個別成就的標準評量」（standardized assessment of individual achievement in K-12）、「課室評量」（classroom assessment）、「高等教育入學測驗」（higher education admissions testing）、「以團體分數評量教育進展」（monitoring educational progress with group-score assessment）、「證照測驗與專業證照化」（testing for licensure and certification in the profession）、「法律與倫理議題」（legal and ethical issues）。從這些章節的描述，我們大約可知心理計量學內涵的完整輪廓。

其實，上述這些代表性經典作品，並不適合一般讀者閱讀，即使是作為教科書使用，也都嫌太過艱澀難懂。因此，三十多年來，坊間已出版幾本介於其間，較為通俗、平易近人的導論性著作，如（依出版年代排列）：Allen 和 Yen（1979/2001）、Crocker 和 Algina（1986）、Suen（1990）、Hambleton、Swaminathan 和 Rogers（1991）、Embretson 和 Reise（2000）、Shultz 和 Whitney（2004）、Kurpius 和 Stafford（2005）、Furr 和 Bacharach（2007）、Wright（2007）等人著作的教科書，即非常適合作為初學者的導論性教材使用。光是在美國的大學裡，這些教科書也常被選用作為學習「測驗理論」或「心理計量學」的導論性教科書。

經由上述對心理計量學發展的介紹可知，筆者大概可以將心理計量學定義為：「它是結合測驗理論（含測驗編製、測驗分析和測驗應用）與多變量統計學（含因素分析與結構方程式模型），並可應用於任何評量（assessment）、量尺化（scaling）與評鑑性（evaluation）等問題研究的一門計量方法（quantitative methods）科學。」因此，讀者如欲以此領域作為專業主修者，勢必需要花費多年時間去嫻熟此領域的所有知識、方法、理論與技術，再假以時日去累積實作經驗之後，方能成為一位優秀的心理計量學家。

第二節 測驗理論的分類

測驗理論（test theory）（或全稱叫「心理測驗理論」）是一種解釋測驗資料間實證關係（empirical relationships）的有系統理論學說（Crocker & Algina, 1986; McDonald, 1999; Nunnally & Bernstein, 1994; Suen, 1990），它的發展，迄今已邁

入不同的新紀元。測驗理論學者通常把它劃分成二大一小學派：在二大學派中，一為「古典測驗理論」（classical test theory, CTT）——主要是以真實分數模式（true score model）（Gulliksen, 1987; Lord & Novick, 1968）為骨幹；另一為當代測驗理論（modern test theory）——主要是以「試題反應理論」（item response theory, IRT）（Baker, 1985; Hambleton & Swaminathan, 1985; Hambleton, Swaminathan, & Rogers, 1991; Hulin, Drasgow, & Parsons, 1983; Lord, 1980; Warm, 1978）為架構。而另一小學派，則為「推論力理論」（generalizability theory, GT）——主要是以變異數分析所延伸出來的「推論力」為核心（Brennan, 2001; Cronbach, Gleser, Nanda, & Rajaratnam, 1972; Shavelson & Webb, 1991）。

由於此「推論力理論」學派比起「古典測驗理論」和「試題反應理論」而言，其所研究的議題比較偏向統計學的理論，而不是在專門處理測驗的議題，並且研究文獻也相對較少，連投入此領域研究的學者人數亦相對不夠多，因此，在Brennan 所編輯的第四版《教育測量》（2006）中，並未將其獨立成章來專門討論。因此，本節不擬介紹這派理論學說的內涵，而僅比較其餘兩個學派而已。目前，這兩個學派理論並行流通於測驗學界，但試題反應理論卻有後來居上、逐漸凌駕古典測驗理論之上，甚至進而取而代之之勢。

一　古典測驗理論

比奈—賽門的第一個心理測驗問世後，正是心理計量學誕生之始，後經諸多學者（如：Cronbach, 1951; Guilford, 1954; Gulliksen, 1987; Guttman, 1944; Lord & Novick, 1968; Richardson, 1936; Terman, 1916; Thurstone, 1929; Tucker, 1946）的研究與闡述，終於歸納形成古典測驗理論等學說。

古典測驗理論主要是以整份測驗（或試卷）的觀點，來解釋測驗分數的涵義。因此，它對學生或受試者的測驗分數的看法，是以各試題得分加總之後的總分作為代表，單獨一道試題的得分，不具有任何意義的解釋價值。所以，它提出下列的數學假說，以作為其主要的理論學說依據：

$$\chi = t + e$$

（公式 1-1）

其中，χ 稱為「測驗分數、觀測分數或實得分數」（observed score），t 稱為「真實分數」（true score）（即代表該測驗所欲測得學生的真正能力或潛在特質的部分），e 稱為「誤差分數」（error score）（即代表該測驗無法測得學生的真正能力或潛在特質的部分）。古典測驗理論也稱為「真實分數理論」（true score theory），即是因為它的基本假設緣故而得名；換句話說，在古典測驗理論學說的看法下，我們必須使用一堆試題（通常即是一整份試卷），才能測得（或估計）學生的真正能力或潛在特質，單獨一道試題是做不到的。

也因為如此，古典測驗理論亦根據其基本假說，提出一連串的輔助假設，以協助解釋公式 1-1 的測量原理，並協助說明其合理性。這些假設大致可以歸納如下（Allen & Yen, 2001; Crocker & Algina, 1986; Gulliksen, 1950/1987; Lord & Novick, 1968; Nunnally & Bernstein, 1994）：

1. $\chi = t + e$（即測驗分數等於真實分數與誤差分數之和）。

2. $E(\chi) = t$（即測驗分數的期望值等於真實分數）。

3. $\rho_{te} = 0$（即真實分數與誤差分數之間為零相關）。

4. $\rho_{e_1 e_2} = 0$（即不同測驗的誤差分數之間為零相關）。

5. $\rho_{e_1 t_2} = 0$（即不同測驗的誤差分數與真實分數之間為零相關）。

6. 假設有兩個測驗，其測驗分數分別為 χ 和 χ'，並且滿足上述 1 到 5 的假設，且對每一群體考生而言，亦滿足 $t = t'$ 和 $\sigma_e^2 = \sigma_{e'}^2$ 等條件，則這兩個測驗便稱作「複本測驗」（也譯成「平行測驗」）（parallel tests）。

7. 假設有兩個測驗，其測驗分數分別為 χ 和 χ'，並且滿足上述 1 到 5 的假設，且對每一群體考生而言，亦滿足 $t_1 = t_1 + c_{12}$，其中 c_{12} 為一常數，則這兩個測驗稱作「類似複本測驗」（essentially τ-equivalent tests）。

根據上述七個基本假設的數學公式所示可知，古典測驗理論對測量問題所持的觀點，可以進一步詮釋如下（余民寧，2002）：

1. 假設具有潛在特質存在。 從第一個假設可知，測量必須要有對象，此對象即是我們所假定的「潛在特質」（亦即是 t 所代表者），它是看不見的東西，但我們必須先假設它的存在，如此才值得我們去測量它，若不先假設它是存在的，則我們的任何測量行為都將失卻目標，變得盲目、無效且沒有意義。一般說來，教育測驗均假設它所要測量的潛在特質即是學生在某種學科的「能力」（abil-

ity），而心理測驗則假設它所要測量的潛在特質即是受試者的某種「潛在特質」（latent trait）（如：可能是人格、性向、興趣、態度或價值觀等）。

2. **多次測量的推論結果**。既然上述所假設的潛在特質是看不見的，因此，我們就無法直接測量它。我們僅能從數學觀點去假設它與我們從外觀測量得到的數據之間，具有某種數學關係（通常都假設成直線關係）存在而已。為了釐清這種關係，通常需要使用多次的測量數據，再透過統計學的估算（如：求期望值或平均數），才能估計出這種潛在特質的量到底是多少，並且推論出它與外觀測量得到的數據之間具有什麼關係。

3. **單獨一次的測量必含誤差**。既然潛在特質是經由多次測量才能推論得到，因此，單獨一次的測量結果，除了測量到所要測量的潛在特質外，也必定同時包含了誤差成分在內。但是，在經過多次的測量後，我們經由上述說明所推論出來的結果，將愈來愈接近真正的潛在特質，因此，這麼多次測量值所含的誤差分數也就可以彼此正負抵消。這項結論，也就是根據上述第一和第二個假設，合併起來的推理結果。

4. **假設潛在特質與誤差之間是獨立的**。第三個假設則把測量問題單純化，僅假設潛在特質與誤差之間是獨立的。由於有這項假設存在，在測量時，我們不必考慮其他可能干擾測量結果的來源，僅將潛在特質以外的干擾，統統歸類到所謂的測量誤差（measurement errors），不再進一步細部分析，如此，可以把測量結果的推論問題單純化。附帶的，這項假設亦延伸出第四和第五個假設；但是，這種把測量問題單純化的假設，卻也是造成古典測驗理論飽受批評的地方。

5. **複本測驗的嚴格假設**。古典測驗理論對測量結果的解釋和比較，是建立在複本測驗的嚴格假設上。換句話說，從第六和第七個假設可知，唯有滿足複本測驗之嚴格假設的兩個測量結果之間，才可以直接進行比較大小和解釋其分數的優劣；若非滿足此假設，則任何兩次測量結果間的解釋和比較，均是無意義的。

根據上述的詮釋，從古典測驗理論的基本假設，可以推導出十八項結論，這些結論正是古典測驗理論的研究主題所賴以推理及演繹的依據。每項結論的公式證明，均可以參見 Allen 和 Yen（2001）的補充說明，這十八項結論公式的內涵，有興趣的讀者可以參閱拙著（余民寧，2002，pp. 16-18），本文不在此贅述。

綜合上述，古典測驗理論的內涵，主要是以真實分數模式（亦即，實得分數

等於真實分數與誤差分數之和，數學公式為$\chi = t + e$）為理論架構，依據弱勢假設（weak assumption）而來，其理論模式的發展已為時甚久，且發展得相當具規模，所採用的計算公式簡單明瞭、淺顯易懂，適用於大多數的教育與心理測驗資料，以及社會科學研究資料的分析。至今，仍為目前測驗學界使用與流通的主要理論依據之一。

雖然古典測驗理論具有上述優點，但卻因為下列諸項先天的缺失（Guion & Ironson, 1983; Wright, 1977a），而逐漸喪失作為測量理論的優勢。因此，遂有另一派測驗理論的崛起：

1.古典測驗理論所採用的指標，如：難度（difficulty）、鑑別度（discrimination）和信度（reliability）等，都是一種樣本依賴（sample dependent）的指標；也就是說，這些指標的獲得，會因接受測驗的受試者樣本的不同而不同，因此，同一份試卷在許多不同樣本的作答下，很難獲得一致、穩定、客觀的難度、鑑別度或信度等統計指標。

2.古典測驗理論以一個相同的測量標準誤（standard error of measurement），作為每位受試者的測量誤差指標，這種作法並沒有考慮受試者能力的個別差異情形，對於高、低能力兩極端群的受試者而言，這種指標極為不合理且不準確，致使理論假設的適當性備受質疑。

3.古典測驗理論對於非複本（nonparallel）但功能相同的測驗所測得的分數間，無法提供有意義的比較，有意義的比較僅偏限於相同測驗的前後測分數或複本測驗分數之間。這樣的嚴謹假設前提，將造成在現實環境下的實務應用，產生理論與實用相衝突的窘境。

4.古典測驗理論對信度的假設，是建立在複本（parallel forms）測量的概念假設上，但是這種假設往往不存在於實際測驗情境裡。道理很簡單，因為不可能要求每位受試者接受同一份測驗無數次，而仍然假設每次測量間都保持彼此獨立而不相關，況且，每一種測驗並不一定同時都有製作複本，因此複本測量的理論假設是行不通的、不符實際的，從方法學邏輯觀點而言，它的假設也是不合理的、矛盾的。

5.古典測驗理論忽視受試者的試題反應組型（item response pattern）的重要性，而誤認為原始得分相同的受試者，其能力必定一樣；但其實不然，即使原始

得分相同的受試者，其反應組型亦不見得會完全一致，因此，其能力估計值應該會有所不同，才比較符合常理要求。

二　試題反應理論

一般說來，為了克服古典測驗理論的缺失，才有當代測驗理論的誕生。當代測驗理論的內涵，主要是以試題反應理論為理論架構，依據強勢假設（strong assumption）而來，其理論的發展為時稍晚，理論模式也還不斷地在發展當中，其所採用的計算公式複雜深奧、艱澀難懂，為一立論與假設均合理與嚴謹的學說，所適用的測驗資料雖然有比較嚴格的限制，但因為深受測驗學者的青睞，至今，已凌駕古典測驗理論之上，進而取而代之，成為目前的主流測驗理論之一（Drasgow & Hulin, 1990; Embretson & Yang, 2006; Hambleton, 1989; Yen, 1992; Yen & Fitzpatrick, 2006）。

試題反應理論主要是以個別試題的觀點，來解釋測驗分數的涵義。它認為學生在某一試題上的表現情形，與其背後的某種潛在特質（或能力）之間具有某種關係存在，該關係可以透過一條連續性遞增的數學函數來加以表示和詮釋，這個數學函數便稱作「試題特徵曲線」（item characteristic curve, ICC）（如圖 1-1 所示的各條曲線）；換句話說，我們把能力不同的考生得分點連接起來所構成的曲線，便是能力不同考生在某一測驗試題上的試題特徵曲線，而把各試題的試題特徵曲線加總起來，便構成所謂的「測驗特徵曲線」（test characteristic curve, TCC）。因此，試題特徵曲線和測驗特徵曲線，都是一條用來解釋學生的試題分數或測驗分數涵義的迴歸線（regression line），這條迴歸線基本上是屬於非直線的，但直線的試題特徵曲線或測驗特徵曲線也是有可能的，端視我們所決定選用的試題反應模式（item response model）而定。

在試題反應理論中，每一種試題反應模式都有其相對應的一條試題特徵曲線，此一曲線通常包含一個或多個參數來描述該試題的特性，以及一個或多個參數來描述考生的潛在特質；因此，根據我們選用的試題反應模式所具有的參數個數的不同，所畫出的試題特徵曲線形狀便不相同。但是，它們的涵義都是一致的，都是在表示學生的能力與其在該試題上做出正確反應兩者之間的可能關係；通常，

11

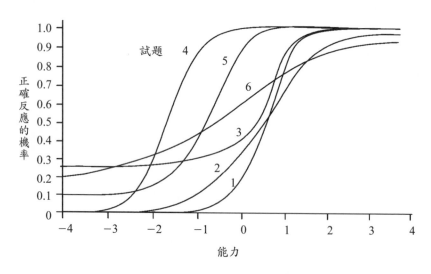

圖 1-1　六條典型的三參數試題特徵曲線

學生的能力程度愈高（或愈強），則其在該試題上做出正確反應（即答對）的機率便愈大，反之，學生的能力程度愈低（或愈弱），則其在該試題上做出正確反應的機率便愈小。

　　茲舉一個典型的「三參數對數型模式」（three-parameter logistic model, 3PL）為例，說明學生的能力與試題特徵曲線之間的關係如下：

$$P_i(\theta) = c_i + (1 - c_i) \frac{e^{a_i(\theta - b_i)}}{1 + e^{a_i(\theta - b_i)}} \qquad i = 1, 2, \cdots, n \qquad （公式 1-2）$$

公式 1-2 即表示任何一位學生答對任何一道試題的機率，可由兩種參數來決定，一為學生的能力值大小，另一為該試題的試題參數值大小。所以，公式 1-2 的涵義即可簡化讀成：具有能力值為 θ 的學生答對第 i 試題的機率（即等號左邊所表示的涵義），可以由該學生的能力參數值 θ 和該試題的試題參數值 a_i、b_i、c_i 所組成的數學公式（即等號右邊所表示的涵義）來表示。若把公式 1-2 的所有參數值代入，算出各個答對試題的機率值，並畫出其相對應的點，並將這些點連結起來，便形成如圖 1-1 所表示的試題特徵曲線。只要每一道試題的試題參數值不同，所畫出來的試題特徵曲線便會不一樣，即如圖 1-1 所示（圖中的這六條試題特徵曲

線，其個別具有的試題參數值，分別為：$a_1 = 1.8$、$b_1 = 1.0$、$c_1 = 0.0$，$a_2 = 0.8$、$b_2 = 1.0$、$c_2 = 0.0$，$a_3 = 1.8$、$b_3 = 1.0$、$c_3 = 0.25$，$a_4 = 1.8$、$b_4 = -1.5$、$c_4 = 0.0$，$a_5 = 1.2$、$b_5 = -0.5$、$c_5 = 0.1$，$a_6 = 0.4$、$b_6 = 0.5$、$c_6 = 0.15$，這些參數分別決定這六條試題特徵曲線的形狀各不相同）。

所以，決定每道試題特徵曲線形狀的三個試題參數，分別為：a_i 是第 i 試題的鑑別度參數（item discrimination parameter），表示該試題能否區別出學生能力高低的程度；b_i 是第 i 試題的難度參數（item difficulty parameter），表示該試題是否困難或容易作答的程度；而 c_i 是第 i 試題的猜測度參數（pseudo-chance parameter），表示該試題被低能力學生隨機猜題而猜中的程度。一般說來，試題一旦被教師出題命定之後，這些試題參數即告存在，只是在學生還沒有作答之前，我們無法事先知道這些參數值的大小，因此，通常需要使用電腦程式去估算其數值的大小（像 BILOG-MG 即是一種目前常用的軟體程式）。

從圖 1-1 中可知，每一條曲線的所在位置及其形狀，均由學生的能力值和該試題的三種參數來共同決定，故稱作「試題特徵曲線」，即是用來描述該試題隨著能力值大小而變化的一條曲線。由該圖中可知，對任何一道試題而言，學生的能力值愈大，其答對該試題的機率便愈高，反之，則否；對任何一位學生而言，試題愈容易作答（即試題難度參數愈低）、愈不具有鑑別功能（即試題鑑別度參數愈低），或愈容易被猜題猜中（即試題猜測度參數愈高），則該試題被答對的機率便愈高，反之，則否。

上述三參數對數型模式，適合用來解釋一般學校考試題目的作答情形。就一般課堂用的（如：教師自編成就測驗）、升學用的（如：升高中的基本學力測驗和升大學的學科能力測驗），或檢定用的（如：全民英檢、TOEIC、TOEFL、GRE 等）考試題目而言，多半都是以「單選的選擇題」（即 multiple-choice items）作為考試的測量工具，此時，使用三參數對數型模式是解釋學生的作答反應行為最為恰當的測量模式。

但是，當成就測驗的試題是作為效標參照測驗使用時，由於測驗內容範圍較狹小，試題較容易作答，此時的作答，似乎沒有猜題的必要，因此，上述模式中的猜測度參數便可能不存在，所以，少掉一個試題猜測度參數後的模式，便稱為「二參數對數型模式」（two-parameter logistic model, 2PL）。許多心理測驗的試

題，都半採用李克特氏的（Likert-typed）五點評定量表（five-point rating scale）方式來計分，此類的資料最適合使用二參數對數型試題反應模式來進行分析和解釋測驗分數的涵義。

此外，在效標參照測驗的使用情境下，若再加上適當的測驗指導語輔助說明，此時，每道試題的鑑別度參數便可能被視為相同，上述的二參數對數型試題反應模式便可以進一步簡化成「一參數對數型模式」（one-parameter logistic model, 1PL），一參數對數型試題反應模式又稱「Rasch模式」，以紀念它的創始人丹麥學者 Georg Rasch 博士。許多心理測驗的測量試題，也都符合試題鑑別度參數相等的假設，因此，也非常適合使用一參數對數型試題反應模式來進行分析和解釋測驗分數的涵義。

當代測驗理論是為改進古典測驗理論的缺失而來，它具有下列幾項特點，這些特點正是古典測驗理論所無法具備的（Hambleton, 1989; Hambleton & Cook, 1977; Hambleton & Swaminathan, 1985; Hambleton, Swaminathan, & Rogers, 1991; Lord, 1980）：

1.當代測驗理論所採用的試題參數（item parameters）（如：難度、鑑別度、猜測度等），是一種不受樣本影響（sample-free）的指標；也就是說，這些參數的獲得，不會因為所選出接受測驗的受試者樣本的不同而不同。

2.當代測驗理論能夠針對每位受試者，提供個別差異的測量誤差指標，而非單一相同的測量標準誤，因此，能夠精確推估受試者的能力估計值。

3.當代測驗理論可經由適用的同質性試題組成的分測驗，測量估計出受試者個人的能力，不受測驗的影響（test-free），並且對於不同受試者間的分數，亦可進行有意義的比較。

4.當代測驗理論提出以試題訊息量（item information）及測驗訊息量（test information）的概念，來作為評定某個試題或整份測驗的測量準確性，倒有取代古典測驗理論的「信度」，作為評定測驗內部一致性指標之勢。

5.當代測驗理論同時考慮受試者的反應組型與試題參數等特性，因此，在估計個人能力時，除了能夠提供一個較精確的估計值外，對於原始得分相同的受試者，也往往給予不同的能力估計值。

6.當代測驗理論所採用的適配度考驗值（statistic of goodness-of-fit），可以提

供考驗模式與資料間之適配度、受試者的反應是否為非尋常（unusual）等參考指標。

看起來，當代測驗理論似乎是絕對優於古典測驗理論，但事實上，當代測驗理論被採用於解決真實測驗資料者，與古典測驗理論已經廣泛地被應用的情形相比，相對屬於少數，尚稱微不足道。其主要原因有下列諸項：

1.當代測驗理論係建立在理論假設嚴謹的數理統計學機率模式上，是一種複雜深奧、艱澀難懂的測驗理論，這對於在數學方面訓練有限的教育與心理學界學者而言，無非是一大挑戰，閱讀有關此理論之數學方面的研究報告與專書，已頗感困難，實在更難以深入將之發揚光大。

2.多數當代測驗理論學者都是出身自數學界或曾是數學主修者，或至少在數理統計學上訓練有素者，他們偏愛對理論模式的探討，遠勝於對實際應用的推廣工作。

3.過去，電腦科技的進步有限，沒有電腦套裝軟體程式的即時配合，當代測驗理論中對模式參數的估計，難以用手算或小型計算機順利進行，因此，在應用上更受限制。

4.有些古典測驗理論的擁護者，對當代測驗理論的研究與發展，所能獲致之成效與應用性深表懷疑。為了證明與解釋疑惑，當代測驗理論學派的支持者，便更朝理論模式的量化技術方面探討，致使當代測驗理論的發展愈趨數學化、數量化與電腦化，這都會提高學習者進入學術殿堂的門檻，成為阻礙學習的障礙。

5.礙於嚴苛的基本假設，當代測驗理論所能適用的教育與心理測驗資料有限，並且需要大樣本的配合，因此，使得它的應用性大打折扣，未獲一般測驗使用者的全力擁護。

綜合上述，就這兩種測驗理論學說來比較，古典測驗理論雖然不夠嚴謹，但理論淺顯易懂、廣受社會大眾（至少是中小學教師們）的接受和喜愛、適合小班級內測驗與評量的使用，且學習者不需要具備太多數學與電腦的背景知識；然而，試題反應理論雖然理論假說嚴謹，但卻深奧難懂、不易受大眾的瞭解和接受、僅適合大樣本情境下的測驗使用，且學習者必須具備雄厚的數學與電腦背景知識。由此可見，這兩種理論學說各有其優劣之處，端視我們的使用目的和所處的測驗情境而定。因此，筆者建議：在小規模班級的教學評量下，可能是最適合使用古

典測驗理論的時候和情境；但在大規模的測驗評量情境（如：升學考試、檢定考試或就業考試等）下，可能才是試題反應理論派得上用場的地方。

當然，在試題反應理論中，常見的試題反應模式還不僅如上述三者而已，隨著許多新型測驗的發明與新資料型態的誕生，還有許多模式都還在發展、誕生之中。此外，試題反應理論所探討的課題和應用範疇，不僅包含整個古典測驗理論所涉及的範圍，還包括各種研究中所欲蒐集資料的測量與分析等課題，其應用課題可說是包羅萬象，是一種潛力無窮的測量理論。我們可以簡單地說，在 1980 年代以前，IRT 模式的應用很少出現在教育界的論文裡，但自 F. Lord（1980）將這種測驗理論正式定名為「試題反應理論」以後，1990 年代的 IRT 模式即已經大量應用在大規模的教育測驗方案（large-scale educational testing programs）之中，並且不斷有新的試題反應模式被提出、驗證及舉例說明其存在的價值；至今，試題反應理論已是一種發展相當成熟的測驗理論學說，無論是在大型測驗情境中的應用，或者是在教育研究場域裡的應用，都可說是一種相當普及、具有貢獻的當代測量理論學說（Embretson & Yang, 2006; Yen & Fitzpatrick, 2006）。

 ## IRT 的發展簡史

自從 Lord（1980）發表第一本以「試題反應理論」為名的專書後，當代測驗理論正式以試題反應理論為其中心架構；在此之前，試題反應理論有個別稱：「潛在特質理論」（latent trait theory），由於潛在特質理論一詞還包括「因素分析」（factor analysis）、「多元量尺法」（multidimensional scaling）與「潛在結構分析」（latent structure analysis）等，涵蓋面甚廣，無法精確反映出受試者在試題上的反應狀況，甚至於容易與另一種也是在談論潛在變項模式（余民寧，2006a）概念的「結構方程式模型」（structural equation modeling, SEM）混淆。因此，自 Lord 發表專書後，試題反應理論於是正式正名，且宣告誕生。所以，自 1980 年後，測驗學者便逐漸以「試題反應理論」作為當代測驗理論的代表，並以此名稱稱呼它。

試題反應理論雖然自 1980 年才正名成立，然而在二十世紀 30 和 40 年代，試

題反應理論便已有初步的理論架構。其中，Tucker（1946）便是第一位使用「試題特徵曲線」（item characteristic curve, ICC）一詞的心理計量學家，這一名詞也逐漸成為試題反應理論的中心概念。筆者茲將對試題反應理論發展有實際貢獻的代表性作者及專書著作，歸納條列並簡述於表 1-1。由表 1-1 所示內容可知，整個試題反應理論學說係由心理計量學家眾志成城的發展結果，其中，當屬 Lord 的貢獻最大。因此，在 1989 年時，美國心理學會（APA）頒給他一個終身貢獻獎章，Lord 獲得此殊榮，應屬當之無愧。

表 1-1　對試題反應理論發展有實際貢獻的代表性作者、專書著作和大事記

作者（年代）	代表作及其貢獻
Tucker（1946）	第一位提出試題特徵曲線概念的人。
Lord（1952）	第一位導出兩個參數常態肩形模式的參數估計公式，並考慮試題反應理論應用性的人。
Rasch（1960）	在歐洲獨立發展 Rasch 模式，相通於試題反應理論中的 1PL 模式，對後來測量理論的發展影響深遠。
Lord 和 Novick（1968）	第一本介紹古典與當代測驗理論模式的經典作品，引發學者對「潛在特質」概念的重視與研究。
Wright 和 Panchapakesan（1969）	美國地區第一篇介紹 Rasch 模式參數估計法的論文，並發展有名的 BICAL 電腦程式之代表作品。
Samejima（1969）	她的一系列作品描述新的試題反應模式及其應用，其中包含處理多分法與連續性資料的模式，甚至擴展到多向度的試題反應模式，為一艱澀難懂的重要著作。
Bock（1972）	提供許多估計模式參數的新概念。
Andersen（1973）	歐洲地區談論測驗模式的重要著作。
1976	Lord 等人創作第一版有名的電腦程式：LOGIST。

表 1-1　對試題反應理論發展有實際貢獻的代表性作者、專書著作和大事記（續）

作者（年代）	代表作及其貢獻
1977	*Journal of Educational Measurement* 第四季出版一冊專門探討試題反應理論的專輯。
Baker（1977）	第一篇評論試題反應模式參數估計法的文獻探討。
Warm（1978）	第一本有關「試題反應理論」的技術簡介手冊，書中簡略介紹當代 IRT 測驗理論發展及應用，為一本簡介式的導論性小手冊。
Wright 和 Stone（1979）	第一本描述 Rasch 模式理論在測驗編製上應用的專書。
Lord（1980）	第一本以「試題反應理論」命名的學術著作，有系統地歸納整理 Lord 過去的研究成果並提出自己看法的專書，是當代測驗理論發展的里程碑；自此以後，有關 IRT 的研究與發展，於焉定名，並開始蓬勃發展。
Weiss（1980）	第一本編輯成的論文輯，專談試題反應理論的實際應用課題——電腦化適性測驗。
Andersen（1980）	對測量模式參數估計法有貢獻的方法學專論。
Bock 和 Aitkin（1981）	提出邊緣的最大近似值估計法——EM 估計程序，對參數估計法的改進貢獻不少。
Masters（1982）	第一位發表部分計分模式，對改進 Likert 式評定量表的計分與次序反應資料的計分，貢獻不小。
Wright 和 Masters（1982）	闡述 Rasch 模式的各種模式家族成員，證明皆與部分計分模式相通，對 Likert 式評定量表與次序反應資料的計分方式改進不少。
Mislevy 和 Bock（1982）	發表一套適用於 IRT 二元資料分析的電腦程式：BILOG。後來，亦將多群組試題反應資料的分析功能納入，而成為 BILOG-MG 程式。
Holland 和 Rubin（1982）	第一本談論「測驗等化」議題方面的專書。

表 1-1 對試題反應理論發展有實際貢獻的代表性作者、專書著作和大事記（續）

作者（年代）	代表作及其貢獻
Berk（1982）	為一本編輯而成的論文集，專談「測驗偏差」的問題，成為日後探討差異試題功能（DIF）的濫觴。
1982	*Applied Psychological Measurement* 第四季出版一冊專門探討試題反應理論及其應用的進階專輯。
Wainer 和 Messick（1983）	為一本編輯而成的論文集，以表揚 Lord 一生對試題反應理論的貢獻，並兼論該理論的應用與未來。
Weiss（1983）	為一本編輯而成的論文集，專談試題反應理論的應用與未來，並介紹它在電腦化適性測驗上的應用。
Hambleton（1983）	為一本編輯而成的論文集，專談試題反應理論的模式與應用。
Hulin、Drasgow 和 Parsons（1983）	為一本試題反應理論的教科書，增加對「適配度測量」概念的說明與應用。
Embretson（1985）	為一本編輯而成的論文集，專談測驗設計，並兼論試題反應理論的未來發展。
Baker（1985）	為一本導論性的試題反應理論教科書，專為沒有數學訓練基礎的讀者而作，並附有 CAI 的電腦教學磁片。
Hambleton 和 Swaminathan（1985）	為一本進階的試題反應理論教科書，有系統地深入介紹試題反應理論。
Crocker 和 Algina（1986）	談論與比較古典與當代測驗理論的導論性教科書。
Andrich（1988b）	為第一本有系統介紹 Rasch 模式家族在測量問題上應用的專書。
Wainer 和 Braun（1988）	專談有關效度方面的論文集，也談試題反應理論在效度上的應用。

表 1-1　對試題反應理論發展有實際貢獻的代表性作者、專書著作和大事記（續）

作者（年代）	代表作及其貢獻
Linn（1989）	負責主編第三版《教育測量》（*Educational Measurement*）（本書有「測驗與評量的食譜」之稱），其中增加一章專門介紹並評論試題反應理論。
Freedle（1990）	專談人工智慧及其在當代測驗理論上應用之論文集。
Suen（1990）	介紹各種測驗理論方面的導論性教科書。
Wainer 等人（1990）	專談電腦化適性測驗方面的入門書，也談試題反應理論在電腦化適性測驗上的應用。
Hambleton、Swaminathan 和 Rogers（1991）	試題反應理論方面的入門書，適用於非數學主修的初學者閱讀。
Baker（1992）	為一本進階的試題反應理論教科書，專談各種試題反應模式的參數估計方法。
Wilson（1992a）	為一本彙編的論文集，介紹各種 Rasch 模式及其廣泛的應用。
Holland 和 Wainer（1993）	為有系統深入介紹診斷 DIF 各種 IRT 方法的專書。
Frederiksen、Mislevy 和 Bejar（1993）	為一本彙編的論文集，專談最近各種試題反應模式的發展與應用。
Camilli 和 Shepard（1994）	專門探討如何診斷與辨識測驗偏差方法的入門書。
Nunnally 和 Bernstein（1994）	有系統介紹心理計量學理論的專書。
Fischer 和 Molenaar（1995）	為一本有系統深入介紹 Rasch 模式應用的彙編進階論文集。
Sands、Waters 和 McBride（1997）	為一本彙編而成的專書，專談電腦化適性評量的基本問題到實務操作方面的課題。
Van der Linden 和 Hambleton（1997）	為一本介紹各種試題反應理論模式的進階教科書。
Drasgow 和 Olson-Buchanan（1999）	為一本彙編而成的專書，專談電腦化適性評量技術的進展。
McDonald（1999）	企圖統整各種測驗理論的專書。

表 1-1　對試題反應理論發展有實際貢獻的代表性作者、專書著作和大事記（續）

作者（年代）	代表作及其貢獻
Embretson 和 Reise（2000）	為一本介紹試題反應理論的入門教科書，適用於非主修數學的初學者閱讀。
Van der Linden 和 Glas（2000）	為一本彙編的論文集，有系統地深入討論電腦化適性測驗的各項研究議題。
Wainer 等人（2000）	專談電腦化適性測驗方面的入門書（第二版），新增試題反應理論在電腦化適性測驗上的應用現況。
Allen 和 Yen（2001）	專談測量理論的導論性教科書，此書為第二版。
Bond 和 Fox（2001）	為一本介紹 Rasch 模式及其應用的入門教科書。
Boomsma、van Duijn 和 Snijders（2001）	為一本彙編而成的試題反應理論學術研討會的論文集。
Cizek（2001）	為一本彙編各種討論如何設定表現標準的概念、方法與不同見解觀點的論文集。
Parchall、Davey、Spray 和 Kalohn（2001）	為一本彙編而成的論文集，有系統地討論實施電腦化適性測驗的實務議題。
Irvine 和 Kyllonen（2002）	為一本彙編而成的論文集，專門探討如何結合認知心理學與試題反應理論來自動產生試題，對促進測驗編製的自動化幫助甚大。
Mills、Potenza、Fremer 和 Ward（2002）	為一本彙編而成的論文集，有系統地介紹電腦化適性測驗的建置概念。
Sijtsma 和 Molenaar（2002）	為介紹非參數化的試題反應理論模式的入門教科書。
DeVellis（2003）	為一本專談測驗編製與量表發展的理論與應用議題的專書。
Du Toit（2003）	為SSI公司所發展的四合一試題反應理論電腦程式（即 BILOG-MG、PARSCALE、MULTI-LOG、TESTFACT 等四種 IRT 電腦程式）的共同使用手冊。
Baker 和 Kim（2004）	為一本第二版的進階試題反應理論教科書，增加幾篇試題反應模式參數估計方法之評述。

表 1-1　對試題反應理論發展有實際貢獻的代表性作者、專書著作和大事記（續）

作者（年代）	代表作及其貢獻
Boeck 和 Wilson（2004）	為一本彙編而成的論文集，企圖統整各種試題反應模式，包括直線與非直線的各種方法。
Kolen 和 Brennan（2004）	深入討論「測驗等化」各種研究議題的專書，此書為第二版。
Shultz 和 Whitney（2004）	為一本談論當代測驗理論的專書，內容以個案研究和練習例子為主題。
Smith 和 Smith（2004）	為一本介紹 Rasch 測量模式及其應用的導論性專書。
Alagumalai、Curtis 和 Hungi（2005）	為一本彙編而成的論文集，主要以例子介紹 Rasch 測量模式在各領域的應用情形。
Kline（2005）	為一本專談心理測驗該如何設計與應用於評鑑用途方面的實用導向專書。
Kurpius 和 Stafford（2005）	為一本談論測驗與測量方面的入門書籍。
Maydeu-Olivares 和 McArdle（2005）	一本提出當代心理計量學理論的彙編進階專書，企圖融合測驗理論、因素分析（FA）、結構方程式模型（SEM）與多變量分析（MA）於一體。
Ostini（2005）	有系統介紹多元計分資料的各種試題反應模式理論的入門教科書。
Salkind（2005）	為一本專門針對不喜歡學習測驗與評量的人而寫的入門書籍。
Wilson（2005）	為一本以 Rasch 模式為主，來介紹各種測量工具編製與發展議題的專書。
Van der Linden（2005b）	談論最佳化測驗設計的方法，並兼論試題反應理論的應用情況。
Brennan（2006）	負責主編第四版《教育測量》。
Bartram 和 Hambleton（2006）	為一本彙編而成的專書，專談電腦化適性測驗及網路測驗的發展議題。
Cizek 和 Bunch（2006）	為一本有系統介紹各種標準設定方法與評鑑標準的導論性專題著作。
Downing 和 Haladyna（2006）	為一本有系統討論測驗如何發展等相關議題的彙編手冊。

表 1-1　對試題反應理論發展有實際貢獻的代表性作者、專書著作和大事記（續）

作者（年代）	代表作及其貢獻
McIntire 和 Miller（2006）	為一本專談心理測驗發展與應用方面的導論性書籍。
Dorans、Pommerich 和 Holland（2007）	為一本彙編而成的專書，專談等化連結與如何評定分數與量尺的使用等議題。
Furr 和 Bacharach（2007）	為一本寫給初學者閱讀的心理計量學入門書籍。
Rao 和 Sinharay（2007）	為系列專題出版品中的一本，以介紹心理計量學內容為主，但偏重數理模型的介紹與發展。
Sharon、Shrock 和 Coscarelli（2007）	一本為公司內部訓練專用而寫的、專門討論效標參照測驗方面的技術性手冊。
Wright（2007）	為一本討論教育測驗與評量方面的實用性入門書籍。

　　本節茲將國內外在 IRT 方面的重要專書著作及編輯性專書，按作者姓氏的筆畫順序，列出至 2007 年的最新版本如下（2008 年後的最新專書書單，將每年更新列示於 http://www3.nccu.edu.tw/~mnyu/中的「測驗理論研究」課程教學綱要裡），讓有興趣的讀者，可以自行按圖索驥，繼續深入閱讀：

王寶擁（1995）。**當代測驗理論**。台北：心理。

許擇基、劉長萱（1992）。**試題作答理論簡介**。台北：中國行為科學社。

Alagumalai, S., Curtis, D. D., & Hungi, N. (Eds.) (2005). *Applied Rasch measurement: A book of exemplars*. New York: Springer-Verlag.

Allen, W. J., & Yen, W. M. (2001). *Introduction to measurement theory* (2nd ed.). Monterey, CA: Brooks/Cole.

Andersen, E. B. (1973). *Conditional inference and models for measuring*. Copenhagen: Mentalhygiejnisk Forlag.

Andersen, E. B. (1980). *Discrete statistical models with social science applications*. Amsterdam: North-Holland.

Baker, F. B. (1985). *The basics of item response theory*. Portsmouth, NH: Heinemann.

Baker, F. B. (1992). *Item response theory: Parameter estimation techniques*. New York: Marcel Dekker.

Baker, F. B., & Kim, S. H. (2004). *Item response theory: Parameter estimation techniques* (2nd ed.). New York: Marcel Dekker.

Bartram, D., & Hambleton, R. (Eds.) (2006). *Computer-based testing and the internet: Issues and advances*. Hoboken, NJ: John Wiley & Sons.

Berk, R. A. (Ed.) (1982). *Handbook of methods for detecting test bias*. Baltimore, MD: Johns Hopkins University Press.

Boeck, P., & Wilson, M. (Eds.) (2004). *Explanatory item response models: A generalized linear and nonlinear approach*. New York: Springer-Verlag.

Bond, T. G., & Fox, C. M. (2001). *Applying the Rasch model: Fundamental measurement in the human sciences*. Mahwah, NJ: Lawrence Erlbaum Associates.

Boomsma, A., van Duijn, M., & Snijders, T. (Eds.) (2001). *Essays on item response theory*. New York: Springer-Verlag.

Brennan, R. L. (2001). *Generalizability theory*. New York: Springer-Verlag.

Brennan, R. L. (Ed.) (2006). *Educational measurement* (4th ed.). Washington, DC: National Council on Measurement in Education.

Camilli, G., & Shepard, L. A. (1994). *Methods for identifying biased test items*. Thousand Oaks, CA: Sage.

Cizek, G. J. (Ed.) (2001). *Setting performance standards: Concepts, methods, and perspectives*. Mahwah, NJ: Lawrence Erlbaum Associates.

Cizek, G. J., & Bunch, M. B. (2006). *Standard setting: A guide to establishing and evaluating performance standards on tests*. Thousand Oaks, CA: Sage.

Crocker, L., & Algina, J. (1986). *Introduction to classical and modern test theory*. New York: Holt, Rinehart & Winston.

DeVellis, R. F. (2003). *Scale development: Theory and applications* (2nd ed.). Thousand Oaks, CA: Sage.

Dorans, N. J., Pommerich, M., & Holland, P. W. (Eds.) (2007). *Linking and aligning scores and scales*. New York: Springer-Verlag.

Downing, S. M., & Haladyna, T. M. (Eds.) (2006). *Handbook of test development*. Mahwah, NJ: Lawrence Erlbaum Associates.

Drasgow, F., & Hulin, C. L. (1990). Item response theory. In M. D. Dunnette & L. M. Hough (Eds.), *Handbook of industrial and organizational psychology* (Vol. 1, pp. 577-636). Palo Alto, CA: Consulting Psychologists Press.

Drasgow, F., & Olson-Buchanan, J. B. (Eds.) (1999). *Innovations in computerized assessment*. Hillsdale, NJ: Lawrence Erlbaum Associates.

Du Toit, M. (Ed.) (2003). *IRT from SSI: BILOG-MG, MULTILOG, PARSCALE, TESTFACT*. Chicago, IL: Scientific Software International, Inc.

Embretson, S. E. (Ed.) (1985). *Test design: Developments in psychology and psychometrics*. Orlando, FL: Academic Press.

Embretson, S. E., & Reise, S. P. (2000). *Item response theory for psychologists*. Mahwah, NJ: Lawrence Erlbaum Associates.

Embretson, S., & Yang, X. (2006). Item Response Theory. In J. L. Green, G. Camilli, & P. B. Elmore (Eds.), *Handbook of complementary methods in education research* (pp. 385-409). Mahwah, NJ: Lawrence Erlbaum Associates.

Fischer, G. H., & Molenaar, I. W. (Eds.) (1995). *Rasch models: Foundations, recent developments, and applications*. New York: Springer-Verlag.

Frederiken, N., Mislevy, R. J., & Bejar, I. I. (Eds.) (1991). *Test theory for a new generation of tests*. Hillsdale, NJ: Lawrence Erlbaum Associates.

Freedle, R. (Ed.) (1990). *Artificial intelligence and the future of testing*. Hillsdale, NJ: Lawrence Erlbaum Associates.

Furr, R. M., & Bacharach, V. R. (2007). *Psychometrics: An introduction*. Thousand Oaks, CA: Sage.

Guilford, J. P. (1954). *Psychometric methods*. New York: McGraw-Hill.

Gulliksen, H. (1987). *Theory of mental test*. Hillsdale, NJ: Lawrence Erlbaum Associates. (Originally published in 1950 by New York: John Wiley & Sons)

Hagenaars, J. A., & McCutcheon, A. L. (Eds.) (2002). *Applied latent class analysis*. Cambridge, UK: Cambridge University Press.

Haladyna, T. M. (1996). *Writing test items to evaluate higher order thinking*. New York: Allyn & Bacon.

Haladyna, T. M. (2004). *Developing and validating multiple-choice test items* (3rd ed.). Mahwah, NJ: Lawrence Erlbaum Associates.

Hambleton, R. K. (Ed.) (1983). *Applications of item response theory*. Vancouver, BC: Educational Research Institute of British Columbia.

Hambleton, R. K. (1989). Principles and selected applications of item response theory. In R. L. Linn (Ed.), *Educational measurement* (3rd ed.) (pp. 147-200). New York: Macmillan.

Hambleton, R. K., & Swaminathan, H. (1985). *Item response theory: Principles and applications*. Boston, MA: Kluwer-Nijhoff.

Hambleton, R. K., Swaminathan, H., & Rogers, H. J. (1991). *Fundamentals of item response theory*. Newbury Park, CA: Sage.

Hambleton, R. K., & Zaal, J. N. (Eds.) (1991). *Advances in educational and psychological testing*. Boston, MA: Kluwer.

Holland, P. W., & Rubin, D. B. (1982). *Test equating*. New York: Academic Press.

Holland, P. W., & Wainer, H. (1993). *Differential item functioning*. Hillsdale, NJ: Lawrence Erlbaum Associates.

Hulin, C. L., Drasgow, F., & Parsons, C. K. (1983). *Item response theory: Application to psychological measurement*. Homewood, IL: Dow Jones-Irwin.

Irvine, S. H., & Kyllonen, P. C. (Eds.) (2002). *Item generation for test development*. Mahwah, NJ: Lawrence Erlbaum Associates.

Kline, T. J. B. (2005). *Psychological testing: A practical approach to design and evaluation*. Thousand Oaks, CA: Sage.

Kolen, M. J., & Brennan, R. L. (2004). *Test equating, scaling, and linking: Methods and practices* (2nd ed.). New York: Springer-Verlag.

Kurpius, S. E. R., & Stafford, M. E. (2005). *Testing and measurement: A user-friendly guide*. Thousand Oaks, CA: Sage.

Linn, R. L. (Ed.) (1989). *Educational measurement* (3rd ed.). New York: Macmillan.

Lord, F. M. (1980). *Applications of item response theory to practical testing problems*. Hillsdale, NJ: Lawrence Erlbaum Associates.

Lord, F. M., & Novick, M. R. (1968). *Statistical theories of mental test scores*. Reading, MA: Addison-Wesley.

Maydeu-Olivares, A., & McArdle, J. J. (Eds.) (2005). *Contemporary psychometrics*. Mahwah, NJ: Lawrence Erlbaum Associates.

McDonald, R. P. (1999). *Test theory: A united treatment*. Mahwah, NJ: Lawrence Erlbaum Associates.

McIntire, S. A., & Miller, L. A. (2006). *Foundations of psychological testing: A practical approach*. Thousand Oaks, CA: Sage.

Mills, C. N., Potenza, M. T., Fremer, J. J., & Ward, W. C. (Eds.) (2002). *Computer-based testing: Building the foundation for future assessments*. London: Lawrence Erlbaum Associates.

Nunnally, J. C., & Bernstein, I. H. (1994). *Psychometric theory* (3rd ed.). New York: McGraw-Hill.

Osterlind, S. J. (1998). *Constructing test items: Multiple-choice, constructed-response, performance and other formats* (2nd ed.). Boston, MA: Kluwer.

Ostini, R. (2005). *Polytomous item response theory models*. Thousand Oaks, CA: Sage.

Parchall, C. G., Davey, T. A., Spray, J. A., & Kalohn, J. C. (Eds.) (2001). *Practical considerations in computer-based testing*. New York: Springer Verlag.

Rao, C. R., & Sinharay, S. (Eds.) (2007). *Handbook of statistics, Volume 26: Psychometrics*. Amsterdam, The Netherlands: North-Holland.

Rasch, G. (1980). *Probability models for some intelligence and attainment tests*. Chicago: The University of Chicago Press. (Original edition was published in 1960 by The Danish Institute for Educational Research, Copenhagen)

Salkind, N. J. (2005). *Tests & measurement for people who (think they) hate tests & measurement*. Thousand Oaks, CA: Sage.

Sands, W. A., Waters, B. K., & McBride, J. R. (Eds.) (1997). *Computerized adaptive testing: From inquiry to operation*. Washington, DC: American Psychological

Association.

Shavelson, R. J., & Webb, N. M. (1991). *Generalizability theory: A primer*. Newbury Park, CA: Sage.

Sharon A., Shrock , S. A., & Coscarelli, W. C. (2007). *Criterion-referenced test development: Technical and legal guidelines for corporate training* (3rd ed.). New York: John Wiley & Sons.

Shultz, K. S., & Whitney, D. J. (2004). *Measurement theory in action: Case studies and exercises*. Thousand Oaks, CA: Sage.

Sijtsma, K., & Molenaar, I. W. (2002). *Introduction to nonparametric item response theory*. Thousand Oaks, CA: Sage.

Suen, H. K. (1990). *Principles of test theory*. Hillsdale, NJ: Lawrence Erlbaum Associates.

Van der Linden, W. J. (2005). *Linear models for optimal test design*. New York: Springer.

Van der Linden, W. J., & Glas, C. A. W. (Eds.) (2000). *Computerized adaptive testing: Theory and practice*. Boston: Kluwer-Nijhoff.

Van der Linden, W. J., & Hambleton, R. K. (1997). *Handbook of modern item response theory*. New York: Springer-Verlag.

Viswanathan, M. (2005). *Measurement error and research design*. Thousand Oaks, CA: Sage.

Wainer, H., & Braun, H. I. (Eds.) (1988). *Test validity*. Hillsdale, NJ: Lawrence Erlbaum Associates.

Wainer, H., Dorans, N. J., Eignor, D., Flaugher, R., Green, B. F., Mislevy, R. J., Steinberg, L., & Thissen, D. (Eds.) (2000). *Computerized adaptive testing: A primer* (2nd ed.). Hillsdale, NJ: Lawrence Erlbaum Associates.

Wainer, H., & Messick, S. (Ed.) (1983). *Principals of modern psychological measurement: A Festschrift for Frederic M. Lord*. Hillsdale, NJ: Lawrence Erlbaum Associates.

Warm, T. A. (1978). *A primer of item response theory*. Springfield, VA: National Technical Information Service.

Weiss, D. J. (Ed.) (1980). *Proceedings of the 1979 computerized adaptive testing conference*. Minneapolis: University of Minnesota.

Weiss, D. J. (Ed.) (1983). *New horizons in testing: Latent trait test theory and computerized adaptive testing*. New York: Academic Press.

Wilson, M. (2005). *Constructing measures: An item response modeling approach*. Mahwah, NJ: Lawrence Erlbaum Associates.

Wright, B. D., & Masters, G. N. (1982). *Rating scale analysis*. Chicago: MESA Press.

Wright, B. D., & Stone, M. H. (1979). *Best test design*. Chicago: MESA Press.

Wright, R. J. (2007). *Educational assessment: Tests and measurements in the age of accountability*. Thousand Oaks, CA: Sage.

　　除上述重要作者及其專著之外，下列期刊亦是國內外公認用來研究 IRT 理論與實務的重要學術期刊，同時，亦是刊登此方面論文的主要刊物：

Annual Review of Psychology

Applied Measurement in Education

Applied Psychological Measurement

British Journal of Mathematical and Statistical Psychology

Educational Measurement: Issue and Practice

Educational and Psychological Measurement

Journal of Educational Measurement

Journal of Educational and Behavioral Statistics

Psychometrika

中國測驗學會之《測驗學刊》

　　《中華心理學刊》、《教育與心理研究》、《教育心理學報》、《中華輔導與諮商學報》等屬於國科會核定之 TSSCI 期刊，都偶有 IRT 方面的論文刊登。

　　在上述的國際期刊中，如表 1-2 所示，歷年來亦各編輯出版過許多有關心理計量學領域方面的專輯（special issues）特刊，這些專輯對促進 IRT 理論與實務方

表 1-2　編輯出版的心理計量學領域方面的期刊專輯

期刊名：*Applied Measurement in Education*		
年度	卷（期）	專輯主題
1991	4（4）	Performance Assessment
1994	7（1）	Self-Adapted Testing
1995	8（1）	Standard Setting for Complex Performance
1996	9（1）	Person-Fit Research: Theory and Applications
1997	10（1）	Evidence Needed for Credentialing Test Score Interpretation and Use
1998	11（1）	Setting Consensus Goals for Academic Achievement
2000	13（4）	Defending a High School Graduation Test: GI Forum V. Texas Education Agency
2002	15（4）	Advances in Computerized Scoring of Complex Item Formats
2005	18（1）	Vertically Moderated Standard Setting
2005	18（3）	Qualitative Inquiries of Participants' Experiences with Standard Setting
2006	19（3）	An Introduction to Multistage Testing
2007	20（1）	Alignment Methodologies
期刊名：*Applied Psychological Measurement*		
年度	卷（期）	專輯主題
1980	4（4）	Contributions to Criterion-Referenced Testing Technology
1982	6（4）	Advances in Item Response Theory and Applications
1983	7（4）	Multidimensional Scaling (MDS)
1986	10（4）	Test Item Banking
1987	11（3）	Problems, Perspectives, and Practical Issues in Equation
1995	19（1）	Polytomous Item Response Theory
1996 及 1997	20（4）及 21（1）	Developments in Multidimensional Item Response Theory
1998	22（3）	Optimal Test Assembly
1999	23（3）	Computerized Adaptive Testing
2000	24（4）	Advances in Performance Assessment Methodology
2001	25（3）	Nonparametric Item Response Theory
2004	28（4）	Concordance

表 1-2　編輯出版的心理計量學領域方面的期刊專輯（續）

期刊名：*Educational Measurement: Issue and Practice*		
年度	卷（期）	專輯主題
1997	16（4）	History of Modern Psychometrics
2003	22（4）	Changing the Way Measurement Theorists Think about Classroom Assessment
2004	23（4）	An Alternative Approach to Statewide Assessment: The Nebraska Standard-Based Teacher-Led Assessment System
2005	24（4）	Test Scores and State Accountability
2006	25（4）	Toward a Psychology of Large-Scale Educational Achievement Testing: Some Features and Capabilities
期刊名：*Educational and Psychological Measurement*		
年度	卷（期）	專輯主題
1951	11（1）	The Need and Means of Cross-Validation
1954	14（2）	Future Progress in Educational and Psychology Measurement
1958	18	The Future of Factor Analysis
1960	20（2）	The Effects of Time Limits on Test Score
1962	22（1）	Standard Scores for Aptitude and Achievement Test
2000	60（2）	Reliability Generalization
2000	60（5）	Statistical Significance with Comments by Editors of Marketing Journals
2001	61（4）	Confidence Intervals for Effect Sizes
2001	61（2）	Colloquium on Effect Sizes: The Roles of Editors, Textbook Authors, and the Publication Manual
2002	62（4）	Reliability Generalization (RG) as A Measurement Meta-Analytic Method
期刊名：*Journal of Educational Measurement*		
年度	卷（期）	主題
1976	13（1）	On Bias
1978	15（4）	Standard Setting
1983	20（2）	Examine the State-of-Art in Linking Achievement Testing to the Cognitive Processes Employed in Test Responses and to the Instructional Experiences of Students

表 1-2　編輯出版的心理計量學領域方面的期刊專輯（續）

期刊名：*Journal of Educational Measurement*		
年度	卷（期）	主題
1984	21（4）	The Application of Computers to Educational Measurement
1989	26（2）	The Test Item
1992	29（2）	The National Assessment of Educational Progress
1993	30（3）	Performance Assessment
1997	34（1）	Innovative Uses of Computers in Testing
2004	41（1）	Assessing the Population Sensitivity of Equating Functions
2007	44（4）	IRT-Based Cognitive Diagnostic Models and Related Methods
期刊名：*Journal of Educational and Behavioral Statistics*		
年度	卷（期）	專輯主題
1992	17（2）	National Assessment of Educational Progress
1992	17（4）	Meta-Analysis
1995	20（2）	Hierarchical Linear Models: Problems and Prospects
1996	21（1）	Teaching Statistics
2004	29（1）及（2）	Value-Added Assessment
期刊名：*Psychometrika*		
年度	卷（期）	專輯主題
1986	51（1）	Honor This Anniversary and Reports the Celebration of This Event the Annual Meeting of Psychometric Society
1987	52（3）	Akaike's Information Criterion (AIC)

面的發展與推廣頗有貢獻，亦可作為讀者選為研究專題之參考訊息。

　　其實，隨著近年來電腦科技的突飛猛進，各種適用於試題反應理論的電腦軟體程式（如：目前最常用也最有名氣的程式 BILOG-MG、LOGIST、WINSTEP 等）相繼誕生與再版修訂，已使得美國很多研究機構、地方政府機關和私人團體，都率先採用試題反應理論作為他們編製測驗、施測、計分、解釋與提供諮詢服務的依據。本書將在第八章裡，逐一簡介由 Scientific Software International 公司所出版的四合一套裝軟體程式，以扼要介紹這些電腦軟體程式在 IRT 應用領域的實例。

此外，由表 1-1 所示的發展趨勢可見，當代測驗理論的發展趨勢不外朝兩個方向同步進行——「理論的發展愈趨數學化」與「理論的應用愈趨電腦化」。相信在可預期的將來，測驗理論的使用者必須同時具備數學與電腦方面的良好訓練，方能對試題反應理論的瞭解與應用駕輕就熟，而測驗理論在愈趨專業化、專家化發展之後，也唯有在專家使用或專家指導下方能順利推廣應用試題反應理論。不過，依據目前科技發展與應用趨勢來看，試題反應理論要全面取代古典測驗理論，亦是一件指日可待的事。

第四節　本書結構與導讀

本書係筆者針對「測驗理論研究」、「當代測驗理論」或「試題反應理論研究」等類的研究所程度課程所編著的教材內容。由於考量到讀者的數理背景不同，本書內容盡量以淺顯易懂的文字，減少數理公式的推導與證明，並輔以範例和圖表的說明，企圖讓讀者能夠盡量吸收獲得整個試題反應理論的梗概。因此，讀者只需要具備大學程度的「教育測驗與評量」、「心理與教育測驗」、「測驗與評量」或「教育測驗與統計導論」等課程的先備知識，即可逕自閱讀本書。至於想獲得進階知識，甚或以試題反應理論作為專業主修的讀者，筆者還是要提出強烈的建議，除了可閱讀本書作為基礎背景之外，最好還需要自修或去選讀一些數理課程，如：微積分、線性代數、機率論、數理統計學，甚至是數值分析和（網路或電腦單機）程式設計等，才能習得「知其然，又能知其所以然」的專業知識。

本書共分成兩篇、十四章的篇幅，除本章的導論外，其餘各章分別介紹試題反應理論的發展概況、基本理論假設與概念，以及各種應用課題。第一章「導論」，粗淺介紹整個心理計量學所涵蓋的範圍、測驗理論的分類，與 IRT 發展簡史。第二章至第八章，主要在介紹整個試題反應理論的「理論篇」部分，計分成：基本概念與假設、IRT 的各種模式、能力與試題參數的估計、適配度檢定、訊息函數，與常用的 IRT 電腦程式簡介等單元。第九章至第十四章，則在介紹整個試題反應理論的「應用篇」部分，計包括：測驗等化、題庫建置、測驗編製、電腦化適性測驗、差異試題功能、其他應用課題和未來等議題。原則上，在「理論篇」

部分，讀者最好是循序漸進地逐章閱讀，以尋求一套完整的知識建構；而在「應用篇」部分，則讀者可以任意選擇感興趣的議題章節讀起，基本上，這一部分的各章節是各自獨立的，但彼此之間仍有關係存在。

　　讀者除了透過本書的閱讀，可習得基本的試題反應理論知識外，若欲習得理論堅實與技術嫻熟的紮實專業訓練，最好還需要根據本書所提供的參考文獻，繼續深入追尋及作延伸性的專題閱讀，並且自行採購相關的 IRT 套裝軟體程式，勤加練習與實作。若能假以時日地累積數年的實作分析經驗，則欲成為一位身價非凡的心理測量師（psychometrician），不僅是可能的，更是指日可待的事（聯合報，2006）。

理　論　篇

第二章

IRT 的基本概念

　　試題反應理論是個複雜、深奧的學術理論，尤其是其背後的數理模型，更是讓許多人怯步。雖然，它有一點難學，但還沒有難到完全不能學習的地步。因此，本章的目的，即是想從最基礎的測量問題談起，然後，慢慢地、深入淺出地介紹各種有關 IRT 的議題。

 試題

　　社會大眾都曾經是一位考生，都曾有過參加各種考試或接觸過各式各樣心理測驗的經驗。一般說來，如果我們想瞭解某位考生在某一學科（如：國文、英文、數學等考試科目）上具有多少能力或知識？或在某一種潛在特質（如：成就動機、自我概念、自信心、創造力等人格特質）測量工具上具有何種強弱程度的傾向？多半都需要使用所謂的「試題」（item）來描述；亦即，試題是用來蒐集考生或受試者某種相關訊息或資料的一種工具，任何有關考生或受試者在教育成就或心理特質方面的評估，都離不開使用「試題」作為蒐集資料的工具（余民寧，2005b）。

　　所謂的「試題」，一般都由兩個部分所構成：一為「題幹」（stem），即是用來詢問考生的一組刺激材料（如：一道詢問句？）；另一為「作答反應」（response），即是考生所做出的回答記錄（如：問題的選項答案、是或否、同意程度的高低等）。通常，教師或研究者給予考生或受試者一道（或一組）試題施測，再根據考生或受試者回答記錄的對錯或強弱等反應，經過一定的量化程序（如：⑴閱卷給分，答對一題即給予 1 分；或⑵評量計分，選擇某一選項或做出某一反

應即給某一定量的分數等），便可獲知考生或受試者在此單一「試題」上的得分，或以一組「試題」的全部加總得分為總和，當作是考生或受試者的「測驗分數」（test scores）。此測驗分數即用來表示考生或受試者在某一學科上的能力或知識多寡的代表，或在某一種潛在特質測量工具上具有某種強弱程度不同的特質。因此，「試題」本身即扮演著一種重要的測量工具角色，它可以是單獨一題一題來計算，也可以合併起來以一整份試卷或測驗的所有試題來計算，端視我們背後所持的測量目的與測量理論學說而定。

簡單地分，測驗工具有兩大類：一為教育用途的教育測驗或成就測驗，另一為心理輔導諮商用途的心理測驗（余民寧，2002）。作為教育用途的教育測驗或成就測驗，多半是用在測量考生的能力（ability）和成就（achievement）的高低；而作為心理輔導諮商用途的心理測驗，則多半是用在測量受試者的某一種潛在特質（latent trait）。這兩種用途的測量，都需要使用「試題」作為蒐集資料的工具。

若再進一步細分，作為教育用途之教育測驗或成就測驗的試題，可以再細分成兩大類：一為命題時提供幾個選擇供考生挑選其中一項的「選擇型試題」（selection-type items）；另一為命題時不提供選擇供考生挑選，但卻要求考生從無到有、自己產生回答記錄的「補充型試題」（supply-type items）。屬於「選擇型試題」的試題，通常都適用於中小學、年齡較小或語文表達能力較弱的考生身上，如：單選的選擇題（multiple-choice item）、是非題（true-false item）、填充題（completion item）、配合題（matching item）和詮釋性試題（interpretive exercise item）等類型都屬於其範例；而屬於「補充型試題」的試題，則通常都適用於大專院校、年齡較大或語文表達能力較強的考生身上，如：簡答題（short answer item）、限制反應題（restricted response essay question）和申論題（extended response essay question）等類型都屬於其範例。

「選擇型試題」通常都具有絕對正確的標準答案，考生的作答反應不是被歸類為「正確」或「答對」（即可記錄為「1」），就是被歸類為「錯誤」或「答錯」（即可記錄為「0」），不允許有「半對」或「半錯」的模糊歸類情形發生；因此，這種類型試題的計分是屬於「全有」（all）或「全無」（none）的明確計分方式，最適合藉助電腦的快速運算功能，協助閱卷計分，不僅客觀、公正、公

平，且又不會因人而異，所以適合在大規模（即受試人數動輒以千、萬計的考試場合）測驗情境中使用，因此，它可以被稱為是「客觀測驗」（objective test）。典型的範例如下：

範 例 四選一的單選題 ────────────

　下列敘述何者錯誤？

　(A)難度指標 P 值愈高時，表示題目愈難。

　(B)難度指標 P 值愈低時，表示題目愈難。

　(C)難度指標 P 值接近 1 時，表示題目愈簡單。

　(D)難度指標 P 值接近 0 時，表示題目愈難。

範 例 是非題 ────────────

　眾數是用來評估資料趨中現象的一種指標。　　　　　　　　（對或錯）

　　「補充型試題」通常僅具有參考答案，沒有完全的絕對標準答案，考生的作答反應被歸類為介於「完全正確」到「完全錯誤」兩個極端之間的某個位置，所以，容易有「半對」或「半錯」等部分知識（partial knowledge）存在的事實出現（Yu, 1991b）；因此，這類型試題的計分是屬於「強弱」、「高低」或「多寡」等不同程度性的主觀判斷問題，比較難藉助電腦的輔助判斷計分，但卻適合採行人工閱卷方式來判斷得分的高低（如：作文、申論題的閱卷即是），所以，計分容易因人而異，且容易造成人為誤差的成分居多（即主觀性偏誤較大），因此，它可以被稱為是「主觀測驗」（subjective test）。典型的範例如下：

範 例 申論題 ────────────

　試比較古典測驗理論與試題反應理論之間的異同。

> ### 範 例　限制反應題
>
> 請用一百字的篇幅，描述試題反應理論的主要特色。

　　但是，作為心理輔導諮商用途的心理測驗，其試題可以根據計分方式的不同，再細分成兩大類：一為只分成兩種類別選擇供受試者挑選其一的試題，計分時只分成兩類數據來表示受試者的回答記錄（即通常都記錄成「1」或「0」），是典型的「二元化計分」試題（dichotomous or binary scoring item）；如：單選的選擇題、是非題、配合題、檢核表（checklists）所適用的試題，和強迫選擇的試題（forced-choice item）等，都是屬於此類型的試題。典型的範例如下：

> ### 範 例　強迫選擇的試題
>
> 您比較偏好哪一種口味的冰淇淋？
>
> □草莓口味　　　vs.　　　□香草口味

> ### 範 例　檢核表式的試題
>
> 下列各組中的哪一個形容詞最適合用來描述您的個性？
>
> A. □悠閒的　　　vs.　　　□苛求的
>
> B. □嚴肅的　　　vs.　　　□活躍的
>
> C. □緊張的　　　vs.　　　□樂觀的
>
> D. □有主見的　　vs.　　　□被動的

　　另一為分成多種類別選擇供受試者表示意見或挑選的試題，是典型的「多元化計分」試題（polytomous or multiple scoring item）；如：李克特氏的（Likert-typed）評定量表試題（rating scale item），及其變例的等級反應試題（graded response item）、排序式的試題（ranking item），和無次序類別的試題（unordered category item）等，都是屬於此類型的試題；甚至於，屬於前述「主觀測驗」之一的作文題、申論題、限制反應題、簡答題等考題的計分，常應用「計分尺規」（scoring rubrics）方式來計分，將完全答錯者計為「0」分、答對一半或局部答對

者計為「1」分，而全部答對或接近較為完美答案者計為「2」分等，也都屬於這種「多元計分」試題類型。典型的範例如下：

範 例 評定量表式的試題 ────────

您對政府打算推動「以英語作為第二個官方語言」政策的看法為何？

A. 極贊成

B. 贊成

C. 不贊成，也不反對

D. 反對

E. 極反對

範 例 排序式的試題 ────────

請根據您的偏好，將下列頻道的電視節目加以排序；其中，1 表示「最喜歡」，依序的數字表示逐漸「不喜歡」的程度，5 表示「最不喜歡」：

A. TVBS 頻道 　　____

B. Disney 頻道 　　____

C. Discovery 頻道 　　____

D. AXN 頻道 　　____

E. ESPN 頻道 　　____

範 例 無次序類別的試題 ────────

您<u>最喜歡</u>下列何種顏色？（請勾選<u>一項</u>您最喜歡者）

A.紅色 　　B.黃色 　　C.藍色 　　D.綠色 　　E.紫色

範 例　運用計分尺規計分的計算試題

請寫出下列算式的計算過程？

$$\sqrt{(3.6/0.2 - 9)} = ?$$

　　由上述舉例中可以看出，試題的種類相當繁多，但是可以粗分為教育測驗類的試題和心理測驗類的試題，端視我們的測量目標而定。因此，每一道試題的背後，都有其被編製的某種學理或目的存在；通常，作為教育測驗用途的試題，多半是假設該試題可以被編製用來測量考生的某種能力或成就程度，單選的選擇題型測驗及其二元化計分，即是常用的試題計分方式；而作為心理測驗用途的試題，多半是假設該試題可以被編製用來測量受試者的某種潛在屬性或特質，李克特氏的五點評定量表及其多元化計分，即是常用的試題計分方式。所以，「試題」是我們習慣用來蒐集考生或受試者某種相關訊息或資料的工具，且基本常用的試題計分方式可分成「二元化計分」（dichotomous scoring）及「多元化計分」（polytomous scoring）二大類，我們都必須對它的類別屬性深入瞭解之後，才能進一步探討它的功能價值和應用的相關課題。

第二節　測驗分數

　　「測量」（measurement）的意義，即是指分派數字給被評量對象的一種量化歷程（quantifying process）；也就是說，針對我們所要去評量的對象或目標，根據某種判別標準（criteria）（如：標準答案或專家的專業判斷），給予某種適當的數字，以作為表示它被判定的結果涵義或作為程度大小（強弱或高低）的表徵，此即為所謂的測量（余民寧，2002）。

　　在測量過程中，我們會分派給任何一道被作答過的試題某一個數字，該數字可能是一種「分數」（score），或者只是一種「代碼」（code）。分數通常是屬於「連續性資料」（continuous data），其數值大小可以提供研究者直接進行算術的四則運算；而代碼只是用來代表作答反應類別不同的記號而已，它是屬於「間斷性資料」（discrete data）的一種，其數值大小通常只能提供研究者進行「計

次」（counting）的運算而已，無法進行任何有意義的四則運算；但是，當研究者賦予該代碼某種數值意義時，則代碼亦可以作為研究者進行四則運算的一種工具。

通常，一群被編製用來測量某一（些）特殊目標的試題集合體，便可以稱作「測驗」（test）；測驗的子集合，可以用來測量不同的子目標者，即稱作「分測驗」（subtest）或「題組」（testlet）；而不同測驗的集合體，則稱作「測驗組合」（test battery），可以用來描述受試者個人在某些測量目標或潛在特質上的「剖面結構」（profile）。由於每一道試題通常會被分派給予某一種「分數」或「代碼」，以作為該試題的得分，而把所有試題的得分進行某種量化運算〔通常是採用「加總起來」（summation）的運算方法，但亦有可能使用其他算法〕，便構成整份測驗（或整份評量工具）的得分，即稱作「測驗分數」（test scores）或「測量分數」（measurement scores）。因此，測驗有測驗本身的分數，分測驗有分測驗個別的分數，而測驗組合有測驗組合集體的分數，它們分別代表不同的測量意義和具有特殊的解釋涵義。一般說來，同一份分測驗（或題組）內的試題彼此之間，會被認為比不同分測驗的試題之間，具有較高的相似性或同質性（homogeneity）；而同一份測驗內的試題又比測驗組合之間的試題，具有較高的相似性或同質性。如此，才符合測驗編製的基本原則和概念。

就以教育測驗中的成就測驗試題的計分為例，它多半是將答對的試題登錄為「1」，答錯者登錄為「0」，是一種屬於二元計分的試題；若每一試題有不同的得分權重（weights）的話，則所謂的「測驗分數」即是等於各試題的登錄代碼乘上其權重數，再將全部的試題得分加總起來的結果，其計分公式如公式 2-1 所示。茲以表 2-1 為例，說明其計分程序。

以表 2-1 中的數據而言，第五位考生的測驗分數，即是（假設每題的得分權重均為 20）：

$$X_j = \sum_{i=1}^{n} x_{ij} \qquad 或 \qquad X_j = \sum_{i=1}^{n} w_i x_{ij} \qquad （公式 2-1）$$

$$X_5 = \sum_{i=1}^{n} x_{i5} = 0 + 0 + 1 + 1 + 1 = 3$$

表 2-1　成就測驗試題的計分

考生	試題 1	試題 2	試題 3	試題 4	試題 5	答對數	答對比率
1	1	1	1	1	1	5	1.0
2	1	0	1	1	1	4	0.8
3	1	1	1	1	0	4	0.8
4	0	1	0	1	1	3	0.6
5	0	0	1	1	1	3	0.6
6	1	0	1	1	1	4	0.8
7	0	0	0	0	1	1	0.2
8	0	0	0	0	1	2	0.4
9	1	1	0	1	1	4	0.8
10	0	0	0	0	1	1	0.2
總和	5	4	5	8	9		
平均	0.5	0.4	0.5	0.8	0.9		

或　　　　　$$X_5 = \sum_{i=1}^{n} w_i x_{i5} = 0 \times 20 + 0 \times 20 + 1 \times 20 + 1 \times 20 + 1 \times 20 = 60$$

其中，X_j 為第 j 位考生的測驗分數，x_{ij} 為第 j 位考生在第 i 試題上的得分代碼（通常只分成「1」和「0」兩種），w_i 為第 i 試題上的得分權重，該測驗總共有 n 個試題。當然，當每題得分權重不一樣時，只要代入每一題的權重數，再分別乘以其相對應的代碼，再加總起來，即可獲得某位考生的測驗分數。因此，公式 2-1 還是可以適用的。

　　再以心理測驗中的評定量表試題的計分為例，它多半是將作答反應登錄成代表強弱反應程度不一的數字代碼，如「1、2、3、4、5、……」不等，是一種屬於多元計分的試題；若每一試題有不同的得分權重時，則所謂的「測驗分數」即是各試題的登錄代碼乘上其相對應的權重數，再將全部的試題得分加總起來的結果。茲以表 2-2 為例，說明其計分程序。

　　以表 2-2 中的數據而言，不論每一試題的得分權重是多少，每位考生的測驗

表 2-2　七點評定量表試題的計分

受試者	試　題					試　題	
	1	2	3	4	5	總得分	平均
1	2	4	3	5	2	16	3.2
2	5	7	7	7	6	32	6.4
3	3	5	4	4	1	18	3.6
4	6	6	6	6	5	29	5.8
5	7	7	6	2	2	24	4.8
6	5	2	6	7	2	22	4.4
7	2	3	3	3	1	12	2.4
8	4	3	6	3	3	19	3.8
9	3	5	5	5	1	19	3.8
10	4	4	5	6	4	23	4.6
總得分	41	46	52	48	27		
平均	4.1	4.6	5.2	4.8	2.7		

分數仍可以沿用公式 2-1 來計算如下：

$$X_5 = 7 + 7 + 6 + 2 + 2 = 24$$

或　　$X_5 = 7 \times 10 + 7 \times 10 + 6 \times 10 + 2 \times 10 + 2 \times 10 = 240$（假設每題權重均為 10）

　　由此可見，當我們需要報告給考生或受試者知道其測驗分數是多少時，我們可以使用未加權的測驗得分為代表，或使用已加權過的測驗得分為代表，均是可行的作法，它們之間的差異，只差別在我們如何決定每一試題的得分權重而已。尤其是，當假設每一題的權重數均相等時，就每一位考生或受試者的測驗分數而言，考生之間的相對位置是不會因為有無加權計分而有所改變的，此時，只要使用將每一試題的原始作答之得分代碼加總起來的測驗分數，作為考生或受試者的測驗分數代表，即是一種最簡便的作法。

　　然而，假如我們考量到每一試題的得分權重不一樣時，此時，即會因為有無使用加權計分的緣故，而造成測驗分數間的相對位置有所改變，因此，測驗分數

的涵義也會跟著不一樣。所以，可用來解釋測驗分數涵義的不同理論學說，便從中誕生。

試題特徵曲線

　　基於前二節的說明，試題反應理論即建立在兩個基本概念上：(1)考生（或受試者）在某一試題上的表現情形，可由一個（或一組）因素來加以預測或解釋，該組因素即稱作「潛在特質」（latent traits）或「能力」（abilities）（在教育測驗中，該「能力」有時候是指精熟度、知識、技巧、態度，或其他特質名稱）；(2)考生（或受試者）的表現情形與該組潛在特質之間的關係，可以透過一條連續性遞增的數學函數來表示，這條數學函數便稱作「試題特徵曲線」（item characteristic curve, ICC）（Hambleton, 1989; Hambleton & Swaminathan, 1985; Hambleton, Swaminathan, & Rogers, 1991; Lord, 1980）。其實，我們把能力不同考生（或受試者）的得分點連接起來所構成的曲線，便是這些能力不同的考生（或受試者）在某一試題上的試題特徵曲線；若進一步把各試題的試題特徵曲線加總起來，便構成所謂的「測驗特徵曲線」（test characteristic curve, TCC）。因此，試題特徵曲線即是一條試題得分對能力因素所作的迴歸線（regression line），這條迴歸線在基本上是非直線的（nonlinear），但直線的試題特徵曲線也是有可能的，端視研究者所選用的試題反應模式（item response model）（詳見本書第三章討論）而定。

　　試題特徵曲線所表示的涵義，即是指某種潛在特質的程度與其在某一試題上正確反應的機率，二者之間的關係；這種潛在特質的程度愈高（或愈強），其在某一試題上的正確反應機率便愈大，反之，則愈小。在試題反應理論中，每一種試題反應模式就有其相對應的一條試題特徵曲線，此一曲線通常包含一個或多個試題參數（item parameters）來描述該試題的特性，以及一個或多個能力（或潛在特質）參數（ability/latent trait parameter）來描述考生（或受試者）的潛在特質；因此，選用的試題反應模式所具有的參數個數及其數值的不同，所畫出的試題特徵曲線形狀便不相同。常見的試題特徵曲線形狀，有如圖 2-1 所示的幾種。

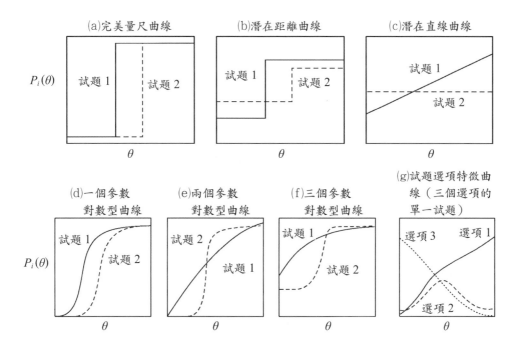

圖 2-1　七個不同的試題特徵曲線例子

（資料來源：Hambleton & Cook, 1977）

　　圖 2-1 所示的七種曲線中，θ 表示考生（或受試者）的能力或潛在特質，$P_i(\theta)$ 則表示能力或潛在特質為 θ 的考生（或受試者），其答對（或做出正確反應）某一試題的機率。例(a)所示，代表 Guttman 的完美量尺模式（perfect scale model），它是一個階段式函數（step functions）所形成的曲線，表示在某一關鍵值 θ^* 以右的機率為 1，以左的機率為 0；換句話說，這種模式具有完美的鑑別能力，而 θ^* 即為區別出有能力組和無能力組的臨界值。例(b)所示為例(a)的一種變形，叫作潛在距離模式（latent distance model），為社會心理學者常用來測量人類態度的一種模式，其正確與不正確反應的機率，在 0 與 1 之間變動不已。例(c)所示即為古典測驗理論下的試題特徵曲線，截距的大小反映出試題的難度，而曲線的斜率即代表試題的鑑別度，在所考慮的條件相等情況下，正確反應的機率與 θ 值成正比。例(d)到例(f)所示，即代表試題反應理論中的一參數、二參數與三參數對數型模式（logistic model），它們的涵義分別代表著：某一試題的正確反應機率除了受考生（或受試者）的 θ 值所決定外，並且分別受到一個參數（即難度）、兩個參數

（即難度和鑑別度）或三個參數（即難度、鑑別度和猜測度）的試題參數所決定，其正確反應的機率值亦介於 0 與 1 之間。例(g)所示為特殊的試題反應模式，如：Samejima（1969）的 等 級 反 應 模 式（graded response model）及 Masters（1982）、Muraki（1992）和 Yu（1991a）的部分計分模式（partial credit model）等，即是採用試題選項特徵曲線（item option characteristic curves），其所代表的意思是指試題中每一選項被選中的機率，是能力或潛在特質的一種函數，它有個基本假設，亦即是就某一固定能力的考生（或受試者）而言，他／她在同一試題上所有的試題選項特徵曲線的總和為 1。有關例(d)到例(g)的試題特徵曲線及其背後的試題反應模式，我們留待第三章再深入介紹。

除此之外，還有其他類型的試題特徵曲線，如：多向度試題反應模式（multidimensional item response models）、潛在類別模式（latent class models），和與結構方程式模型結合的潛在特質水準模式（latent trait level models）等，都有其個別的試題特徵曲線。但由於這些曲線模式相當複雜難懂，並且可以適用的電腦程式和實徵資料也不多，至今，應用的廣度仍不如圖 2-1 所示例(d)到例(g)之多。所以，當前的主流試題反應模式，還是以單向度二元計分的試題反應模式為主（Embretson & Reise, 2000; McDonald, 1999）。因此，本書所介紹的試題反應模式，將以單向度（含二元計分和多元計分）的模式為主，而以多向度的模式為輔，並舉實徵分析例子作說明。

試題反應模式不像古典測驗理論中的真實分數模式，它是可能作假的模式（falsifiable models）；換句話說，任何一種試題反應模式都有可能適用或不適用於某種特殊的測驗資料，亦即，模式可能會不當地預測或解釋資料。因此，在應用試題反應理論時，我們除了必須先估計出模式與考生（或受試者）的參數值外，還需要進一步考驗模式與資料之間的適配度（model-data fit）。這兩個議題（即參數估計和適配度檢定），我們分別留待第四章及第五章再作詳細的補充說明。

當某一種試題反應模式適用於某種測驗資料時，一些試題反應理論的基本特性也會跟著產生。首先，從不同組的試題估計而得的考生（或受試者）能力估計值，除了測量誤差外，不會受所使用的測驗種類的影響，亦即，它具有試題獨立（item-independent）的能力估計值特性；其次，從不同族群的考生（或受試者）估計而得的試題參數估計值，除了測量誤差外，亦不受參與測驗的考生（或受試

者）族群的影響，亦即，它具有樣本獨立（sample-independent）的試題參數估計值特性。上述這兩種特性，在試題反應理論中叫作「不變性」（invariance），這些不變性，是把試題訊息（information）考慮在能力參數估計的過程中，且把考生（或受試者）能力訊息考慮在試題參數估計的過程中而得。典型的試題參數不變性例子，如圖 2-2 所示。在圖 2-2 中，不管考生（或受試者）來自何種族群，只要他們具有相同的能力，他們答對（或做出正確反應）某一試題的機率便相同；由於某特定能力的考生（或受試者）答對某一試題的機率是由試題參數所決定，試題參數對這兩族群的考生（或受試者）而言，也必定相同。

　　除了上述的特性外，試題反應理論還可以針對個別的（亦即每一位能力不同的考生或受試者）能力估計值，提供其測量的估計標準誤（standard errors），這點不同於古典測驗理論僅提供所有考生單一、共同的測量誤差估計值的作法。此外，試題反應理論把能力測量的估計標準誤之平方的倒數，定義為「試題訊息函數」（item information function），它可以用來作為評量能力估計值之精確程度的指標，大有取代古典測驗理論中「信度」（reliability）係數之勢（Wright & Mas-

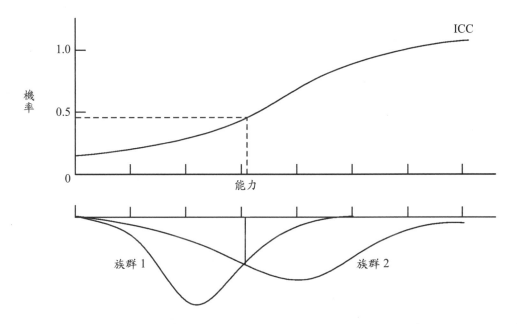

圖 2-2　試題特徵曲線與兩族群考生的能力分配曲線

ters, 1982; Wright & Stone, 1979）。有關試題訊息函數的議題，我們留待第七章再來詳細討論。

IRT 的基本假設

前一節所述，試題特徵曲線所代表的涵義即為：答對某一試題的機率，是由考生（或受試者）能力和試題特性所共同決定的。因此，試題反應理論具有下列幾項基本假設，唯有在這些假設都成立的前提下，試題反應模式才能被用來分析所有的測驗資料（Embretson & Reise, 2000; Hambleton, 1989; Hambleton & Swaminathan, 1985; Hambleton, Swaminathan, & Rogers, 1991; Lord, 1980）。

一　向度（dimensionality）

傳統上，常用的各種試題反應模式，都有個共同的看法，那就是假設測驗中的各個試題都測量到同一種共同的能力或潛在特質；這種單一能力或單一潛在特質（因素）必須包含在測驗試題裡的假設，便是「單向度假設」（unidimensionality assumption）。

事實上，在實際的測驗情境裡，考生（或受試者）在測驗上的表現情形，很少是純粹受到單一種因素的影響，其他因素如：成就動機、考試焦慮、應試技巧及人格特質等，也都會影響到測驗的結果。因此，試題反應理論中對測驗必須具有單向度因素的基本看法，認為只要該測驗具有能夠影響測驗結果的「單一主要成分或因素」（one major dominant component or factor），便算符合單向度假設的基本要求，而這個主要因素所指的，即是該測驗所測量到的單一主要能力或單一主要潛在特質。

目前，由於試題反應理論的發展逐漸完備，已經允許測驗中的各個試題所測量到的能力或潛在特質不只限於一種，這個有關多種能力或多種潛在特質（因素）可以包含在測驗試題裡的假設，便是「多向度假設」（multidimensionality assumption）。典型的試題例子，如：研究生入學性向測驗（Graduate Record Examination, GRE）中的「數量部分」（Quantitative Part）考題，其試題是以英文撰寫，但考題內容是數學，因此，該類型試題對母語不是英文的考生而言，便隱含測量到「英語文能力」和「數學能力」兩個能力向度，所以是符合「多向度假設」的測驗；即使是國內中小學數學評量中常出現的文字應用題，也都需要考生具有「閱讀理解」和「數學解題技巧」等多向度能力，才能順利解題。

適用於含有單一主要因素測驗資料的試題反應模式，便稱作「單向度模式」（unidimensional model），它可以應用到二元化計分、多元化計分，及混合這兩類計分方式的試題資料分析上，這種模式通常也簡稱作「IRT 模式」；而適用於含有多種主要因素的試題反應模式，便叫作「多向度模式」（multidimensional model），它也可以應用到二元化計分、多元化計分，及混合這兩類計分方式的試題資料分析上，這種模式通常也簡稱作「MIRT 模式」。至今，在測驗實務（不論是教育測驗或心理測驗）領域中，仍然是以單向度假設的試題反應模式居多；而多向度試題反應模式，雖然自 1980 年代起便有學者（如：Ackerman, 1989, 1992; McDonald, 1981; Reckase, 1985, 1997a, 1997b 等）陸續提出，但礙於其背後的數學公式複雜難懂，且可以方便使用的電腦程式及適用的實徵資料仍屬相當少數，原本被看好其可能在心理測驗資料上的應用潛力與價值，但至今仍未見學術界有廣泛應用多向度試題反應模式的趨勢（Embretson & Reise, 2000）。

二　局部試題獨立性（local item independence）

它的涵義是說，當影響測驗表現的能力因素固定不變時，考生（或受試者）在任何一對（任兩題）試題上的作答反應，在統計學上而言是獨立的；換句話說，在考慮考生（或受試者）的能力因素後，考生（或受試者）在不同試題上的作答反應之間，是沒有任何關係存在的。簡單地說，這意謂著涵蓋在試題反應模式裡的能力因素，才是唯一影響考生（或受試者）在測驗試題上做出正確反應的因素。這組能力因素即代表整個潛在空間（complete latent space），當單向度基本假設成立時，這整個潛在空間僅包含一種能力因素；而當多向度基本假設成立時，則這整個潛在空間可能包含一種以上的能力因素。

假設 θ 為能力因素，U_i 代表某位考生（或受試者）在第 i 試題上的反應，而

$P(U_i \mid \theta)$ 代表具有能力為 θ 的考生（或受試者）在第 i 試題上的反應機率；其中，$P(U_i = 1 \mid \theta)$ 為正確（即答對）反應的機率，且 $P(U_i = 0 \mid \theta)$ 為錯誤（即答錯）反應的機率。那麼，所謂的「局部試題獨立性」假設的涵義，即是指：

$$P(U_1, U_2, \cdots, U_n \mid \theta)$$
$$= P(U_1 \mid \theta)P(U_2 \mid \theta) \cdots P(U_n \mid \theta)$$
$$= \prod_{i=1}^{n} P(U_i \mid \theta) \qquad\qquad （公式 2\text{-}2）$$

公式 2-2 的數學涵義即是說明，對某一特定能力的考生（或受試者）而言，他／她在某份測驗上的反應組型（response pattern）的機率，等於他／她在單獨一題試題上的反應機率的連乘積。例如，某位考生（或受試者）在一個具有三題試題的測驗上所獲得的反應組型為（1, 1, 0），其中 $U_1 = 1$，$U_2 = 1$，$U_3 = 0$；那麼，局部試題獨立性所要表達的意思即為：

$$P(U_1 = 1, U_2 = 1, U_3 = 0 \mid \theta)$$
$$= P(U_1 = 1 \mid \theta)P(U_2 = 1 \mid \theta)P(U_3 = 0 \mid \theta)$$
$$= P_1 P_2 Q_3$$

其中，$P_i = P(U_i = 1 \mid \theta)$，且 $Q_i = 1 - P_i$。由於 $P(U_i \mid \theta)$ 是一種條件機率（conditional probabilities）的表達方式，因此，局部試題獨立性假設又稱為「條件獨立性」（conditional independence）假設。

　　通常，當單向度假設獲得成立時，局部試題獨立性假設也會獲得成立，就這一項涵義而言，這兩個概念是相通的（Lord, 1980; Lord & Novick, 1968），甚至於，即使資料不是單向度的，局部試題獨立性也可以獲得成立。只要整個潛在空間被界定清楚，亦即當所有影響測驗表現的能力向度都考慮之後，局部試題獨立性便可獲得成立。但是，局部試題獨立性在下列情況下通常無法成立：影響測驗表現的能力向度不只一種、疲勞、練習效果、特殊試題型態、作答格式的變異、連鎖性試題（item chaining）、題組型試題、速度測驗、解釋型試題、學習的機會

不均等、依據計分規準（scoring rubrics）下的實作評量，以及試題本身提供作答的線索等（Yen, 1993）。在這些情況下，「局部試題依賴性」（local item dependence, LID）的問題，會對測驗訊息及測驗分數估計標準誤的估計產生實質的影響（Habing & Roussos, 2003; Junker, 1991; Sireci, Thissen, & Wainer, 1991; Thissen, Steinberg, & Mooney, 1989; Wainer & Thissen, 1996; Yen, 1993），此時，必須選用特殊的試題反應模式才能適用於該筆測驗資料的分析。

三 非速度測驗（non-speed test）

試題反應模式所適用的情況有個隱含的基本假設，那就是測驗的實施不是在速度限制下完成的；換句話說，考生（或受試者）的考試成績不理想，是由於能力不足所引起，而不是由於時間不夠答完所有試題所致。由於這項假設是隱含在向度假設裡，所以不常被試題反應理論學者所提起，但是在選用試題反應模式時，這項基本假設亦必須要被考慮到才行。

四 知道─正確假設（know-correct assumption）

如果考生（或受試者）知道某一試題的正確答案，他／她必然會答對該試題；換句話說，如果他／她答錯某一試題，他／她必然不知道該試題的答案。當然，把正確答案填錯在別的格子上，以致整個試卷都錯的例子，不在本假設所考慮的範圍內，因為人為的疏忽不是任何測驗理論所能顧及到的。此外，省略未答的試題（omitted items）和未答完的試題（unreached items）有所不同，前者是受能力影響所致，後者是受施測速度影響所致。本假設僅能適用於前者，它和前一個假設一樣，都隱含在向度假設裡，故殊少被提及。

所以，綜合上述幾個基本假設，我們可以得知當前通用的試題反應模式，只能適用於具單（或多）向度潛在特質的考生（或受試者），且試題作答亦滿足局部獨立性、不是速度測驗，及知道即可答對的基本假設前提之下；相反的，針對違反這些條件的測驗情境（如：連鎖性試題、速度測驗，或人為的疏忽等情況，都會破壞局部獨立性或其他基本假設）下，當前的試題反應模式是無法適用的，

因此，當遭遇到這種情形時，我們便需要捨棄舊模式而另尋創新模式及新的估計
參數技術，才能專門解決此類問題。

IRT 的特色

若要問：試題反應理論與古典測驗理論有什麼不同？有什麼樣的特色，是古
典測驗理論完全沒有的？筆者認為，IRT 具有兩項古典測驗理論完全沒有的特色：
一為「參數不變性」（parameter invariance）的概念，另一為「訊息函數」（in-
formation function）的概念。

一 參數不變性

所謂「參數不變性」，意指用來描述一道試題的試題參數，其估計值的獲得
不受考生能力分配的影響，而用來描述某位考生的能力參數，其估計值的獲得亦
不受使用哪一組測驗試題的影響等特質（Hambleton & Swaminathan, 1985, p.
18）。也就是說，當 IRT 的模式與所分析的資料之間呈現適配（model-data fit）
時，不管是哪一能力分配群的考生來參與同一道試題的作答（以企圖估計該等試
題參數），均能獲得一條相同的試題特徵曲線之意（讀者可以參考圖 2-2 所示的
涵義即可得知）；同樣的道理，只要 IRT 的模式適配資料時，同一能力分配群的
考生無論是參與哪一組（或哪一道）測驗試題的作答（以企圖估計該等能力參
數），也都能獲得一條相同的測驗（或試題）特徵曲線之意。這種參數估計的特
性，簡單地說，即是該等參數（含試題與能力）估計值是一種屬於「樣本獨立」
（sample independent）特性的指標，在估計時，不會因為所使用的樣本（試題或
考生）不同而獲得不同的估計結果。

由於在古典測驗理論中，試題的難度參數（即試題答對率 p_i）及鑑別度參數
（即點二系列相關係數 r_{pb}）的計算，均會因為參與試題作答的考生能力分配之不
同，而獲得不一樣數值的估計結果；一般來說，使用侷限樣本（restricted sam-
ples）（如：僅使用高能力群組成的升學班學生為樣本，或僅使用低能力群組成

的資源班學生為樣本）所得的試題難度和鑑別度指標，均會比使用正常能力分配
（通常是常態分配）下的整體樣本所得的試題難度和鑑別度指標來得小。這是因
為這些古典測驗理論下的試題參數，是一種屬於「樣本依賴」（sample depen-
dent）特性指標的緣故。同樣的推理，也適用在對考生能力值的估計上，它依然
受到所使用的測驗試題組（即難度和鑑別度均可能不一樣）的不同而不同。因此，
當試題反應理論所提出的參數指標具有不變性特質時，自然而然地，即很快地獲
得學界的青睞與重視。

　　茲舉二參數對數型模式為例，說明此參數不變性的特質如下：

$$P_i(\theta) = \frac{e^{Da_i(\theta - b_i)}}{1 + e^{Da_i(\theta - b_i)}} \qquad i = 1, 2, \cdots, n \qquad\qquad （公式 2-3）$$

且

$$\frac{P_i(\theta)}{1 - P_i(\theta)} = e^{Da_i(\theta - b_i)} \qquad\qquad （公式 2-4）$$

將公式 2-4 的等號兩端各取自然對數，即得：

$$\ln\frac{P_i(\theta)}{1 - P_i(\theta)} = Da_i(\theta - b_i) = \alpha\theta + \beta \qquad\qquad （公式 2-5）$$

其中，$\ln\{P_i(\theta)/[1 - P_i(\theta)]\}$ 即稱做「對數勝算比」（log odds ratio），$\alpha = Da_i$，
$\beta = -Da_ib_i$。公式 2-5 所示，是一條一個預測變項（即 θ 值）對效標變項（即對數
勝算比，答對試題 i 的成功機率）所形成的線性迴歸線（linear regression line），
而該直線中的斜率（即 α）與截距（即 β）均為待估計的未知參數。因此，只要我
們能夠得知兩位考生的 $P_i(\theta)$ 值和 θ 值，我們便可以精確地計算出該未知的兩個參
數值（即斜率 α 與截距 β），再推估出原本的試題參數 a_i 和 b_i 值。由此可見，不
論 θ 值為何（如：不同能力程度的考生），該直線上的斜率值與截距值是不會因
為 θ 值的不同而改變的，所以，推估出的試題參數 a_i 和 b_i 值也會呈現一致的結

果；此即「試題參數不變性」的數學特性。

若換個角度來看，公式 2-5 所示也可以被看成是一條兩個預測變項（即 a_i 和 b_i 值）對效標變項（即對數勝算比，答對試題 i 的成功機率）所形成的線性迴歸線，而其中 a_i 變項的斜率（即 θ 值）是一個待估計的未知參數。因此，只要我們能夠得知兩道試題的 $P_i(\theta)$ 值、a_i 和 b_i 值，我們便可以精確地計算出該未知的斜率值（即 θ 值）。由此可見，不論 a_i 值為何（如：使用不同的試題當考試題目，當然會具有不同的試題鑑別度參數值），該直線上的斜率值（即 θ 值）是不會因為 a_i 值的不同而改變的，所以，不論使用哪一道試題來作為考試題目，所推估出的能力值 θ 也會呈現一致的結果；此即「能力參數不變性」的數學特性。

上述公式的推理，亦可適用到一參數和三參數對數型模式，以及其他試題反應模式裡。不過，參數不變性成立的一個前提，必須是：母群體中的模式完全適配所分析的資料時才成立，若僅是從已適配的母群體中抽取樣本來進行資料分析時，則會因為模式與資料的適配度不一定會完全成立，所以，上述的參數不變性特質不見得可以完全適用。因此，測驗學家便利用模式與資料間適配程度的大小，作為評估和比較參數估計值之間的差異大小，以資判定參數不變性是否存在或模式與資料之間的不適配程度。職此之故，不變性（invariance）與模式資料適配度（model-data fit），在本質上可以被視為是相等的概念（Hambleton & Swaminathan, 1985, p. 24）。

參數不變性是試題反應理論的一大特色，我們不太可能過度強調它們的重要性，尤其是在測驗等化、題庫建置、試題偏差的探討，及適性測驗等問題的應用上。因此，本書將在第四章至第六章更深入討論參數的估計問題，以及模式與資料間的適配度問題，並在第二篇「應用篇」裡，再分章加以深入介紹參數不變性對這些問題的應用價值。

二　訊息函數

試題反應理論的另一個特色，即是「訊息函數」的概念。訊息函數有兩類：一為試題的訊息函數（item information function），另一為測驗的訊息函數（test information function）。試題訊息函數的數學定義，即是試題特徵曲線微分的平方

與該試題變異數的比值，而測驗訊息函數的定義即為試題訊息函數的總和。

　　訊息函數對測驗編製的幫助甚大，也就是說，植基於試題反應理論下的測驗編製過程，需要大量使用訊息函數的概念，以作為挑選試題組成測驗卷的依據。此外，訊息函數也對未來電腦化適性測驗的發展幫助甚大，對評鑑測驗的相對效能，以及作為診斷測驗的測量精確度上，亦功不可沒。凡此種種的應用課題，本書將於第七章再深入討論訊息函數的概念。

第三章

IRT 的各種模式

　　試題特徵曲線是用來描述測驗所欲測量的考生潛在特質（即觀察不到的、潛在的變項）與其在試題上做出正確反應（即可觀察到的、明顯的變項）之機率，兩者之間的一種數學關係；因此，每一種關係就有其相對應的一條試題特徵曲線存在，亦即，每一種試題反應模式都可用來描述考生潛在特質與其做出正確反應機率之間的關係。

　　由於在心理與教育測驗資料中，常用的資料計分類型有三種，即：二元化計分（dichotomous scoring）、多元化計分（polytomous scoring）和連續性計分（continuous scoring）三種。其中，各級學校所實施的考試（examination）或成就測驗（achievement test）所慣用的單選的選擇題（multiple-choice item），其計分方式即為「二元化計分」的典型代表，亦即，它可以把任何作答結果，轉換成以兩種分數方式來表示的資料，即：答對的、正確的反應，記錄成或給分為「1」；答錯的、錯誤的反應，記錄成或給分為「0」。其他的試題題型，如：是非題、填充題、配合題等，也都可以使用「二元化計分」來記錄測驗成果。但在心理測驗中，「二元化計分」方式則是常使用「對或錯」、「二選一強迫選擇」、「同意或不同意」等方式來表示，即使是自由作答（free response）的題目，也都可以「二元化計分」方式來記錄成績。另一種計分較為特別的測驗資料，則是使用所謂的「多元化計分」方式，如：申論題的計分（如：分成「字彙、文法、文章結構、創意」等層面，分別給予不同的得分）、態度測量或問卷調查中常用的李克特氏評定量表（如：分成「非常不同意、不同意、同意、非常同意」等四個類別選項）等，都是這種計分的應用例子。甚至於，有些作答反應的記錄是以在某個連續性刻度量尺中的某個位置作為記號（如：打勾「ｖ」），來表示考生潛在特質的強弱或高低，這種計分方式即是屬於「連續性計分」。

　　根據 Thissen 和 Steinberg（1986）的分法，所有的試題反應模式（item response models）依其基本假設與參數估計時的設限不同，可以歸納為下列三大類：(1)差異模式（difference models）：適用於次序反應的資料；(2)除總模式（divide-by-total models）：適用於次序和名義反應的資料；(3)左加模式（left-side added models）：適用於有猜題（guessing）可能的單選題反應資料。雖然，到目前為止，大多數已發展出來並且已在使用中的試題反應模式，還是以適用於二元化計分的成就測驗資料為主；但是，應用在心理測驗資料上的多元化計分模式，也有逐漸增多的趨勢；此外，除了前二者所述之模式外，已有多向度潛在特質假設的模式被提出，它們也可以分成二元化計分和多元化計分兩種情形。由於本書的目的主要在介紹和討論單向度的試題反應理論與模式，因此本章根據試題計分方式的不同，將所有單向度試題反應模式，主要分成二元化計分和多元化計分二大類，並加以介紹其基本模式之特性；最後，才是稍稍提到其他罕用的可能反應模式，這些模式可以適用於其他類型資料。至於，日漸興盛的多向度試題反應理論與模式，則僅於本書第十四章第二節裡，作粗淺的介紹，等待日後此領域的發展更加成熟穩定後，再來深入介紹和討論。

　　當潛在特質只有單一向度時，亦即，當測驗只測量到一種共同的主要能力（one common major ability）時，文獻上常見的試題反應模式可以歸納成如表 3-1 所示（Hambleton & Swaminathan, 1985, p. 35）。在表 3-1 中，所有的試題反應模式均假設已經滿足局部獨立性和單向度能力的基本假設，差別僅在於每一條試題特徵曲線所使用的數學公式，和測驗資料背後的計分方式而已。

第一節　二元化計分的單向度IRT模式

　　目前，在教育測驗的資料分析中，當測驗試題的作答反應只分成「對」和「錯」兩種計分方式時，常用的基本試題反應模式有下列幾種，每一種模式都分別依據其採用的試題參數個數來命名，其中，又分別以 1PL、2PL、3PL 著稱的試題反應模式最常被使用，且都僅適用於二元化計分下的試題反應資料（亦即，正確反應者登錄為「1」，錯誤反應者為「0」的資料）。茲分成四小節說明如下。

表 3-1　常見的單向度試題反應模式

資料測量屬性	試題反應模式	參考文獻
二元化計分	潛在線性模式 （latent linear model）	Lazarsfeld 和 Henry（1968）
	完美量尺模式 （perfect scale model）	Guttman（1944）
	潛在距離模式 （latent distance model）	Lazarsfeld 和 Henry（1968）
	一、二、三參數常態肩形模式 （1, 2, 3 parameter normal ogive models）	Lord（1952）
	一、二、三參數對數型模式 （1, 2, 3 parameter logistic models）	Birnbaum（1968）、Lord 和 Novick（1968）、Lord（1980）、Rasch（1960/1980）、Wright 和 Stone（1979）
	四參數對數型模式 （4 parameter logistic model）	McDonald（1967）、Barton 和 Lord（1981）
多元化計分	等級反應模式 （graded response model）	Samejima（1969）
	名義反應模式 （nominal response model）	Bock（1972）、Samejima（1972）
	評定量表模式 （rating scale model）	Andrich（1972）
	部分計分模式 （partial credit model）	Masters（1982）

一　一參數對數型模式

一參數對數型模式（one-parameter logistic model, 1PL）是一種相通於歐洲、丹麥學者George Rasch（1960/1980）所獨自建構的模式，因此又有「Rasch模式」（Rasch model）之稱，以紀念這位丹麥數學家在測驗理論上所作的貢獻。Rasch模式原本通行於歐洲地區的心理計量學界，後來受到美國芝加哥大學 Benjamin

Wright 的大力鼓吹和推廣，亦逐漸在美國的心理計量學界受到重視，並成為心理測驗工具編製的標準範本與制式的測量模式之一。有關 Rasch 模式的發展詳情與應用現況，讀者可以再深入閱讀 Alagumalai、Curtis 和 Hungi（2005）、Bond 和 Fox（2001）、Fischer 和 Molenaar（1995）、Rasch（1960/1980）、Wright 和 Masters（1982）、Wright 和 Stone（1979）等人的專書介紹。

一參數對數型模式的數學公式，可以表示如下：

$$P_i(\theta) \equiv P_i(X_i = 1 \mid \theta) = \frac{e^{D\bar{a}(\theta - b_i)}}{1 + e^{D\bar{a}(\theta - b_i)}} \qquad i = 1, 2, \cdots, n \qquad （公式 3-1）$$

$$= \frac{e^{\theta' - b'_i}}{1 + e^{\theta' - b'_i}} \qquad \theta' = D\bar{a}\,\theta,\ b'_i = D\bar{a}\,b_i \qquad （公式 3-2）$$

其中，$P_i(\theta)$ 表示任何一位能力值為 θ 的考生答對試題 i 或在試題 i 上做出正確反應的機率；$\bar{a}$ 是所有試題共有的鑑別度參數（common discrimination parameter），通常都設定為 1；b_i 表示試題 i 的難度參數（item difficulty parameter）；D 是一個量化因子（scaling factor）、是一個常數，其值為 $D = 1.7$ 或 1.702；n 是該份測驗的試題總數；e 代表以 2.718 為底的指數（exponential）；且 $P_i(\theta)$ 是一條 S 形曲線，其值介於 0 與 1 之間。由於 $D\bar{a}$ 均為常數，可以被吸收併入 θ 量尺中，因此，Wright（1977a）偏好將公式 3-1 中的該值轉成 $D\bar{a}\theta = \theta'$ 且 $D\bar{a}b_i = b'_i$，故，公式 3-1 可以再簡化成公式 3-2，此即為目前用來表示一參數對數型模式（即 1PL）的數學公式。一參數對數型模式的試題特徵曲線，可以如圖 3-1 所示。

根據公式 3-2 的定義，試題難度參數 b 的位置，正好座落在正確反應機率為 0.5 時，試題特徵曲線對應到橫軸 θ 能力量尺（θ ability scale）上的一個點。換言之，當能力值等於試題難度參數值時（即 $\theta - b_i = 0$），考生答對該試題的機會只有 50%〔即 $P_i(\theta) = 0.50$〕；當能力值小於試題難度參數值時（即 $\theta - b_i < 0$），考生答對該試題的機會便低於 50%〔即 $P_i(\theta) < 0.50$〕；而當能力值大於試題難度參數值時（即 $\theta - b_i > 0$），則考生答對該試題的機會便高於 50%〔即 $P_i(\theta) > 0.50$〕。b_i 值愈大時（即試題較困難時），若考生想要擁有較高答對該試題的機會〔如：$P_i(\theta) > 0.50$〕的話，他／她便需要具有較高的能力（如 $\theta - b_i > 0$）才能辦到；同

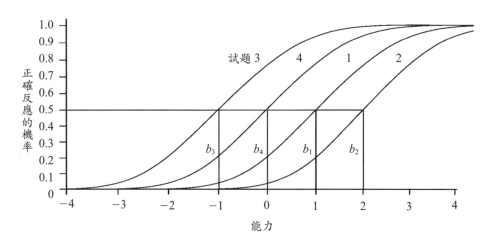

圖 3-1　四條典型的一參數對數型模式的試題特徵曲線

樣的道理，就任何一位考生能力而言，當他／她遇到較困難的試題時，他／她答對該試題的機會自然會較低。愈困難的試題，其試題特徵曲線的位置愈是偏向座落在能力量尺的右方；反之，愈簡單的試題，其試題特徵曲線的位置愈是偏向座落在能力量尺的左方。根據圖 3-1 所示，這四條試題特徵曲線的試題難度參數分別為：$b_1=1$、$b_2=2$、$b_3=-1$、$b_4=0$，其數值的大小，分別決定該四條曲線在能力量尺上的相對應位置，因此，試題難度參數有時又稱作「位置參數」（location parameter）。

　　理論上來說，b 值的值域介於 $\pm\infty$（即正負無窮大）之間，但在實務應用上，通常頂多只取 ±3 之間的範圍值，其統計概念與標準化常態分配（standardized normal distribution）下的 z 分數概念相同。由圖 3-1 所示可知，b 值愈大表示試題愈困難，b 值愈小表示試題愈簡單；因此，試題 2 會比試題 1 難作答、試題 1 會比試題 4 難作答，且試題 4 又比試題 3 難作答。在試題反應理論中，b 值的概念符合常理對數值大小的定義和想法，這一點頗不同於古典測驗理論中對難度參數 P 值的概念定義方式：「P 值愈大表示試題愈簡單，P 值愈小表示試題愈困難，其概念正好與常理對數值大小的定義和想法相反」（余民寧，2002）。b 值概念符合常理看法，且其估計值又不依賴考生樣本的能力水準，此樣本獨立的試題測量特色（person-free item measurement），正是試題反應理論在解釋試題特性上的一大優點。

　　從圖 3-1 亦可看出這四條曲線的形狀是一致的，但在能力量尺上的座落位置各有不同。這個現象顯示出：在一參數模式下，影響考生在試題上表現好壞的試題特性只有一個，那就是該試題的「難度」，也就是作答該試題是否困難或簡單的程度。一參數對數型模式並不把試題鑑別度參數考慮在內，其實，這種作法等於是假設所有試題的鑑別度都是相等的（通常都假設其數值為「1」），因此，每一條曲線的彎曲形狀都一致，差別的僅在其曲線座落位置的不同而已。同時，它亦假設試題特徵曲線的下限值（lower asymptote）為 0，亦即，對於能力非常低的考生而言，他／她答對該試題的機會是 0；換言之，儘管考生們在單選題試題上的作答往往會出現猜題的可能，特別是在答錯不倒扣分數時更為嚴重，但一參數對數型模式的假設，卻是假設能力低的考生（或受試者）沒有猜題猜中的可能，或者根本沒有猜題的必要性存在。

　　很顯然地，一參數模式的假設非常嚴格。這些假設是否適當，端視所欲分析試題資料本身的特性和所欲應用該模式的對象而定。例如，從一堆同質性頗高的題庫（item bank）中，選取相當容易的試題所編製而成的測驗，便非常符合這些假設的基本要求，這類情境亦常見於在有良好施測指導語下的效標參照測驗（criterion-referenced tests）裡；或者，存在於二元化計分的心理測驗情境中，考生的作答根本不需要猜題，因為作答並沒有「對或錯」之分，只有「選項類別」（即 A 選項或 B 選項）之分。此時，都是適合使用一參數對數型模式作為資料分析的基本模式。

二　二參數對數型模式

　　二參數對數型模式（two-parameter logistic model, 2PL）是美國學者 Birnbaum（1968）修改自 Lord（1952）的原始二參數常態肩形模式（normal ogive model）而來，由於它比常態肩形模式易於計算和解釋，目前已取代常態肩形模式，而成為主要的試題反應模式之一。自 Lord（1980）正式倡導試題反應理論起，二參數對數型模式已經在美國成為分析成就測驗資料的主流試題反應模式之一。

　　二參數常態肩形模式的數學公式，可以積分函數（integral function）表示如

下：

$$P_i(\theta) = \int_{-\infty}^{a_i(\theta - b_i)} \frac{1}{\sqrt{2\pi}} e^{-z^2/2} dz \qquad (公式 3-3)$$

其中，$P_i(\theta)$ 表示任何一位能力值為 θ 的考生答對試題 i 或在試題 i 上做出正確反應的機率；z 即為以 b_i 為平均數、$1/a_i$ 為標準差的常態分配變項，$P_i(\theta)$ 與能力值之間呈現一種單調遞增的函數關係（monotonically increasing function）；a_i 即為「試題鑑別度參數」（item discrimination parameter），是試題 i 所具有鑑別力大小的特性，其值與 $P_i(\theta)$ 在 $\theta = b_i$ 點上的斜率成某種比例關係；b_i 即為試題 i 的難度參數，是試題 i 作答的困難程度，其值定義在考生具有一半答對試題 i 的能力量尺上。

二參數對數型模式的數學公式，可以表示成下列各種形式：

$$P_i(\theta) \equiv P_i(X_i = 1 \mid \theta) = \frac{e^{Da_i(\theta - b_i)}}{1 + e^{Da_i(\theta - b_i)}} \qquad i = 1, 2, \cdots, n \qquad (公式 3-4)$$

$$P_i(\theta) = \frac{1}{1 + e^{-Da_i(\theta - b_i)}} \qquad i = 1, 2, \cdots, n \qquad (公式 3-5)$$

$$P_i(\theta) = [1 + e^{-Da_i(\theta - b_i)}]^{-1} \qquad i = 1, 2, \cdots, n \qquad (公式 3-6)$$

$$P_i(\theta) = \{1 + \exp[-Da_i(\theta - b_i)]\}^{-1} \qquad i = 1, 2, \cdots, n \qquad (公式 3-7)$$

其中，各符號的定義與公式 3-3 所示者相同，唯，D 是一個量化因子、是一個常數，當其數值為 $D = 1.7$ 或 1.702 時，整個 θ 能力量尺所對應的二參數常態肩形模式之 $P_i(\theta)$ 值與二參數對數型模式之 $P_i(\theta)$ 值，兩者之間的絕對值差距不到 0.01（Haley, 1952）。此外，由於二參數對數型模式也比二參數常態肩形模式，較方便推理、運算和簡易表達，因此，後來的試題反應模式多半傾向以對數型模式（logistic model）的形式來表達，而逐漸揚棄以常態肩形模式（normal ogive model）的表達形式，後者僅存在於理論性研究興趣而已。

如果我們將公式 3-4 中的分子項與分母項，皆同時乘以 $e^{-Da_i(\theta - b_i)}$，則公式 3-4 即可表示成公式 3-5；同時，公式 3-4 也可以表示成公式 3-6 和公式 3-7 兩種形式。從公式 3-4 到公式 3-7 所示，皆為常見之表達二參數對數型模式的數學公式。典

型的二參數對數型模式的試題特徵曲線，可以參見圖 3-2。

在二參數對數型模式中，試題鑑別度參數 a 的數值，剛好與 b 點所在位置的試題特徵曲線斜率（slope）成某種比例，一般來說，即把它看成是該試題特徵曲線的斜率值，即為 $P_i'(\theta) = Da_i P_i(\theta)[1 - P_i(\theta)]$（Lord, 1980, p. 61）。當 $\theta = b_i$ 時，此時，$P_i(\theta) = 0.5$ 且試題特徵曲線的斜率值達到最大值，即 $P_i'(\theta) = (D/4)a_i$；換句話說，當考生能力值 θ 等於試題難度時，此時能力的變化與答對試題機率的變化之間，具有最強烈的關係。此外，二參數對數型模式中的試題鑑別度參數與古典測驗理論中的試題鑑別度概念，基本上是相同的，且當考生能力值呈現標準化常態分配〔即 $\theta \sim N(0, 1)$〕時，$a_i = \rho_i / \sqrt{(1 - \rho_i^2)}$，$\rho_i$ 為試題得分（item score）與 θ 之間的二系列相關（biserial correlation）（Lord & Novick, 1968）。試題特徵曲線愈陡（steeper）的試題，比稍微平滑的試題，具有較大的鑑別度參數值；換句話說，鑑別度愈大的試題，其區別出不同能力水準考生的功能愈好，亦即分辨的效果愈好。事實上，該試題能否區別出以能力水準 θ 為分界線，上下兩組（即高於 θ 和小於等於 θ）不同能力考生的有效性，是與對應於 θ 能力量尺的試題特徵曲線的斜率成某種比例關係。

理論上來說，a 值的值域介於 $\pm\infty$ 之間，但學者們通常捨棄負的 a 值不用，

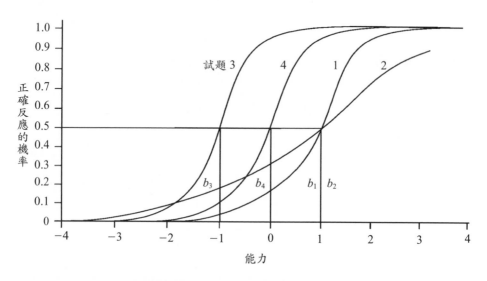

圖 3-2　四條典型的二參數對數型模式的試題特徵曲線

因為該試題反向區別不同能力水準的考生，此外，帶有負值 a 的試題特徵曲線，亦代表著「能力愈高的考生答對某試題的機率愈低」的涵義，這似乎與學理、常理相違背，所以在成就測驗中，負的 a 值被拋棄不用。所以，在實務應用上，a 值的值域僅取 $a>0$ 的部分。通常，a 值也不可能太大，常用的 a 值範圍介於 0 與 2 之間；a 值愈大，代表試題特徵曲線愈陡，試題愈具有良好的鑑別能力；a 值愈小，代表試題特徵曲線愈平坦，正確反應的機率與能力間呈現一種緩慢增加的函數關係，亦即試題比較無法明顯有效地鑑別出考生的能力水準。

　　很顯然地，二參數對數型模式是由一參數對數型模式延伸演變而來，亦即把試題鑑別度參數考慮進一參數對數型模式裡，便成為二參數對數型模式。如圖 3-2 所示，這四條試題特徵曲線的試題參數分別為：$a_1=1.0$、$b_1=1.0$，$a_2=0.5$、$b_2=1.0$，$a_3=1.5$、$b_3=-1.0$，$a_4=1.2$、$b_4=0.0$，這些參數決定試題特徵曲線的形狀不會是平行的，因為有不同大小的試題鑑別度值存在的緣故。當這四條試題特徵曲線的 a 值都相等時，這些曲線便呈現平行的 S 形曲線，如圖 3-1 所示；因此，我們也可以這麼說：一參數對數型模式是二參數對數型模式的一種特例，亦即，把試題鑑別度參數都設定成一致時（通常都設定 $a_i=1$，$i=1,2,\cdots,n$），則公式 3-4 便可以簡化成公式 3-1，這種說法於是成立。

　　由圖 3-2 亦可得知，這些曲線的下限值都是 0，亦即，二參數對數型模式並不把考生的猜題因素考慮在內，這項假設與一參數對數型模式所持者相同。由於猜題因素不存在的假設，往往使二參數對數型模式可以適用於自由反應（free-response）的試題分析，或試題不太困難的單選題測驗資料分析，對於有良好施測指導語的能力測驗資料亦可適用。

（三）　三參數對數型模式

　　三參數對數型模式（three-parameter logistic model, 3PL）亦是由 Lord 和 Novick（1968）與 Lord（1980）修改 Lord（1952）之前所提出的三參數常態肩形模式而來，目前亦已取代常態肩形模式，而成為分析成就測驗資料的基本試題反應模式之一。

　　三參數對數型模式的數學公式，可以表示如下：

$$P_i(\theta) \equiv P_i(X_i = 1 \mid \theta) = c_i + (1 - c_i)\frac{e^{Da_i(\theta - b_i)}}{1 + e^{Da_i(\theta - b_i)}} \quad i = 1, 2, \cdots, n \quad \text{（公式 3-8）}$$

其中，各符號的定義與公式 3-4 所示者相同，唯，多出一個「機運參數」（pseudo-chance parameter）c_i。這個參數提供試題特徵曲線一個可能大於 0 的下限值，它代表著能力很低的考生答對某試題的機率；亦即，當試題的困難度遠超過考生的能力時，他／她會傾向猜題作答，而可能猜對該試題的機率即為 c_i 參數概念所欲表示者。

三參數對數型模式是由二參數對數型模式延伸演變而來，它多增加一個參數 c，亦即是，把低能力考生的表現好壞因素也考慮在模式裡，當然，「猜題」（guessing）是這些考生在某些測驗試題（如：答錯沒有倒扣分數的單選的選擇題）上唯一可能的表現行為。一般來說，c 參數的數值比考生在完全隨機猜測下猜對的機率值稍微小一些，亦即，通常為 $c_i \leq \frac{1}{A_i}$，A_i 代表試題 i 的選項數目。Lord（1974）認為，這是由於命題者通常會在試題中佈置誘答選項的緣故，基於這項理由，c 參數不應該完全被視同為「猜題參數」。

三參數對數型模式中的試題難度參數 b_i，是座落在能讓試題特徵曲線的斜率值呈現最大值的能力量尺上（即 $b_i = \theta$）；此時，b_i 點所在位置所對應的試題特徵曲線之斜率值達到最大值 $0.425a_i(1 - c_i)$ 且 $P_i(\theta) = (1 + c_i)/2$，$a_i$ 為試題鑑別度參數；而試題猜測參數 c_i 則剛好位於試題特徵曲線與機率縱軸相交的位置，當 $c_i = 0$ 時，能力值 $\theta = b_i$ 的考生答對試題 i 的機率剛好為 50%，但在通常 $c_i > 0$ 的情況下，則能力值 $\theta = b_i$ 的考生答對試題 i 的機率則大於 50%〔即會出現在 $(1 + c_i)/2$ 的位置〕。有關這種典型的三參數對數型模式之試題特徵曲線的基本形狀，可以參見圖 3-3。

一般而言，常見的典型三參數對數型模式的試題特徵曲線，可以參見圖 3-4。根據圖 3-4 所示，這六條試題特徵曲線的試題參數分別為：$a_1 = 1.8$、$b_1 = 1.0$、$c_1 = 0.0$，$a_2 = 0.8$、$b_2 = 1.0$、$c_2 = 0.0$，$a_3 = 1.8$、$b_3 = 1.0$、$c_3 = 0.25$，$a_4 = 1.8$、$b_4 = -1.5$、$c_4 = 0.0$，$a_5 = 1.2$、$b_5 = -0.5$、$c_5 = 0.1$，$a_6 = 0.4$、$b_6 = 0.5$、$c_6 = 0.2$，這些參數決定這六條試題特徵曲線的形狀各不相同。其中，由第 1 條與第 4 條曲線的比

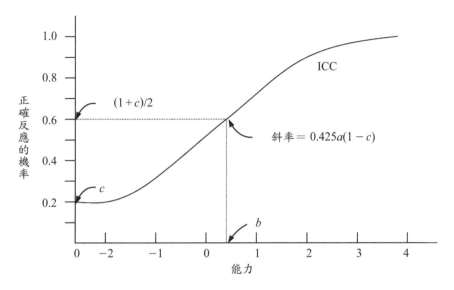

圖 3-3　三參數對數型模式之試題特徵曲線的基本形狀

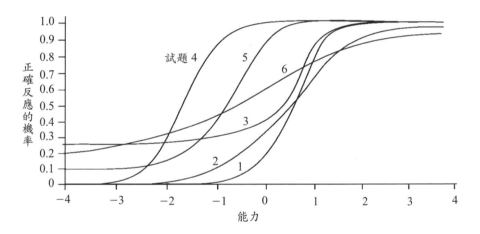

圖 3-4　六條典型的三參數對數型模式的試題特徵曲線

較，可以顯現出試題難度參數在試題特徵曲線上位置的重要性：較困難的試題（如第 1、2、3 題）大多偏向能力量尺中高能力的部分，而較簡單的試題（如第 4、5、6 題）則多偏向能力量尺中低能力的部分。由第 1、3、4 條與第 2、5、6 條曲線的比較，可以看出試題鑑別度參數對試題特徵曲線陡度（steepness）的影響力：愈具有高鑑別度的試題特徵曲線愈陡，鑑別度較低的試題特徵曲線則較為平坦。

最後，由第 1 條與第 3 條曲線的比較，可知 c 參數對試題特徵曲線的形狀也扮演著決定性的角色；同樣的，由試題 3、5 和 6 的下限值的比較，也可以提供我們不少有關 c 參數的訊息：試題 3 比試題 6，且試題 6 比試題 5，更容易被低能力的考生猜題猜中。

由圖 3-4 可知，這些曲線的下限值可能是 0，也可能不是 0，亦即，當 c 參數的數值為 0 時，三參數對數型模式便可以簡化成二參數對數型模式。因此，我們也可以這麼說：二參數對數型模式是三參數對數型模式的一種特例，當把試題猜測參數（即 c_i）設定為 0 時，則公式 3-8 便可以簡化成公式 3-4；而一參數對數型模式又是二參數對數型模式的一種特例，當我們再進一步將試題猜測參數設定為 0，且試題鑑別度參數（即 a_i）都設定成一致時（即通常都設定 $a_i = 1$，$i = 1, 2, \cdots, n$），則公式 3-4 便可以再度簡化成公式 3-1。所以，上述這兩種說法於是成立。

由於三參數對數型模式把鑑別度和猜題因素考慮在內，因此，所畫出的試題特徵曲線的形狀都不會是平行的，甚至，在大多數情況下，同一測驗中的各試題特徵曲線是呈現交錯的分布。三參數對數型模式往往特別適用於答錯不倒扣分數，且為四選一的單選題成就測驗資料的分析，但對於心理測驗（尤其是人格測驗）資料的分析，則往往是不適用的。

四 四參數對數型模式

在真實的考試情境中，高能力的考生往往會因為焦慮、粗心大意，或把問題的解答想過頭了，因而偏離選擇正確的答案，因此，上述三參數對數型模式的上限值（upper asymptote），便有可能不會真正地到達極限值 1。所以，McDonald（1967）與 Barton 和 Lord（1981）便提出第四種試題反應模式來處理這種問題，即四參數對數型模式（four-parameter logistic model, 4PL），它的數學公式可以表示如下：

$$P_i(\theta) = c_i + (\gamma_i - c_i) \frac{e^{Da_i(\theta - b_i)}}{1 + e^{Da_i(\theta - b_i)}} \qquad i = 1, 2, \cdots, n \qquad \text{（公式 3-9）}$$

其中，各符號的定義與公式 3-8 所示者相同，唯，上限值 γ_i 的數值會小於 1，表示在真實的考試情境中，可能因為種種因素的干擾，使得高能力的考生最高僅能獲得 γ_i 的機率值。

這種四參數對數型模式，恐怕僅含有理論研究的興趣而已，真正可以應用的實例不多，並且，在現行較為通用的 IRT 套裝程式（如：BILOG-MG、WINSTEP 等）裡，也多半僅能處理適合三參數模式以下的資料，故，在往後的試題反應理論發展中，它並未受到太多重視，因而逐漸被揚棄不用，也未見其有後續的發展文獻被呈現出來。

關於上述幾種對數型模式中量化因子 D 值的使用，在 1PL 模式中，一般較不常使用它，但在 2PL 和 3PL 模式中，則為習慣性地例行使用它；由於 D 值僅扮演一種線性量化的常數（linear scaling constant）作用，它與各種對數型模式的應用價值無關，因此，在模式裡是否一定需要使用它？這是一個屬於個人偏好的問題，研究者個人可以自行決定是否使用。

本節最後，茲將對數型模式與常態肩形模式的各種數學公式，摘要陳列在表 3-2 裡，以方便讀者可以快速查詢與參考比較。

第二節　多元化計分的單向度IRT模式

基本上，第一節所述的幾種基本試題反應模式及其試題特徵曲線，比較適用於二元化計分的成就測驗資料裡，但對於心理測驗資料的分析，則比較少適用，這是因為研究者所蒐集到的心理測驗資料，往往都是以多元化計分的緣故。因此，針對此多元化計分的資料（如：態度測量中常用的李克特氏五點量表：「非常同意」、「同意」、「沒意見」、「不同意」、「非常不同意」五個選項，分別給予計 5、4、3、2、1 分或 1、2、3、4、5 分不等），勢必要使用較為特殊的試題反應模式來處理。

由於心理測驗多半是用來測量受試者的某種潛在特質（如：人格、態度、性向、價值觀等），其試題的作答是沒有所謂「標準答案」的，所以，在作答時，受試者「沒有必要」進行猜題。因此，在這種作答情況下，前一小節所述之三參

表 3-2　常見的二元化計分試題反應模式數學公式

試題反應模式	數學公式
對數型模式：	
一參數	$P_i(\theta)=\dfrac{e^{D(\theta-b_i)}}{1+e^{D(\theta-b_i)}}$ 或　$P_i(\theta)=[1+e^{-D(\theta-b_i)}]^{-1}$
二參數	$P_i(\theta)=\dfrac{e^{Da_i(\theta-b_i)}}{1+e^{Da_i(\theta-b_i)}}$ 或　$P_i(\theta)=[1+e^{-Da_i(\theta-b_i)}]^{-1}$
三參數	$P_i(\theta)=c_i+(1-c_i)\dfrac{e^{Da_i(\theta-b_i)}}{1+e^{Da_i(\theta-b_i)}}$ 或　$P_i(\theta)=c_i+(1-c_i)[1+e^{-Da_i(\theta-b_i)}]^{-1}$
四參數	$P_i(\theta)=c_i+(\gamma_i-c_i)\dfrac{e^{Da_i(\theta-b_i)}}{1+e^{Da_i(\theta-b_i)}}$ 或　$P_i(\theta)=c_i+(\gamma_i-c_i)[1+e^{-Da_i(\theta-b_i)}]^{-1}$
常態肩形模式：	
一參數	$P_i(\theta)=\displaystyle\int_{-\infty}^{(\theta-b_i)}\dfrac{1}{\sqrt{2\pi}}e^{-z^2/2}dz$
二參數	$P_i(\theta)=\displaystyle\int_{-\infty}^{a_i(\theta-b_i)}\dfrac{1}{\sqrt{2\pi}}e^{-z^2/2}dz$
三參數	$P_i(\theta)=c_i+(1-c_i)\displaystyle\int_{-\infty}^{a_i(\theta-b_i)}\dfrac{1}{\sqrt{2\pi}}e^{-z^2/2}dz$
四參數	$P_i(\theta)=c_i+(\gamma_i-c_i)\displaystyle\int_{-\infty}^{a_i(\theta-b_i)}\dfrac{1}{\sqrt{2\pi}}e^{-z^2/2}dz$

數對數型模式中的 c 參數是不存在的。再加上，除了特殊試題的編製需求外，一般所編製的心理測驗試題，都應該會具有相等的試題鑑別度功能，如此才能衡量到一致的潛在特質，並且使每道試題都發揮相等重要程度的區別作用；因此，在這種試題編製情況下，二參數對數型模式中的 a 參數也可能會被看成是相等的或是習慣地被設定為 1，所以，試題鑑別度參數 a 也可能是用不著的。最後，便剩下一參數對數型模式可能比較適合用於心理測驗資料的分析了（Embretson & Reise, 2000）。

　　目前，可以適合用於心理測驗資料分析的試題反應模式，多半是根據一參數對數型模式所發展而來，其種類繁多，素有「Rasch 家族模式」（family of Rasch models）之稱（Masters & Wright, 1984）。這類模式可以用來作為分析李克特氏

量表（Likert scale）所屬的各種測量工具，以改進社會科學研究的測量精確度，對於社會及行為科學，甚至是教育研究的量化方法學而言，具有著實的貢獻潛能。我們茲分別根據心理測驗資料的測量屬性，以及提出試題反應模式的時間先後，依序列舉幾種基本的單向度多元計分模式如下。

一　等級反應模式

Samejima（1969, 1997）所提出的等級反應模式（graded response model, GRM），是延伸 Lord 的二參數常態肩形曲線而來，顧名思義，即是適用於試題選項（或反應）間具有次序大小關係（ordered responses）的一種試題反應模式。基本上，等級反應模式歸屬於 Thissen 和 Steinberg（1986）所分類的「差異模式」（difference model）之一，因為估算受試者在某個類別上的作答反應之條件機率時，必須使用到兩階段的步驟使然，因此，算是一種間接的（indirect）IRT 模式。

等級反應資料的試題題型，可以參考下列的範例：

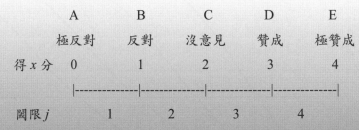

範　例　等級反應資料的試題

1. 您對政府即將實施「以英語作為第二個官方語言」政策的看法？

	A	B	C	D	E
	極反對	反對	沒意見	贊成	極贊成
得 x 分	0	1	2	3	4

閾限 j 　　　1　　　2　　　3　　　4

2. 請計算下列的式值？

$$\sqrt{3.6/0.2 - 9} = ?$$

（計分標準：完全答對得 4 分，部分答對得 2 分，答錯得 0 分）

由上述例子可知，屬於這類等級反應資料的試題，每個作答選項（option）或類別（category）之間是呈現獨立、互斥，且有一定的次序大小（ordering）關係存在。社會科學中的問卷調查、心理測驗、態度測量等，都常使用這種具有等級

反應資料的計分方式來進行。因此，Samejima 所提出的等級反應模式，原先即假設每個試題可以分成 $m+1$ 個類別（categories），並且可以分別給予不同的分數，如：$x=0, 1, 2, \cdots, m$。因此，她將一個等級反應類別（graded response category）的「操作特徵曲線」（operating characteristic curve, OCC）〔該名詞與前述者大不相同，因此，後者改稱為「試題反應類別特徵曲線」（item response category characteristic curve, IRCCC）——即表示每個作答類別反應的試題特徵曲線之意（參見圖 3-5），以與前述所稱者保持相一致〕的數學公式定義如下：

$$P_{ix}(\theta) = P_{ix}^{*}(\theta) - P_{i(x+1)}^{*}(\theta) \qquad \text{（公式 3-10）}$$

$$P_{i0}^{*}(\theta) = 1 \qquad \text{（公式 3-11）}$$

$$P_{i(m+1)}^{*}(\theta) = 0 \qquad \text{（公式 3-12）}$$

其中，$P_{ix}^{*}(\theta)$ 的定義概念與二參數對數型模式（即 2PL）相同，即是指在二元化計分（即所有小於 x 以下的類別反應，均計為 0 分；而大於等於 x 以上的類別反應，均計 1 分）時，具有能力值為 θ 的考生（或受試者）在試題 i 中得 x 分的機率，

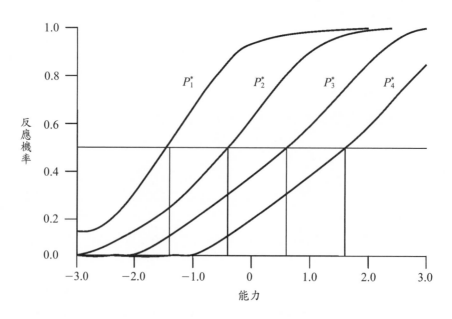

圖 3-5　典型的等級反應模式之操作特徵曲線（OCC）

即是前述的「試題反應類別特徵曲線」，也可以稱作是「分界線機率」（probability of boundary）；但是，$P_{ix}(\theta)$ 則是指稱「類別機率」（probability of category）或「類別反應曲線」（category response curves, CRC）。

　　Samejima 的模式，原先是擬開放給使用者自行定義 $P_{ix}^*(\theta)$ 的數學公式，她也曾考慮使用二參數對數型曲線（即 2PL）或二參數常態肩形曲線的可能，但後來在實務應用上，卻逐漸出現假設所有 $P_{ix}^*(\theta)$（$x=0, 1, 2, \cdots, m$）中的鑑別度參數均為相等的情況，該種模式是一種特例，特稱作等級反應模式的「同質性特例」（homogeneous case）。因此，針對每一種作答反應類別 x_i 而言，

$$P_{ix}(\theta) = P_{ix}^*(\theta) - P_{i(x+1)}^*(\theta) > 0$$

且當 $x=0, 1, 2, \cdots, m$ 時，除了 $x=m$ 和 $x=0$ 外，一般來說，$P_{ix}(\theta)$ 的形狀不會只是一種單調遞增的曲線，而是由一組稱作「類別反應曲線」所組成。這種情況，可從圖 3-6 的典型等級反應模式曲線圖看出。

　　由圖 3-6 所示（如前述範例）可知，對低能力考生而言，他選擇第一個類別

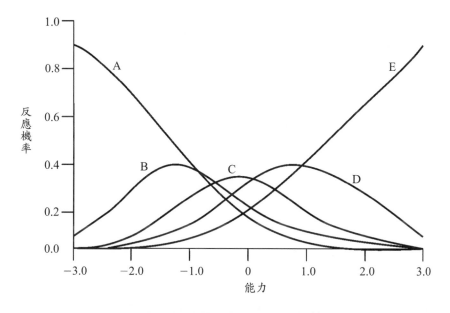

圖 3-6　典型的等級反應模式之類別反應曲線（CRC）

反應（如：曲線 A，即 $x=0$）的機率最大，該條曲線是呈現單調遞減的（monotonically decreasing）趨勢；而對高能力考生而言，他選擇最後一個類別反應（如：曲線 E，即 $x=m$）的機率最大，該條曲線是呈現單調遞增的（monotonically increasing）趨勢；而對中間能力的考生而言，他們選擇中間 $m-1$ 個類別反應（如：曲線 B、曲線 C 或曲線 D）的機率最大，該三條曲線通常是呈現單峰、兩極端趨近於 0 的次數分配形狀，但不會是單調遞增或單調遞減的曲線。就任何一個能力值為 θ 的受試者而言，他同時選擇這 $m+1$ 個選項的機率和必定為 1，因為這必須符合機率公式的基本定義的緣故，即：$\sum_{x=0}^{m} P_{ix}(\theta) = 1$。

因此，在公式 3-10 至公式 3-12 的限制，以及運用二參數對數型曲線的推理下，Samejima 推導出她的等級反應模式如下：

$$P_{ix}^*(\theta) = \frac{\exp[a_i(\theta - b_{ij})]}{1 + \exp[a_i(\theta - b_{ij})]} \qquad x = j = 1, \cdots, m \qquad \text{（公式 3-13）}$$

其中，$P_{ix}^*(\theta)$ 即稱作「操作特徵曲線」或「試題反應類別特徵曲線」，表示具有能力值為 θ 的考生（或受試者）在試題 i 中得 x 分的機率。這個作答機率，基本上是由第 i 題的試題鑑別度參數（item slope parameter）（即 a_i），以及介於該試題中每兩個相鄰類別間的「閾限」（或稱「門檻」、「難度」）參數（threshold parameter）（即第 i 題第 j 個類別閾限參數值 b_{ij}）所決定；同時，試題鑑別度參數愈大，所畫出來的作答反應類別的操作特徵曲線便愈陡，而類別反應曲線愈趨狹窄而高聳時，即表示作答反應類別區隔不同能力值的效果愈好，而介於兩兩相鄰類別間的「閾限」參數剛好是決定操作特徵曲線座落的位置所在，並且讓選答中間的類別反應曲線產生尖聳的單峰分配現象；此外，這些閾限參數值彼此間會具有次序關係，亦即，$b_{i1} < b_{i2} < \cdots < b_{im}$。因此，在一道典型的等級反應作答資料試題（如前述範例所示）裡，若某試題有五個選項，則將有一個試題鑑別度參數及四個閾限參數值需要估計，若另一試題有三種不同的計分方式，則將有一個試題鑑別度參數及二個閾限參數值需要估計。典型的等級反應模式參數估計的報表，如表 3-3 所示，這是利用 MULTILOG（Thissen, 1991）程式所分析出來的結果，

表 3-3　本小節假想範例的等級反應模式參數估計結果

試題	$a_i(SE)$	$b_1(SE)$	$b_2(SE)$	$b_3(SE)$	$b_4(SE)$
1	0.70（0.13）	−3.80（0.84）	−1.93（0.43）	−0.87（0.28）	1.88（0.39）
2	1.42（0.15）	−2.07（0.25）	−0.22（0.12）	0.93（0.15）	2.42（0.26）
3	1.43（0.15）	−2.37（0.28）	−0.93（0.14）	−0.39（0.13）	1.34（0.17）
4	1.31（0.15）	−2.72（0.36）	−0.81（0.15）	0.04（0.13）	1.85（0.24）
5	1.14（0.14）	−3.14（0.42）	−0.60（0.16）	0.64（0.15）	2.72（0.39）
6	1.84（0.19）	−1.15（0.14）	−0.15（0.10）	0.37（0.10）	1.60（0.18）
7	1.06（0.13）	−3.75（0.57）	−0.99（0.20）	0.11（0.16）	2.47（0.37）
8	0.65（0.12）	−4.43（0.90）	−1.08（0.31）	0.75（0.28）	3.96（0.79）
9	2.09（0.20）	−1.93（0.18）	−0.20（0.09）	0.42（0.09）	1.70（0.17）
10	1.18（0.14）	−2.81（0.39）	−0.64（0.16）	0.37（0.15）	2.24（0.32）
11	1.69（0.18）	−1.46（0.17）	0.08（0.10）	0.81（0.12）	2.13（0.23）
12	1.15（0.14）	−2.52（0.35）	−0.76（0.16）	−0.04（0.14）	1.71（0.24）

註：0＝極反對，1＝反對，2＝沒意見，3＝贊成，4＝極贊成。

讀者也可以參考本書第八章第三節的範例說明。

　　基本上而言，Samejima 的等級反應模式是二參數對數型模式（即 2PL）的延伸與應用，並非完全針對社會科學中常用的評定量表型態（rating-scale type）的作答資料格式（response format）而來。為了能夠適用在評定量表型態的作答資料格式（如本節所舉的試題範例）上，並且減少參數的估計和排列各試題的難度順序，Muraki（1990）乃進一步擴充修改等級反應模式，將等級反應模式中原本的類別閾限參數值進一步分割成兩個部分：(1)一個用來表示每個試題位置所在的位置參數（location parameter）（即 b_i），和(2)一組用來表示整個量表的類別閾限參數值（category threshold parameter）（即 δ_j），亦即，$b_{ij}=b_i-\delta_j$。Muraki 及其同僚自稱這樣的模式為「評定量表模式」（rating scale model），但 Embretson 和 Reise（2000）稱它為「改良式等級反應模式」（modified graded response model, M-GRM），以用來與後續擬介紹的評定量表模式有所區隔。筆者亦贊同他們的說法，仍稱此模式為「改良式等級反應模式」。

　　Muraki（1990）所提出之改良式等級反應模式的操作特徵曲線（即OCC），

可以表示如下：

$$P_{ix}^*(\theta) = \frac{\exp\{a_i[\theta - (b_i - \delta_j)]\}}{1 + \exp\{a_i[\theta - (b_i - \delta_j)]\}} \qquad x = j = 1, \cdots, m \qquad （公式 3-14）$$

或

$$P_{ix}^*(\theta) = \frac{\exp[a_i(\theta - b_i + \delta_j)]}{1 + \exp[a_i(\theta - b_i + \delta_j)]} \qquad x = j = 1, \cdots, m \qquad （公式 3-15）$$

並且，它也與等級反應模式的規範一樣（如公式 3-10 至公式 3-12），作答某一特定類別（即 $x = 0, \cdots, m$）或以上的機率值，仍為下列公式所示：

$$P_{ix}(\theta) = P_{ix}^*(\theta) - P_{i(x+1)}^*(\theta)$$
$$P_{i(x=0)}^*(\theta) = 1$$
$$P_{i(x=m+1)}^*(\theta) = 0$$

　　改良式等級反應模式與等級反應模式之間的最大不同點，在於它們對類別閾限參數值的界定方式。改良式等級反應模式中的位置參數（即 b_i），即是用來表示試題內各類別閾限參數值可以上下移動的位置；亦即，當某個試題具有一個很大的正 b_i 值時，即表示很少有受試者能夠填答最高等級的反應類別，而相反的，當某個試題具有一個很大的負 b_i 值時，亦即表示會填答最低等級的反應類別者也是非常少數的。因此，它所指稱的即是該試題的「難度」（difficulty）或「量尺值」（scale value）所在。總之，改良式等級反應模式是限制版的等級反應模式，它限制同一份量表中所有試題的類別界線距離都均等，而等級反應模式則允許每道試題的類別界線距離各自不同。因此，改良式等級反應模式的估計參數，會比等級反應模式的估計參數來得少，並且，在實務應用上，若一份測驗中存在有多種作答資料格式時，則相同作答資料格式的一組試題必須自成一個區塊（block），才能分別估計區塊內的類別和試題參數，若需要比較不同區塊內的試

表 3-4　本小節假想範例的改良式等級反應模式參數估計結果

試題	$a_i(SE)$	$b_i(SE)$	χ^2	df	p
1	0.93（0.05）	−0.96（0.10）	20.66	12	0.055
2	1.45（0.07）	0.28（0.06）	14.67	13	0.328
3	1.13（0.06）	−0.73（0.08）	21.15	12	0.048
4	1.33（0.07）	−0.39（0.07）	6.90	11	0.808
5	1.58（0.08）	−0.02（0.06）	8.37	12	0.756
6	0.98（0.05）	0.25（0.09）	36.90	13	0.000
7	1.51（0.08）	−0.35（0.06）	11.10	10	0.349
8	1.19（0.06）	−0.09（0.08）	18.47	13	0.140
9	1.50（0.08）	0.06（0.06）	21.37	13	0.060
10	1.33（0.07）	−0.15（0.07）	7.97	13	0.847
11	1.30（0.07）	0.51（0.07）	36.64	12	0.000
12	1.03（0.05）	−0.42（0.09）	8.28	13	0.825

M-GRM 的 δ_j 值＝ 2.266（0.04）、0.431（0.02）、−0.451（0.02）、−2.254（0.04）

註：將 M-GRM 中的 b_i 值減去各 δ_j 值，大約等於 GRM 中的 b_{ij} 值，但不會完全相同，這是因為兩個模式設定不同假設的緣故。

題參數時，則還必須透過區塊的銜接與等化工作，以建立共同量尺單位才行。所以，在這種測驗型態與資料計分的格式下，改良式等級反應模式的應用會優於等級反應模式的功用。典型的改良式等級反應模式參數估計的報表，如表 3-4 所示，這是利用 PARSCALE（Muraki & Bock, 1997）程式所分析出來的結果，讀者也可以參考本書第八章第二節的範例說明。

二　名義反應模式

　　Bock（1972）與 Samejima（1972）所提出的名義反應模式（nominal response model, NRM），是一種可適用於作答名義反應和次序反應資料的直接的（direct）IRT 模式，也是一種屬於 Thissen 和 Steinberg（1986）所歸類的「除總模式」（divide-by-total model）之一，通常被看成是所有除總模式和直接模式的通式。典型

的名義反應資料的試題題型，可以參考下列的範例：

範 例 名義反應資料的試題 ────────────────

1. 您最喜歡下列何種顏色？

   (1)紅色　　(2)黃色　　(3)藍色　　(4)綠色

2. 某道數學題的解法有多種，計分方式是根據考生的作答形式，再加以判斷。他是採用下列何種方式解題的？

   (1)直覺式　　(2)演算法式　　(3)折衷式　　(4)嘗試錯誤式

　　由上述例子可知，屬於這類名義反應資料的試題，每個作答選項或類別之間是呈現獨立、互斥和不具有任何次序大小關係的。因此，Bock 所提的模式，可以用來分析單選題中每個選項被選中之機率，這類單選題式的選項作答試題也出現在人格和態度的測量裡（Thissen, 1993）。假設某個試題有 m 個選項（或類別），則對每個能力值為 θ 的受試者而言，他選擇第 j 個選項（或類別）〔或者說，某個試題有 $m+1$ 種得分方式，對每個能力值為 θ 的受試者而言，他得 x（即 $x=0,\cdots,m$）分〕的機率，可以下列數學公式來表示：

$$P_{ix}(\theta) = \frac{\exp(a_{ix}\theta + b_{ix})}{\displaystyle\sum_{x=0}^{m} \exp(a_{ix}\theta + b_{ix})} \qquad i=1, 2, \cdots, n; \quad x=0, 1, \cdots, m \quad （公式 3\text{-}16）$$

其中，b_{ix} 和 a_{ix} 是試題 i 中得 x 分（或選擇第 j 個選項或類別，$j=1,\cdots,m$）的難度參數和鑑別度參數，而 $P_{ix}(\theta)$ 即為具有能力值 θ 的考生（或受試者）在試題 i 中得 x 分（或選擇第 j 個選項或類別）的機率。為了能夠讓模式得以被辨識（即估計出參數），通常必須針對公式 3-16 中的參數加以限制，其設限的條件通常設定為 $\sum a_{ix} = \sum b_{ix} = 0$，且第一個反應類別的參數通常設限為 $a_{i1}=b_{i1}=0$。故，公式 3-16 所示，即稱作「試題選項特徵曲線」（item option characteristic curve, IOCC）或「試題反應類別特徵曲線」（item response category characteristic curve, IR-CCC），是用來描述每個選項的作答反應機率；即使是「缺答」（omit）的反應

選項，也都有一條可與之相對應的試題選項特徵曲線來描述它。對於正確的作答選項，其所對應的試題選項特徵曲線必定與能力值之間，呈現一種單調遞增的函數關係；而對於不正確的作答選項，則其所對應之試題選項特徵曲線的形狀，將完全視不同能力值考生如何去選擇它而決定；但不論是選擇哪一個選項都好，任何一位能力值為 θ 的考生（或受試者）同時選擇這 m 個選項的機率和必定為 1。當試題選項只有兩個（即 $m=2$ 或 $x=0,1$）時，Bock 的模式便可以簡化成二參數對數型模式（即 2PL），所以，Bock 的模式比較是屬於一種通用的模式（general model）。

　　一個典型的名義反應模式的曲線基本形狀，是由 m 條試題選項特徵曲線所構成的，它們的個別形狀可以參見圖 3-7。由圖 3-7 所示可知，就每個試題所具有的 m 條試題選項特徵曲線而言，必定有其中一條曲線是呈現單調遞增的（monotonically increasing）（如：曲線 3），另一條是呈現單調遞減的（monotonically decreasing）（如：曲線 2），而剩下的 $m-2$ 條試題選項特徵曲線（如：曲線 1）則呈現單峰、兩極端趨近於 0 的次數分配形狀。其實，圖 3-7 所示和圖 3-6 所示相當雷同，但唯一的差別在於：圖 3-6 中的各類別閾限參數值有次序關係存在（即 $b_{i1}<b_{i2}<\cdots<b_{im}$），而圖 3-7 中的類別難度參數值則未必有次序關係存在。此外，

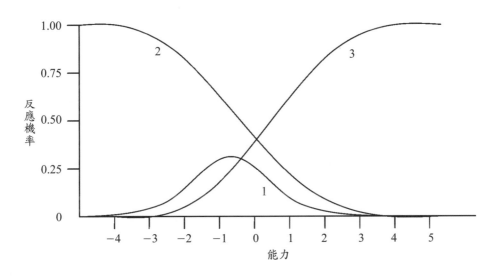

圖 3-7　典型的名義反應模式之試題選項特徵曲線

就任何一個能力值為 θ 的受試者而言，他同時選擇這 m 個選項的機率和必定為 1，這一點限制與等級反應模式相同〔不論就圖 3-6 和圖 3-7 所示，讀者可就任一點 θ 值畫一條直線，該直線與這 m 條試題選項特徵曲線的相交點，即為每一條試題選項特徵曲線的機率值，它們的和必定（且必須）為 1〕。

三 評定量表模式

雖然文獻上有記載（Andersen, 1995），有許多不同的作者提出不同版本的模式，但都稱作是「評定量表模式」，這實在讓很多讀者產生混淆。因此，本小節在此介紹者，乃依據時間順序，只以介紹第一位提出者為主，此即 Andrich（1978a, 1978b, 1978c, 1978d, 1982）所提出的評定量表模式（rating scale model, RSM），它亦是一種適用於試題作答的選項（或反應）資料之間具有次序大小關係的情況。這種模式的最初構想，即是針對社會科學研究中最常使用的李克特氏五點評定量表的態度測量問卷（Likert-typed five-point rating scale questionnaires for attitude measurement）而來。

典型的評定量表式反應資料的試題題型，可以參考下列的範例：

範例 評定量表式反應資料的試題

1. 您對政府擬恢復對國中小學教師進行課稅的問題看法如何？

    (1)非常不同意　(2)不同意　(3)沒意見　(4)同意　(5)非常同意

2. 您對政府推動 e 化政府結果的滿意程度為何？

    (A)非常不滿意　(B)不滿意　(C)滿意　(D)非常滿意

3. 您於最近一週內發生頭痛的頻率為何？

    (A)從未發生（未及一次）

    (B)偶爾發生（介於一到二次之間）

    (C)時常發生（介於三到四次之間）

    (D)一直發生（五次以上）

　　由於李克特氏評定量表所使用的評定等第，在測量尺度的假設上，原本即是假設彼此間的距離是等距的（equal distance），也就是說，受試者選擇每一個選項的心理距離（psychological distance）是相等的；亦即，從選項 1 到選項 2 之間的間距，等於選項 2 到選項 3 之間的間距，等於選項 3 到選項 4 之間的間距，等於選項 4 到選項 5 之間的間距。為了滿足這項假設，Andrich 所提的評定量表模式，便假設考生（或受試者）作答（或挑選）某個問卷試題中某個選項（或類別）的機率，係由該試題的難度參數和整份問卷共享的 m 個類別閾限參數所共同決定，可以下列數學公式來表示：

$$P_{ix}(\theta) = \frac{\exp\left\{\sum_{j=0}^{x}[\theta - (b_i + \delta_j)]\right\}}{\sum_{x=0}^{m}\exp\left\{\sum_{j=0}^{x}[\theta - (b_i + \delta_j)]\right\}} \qquad x = 0, \cdots, m \qquad （公式 3-17）$$

其中，$\sum_{j=0}^{0}[\theta - (b_i + \delta_j)] = 0$，$b_i$ 係指第 i 題的試題位置參數（item location parameter），用來表示該試題在整個問卷中的相對難易程度，即是該試題的難度參數；δ_j 係指同一份作答格式問卷中的第 j 個（$j = 1, \cdots, m$）類別分界參數（category intersection parameter），即是與前述等級反應模式或名義反應模式中所稱「類別閾限參數」具有相同的概念；而 $P_{ix}(\theta)$ 即表示具有能力值 θ 的考生（或受試者）在試題 i 中得 x 分（或選擇第 j 個選項或類別，$j = 1, \cdots, m$）的機率。基本上，這些類別分界參數對整個問卷中所有試題而言，都是相等的距離值，所以在同一份作答格式下的問卷共有 m 個類別分界參數值需要估計，如此，才能符合原本李克特氏評定量表的測量假設；並且，評定量表模式同時亦假設每個問卷試題都具有相等的試題鑑別度參數，故，它亦是屬於一參數對數型模式（即 1PL）的延伸應用。因此，考生（或受試者）在整個問卷上的原始作答總分（raw scores），即可用來作為估計考生（或受試者）能力值的起始值，因為它本身即符合充分統計數（sufficient statistics）的特色。

　　典型的評定量表模式參數估計的報表（如表 3-5 所示），及試題選項特徵曲

表 3-5　本小節假想範例的評定量表模式參數估計結果

試題	$b_i(SE)$	*Item Fit*	χ^2	*df*	*p*
1	−0.44（0.05）	7.492	9.199	1	0.031
2	0.30（0.05）	−1.943	2.429	1	0.648
3	−0.39（0.05）	1.008	4.470	1	0.329
4	−0.16（0.05）	−0.934	0.960	1	0.913
5	0.08（0.05）	−2.356	5.728	1	0.200
6	0.27（0.05）	1.631	28.309	1	0.000
7	−0.14（0.05）	−0.695	6.234	1	0.160
8	0.21（0.05）	3.838	20.313	1	0.000
9	0.15（0.05）	−3.502	7.524	1	0.087
10	0.00（0.05）	0.010	1.318	1	0.855
11	0.47（0.05）	−1.107	11.022	1	0.000
12	−0.17（0.05）	3.800	1.392	1	0.841
RSM 的 δ_j 值＝−1.600、0.224、−0.184 及 1.560					

線（如圖 3-8 所示），是利用 PARSCALE（Muraki & Bock, 1997）程式所分析出來的結果，讀者也可以參考本書第八章第二節的範例說明。基本上而言，圖 3-8 所示評定量表模式之類別反應曲線與圖 3-6 所示等級反應模式之類別反應曲線十分雷同，表 3-5 與表 3-4 所示的報表格式亦十分雷同，差別僅在於各試題位置參數、類別閾限參數，及適配度考驗結果估計的不同而已；但明顯不同的，是改良式（或）等級反應模式之類別閾限參數必須滿足 $b_{i1} < b_{i2} < \cdots < b_{im}$ 的條件，但評定量表模式之類別閾限參數則否，端視問卷試題內容的設計及受試者的填答結果而定，如表 3-5 所示一般。

四　部分計分模式

Masters（1982, 1988a, 1988b）所提出的部分計分模式（partial credit model），係綜合前述各種適用於次序反應資料的模式和計分特色，並加以擴增計分功能和特色的一種試題反應模式，仍然是適用於各種次序反應資料的計分上。基

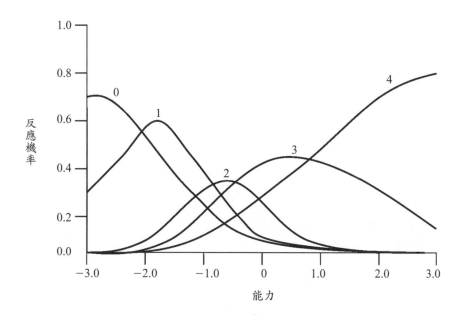

圖 3-8　典型的評定量表模式之類別反應曲線（CRC）

本上而言，部分計分模式的原先發展目的，是要解決成就測驗中承認部分知識（partial knowledge）存在事實的一種計分方式，亦即，針對答對部分試題者應給予部分得分，以用來區別與「全部答對和全部答錯」（all or none）這種二元化計分的不公平性現象（余民寧，1991a；Yu, 1991b）；但發展至目前為止，不論是態度測量、人格測驗，或社會科學中問卷調查常使用的李克特氏評定量表式的作答反應資料，部分計分模式統統都可以適用（Masters, 1985, 1987; Masters & Wright, 1997）。

　　典型的部分計分模式反應資料的試題題型，可以參考下列的範例：

範　例　部分計分模式反應資料的試題

　　1.計算題：請計算下列的式值？

　　　$\sqrt{3.6/0.2-9}$ ＝？

　　【計分標準：解出結果為 3 者（即完全答對）得 3 分，解出結果為 9 者（即具有除法及減法部分知識者）得 2 分，解出結果為 18 者（即僅具有除法部分知識者）得 1 分，而解出其他結果者（即完全答錯）得 0 分。】

2.作文題：「鏡子」（請以不超過五百字的篇幅，寫出一篇作文）。

　　【評分標準：分成六個級分（分數1、2、3、4、5、6）來評定作文的

　　品質，級分愈高，表示作文品質愈好，反之，則表示作文品質愈差。】

3.您對政府擬實施「中小學教師分級制」的看法為何？

　　(1)非常不贊同　　　(2)不贊同　　　(3)贊同　　　(4)非常贊同

　　【計分標準：0　　　　　　1　　　　　2　　　　　　3】

　　　　　　|-----------|-------------|-------------|

　　　　　　　　步驟 1　　　　步驟 2　　　　步驟 3

4.手眼協調的診斷評量：請用您的慣用手畫一個圓圈。

　　【評分標準如下：】

　　得 3 分　　　　　　得 2 分　　　　　　得 1 分　　　　　　得 0 分

　　　　部分計分模式係屬於 Thissen 和 Steinberg（1986）所歸類的「除總模式」
（divide-by-total model），也是一種直接的試題反應模式之一。它原先假設每一
道試題的作答，都可以分成幾個步驟（step）來完成，考生（或受試者）每通過
一個解題步驟，即可獲得某種局部分數，以代表他具有局部知識。因此，Maters
提出的部分計分模式，便假設考生（或受試者）在某一試題（具有 m 個解題步
驟，也就是具有 $m + 1$ 個反應類別或得分方式）上獲得 x 分（$x = 0, 1, \cdots, m$）的機
率，係由考生的能力參數（即 θ）以及該試題的步驟難度參數（step difficulty par-
ameter）兩者所共同決定，該模式可以下列數學公式來表示：

$$P_{ix}(\theta) = P(X_i = x \mid \theta) = \frac{\exp\left[\sum_{j=0}^{x}(\theta - b_{ij})\right]}{\sum_{k=0}^{m}\left[\exp\sum_{j=0}^{k}(\theta - b_{ij})\right]} \qquad x = 0, 1, 2, \cdots, m_i$$

且

$$\sum_{j=0}^{0}(\theta - b_{ij})=0 \qquad\qquad （公式 3-18）$$

其中，$P_{ix}(\theta)$ 係指受試者在第 i 題上得 x 分（$x=0,\cdots,m_i$）的機率，b_{ij} 係指第 i 題第 j 個步驟難度參數或稱「類別分界參數」。步驟難度參數係指相鄰兩個作答反應類別（response category）的交叉點對應到能力量尺上的位置參數，因此，隨著某一試題中任兩個相鄰作答反應類別的交叉位置的不同，部分計分模式中的步驟難度參數並不像等級反應模式中具有類別閾限參數必須滿足 $b_{i1}<b_{i2}<\cdots<b_{im}$ 的條件限制，端視試題解題步驟的設計或受試者對作答選項的選擇情況而定，同一試題內的各個步驟難度參數並不一定具有次序排列的關係存在。

典型的部分計分模式參數估計的報表（如表 3-6 所示），及類別反應曲線（如圖 3-9 所示），也是利用 PARSCALE（Muraki & Bock, 1997）程式所分析出來的結果，讀者也可以參考本書第八章第二節的範例說明。基本上而言，圖 3-9 所示

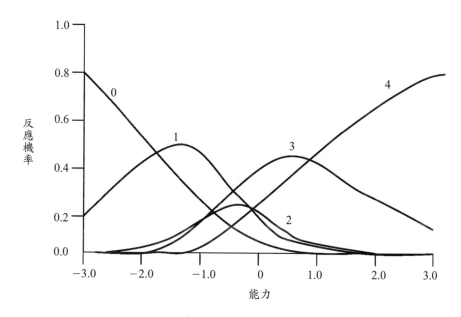

圖 3-9　典型的部分計分模式之類別反應曲線（CRC）

表 3-6　本小節假想範例的部分計分模式參數估計結果

試題	b_1 (SE)	b_2 (SE)	b_3 (SE)	b_4 (SE)	χ^2	df	p
1	−1.400 (0.23)	−0.279 (0.19)	−1.017 (0.16)	0.923 (0.14)	38.78	10	0.000
2	−1.763 (0.19)	0.080 (0.14)	0.622 (0.15)	1.830 (0.24)	11.36	11	0.413
3	−1.800 (0.23)	0.167 (0.19)	−1.168 (0.17)	1.117 (0.15)	9.36	10	0.498
4	−2.205 (0.25)	−0.003 (0.16)	−0.507 (0.15)	1.471 (0.17)	8.82	11	0.639
5	−2.519 (0.26)	−0.063 (0.14)	0.170 (0.14)	2.055 (0.23)	9.90	10	0.450
6	−0.686 (0.16)	0.431 (0.17)	−0.354 (0.17)	1.376 (0.19)	5.74	10	0.837
7	−2.890 (0.32)	−0.105 (0.15)	−0.383 (0.14)	1.835 (0.19)	13.86	10	0.179
8	−2.143 (0.24)	−0.154 (0.15)	0.011 (0.14)	1.907 (0.21)	29.31	10	0.001
9	−2.132 (0.21)	0.505 (0.15)	−0.139 (0.16)	1.636 (0.20)	7.53	11	0.755
10	−2.206 (0.24)	0.065 (0.15)	−0.134 (0.15)	1.623 (0.19)	13.35	10	0.204
11	−1.281 (0.16)	0.600 (0.15)	0.264 (0.17)	1.823 (0.24)	22.29	11	0.022
12	−1.738 (0.21)	0.203 (0.17)	−0.666 (0.16)	1.166 (0.16)	20.02	10	0.029
					190.38	124	0.000

註：$-2 \log likelihood = 11{,}553.011$。

部分計分模式之類別反應曲線形狀與圖 3-6 和圖 3-8 所示者十分雷同，表 3-6 與表 3-3 所示的報表格式亦十分相近。比較明顯不同的是，在部分計分模式中各試題步驟參數之間，不必然具有 $b_{i1} < b_{i2} < \cdots < b_{im}$ 的排序關係，如表 3-6 所示的第 3 題試

題即是一種反序（reversal）的情況，表示第二步驟比第三步驟還難解題。

後來，Masters 和 Wright（1984）持續歸納整理上述各種適用於次序反應資料的 IRT 模式，並企圖與 Rasch 模式作個創意連結，終於提出一個 Rasch 家族模式（family of Rasch models）的看法，並認為這個家族模式都是以部分計分模式為基礎模式（basic model），並且可以演化出整個家族模式。首先，他們界定並釐清下列的基本概念：一位考生（或受試者）在某個試題上得 x 分而非 $x-1$ 分的機率，可以下列數學公式來表示：

$$\frac{P_{ix}(\theta)}{P_{i(x-1)}(\theta)+P_{ix}(\theta)}=\frac{\exp(\theta-b_{ij})}{1+\exp(\theta-b_{ij})} \qquad \text{（公式 3-19）}$$

因此，得 x 分的機率便可以推導出即是部分計分模式（如公式 3-18）所示。經過數理過程的演化與推理，他們兩人提出下列如表 3-7 所示的公式轉換程序對照表，亦即，將部分計分模式中的步驟難度參數簡化成各種難度參數時，部分計分模式即可變化成各種公式。因此說來，部分計分模式是整個 Rasch 家族模式的通式（general form）。

雖然 Masters 和 Wright（1984）提出 Rasch 家族模式的概念，但畢竟都是屬於 Rasch 模式（即 1PL）的延伸與應用，亦即，該等模式均假設同一份測驗中的

表 3-7　Rasch 家族模式

Rasch 家族模式的通式	步驟參數的變化	名稱
$P_{ix}(\theta)=\dfrac{\exp\left[\displaystyle\sum_{j=0}^{x}(\theta-b_{ij})\right]}{\displaystyle\sum_{k=0}^{m}\left[\exp\displaystyle\sum_{j=0}^{k}(\theta-b_{ij})\right]}$ $\displaystyle\sum_{j=0}^{0}(\theta-b_{ij})=0$ $x=0,1,2,\cdots,m_i$	$b_{ij}=b_i$	二元模式（即 1PL）（Dichotomous model）
	$b_{ij}=b_{ij}$	部分計分模式（Partial credit model）
	$b_{ij}=b_i+\delta_j$	評定量表模式（Rating scale model）
	$b_{ij}=b_i+\log\left(\dfrac{j}{m-j+1}\right)$	二項式嘗試模式（Binomial trials model）
	$b_{ij}=b_i+\log(j)$	波氏計次模式（Poisson counts model）

所有試題均具有相等的鑑別度參數，也就是說，每道試題的解題步驟均具有相同的區別作用或相同的品質程度。然而，筆者認為就心理測量而言，這種假設也許還可以成立，但就成就測驗而言，不同解題步驟所發揮出來區別考生作答能力高低的鑑別作用應該是不相同的，因此，筆者提出二參數部分計分模式（two parameter partial credit model, TPPCM），允許每個解題步驟都具有各自存在的鑑別度參數，並且也以電腦模擬資料證實該模式是可能存在的，仍然可以適用於廣泛的次序反應作答資料上（Yu, 1991a, 1993）。二參數部分計分模式可以下列數學公式來表示：

$$P_{ix}(\theta) = \frac{\exp\left[\sum_{j=0}^{x} a_{ij}(\theta - b_{ij})\right]}{\sum_{k=0}^{m}\left[\exp\sum_{j=0}^{k} a_{ij}(\theta - b_{ij})\right]} \qquad \sum_{j=0}^{0} a_{ij}(\theta - b_{ij}) = 0 \qquad （公式 3-20）$$

不約而同地，Yen（1993）修改 Bock 的名義反應模式，提出一條適用於分析實作評量（performance assessment）中多元化計分的試題模式，她稱之為「二參數部分計分模式」（two parameter partial credit model, 2PPCM）。由於在一般的既定計分規準（scoring rubrics）下，考生在某試題上得分愈高者，即表示其能力值愈大，因此，該模式將能力值為 θ 的考生在第 i 試題上獲得 $j-1$ 分的機率，表示如下：

$$P_{ij}(\theta) = P(X_i = j-1 \mid \theta) = \frac{\exp(z_{ij})}{\sum_{k=1}^{m_i} \exp(z_{ik})} \qquad j = 1, 2, \cdots, m_i \qquad （公式 3-21）$$

其中，$z_{ij} = a_{ij}\theta - \sum_{s=0}^{j-1} \delta_{is}$，$\delta_{is}$ 是試題 i 得 $j-1$ 分的類別難度參數，且 $\delta_{i0} \equiv 0$。同時，為了要能滿足試題得分愈高即表示能力值愈大的條件，因此，需要針對公式 3-21 中的試題鑑別度提出設限如下：

$$a_{ij} \equiv \alpha_i(j-1) \qquad\qquad （公式 3-22）$$

亦即，允許每一多元化計分試題的鑑別度參數 α_i 各自不同。由於多元化計分試題的試題鑑別度，反映在作答反應類別曲線上的不同陡度（sharpness），因此，Masters 的部分計分模式可以被看成是 2PPCM 的一種特例，也就是把所有試題設定 $\alpha_i = 1$ 時，2PPCM 即可簡化成 Masters 的部分計分模式。同時，在試題只有兩種類別計分時（即「0 和 1」或「是和否」），並設定 $a_i = \alpha_i/1.7$ 及 $b_i = \delta_{i1}/\alpha_i$ 或者 $\alpha_i = 1.7a_i$ 及 $\delta_{i1} = 1.7a_ib_i$，2PPCM 的結果也將相等於 2PL 的結果。

約在同時，Muraki（1992, 1993）也進一步擴充部分計分模式的功能，允許同一份測量（或量尺）中具有不同試題鑑別度參數的存在，因而提出一個稱作「概化部分計分模式」（generalized partial credit model, GPCM）。GPCM 模式的表示與 2PPCM 模式的表示方法稍有不同，GPCM 模式可以下列數學公式來表示：

$$P_{ix}(\theta) = \frac{\exp\left[\displaystyle\sum_{j=0}^{x} a_i(\theta - b_{ij})\right]}{\displaystyle\sum_{k=0}^{m}\left[\exp\displaystyle\sum_{j=0}^{k} a_i(\theta - b_{ij})\right]} \qquad \sum_{j=0}^{0} a_i(\theta - b_{ij}) = 0 \qquad （公式 3-23）$$

其中，Muraki（1992, p. 162）把 a_i 參數解釋成第 i 題中隨能力值不同而使類別反應變化的程度（degree to which categorical responses vary among items as θ level changes），其實，即是與前述各種多元化計分模式中的試題鑑別度參數概念相當。典型的概化部分計分模式的類別反應曲線（即 CRC），與圖 3-9 所示十分雷同，但每一條曲線會隨著該題的試題鑑別度參數（即 a_i）值小於 1.0 而愈趨平坦化（flatten），而隨著該題的試題鑑別度參數值大於 1.0 而愈趨高聳（peaked）；而典型的概化部分計分模式的參數估計結果，也與表 3-6 所示十分相似，僅多增一項試題鑑別度參數值而已，這些估計結果也都可以 PARSCALE（Muraki & Bock, 1997）程式來進行，茲不在此贅述，讀者可以逕自參考本書第八章第二節的範例說明。

其他類型的單向度 IRT 模式

上述所介紹的各種主流 IRT 模式，均能適用於一般的大規模教育測驗（以評量成就的測驗為主）情境中，包括二元化計分與多元化計分兩大類的測驗資料分析作業。然而，在測驗實務上，仍有少數非主流、適用於特殊情境、測量不同層次目標，與需要不同假設下才能使用的罕見模式存在。筆者即綜合 Boomsma、van Duijn 和 Snijders（2001）、Fischer 和 Molenaar（1995）、Sijtsma 和 Molenaar（2002）、van der Linden 和 Hambleton（1997）、Yen 和 Fitzpatrick（2006）等人的看法，針對此等 IRT 模式試圖進行歸類於後。

一 成分模式

在有些測驗情境（如：微積分解題測驗、矩陣測驗、空間能力測驗）下，測驗試題的設計係結合認知心理學（cognitive psychology）和測驗與評量（testing and assessment）的學理而來，考生（或受試者）必須具備某些認知成分（cognitive components）才能順利、成功地解題或完成作業，而此時的認知心理學理論基礎，即是用來驗證該等試題是否可以測量到該理論所假設的建構。Fischer（1973, 1983, 1997）所提出的「直線對數型潛在特質模式」（linear logistic latent trait model, LLTM），即是用來處理這種試題設計內容會影響考生作答的試題反應資料。

直線對數型潛在特質模式係將 Rasch 模式設限修改而來，它將試題難度參數看成是由一組能夠正確解答試題所需之認知運作（cognitive operations）成分所構成的線性組合；亦即：

$$b_i = \sum_{k=1}^{K} w_{ik} \delta_k + c \qquad （公式 3-24）$$

其中，b_i 是試題 i 的難度參數，δ_k 是認知運作 k 的難度參數，w_{ik} 是反映出認知運作 k 在決定試題 i 難度之重要性的權重值（weights），而 c 則是一個隨機的量化

常數（scaling constant）。在原本僅適用於二元化計分資料的 LLTM 模式中，Fischer 係將測驗中所有試題的每個認知運作（即 δ_k）難度參數都視為相同；但是，為了能在多元化計分資料下也能應用，Fischer 和 Parzer（1991）擴充 Andrich（1978b）的評定量表模式，在試題參數中加入直線成分結構（linear component structure）的假設；Fischer 和 Ponocny（1994）也擴充 Masters（1982）的部分計分模式，亦採同樣的試題參數結構放寬限制。

隨後，Whitely（1980）擴充 Fischer 的直線對數型潛在特質模式到允許多重認知運作的測驗情境裡，而提出一個「多成分潛在特質模式」（multicomponent latent trait model, MLTM）。多成分潛在特質模式在多種需要認知運作能力表現的測驗（如：語文類比測驗、語句理解測驗）中，也都被證實可以適用（Embretson, Schneider, & Roth, 1986; Embretson & Wetzel, 1987）。接續，Embretson（1984）又允許試題 i 中的認知運作 k（如：閱讀理解測驗中的字彙數、閱讀年級程度、句子的長短等）的難度參數有各種不同的權重估計值存在，進而擴充原本的 MLTM 模式成為一種通用的「一般化潛在特質模式」（general latent trait model, GLTM）。

有關這些 IRT 成分模式如何被發展應用在評估個人的學習及改變問題的研究上，讀者可以參考 Fischer（1973, 1983, 1989）、Embretson（1991, 1995），及 Verhelst 和 Glas（1995）的詳細說明。雖然，這些結合認知心理學理論而成的各種成分模式，有助於理解考生（或受試者）在解題過程中的成分因素是如何運作的，更能改善未來試題編寫的技巧、測驗發展的技術，甚至是教學策略的精進；但是，這些模式均相當複雜，有關這些模式的假設、應用條件、估計參數的程序、分析資料的型態，以及模式與資料間的適配度問題等，都需要再進一步評估之後，才能確定這些模式是否真的具有實用的價值。

二 題組反應模式

由於傳統單選的選擇題（multiple-choice item）很容易因為命題的不慎，而偏向只測量到低層次的認知能力。因此，為了保持選擇題的優點，且又能避免測不到高層次認知能力的缺點，測驗實務界因而有改良式選擇題的研發——解釋性習

題（interpretive exercises）（余民寧，2002）。這種題型又稱作「題組型試題」（testlet）（Wainer & Kiely, 1987）或簡稱「題組」（item bundles）（Rosenbaum, 1988; Wilson & Adams, 1995），它的特徵即是：命題者提供一段（篇）導論性訊息（introductory message）（內容可以是：純文字式閱讀資訊、杜撰的故事、統計圖表、表格符號、地圖、標示圖，或專業知識的背景題材等）供考生（或受試者）閱讀，接著，出現一組（或連串）針對此訊息內容的選擇題供考生（或受試者）作答，並採個別答對題數的總和，作為整個題組得分的計分單位。

　　題組型試題的一大缺點，即是命題很容易違反 IRT 所假設的局部試題獨立性。雖然，Wainer、Bradlow 和 Du（2000）認知到一般的習慣性作法均將此局部試題依賴（local item dependence）的問題忽略，而仍然依照局部試題獨立性假設被滿足的前提下進行慣例性的試題分析；但是，只要測驗中含有局部依賴的試題在裡頭，但卻將它們看作是局部獨立的試題來進行分析，這樣的試題分析將會產生高估試題鑑別度參數和測驗精準度的結果（Sireci, Thissen, & Wainer, 1991; Wainer & Thissen, 1996; Yen, 1993）。因此，Thissen、Steinberg 和 Mooney（1989）建議將考生（或受試者）在題組型試題上的得分加總，以作為該題組得分，然後將它當作是一題多元化計分試題來進行校準分析和計分；然後，並將沒有重疊的題組得分和一般試題看成是局部獨立的試題，並採修正後的 Bock（1972）名義反應模式一起來進行多元化計分試題的 IRT 校準分析。使用相同策略的相關例子，則有 Wilson 和 Adams（1995）舉 Rasch 模式為例來分析題組型試題，Yen（1993）舉 2PPCM/GPCM 為例說明題組型試題該如何分析與應用。

　　雖然，上述一些學者建議採多元化計分試題的模式來處理題組型試題資料，但是，局部試題依賴所產生的問題還是無法完全避免。因此，Bradlow、Wainer 和 Wang（1999）另提出一項隨機成分參數來代表考生 x 題組交互作用（examinee-by-testlet interaction）的效果部分，而將 2PL 模式修改成為二參數題組模式（two parameter testlet model）如下：

$$P(X_{ij} = 1) = \frac{\exp\left[a_i\left(\theta_j - b_i - \gamma_{jd(i)}\right)\right]}{1 + \exp\left[a_i\left(\theta_j - b_i - \gamma_{jd(i)}\right)\right]} \qquad （公式 3-25）$$

其中，$\gamma_{jd(i)}$ 係指考生 j 和題組 $d(i)$ 的交互作用效果。在特定的題組下，一般均假設考生 j 在所有試題上的 $\gamma_{jd(i)}$ 值為一個常數（constant）；當然，只要限定 $\sum_j \gamma_{jd(i)} = 0$，$\gamma_{jd(i)}$ 值也可以是個變數，其數值隨著不同題組而不同。公式 3-25 模式的優點是，它可以處理個別的試題，而不是一個加總後的試題，並且，題組效果（testlet effects）也會顯現出與個別試題有關，而不是與一群試題有關。後來，Wainer、Bradlow 和 Du（2000）也延伸此作法，加入猜題行為因素在 3PL 模式中，而擴展成為三參數題組模式（three parameter testlet model）。

上述這些題組模式的最大缺點，即是為了方便估計，而將題組效果當成是隨機變項（random variable）來處理。但是，如果題組效果係來自評分者系統性評分所造成的試題依賴性時，不同考生作答同一題組型試題，將可能被估計出具有不同的題組效果值，此時，連 Bradlow、Wainer 和 Wang（1999）或 Wainer、Bradlow 和 Du（2000）的模式，也都無法精確評估試題依賴性對試題參數及測驗精確度估計的影響力。因此，未來的研究，還需要再進一步評估試題依賴性對試題參數估計以及測驗訊息量大小所造成的影響為何，才能確認此類模式是否具有實用性的價值。

三　群組層級模式

到目前為止，筆者所介紹的各種 IRT 模式，均是針對個別的試題（或題組）和考生（或受試者）的層級而言，特別是，關心個別考生（或受試者）的能力估計值，和運用考生層級的資料來估計試題參數。但是，有些大型評鑑式測驗〔如：美國加州評鑑方案（California Assessment Program, CAP）的評量〕的目的，卻是在評估各學區或學校辦學績效的好壞，以蒐集學校層級的診斷訊息，作為教育行政決策的參考依據。此時，該測驗所關心的問題，便是從群組層級（group-level）的角度而來，希望從學校層級的資料來獲取試題參數的估計結果。所以，Bock 和 Mislevy（1981, 1988）、Mislevy（1983）及 Mislevy 和 Bock（1989）等人提出的群組層級 IRT 模式，便是一種適用於此特殊情境目的之測驗資料分析模式。

群組層級 IRT 模式的涵義，即是在描述隨機抽樣自某一學校且具有某一精熟

（能力）水準的考生，他／她答對某一試題的機率函數關係為何。為了達成此一抽樣目的，通常都會採用矩陣抽樣設計（matrix sampling design）方式，針對一群在某一小段明確定義範圍潛在特質或能力值的考生而言，施以極短題本的隨機施測工作，每位考生僅作答一個或少數幾個題本，其中每題均測量單一個潛在特質或能力值，但每個題本均能測量到多個潛在特質或能力值。最後，便在學校層級加以合併數個題本的測量結果，以提供診斷訊息給教育當局，作為評估學校在此段明確定義的能力量尺範圍內的辦學績效或表現好壞（Tate, 1995）。

根據 Tate（1995）及其同僚（Tate & Heidorn, 1998; Tate & King, 1994）的研究發現，若學校內抽樣人數少於 50 人時，學校層級的分數估計精確度會急速下降，並且造成這種估計不精確性的原因，對學校層級及考生個人層級而言，都不盡相同。因此，他們發現，當研究人員的主要關心焦點是放在學校層級分數的估計精確性時，測驗發展與資料蒐集的工作就必須分開來個別處理，才不會彼此互相干擾。

其實，可以處理較高層級的資料分析工作，絕非 IRT 模式可以專屬。在結構方程式模型（structural equation modeling, SEM）方法論中的「階層線性模式」（hierarchical linear model, HLM）（余民寧，2006a；Raudenbush & Bryk, 2002; Raudenbush, Bryk, Cheong, & Congdon, 2004）方法，即可以順利、完善地處理與分析個人層級、學校層級，甚至更高層級的測驗資料。因此，IRT 的群組層級分析模式，似乎與 HLM 模式的發展取向有許多相似之處，未來的心理計量學研究發展，也許有機會逐漸走向融合這兩者（IRT 與 SEM）的趨勢（Maydeu-Olivares & McArdle, 2005），讀者們可以拭目以待。

四　非參數化 IRT 模式

另一種與參數化 IRT 模式（即上述所介紹過的各種 IRT 模式，都需要估計各種不同的參數，故而名之）截然不同並與之相對，且較不受模式強勢假設的侷限，卻也可以用來進行二元化計分資料的試題分析模式，即稱作「非參數化 IRT 模式」（nonparametric IRT model）。非參數化 IRT 模式具有兩項特徵：⑴該類模式通常會限制試題反應函數（item response function）必須具有順序或單調性（order or monotonicity）的關係；(2)該試題反應函數沒有針對參數下定義（Sijtsma, 1998）。

這種非參數化 IRT 模式有個優點，那就是當參數化 IRT 模式無法適配某筆測驗資料時，它通常都可以達到適配；而其缺點之一，便是當前的非參數化 IRT 模式無法針對考生的能力值和試題參數提供點估計的功能，也就是說，這項缺點將造成非參數化 IRT 模式無法提供足夠訊息供後續的測驗等化、適性測驗、題庫建置，和根據決斷值將考生分類等目的使用（Meijer, Sijtsma, Smid, & Eindhoven, 1990; Sijtsma & Molenaar, 2002）。儘管如此，Sijtsma（1998）及 Sijtsma 和 Molenaar（2002）還是提供許多例證說明非參數化 IRT 模式值得應用的價值所在。

典型的非參數化 IRT 模式，即是以 Mokken 所提出的模式和方法學為代表。Mokken（1971, 1997; Mokken & Lewis, 1982）所提的第一個模式，即稱作「單調同質性模式」（monotone homogeneity model, MHM）。單調同質性模式假設試題反應函數具有單向度、局部試題獨立性、單調遞增函數關係等基本假設，且其中的單調性假設，更確保考生答對某一試題的機率值與 θ 值呈現非遞減函數（non-decreasing function）關係，因此，該試題反應函數可以交叉、在某段相對的 θ 值區間呈現水平狀分布，和／或具有 0 與 1 之外的漸近線（asymptotes）。此外，除了對應 θ 值區間呈現水平狀分布的試題反應函數（因為沒有區別力）區段外，該模式也可以根據考生的期望試題得分來將考生的能力程度加以優劣排序；但是，當試題反應函數交叉時，卻不可以根據難度參數來將試題的困難作答程度進行順序排列。

後來，Mokken（1971, 1997; Mokken & Lewis, 1982）又提出另一個單調性假設，那就是限制試題反應函數也不可以交叉，因而提出「雙重單調性模式」（double monotonicity model, DMM）。這個新增的第二個單調性假設，即意謂著考生及試題都可以加以排序，除了他（它）們得分相同時除外；然而，考生及試題卻不是排序在同一量尺上。至於，能夠應用到多元化計分資料上的 DMM 模式，則有 Molenaar（1997）提出一個新的構想模式。

基本上而言，非參數化 IRT 模式不算是主流的 IRT 模式，它們的實用性如何，還有待研究評估。對此非參數化 IRT 模式感興趣的讀者，可以直接閱讀 Sijtsma 和 Molenaar（2002）的導論性教科書的介紹，裡頭非技術性取向地大幅介紹該模式的應用情形。另外，對技術性議題討論有興趣的讀者，則可以參閱 Boomsma,

van Duijn 和 Snijders（2001）的論文專著。

五　評審效果模式

上述各種 IRT 模式，多半都是適用在二元化計分或多元化計分下的選擇題型測驗試題上。但是，遇到考試題型是屬於開放式作答測驗試題或實作評量（如：作文題、申論題、限制反應題，或開放式問卷填答題）時，由於沒有固定的標準答案，計分往往需要仰賴評審（raters）的主觀判斷才能評分，此時，考生的得分便很容易受到考生能力、試題難度，甚至是評審的特質等因素的影響。在這種情境下，如果研究者還想應用 IRT 模式來估計考生或試題參數時，便需要把評審的特質因素考慮在模式裡，才能避免評審有四種不同管道對考生得分的估計產生誤差：(1)評分過於嚴苛或過於寬鬆；(2)因月暈效應（halo effect）的關係而影響評分；(3)傾向將評分侷限在某個分數區間內；及(4)傾向與其他評審的評分結果不一致（Saal, Downey, & Lahey, 1980）。評審自己的主觀評分，有時候也會隨著時間或隨著試題而有不一致的評分現象出現，此外，有的試題比其他試題較難評分，甚至不同的評分訓練也都會影響評審的評分行為。Engelhard（1994）、Fitzpatrick、Erickan、Yen 和 Ferrara（1998）、Lunz、Wright 和 Linacre（1991）等人便發現，評審效果（rater effects）會一致地影響考生得分，並且評估此影響力的大小，將有助益於：(1)校準評審效果的大小；(2)辨認不良的評審委員；以及(3)從評審效果中分離估計出試題難度值。這種針對評審行為進行詳細的研究與瞭解，將有助於發展出一個更具以理論為基礎的方法，用來評估評審效果以及它們所產生的最重要影響結果。

評估評審效果方面的應用例子，可參見 Engelhard（1994, 1996）及 Lunz、Wright 和 Linacre（1991）等人運用 Linacre（2003）所發展的 FACETS 程式去評估評審效果的嚴苛性程度。Wilson 和 Wang（1995）使用隨機係數多項分配洛基模式（random coefficients multinomial logit model, RCMLM），也是可用來評估評審效果大小及考生得分，它們均是一種改良、延伸式 Rasch 模式的應用。其餘，即使在大型教育測驗中伴隨採用多名評審參與評分的情境，Patz、Junker、Johnson 和 Mariano（2002）及 Verhelst 和 Verstralen（2001）也都有實例應用的報告提出，

讀者可以逐行參閱。

六 潛在類別模式

目前屬於主流的各種 IRT 模式，多半是假設受試者的能力參數特性是連續的（continuous）。然而，根據實際資料的適配度研究問題可以得知，在某些情況下，這種假設也許不是很恰當，因此才會造成模式與資料間的不適配問題產生。如果我們將該假設予以放寬，允許能力參數特性可以不是連續性的，而是間斷性的（discrete），也許就可以解決並解釋模式與資料間不適配現象的問題，這就是另一種新型 IRT 模式——潛在類別模式（latent class model）的研究起源（Rost, 1985, 1988a）。

潛在類別模式與試題反應理論所用的模式間最大差別，僅在於彼此對考生能力參數特性的假設不同：前者假設為間斷的，後者則假設為連續的。這兩者所使用的數學模式，都是一樣的深奧、複雜、難懂，都是以機率的觀念來表示某位具有某種能力特質（或能力類別）的考生在某個試題上答對之可能性。

在實際測驗資料上，可以應用到潛在類別模式的例子還不是很多，不過，未來的許多研究仍然有可能應用到潛在類別模式的地方，尤其是在人格與態度測量上。例如，其他能夠適用於評定量表（如：李克特氏五點評定量表）資料的所有測量問題，除了可用傳統的統計分析方法外，潛在類別模式的應用也許深具潛力（Rost, 1988a）；例如，Rost（1988b, 1990, 1991; Rost, Carstensen, & von Davier, 1997）延伸之前的潛在類別模式而提出一種混合模式稱作「successive intervals model」，係結合部分計分模式（即 PCM）和評定量表模式（即 RSM）的特色而來，即為一例。

七 其他模式

除此之外，Thissen 和 Steinberg（1984）提出一個可以通用於單選題測驗資料分析的選擇題模式（multiple choice model）；Wilson（1992b）提出一個次序分割模式（ordered-partitioned model），類似名義反應模式（即 NRM）一樣，可用來

處理反應類別不是完全呈現次序排列的試題資料；甚至，Mellenbergh（1994a, 1994b）提出一個概化線性試題反應模式（generalized liner item response model），不僅可以用來處理連續性作答資料，甚至可以將其他次序性作答資料都視為其特例資料之一；Roskam（1997）及 Verhelst、Verstralen 和 Jansen（1997）提出一個在有作答時間限制下，可以兼顧作答速度與精確性的試題反應模式；Spray（1997）提出一個可以處理單一試題但允許多次作答（single item with multiple attempts）的試題反應模式；還有，Andrich（1997）提出一個雙曲線餘弦（hyperbolic cosine IRT）模式及 Hoijtink（1991）提出一個平行四邊形（parallelogram IRT）模式等，也都是一種可以用來處理具有特殊形式ICC曲線的試題反應模式。以上這些模式皆屬相對較為罕見與罕用的理論模式，有興趣的讀者可以直接參考原著或進一步閱讀 van der Linden 和 Hambleton（1997）所編著的《當代 IRT 手冊》，本節在此不再加以詳述。

第四章

能力參數的估計

　　在第三章裡，我們已經得知當代測驗理論中存在著各種試題反應模式，它們可以用來幫助我們分析所遭遇之各種型態的測驗資料。接著，IRT 的重點工作，即是進一步討論：我們針對不同的測驗資料，所挑選使用的試題反應模式，其未知的參數（包括：能力參數和試題參數）是如何估計出來的？本章先就能力參數的估計及其相關議題進行討論，而試題參數的估計及其相關議題，則留待第五章再行討論。

基本概念

　　在古典測驗理論裡，考生（或受試者）在某份測驗上答對（或正確反應）的題數總和，即代表他／她在該測驗上的真實分數（true score）的不偏估計值（unbiased estimate），亦即是他／她在該測驗所測量之技能上的表現程度。而在試題反應理論裡，考生（或受試者）的能力值並不是由答對的題數總和來表示，而是必須透過估計才能得到的，亦即，經由某種適當模式以及考生的作答反應組型（response pattern），來估計出考生應有的能力估計值。

　　一般說來，欲估計考生（或受試者）能力值的大小，可參考下列步驟：

　　1.**資料蒐集**（data collection）：先取得考生在一組測驗試題上的作答反應資料，若是使用二元化計分時，答對者給 1 分，答錯者給 0 分；若是使用多元化計分時，則視選擇的不同，分別給予 4、3、2、1、0 分不等，或給予其他等級的分數（如：10、5、3、1 分不等）。

　　2.**選擇模式**（model selection）：一一比較每一種試題反應模式與所欲分析

資料之間的適配度（goodness-of-fit）是否成立，並從中挑選一種合適的試題反應模式，作為後續資料分析的依據。

3.**參數估計（parameter estimation）**：可挑選一種常用的電腦軟體程式（如：BILOG-MG、WINSTEPS、LOGIST 等），進行參數估計：⑴若試題參數（如：難度、鑑別度及猜測度）為已知時，則可使用統計學上最常用的最大概似估計法（maximum likelihood estimation, MLE），來進行估計考生（或受試者）的能力；⑵若試題參數為未知時，則試題參數與能力參數就必須一起同時進行估計，此時，亦可使用最大概似估計法來進行估計。而估計所得的參數值，均屬於原始分數（即未量尺化過或未標準化過）的參數估計值。

4.**進行量尺化（scaling）**：估計之後，再將收斂的能力估計值，經由直線或非直線轉換，以便換算成一種比較廣為大眾所熟悉的量尺分數（scaled scores）〔此轉換過程即稱作量尺化過程（scaled process）〕，以增加解釋測驗分數的便利性，達到實用的目的；例如，TOEFL 分數的使用便是一例。

經由上述步驟，我們便可以獲得考生（或受試者）的能力估計值，這不僅有助於我們解釋考生（或受試者）在某份測驗上的表現好壞，更有助於我們將它標準化後，比較彼此間能力的高低，以便進行某種目的的決策。然而，在考慮解釋能力估計值的意義之前，能力估計值的本質是什麼？什麼樣的分數轉換才有意義？該用何種量尺分數來表示？我們也必須要有所瞭解才行，方不致誤用或濫用試題反應理論的優點。

能力參數的估計

首先，我們先界定一位具有能力值為 θ 的考生（或受試者），他／她在某道測驗試題 i 上的作答反應（response）為 U_i，其中：

$$U_i = \begin{cases} 1，如果答對（或做出正確反應） \\ 0，如果答錯（或做出錯誤反應） \end{cases} （在二元化計分時）$$

或

$$
U_i = \begin{cases} x_i \text{，} & \text{如果選第 } m_i \text{ 個選項} \\ x_i - 1 \text{，} & \text{如果選第 } m_i - 1 \text{ 個選項} \\ \cdots \text{，} & \text{如果選第} \cdots \text{個選項} \\ 1 \text{，} & \text{如果選第 } 2 \text{ 個選項} \\ 0 \text{，} & \text{如果選第 } 1 \text{ 個選項} \end{cases} \quad (\text{在多元化計分時})
$$

則他／她在該試題 i 上的作答反應機率可以表示成：$P(U_i|\theta)$。如果是二元化計分時，則答對（correct response）試題 i（即得 1 分）的機率可以表示成：$P(U_i=1|\theta)$；若是多元化計分時，則在試題 i 選擇第 m_i-j 個選項（即得 x_i 分）的機率可以表示成：$P(U_i=x_i|\theta)$。這些機率值都是一種試題反應函數（item response function），都是由考生（或受試者）的能力值 θ 和該測驗試題的試題參數（如：難度 b_i、鑑別度 a_i、猜測度 c_i 等）等估計參數所形成的函數，習慣上，該項符號可以簡化記成：$P_i(\theta)$，或甚至簡寫成：P_i。為了方便表示說明起見，底下所述，均以二元化計分時為例。

因此，在二元化計分時，由於 U_i 的分布係成為一種二項式分配變項（binomial variable），故，一個正確作答的反應機率，便可以表示如下：

$$
\begin{aligned}
P(U_i|\theta) &= P(U_i=1|\theta)^{U_i} P(U_i=0|\theta)^{1-U_i} \\
&= P_i^{U_i}(1-P_i)^{1-U_i} \\
&= P_i^{U_i} Q_i^{1-U_i}
\end{aligned}
\qquad (\text{公式 4-1})
$$

其中，$Q_i = 1 - P_i$。故，一位能力值為 θ 的考生（或受試者），他／她在一組 n 個試題測驗上之作答反應，即是由這 n 個試題所形成的作答反應組型，可以記作 $\mathbf{U} = (U_1, U_2, \cdots, U_n)$；基於局部試題獨立性的假設，該考生在這個作答反應組型上的聯合機率（joint probability），記作 $P(U_1, U_2, \cdots, U_n|\theta)$，即可由每一個試題作答反應機率的連乘積來表示，亦即：

$$
P(U_1, U_2, \cdots, U_n|\theta) = P(U_1|\theta) P(U_2|\theta), \cdots, P(U_n|\theta)
$$

$$= \prod_{i=1}^{n} P(U_i \mid \theta) \qquad \text{（公式 4-2）}$$

$$= \prod_{i=1}^{n} P_i^{U_i} Q_i^{1-U_i} \qquad \text{（公式 4-3）}$$

當這個作答反應組型為已知時，亦即 $U_i = u_i$，且 u_i 的值為 1 或 0，則這種聯合機率的表示方式便不太恰當，此時，這種聯合機率的表示公式宜稱作「近似值函數」（likelihood function），記作 $L(u_1, u_2, \cdots, u_n \mid \theta)$，並且表示成：

$$L(u_1, u_2, \cdots, u_n \mid \theta) = \prod_{i=1}^{n} P_i^{u_i} Q_i^{1-u_i} \qquad \text{（公式 4-4）}$$

由於 P_i 和 Q_i 都是能力值 θ 和試題參數的數學函數，所以，近似值函數也是能力值 θ 和試題參數的數學函數。

因此，在試題參數為已知的情況下，我們只要得知每位考生（或受試者）的作答反應組型，即可針對某個固定的 θ 值，輕易算出其精確的近似值函數。我們也可以根據不同的 θ 值，畫出其相對應的近似值函數圖來。由於近似值函數是每個試題作答反應機率之連乘積，且每個機率值都是介於 0 與 1 之間，因此，這個近似值函數的數值在多個機率值連乘之後會變得非常的小，不便於畫圖；有鑑於此，一個比較好的量化方式，即是把近似值函數轉換成自然對數的形式，再來進行估計參數或畫圖。因此，公式 4-4 的等號兩端，各取自然對數後〔即稱作「對數近似值函數」（log-likelihood function）〕，即可表示成：

$$\ln L(\mathbf{u} \mid \theta) = \sum_{i=1}^{n} \left[u_i \ln P_i + (1 - u_i) \ln Q_i \right] \qquad \text{（公式 4-5）}$$

其中，$\mathbf{u} = (u_1, u_2, \cdots, u_n)$，即為 n 個試題的作答反應向量（response vector）。此時，凡是能夠使某位考生（或受試者）的對數近似值函數達到最高點的 θ 值，即被定義為該考生（或受試者）θ 值的最大概似估計值（maximum likelihood estimator, MLE）；也就是說，θ 的最大概似估計值，也可以被解釋成：能夠使某個已知的作答反應組型產生最大機率值的考生（或受試者）能力值。若把對數近似值函數與能力值 θ 畫成一個座標圖的話，則對數近似值函數中的最高點，所對應到 θ 能力軸上的一個點，該點即為 θ 的最大概似估計值，記作 $\hat{\theta}$，參見圖 4-1 所示。

其實，利用圖 4-1 所示的圖解方法來找尋最大概似估計值，不是一種很有效率的方式，尤其是當考生（或受試者）人數和試題數目增多時，這種方法更是不切實際、行不通的方法。比較有效的方法，應該是利用近似值函數曲線的數學特性，亦即，利用通過近似值函數最高點的函數斜率（以該曲線的第一階導數來表示）必定為 0 的特性。因此，我們可以利用微積分中求解函數的微分方程式，把近似值（或對數近似值）函數方程式的第一階導數（first derivative）求出來，並且設定為 0，再解這個方程式中相關參數的值，便可求得這些試題參數和能力參數的最大概似估計值；亦即：

$$\frac{d}{d\theta} \ln L(\mathbf{u} \mid \theta) = 0 \qquad （公式 4-6）$$

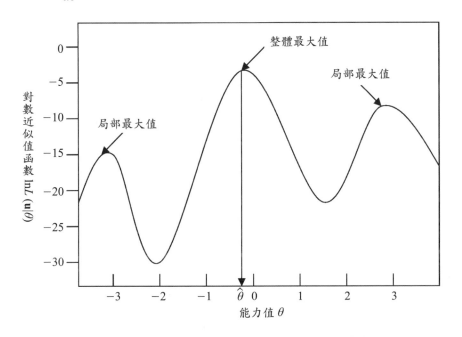

圖 4-1　對數近似值函數與能力估計值 $\hat{\theta}$ 之間的關係

凡是能夠滿足公式 4-6 所示的近似值方程式（likelihood equation）的解，即為 θ 的最大概似估計值。

但是，公式 4-6 所示的近似值方程式，是一條非直線的方程式，並且，由於第一階導數方程式中往往同時包含一個以上的參數，因此，最大概似估計值無法由該方程式中直接求出，我們必須再求出其第二階導數，再套入數值分析法（numerical analysis）中有名的 Newton-Raphson 遞迴估計程序（iteration procedure），才能把參數的最大概似估計值求出。當我們已知試題的參數，而只需要估計考生（或受試者）的能力值 θ 時，估計程序會簡化許多；而當我們未知試題的參數時，我們只能同步去估計試題參數和能力參數，此時，透過現成的電腦套裝程式（如：BILOG-MG、WINSTEPS 或 LOGIST）去執行這項工作，會簡易許多。

所謂的 Newton-Raphson 遞迴估計程序，其實是在求解下列方程式的解：

$$x_{m+1} = x_m - \frac{f(x_m)}{f'(x_m)} \qquad m = 0, 1, 2, \cdots, \infty \qquad \text{（公式 4-7）}$$

其中，x_m 是指第 m 次的 x 估計值，而 x_{m+1} 則是指第 $m+1$ 次的 x 估計值，$f(x_m)$ 則是指代入第 m 次 x 估計值時的估計函數 $f(x) = 0$ 的解，$f'(x_m)$ 則是 $f(x_m)$ 的第一階導數；故，公式 4-7 所示的涵義，即是指在遞迴估計程序中，每下一次的估計值，即是前一次估計值與一項微量校正項〔即 $f(x_m)/f'(x_m)$〕之間的差值，因此，這個估計程序必須是遞迴式的進行，一直到前後兩次估計值之間的差值的絕對值（即 $|x_{m+1} - x_m|$）小於某個事前決定好的預設值（通常都設為 $\varepsilon = 0.001$）為止，此時，我們便說該估計值已經達到收斂（converged）的程度，而 x_{m+1} 便是估計函數 $f(x) = 0$ 的解。從公式 4-7 可知，只要 $f'(x_m)$ 不為 0，Newton-Raphson 遞迴估計程序的解是會很快達到收斂的（Isaacson & Keller, 1966）。

現在，回到本章的主題。當我們要進行考生（或受試者）能力值的估計時，此時，

$$f(x) = \frac{d}{d\theta} \ln L(\mathbf{u}|\theta) \qquad \text{且} \qquad f'(x) = \frac{d^2}{d\theta^2} \ln L(\mathbf{u}|\theta)$$

因此，如果 θ_m 為第 m 次逼近最大概似估計值 θ 的解的話，則第 $m+1$ 次逼近最大概似估計值 θ 的解，即可由公式 4-7 推論得知，亦即：

$$\theta_{m+1} = \theta_m - h_m = \theta_m - \frac{\left[\dfrac{d}{d\theta} \ln L(\mathbf{u} \,|\, \theta_m)\right]}{\left[\dfrac{d^2}{d\theta^2} \ln L(\mathbf{u} \,|\, \theta_m)\right]} \quad m = 0, 1, 2, \cdots, \infty \qquad （公式 4-8）$$

公式 4-8 的涵義，相當於是說第 m 次的 θ 估計值 θ_m 與第 $m+1$ 次的 θ 估計值 θ_{m+1} 之間的差值（即對數近似值函數的第一階導數對第二階導數之比：h_m）的絕對值，若小於事前預定可以容忍的誤差值的話，則公式 4-8 即可達到收斂的程度。因此，公式 4-8 的估計程序，必須不斷地遞迴進行，一直到估計值達到收斂為止。當估計值能夠收斂時，我們可以宣稱該估計值為「收斂函數」（convergent function），電腦程式一定可以估計出一個解；但是，若估計值無法收斂時，我們便宣稱該估計值為「發散函數」（divergent function），此時，電腦程式會因為無法估計出一個解而當機，或是給我們一個警告訊息（warning message）。當估計達到收斂時，已經收斂的估計值 θ_{m+1}，即稱作「最大概似估計值」，便可記作 $\hat{\theta}$。

　　然而，前述幾個公式，都是假設只有一位考生（或受試者）的能力值需要估計而已，事實上，我們所遭遇到的測驗資料都不是如此，反而是，一群 N 位考生（或受試者）在 n 道測驗試題上的作答結果資料；也就是說，我們所面對的是一個 $N \times n$ 階的矩陣（matrix），而不只是一個 $1 \times n$ 階的向量（vector）的能力估計問題。因此，以下所述的估計方法，即是在試題參數為已知的條件下，試題反應理論中最常被使用的兩種能力值估計方法。

一 有條件的最大概似估計法

　　現在，我們有 N 位考生（或受試者），每位考生（或受試者）在 n 個測驗試題上的作答反應組型為 $\mathbf{u}_a = [u_{1a}, u_{2a}, \cdots, u_{na}]$（$a = 1, 2, \cdots, N$），因此，我們將可獲得 N 位考生（或受試者）的 θ 值，可以記作 $[\theta_1, \theta_2, \cdots, \theta_N]$。所以，若將每位考生的作答反應組型聯合起來表示成近似值函數的話，則可以表示成：

$$L(\mathbf{u}\,|\,\boldsymbol{\theta}) \equiv L(\mathbf{u}_1, \mathbf{u}_2, \cdots, \mathbf{u}_N \,|\, \theta_1, \theta_2, \cdots, \theta_N)$$

$$= \prod_{a=1}^{N} L(\mathbf{u}_a \,|\, \theta_a)$$

$$= \prod_{a=1}^{N} \prod_{i=1}^{n} L(u_{ia} \,|\, \theta)$$

$$= \prod_{a=1}^{N} \prod_{i=1}^{n} P_{ia}^{\,u_{ia}} Q_{ia}^{\,1-u_{ia}} \qquad\qquad\qquad （公式 4-9）$$

其中，$\mathbf{u} = [\,\mathbf{u}_1, \mathbf{u}_2, \cdots, \mathbf{u}_N\,]$，且 $P_{ia} \equiv P_i(\theta_a)$。所以，將公式 4-9 等號兩端各取自然對數後，便可以表示成：

$$\ln L(\mathbf{u}_1, \mathbf{u}_2, \cdots, \mathbf{u}_N \,|\, \boldsymbol{\theta}) = \sum_{a=1}^{N} \sum_{i=1}^{n} [\, u_{ia} \ln P_{ia} + (1 - u_{ia}) \ln Q_{ia}\,] \quad （公式 4-10）$$

因此，我們仿照公式 4-6 所述，只要去解下列 $\theta_1, \theta_2, \cdots, \theta_N$ 條近似值方程式的解，即可獲得 $\theta_1, \theta_2, \cdots, \theta_N$ 的最大概似估計值：

$$\frac{\partial}{\partial \theta_a} \ln L(\mathbf{u}_1, \mathbf{u}_2, \cdots, \mathbf{u}_N \,|\, \boldsymbol{\theta}) = 0 \qquad a = 1, 2, \cdots, N \qquad （公式 4-11）$$

亦即，

$$\frac{\partial \ln L}{\partial \theta_a} = \sum_{i=1}^{n} \frac{\partial \ln L}{\partial P_{ia}} \frac{\partial P_{ia}}{\partial \theta_a}$$

$$= \sum_{i=1}^{n} \left(\frac{u_{ia}}{P_{ia}} - \frac{1 - u_{ia}}{1 - P_{ia}} \right) \frac{\partial P_{ia}}{\partial \theta_a}$$

$$= \sum_{i=1}^{n} \left(\frac{u_{ia} - P_{ia}}{P_{ia} Q_{ia}} \right) \frac{\partial P_{ia}}{\partial \theta_a} = 0 \qquad\qquad （公式 4-12）$$

從公式 4-12 所示可知，這些近似值方程式均以單一的考生（或受試者）的 θ_a 值形式來表示，因此，只要確定我們所擬使用的試題反應模式為何，便可個別地估計出每位考生（或受試者）的 $\hat{\theta}_a$ 值，這樣的能力值估計方法，便是在試題參數為已知的前提下所進行估計的，因此，這種方法也稱作「有條件的最大概似估計法」（conditional maximum likelihood estimation of ability）。

茲以一參數對數型模式的能力值估計為例，其近似值方程式可以表示成：

$$\frac{\partial \ln L}{\partial \theta_a} \equiv D \sum_{i=1}^{n} (u_{ia} - P_{ia}) = 0 \qquad （公式 4-13）$$

或，把它展開來並簡化成：

$$D \left(r_a - \sum_{i=1}^{n} P_{ia} \right) = 0 \qquad （公式 4-14）$$

其中，$r_a = \sum_{i=1}^{n} u_{ia}$，代表考生（或受試者）$a$ 的答對題數分數（number correct score），亦即是原始得分（raw score）。因此，其第二階導數，即為：

$$\frac{\partial^2 \ln L}{\partial \theta_a^2} = -D^2 \sum_{i=1}^{n} P_{ia}(1 - P_{ia}) \qquad （公式 4-15）$$

因此，根據公式 4-8 所示的 Newton-Raphson 遞迴估計程序，在開始進行估計時，考生（或受試者）a 的 θ 起始值（initial value），記作 θ_{0a}，可以表示如下：

$$\theta_{0a} = \ln[\, r_a / (n - r_a)\,] \equiv \theta_a \qquad （公式 4-16）$$

而第 $m+1$ 次遞迴的估計值，即可表示成：

$$\theta_{m+1} = \theta_m - h_m \qquad m = 0, 1, 2, \cdots, \infty \qquad （公式 4-17）$$

其中，

$$h_m = \frac{D\left[r - \sum_{i=1}^{n} P_i(\theta_m)\right]}{-D^2 \sum_{i=1}^{n} P_i(\theta_m) Q_i(\theta_m)} \qquad （公式 4-18）$$

當 $|h_m| < \varepsilon = 0.001$ 時，上述的遞迴程序即終止；也就是說，當

$$|h_m| = |\theta_{m+1} - \theta_m| < \varepsilon = 0.001$$

發生時，估計值 θ_{m+1} 便達到收斂，即可被當作是 θ 的「最大概似估計值」，並且記作 $\hat{\theta}$。

　　同理，二參數及三參數對數型模式的能力值估計程序，亦可仿照公式 4-13 到公式 4-18 所示的步驟，只要將第一階和第二階導數代入 Newton-Raphson 的遞迴估計程序，一直進行到估計值收斂為止，即可獲得所需要的最大概似估計值 $\hat{\theta}$。這三種二元化計分下的試題反應模式之第一階與第二階導數，摘要在表 4-1 裡供讀者參考。

　　從表 4-1 中所示的第一階導數可知，近似值函數可以表示成下列的通式，即：

$$\frac{\partial \ln L}{\partial \theta_a} \equiv \sum_{i=1}^{n} k_i u_{ia} - \sum_{i=1}^{n} k_i P_{ia} = 0 \qquad a = 1, 2, \cdots, N \qquad （公式 4-19）$$

在 1PL 模式下，此

$$k_i = D \qquad （公式 4-20）$$

表 4-1　三種二元化計分試題反應模式的第一階與第二階導數

試題反應模式	第一階導數 $\left(\dfrac{\partial \ln L}{\partial \theta_a}\right)$	第二階導數 $\left(\dfrac{\partial^2 \ln L}{\partial \theta_a^2}\right)$
1PL	$D \displaystyle\sum_{i=1}^{n}(u_{ia}-P_{ia})$	$-D^2 \displaystyle\sum_{i=1}^{n} P_{ia}(1-P_{ia})$
2PL	$D \displaystyle\sum_{i=1}^{n} a_i(u_{ia}-P_{ia})$	$-D^2 \displaystyle\sum_{i=1}^{n} a_i^2 P_{ia}(1-P_{ia})$
3PL	$D \displaystyle\sum_{i=1}^{n} a_i(u_{ia}-P_{ia})(P_{ia}-c_i)/P_{ia}(1-c_i)$	$D^2 \displaystyle\sum_{i=1}^{n} a_i^2 (P_{ia}-c_i)(u_{ia}c_i-P_{ia}^2)Q_{ia}/P_{ia}^2(1-c_i)^2$

在 2PL 模式下，此

$$k_i = Da_i \qquad\qquad （公式 4-21）$$

在 3PL 模式下，此

$$k_i = Da_i(P_{ia}-c_i)/P_{ia}(1-c_i) \qquad\qquad （公式 4-22）$$

因此，讓我們來考慮兩個極端的例子。當考生（或受試者）a 答錯全部的試題時（即 $u_i=0$，$i=1,\cdots,n$），公式 4-19 便可以簡化成：

$$\sum_{i=1}^{n} k_i P_{ia}=0 \qquad\qquad （公式 4-23）$$

但是，由於 k_i 和 P_{ia} 均為正值，因此，公式 4-23 的等號只有在 $\theta_a=-\infty$ 時才會成立。而當考生（或受試者）a 答對全部的試題時（即 $u_i=1$，$i=1,\cdots,n$），公式 4-19 便可以簡化成：

$$\sum_{i=1}^{n} k_i - \sum_{i=1}^{n} k_i P_{ia} = 0 \quad \rightarrow \quad \sum_{i=1}^{n} k_i = \sum_{i=1}^{n} k_i P_{ia} \qquad （公式 4-24）$$

公式 4-24 的等號只有在 $\theta_a = +\infty$ 時才會成立。由此可見，在真實的測驗情境裡，考生（或受試者）a 的能力值為 $\theta_a = -\infty$ 或 $\theta_a = +\infty$，是不可能存在的，也就是說，考生（或受試者）的得分為滿分（perfect scores）（即全部答對）或 0 分（zero-correct scores）（即全部答錯）時，是無法估計出其最大概似估計值 $\hat{\theta}$ 的。因此，在使用現成電腦軟體程式（如：BILOG-MG），並選用最大概似估計法去估計能力參數時，通常，全部答對或全部答錯的考生（或受試者）作答反應組型，都必須事先被刪除掉，否則，程式不僅估計不出來，同時也會造成執行中斷的困境。至於全部答對或全部答錯的考生（或受試者）得分，研究者必須特別給它們指定某個數值才行，例如，最大值設定為 $\theta = +5$，最小值設定為 $\theta = -5$。

習慣上，遇到考生（或受試者）的得分為滿分或 0 分時，我們可以真實分數量尺（true score metric）來報告考生的真實分數 t 如下：

$$t = \sum_{i=1}^{n} P_i(\theta) \qquad （公式 4-25）$$

當 $\theta = +\infty$，$P_i(\theta) = 1$，因此，$t = n$；而當 $\theta = -\infty$，$P_i(\theta) = c_i$（以 3PL 為例），因此，

$$t = \sum_{i=1}^{n} c_i \qquad （公式 4-26）$$

若以 2PL 和 1PL 為例時，則因為 $c_i = 0$，所以，$t = 0$。或者，由研究者自行決定一個微量的正實數 ε，並將得 0 分的考生能力值估計設為（據公式 4-23 所示）：

$$\sum_{i=1}^{n} k_i P_{ia} = \varepsilon \qquad （公式 4-27）$$

同時，亦可將得滿分的考生能力值估計設為（據公式 4-24 所示）：

$$\sum_{i=1}^{n} k_i \, P_{ia} = \sum_{i=1}^{n} k_i - \varepsilon \qquad \text{（公式 4-28）}$$

當然，我們也可以將上述兩者連結起來，以

$$t = \sum_{i=1}^{n} P_{ia}(\theta) = n - \varepsilon \qquad \text{（公式 4-29）}$$

來表示為得滿分考生的真實分數；並以

$$t = \sum_{i=1}^{n} P_{ia}(\theta) = \sum_{i=1}^{n} c_i + \varepsilon \qquad \text{（公式 4-30）}$$

來表示為得 0 分者的真實分數。當然，此一個微量的正實數 ε，是研究者隨便決定的，並沒有任何理論基礎作根據。因此，最大概似估計法遇到這種極端分數資料的能力估計時，這種作法只是權宜之計，有一點類似貝氏估計法的作法（請參見下一小節所述），我們還是得審慎為之。

　　其實，以最大概似估計法來估計能力參數，除了上述全對或全錯的作答反應組型無法進行估計外，還會遇到一個難解的估計問題，尤其是使用三參數對數型模式時更是如此（Samejima, 1973a; Yen, Burket, & Sykes, 1991）。那就是：當試題數偏少、受試樣本的作答反應組型特異（aberrant）（即考生答對了相當困難和有鑑別度的試題，卻答錯了相當容易的試題），且呈現非常態分配時，我們在運算近似值（或對數近似值）函數時，很容易因為所使用的起始值不同，而使近似值（或對數近似值）函數收斂到「局部最大值」（local maximum），而不是收斂到「整體最大值」（global maximum）的現象，此時，它所對應的最大概似估計值，當然也就不會是一個正確的估計數值。由圖 4-1 所示，亦可推論得知此一現象，亦即：當我們隨便在能力值 $-\theta$ 軸上找一個點當作 θ_a 的起始值而去估計 θ 值

時，Newton-Raphson 的遞迴估計程序會很快地收斂到最鄰近的近似值最高點，而該近似值最高點往往不是真正的「整體最大值」，而是「局部最大值」而已；如圖 4-1 所示，共有三個近似值最高點，但是，其中兩個是屬於「局部最大值」，只有一個才是我們真正想要的「整體最大值」。Lord（1980, p. 51）也注意到這一點現象，但是他認為只要使用數目較大的試題（如：$n > 20$ 以上），上述所遭遇的估計問題是不會出現的。

因此說來，試題反應理論適用在大樣本的說法，不是沒有道理的。這裡所謂的大樣本，不僅是指受試者的人數要龐大，連試題數目也不可以太少（Lord 即認為要大於 20 題以上）。因為，當樣本偏少時，不僅容易產生組型特異的現象，同時也容易呈現不是常態分配的情形，這時，使用最大概似估計法所估計出來的結果，有很多情況是錯誤的。所以，最大概似估計法只適用在大樣本情況下的參數估計，並且需要把全對或全錯的作答反應組型刪除後，才能進行估計。關於這一點限制，讀者要特別小心，以免誤用最大概似估計法。

二 貝氏估計法

由於當考生（或受試者）的得分，呈現極端分數（即滿分或 0 分）時，最大概似估計法無法進行適當的估計，此時，若能事先獲得有關這一群考生的能力次數分配等訊息的話，則貝氏估計法（Bayesian procedure）亦可提供我們一個有意義的能力值估計結果。

貝氏估計法的核心理念，即是貝氏定理（Baye's theorem）。貝氏定理即是將條件機率（conditional probability）和邊緣機率（marginal probability）串連起來的有名定理之一，其涵義可以表示如下：

$$P(B|A) = \frac{P(A|B)\,P(B)}{P(A)}$$
（公式 4-31）

因此，當我們利用它來估計能力值參數時，我們必須把 B 的部分取代成 θ_a，把 A 的部分取代成一組由 n 個試題之作答反應組型組成的 **u**，所以，公式 4-31 便可以

表示成：

$$P(\theta_a | \mathbf{u}) = \frac{P(\mathbf{u} | \theta_a) P(\theta_a)}{P(\mathbf{u})}$$

（公式 4-32）

因為 θ_a 為一連續性變項，因此，上述公式宜被解釋成為密度函數（density functions），並且，由於 $P(\theta_a)$ 是用來表示 θ_a 的事前分配（prior distribution），很容易與第三章所述的試題反應函數（item response function）的公式符號混淆，因此，我們宜以表示密度函數的符號 $f(\cdot)$ 來代替，以減少誤解。所以，公式 4-32 便可以被取代表示成：

$$f(\theta_a | \mathbf{u}) = \frac{f(\mathbf{u} | \theta_a) f(\theta_a)}{f(\mathbf{u})}$$

（公式 4-33）

很明顯地，就任何一個已知的作答反應組型 $\mathbf{u}$ 而言，$f(\mathbf{u})$ 其實是一個常數項（constant），密度函數 $f(\theta_a | \mathbf{u})$ 是 θ_a 的事後密度函數（posterior density function），且 $f(\theta_a)$ 是 θ_a 的事前密度函數（prior density function）。由於 $f(\mathbf{u} | \theta_a)$ 可以被視同為觀察到的近似值函數，因此，公式 4-33 便可以再被簡化表示成：

$$f(\theta_a | \mathbf{u}) \propto L(\mathbf{u} | \theta_a) f(\theta_a)$$

（公式 4-34）

其中，$L(\mathbf{u} | \theta_a)$ 即為公式 4-4 所示的近似值函數。也就是說，套用貝氏定理的術語，公式 4-34 的涵義即是說：

「事後密度函數 $\propto$ 近似值函數×事前密度函數」　（公式 4-35）

因此，當我們同時考量 N 名考生（或受試者）的作答反應資料時，其事後密度函數和事前密度函數即為 $\theta_1, \theta_2, \cdots, \theta_N$ 的聯合密度函數，因此，公式 4-34 即可被擴展寫成：

$$f(\theta_1, \theta_2, \cdots, \theta_N \mid \mathbf{u}_1, \mathbf{u}_2, \cdots, \mathbf{u}_N) \propto$$

$$L(\mathbf{u}_1, \mathbf{u}_2, \cdots, \mathbf{u}_N \mid \theta_1, \theta_2, \cdots, \theta_N) f(\theta_1, \theta_2, \cdots, \theta_N) \qquad \text{（公式 4-36）}$$

此時的近似值函數如公式 4-10 所示。

由公式 4-10 所示可知，只要我們事先界定事前密度函數為何，並且也挑選一個合適的試題反應模式，則能力值的事後密度函數便很容易被估算出來。在實務應用上，研究者通常大都習慣將 θ_a 的事前密度函數界定成來自平均數為 μ、變異數為 σ^2 的常態分配，記作：

$$\theta_a \sim N(\mu, \sigma^2) \qquad \text{（公式 4-37）}$$

其中，μ 和 σ^2 參數均需要研究者自行界定；例如，在適性測驗中，它們常被界定成：$\mu = 0$、$\sigma^2 = 1$（Owen, 1975）。除了可以界定成常態分配外，研究者也可以將 θ_a 的事前密度函數界定成其他次數分配，例如，Birnbaum（1969）就將 θ_a 的事前密度函數界定成一個對數型密度函數（logistic density function），記作：

$$f(\theta) = \frac{\exp(\theta)}{[1 + \exp(\theta)]^2} \qquad \text{（公式 4-38）}$$

當然，以考生（或受試者）的原始分數（raw scores）所形成的次數分配當作實徵的起始值（如公式 4-16 估計程序所示），也可以當作是用來界定 θ_a 的事前密度函數的另一種選擇。

就以一個特例來看，我們可以把 θ_a 的事前密度函數界定成一個齊一次數分配（uniform prior distribution），即：$f(\theta_a) = \text{constant}$（常數），則公式 4-34 所示的事後密度函數便可以簡化成：

$$f(\theta_a \mid \mathbf{u}) \propto L(\mathbf{u} \mid \theta_a) \qquad \text{（公式 4-39）}$$

亦即,與近似值函數呈某種比例關係而已。此時,在實徵的數值分析上,貝氏估計值(Bayesian estimator)即相當於最大概似估計值(即 MLE)。

若把 θ_a 的事前密度函數界定成標準化常態分配,即:$\theta_a \sim N(0, 1)$,或

$$f(\theta_a) \propto \exp(-1/2\theta_a^2) \qquad\qquad (公式\ 4\text{-}40)$$

則在假設能力參數的事前密度函數亦呈獨立分配的情況下,事後密度函數的次數分配即可表示成:

$$f(\theta_1, \theta_2, \cdots, \theta_N \mid \mathbf{u}) \propto L(\mathbf{u} \mid \theta_1, \theta_2, \cdots, \theta_N) f(\theta_1, \theta_2, \cdots, \theta_N) \qquad (公式\ 4\text{-}41)$$

因為

$$\begin{aligned}
f(\theta_1, \theta_2, \cdots, \theta_N) &= f(\theta_1) f(\theta_2) \cdots f(\theta_N) \\
&= \prod_{a=1}^{N} \exp(-1/2\theta_a^2) \\
&= \exp\left(-1/2 \sum_{a=1}^{N} \theta_a^2\right) \qquad (公式\ 4\text{-}42)
\end{aligned}$$

所以,事後密度函數的次數分配即為:

$$f(\theta_1, \theta_2, \cdots, \theta_N \mid \mathbf{u}) \propto L(\mathbf{u} \mid \theta_1, \theta_2, \cdots, \theta_N)\left[\exp\left(-1/2 \sum_{a=1}^{N} \theta_a^2\right)\right] \quad (公式\ 4\text{-}43)$$

當我們把公式 4-43 取自然對數時,則此事後密度函數的自然對數即為:

$$\ln f(\boldsymbol{\theta} \mid \mathbf{u}) = \text{constant} + \ln L(\mathbf{u} \mid \boldsymbol{\theta}) - 1/2 \sum_{a=1}^{N} \theta_a^2 \qquad (公式\ 4\text{-}44)$$

因此，能使公式 4-44 產生最大事後密度函數值的解，通常都是此事後密度函數的眾數（mode），即是我們所需要的聯合眾數估計值（joint modal estimates），亦是該能力參數的估計值。這些聯立方程式的解可以表示如下：

$$\frac{\partial}{\partial \theta_a} \ln f(\mathbf{\theta}|\mathbf{u}) = 0 \quad a = 1, 2, \cdots, N \qquad （公式 4-45）$$

此等解即稱為 $\theta_1, \theta_2, \cdots, \theta_N$ 的「貝氏眾數估計值」（Bayes's modal estimators）或「最大的事後估計值」（maximum a posteriori estimate, MAP）。

除了利用事後密度函數的眾數來求解 θ 值外，我們也可以利用該事後分配的平均數，來作為求解的另一種方法。為了計算 θ 值的事後分配的平均數，我們可以利用下列公式，計算出有限段落內 N 種 θ 值的事後分配的平均數：

$$\mu(\theta|\mathbf{u}) = \frac{\sum_{j=1}^{N} \theta_j f(\theta_j|\mathbf{u})}{\sum_{j=1}^{N} f(\theta_j|\mathbf{u})} \qquad （公式 4-46）$$

這樣的平均數即用來作為 θ 的估計值，Bock 和 Mislevy（1982）特稱之為「期望的事後估計值」（expected a posteriori estimate, EAP），在當今的 IRT 軟體程式裡，已經逐漸成為預設的參數估計方法之一。

根據公式 4-19 所示，上述方程式可以表示成：

$$\sum_{i=1}^{n} k_i(u_{ia} - P_{ia}) - \theta_a = 0 \qquad （公式 4-47）$$

其中，k_i（>0）在各種試題反應模式下的數值，各如公式 4-20 至公式 4-22 所示。我們將公式 4-47 展開並移項之後，可以表示如下：

$$\sum_{i=1}^{n} k_i P_{ia} = \sum_{i=1}^{n} k_i u_{ia} - \theta_a \qquad （公式 4-48）$$

由公式 4-48 所示，我們可以得知：當考生得 0 分時（即 $u_i = 0$，$i = 1, \cdots, n$），能力的估計值變成：

$$\sum_{i=1}^{n} k_i P_{ia} = -\theta_a \qquad （公式 4-49）$$

當考生得滿分時（即 $u_i = 1$，$i = 1, \cdots, n$），能力的估計值變成：

$$\sum_{i=1}^{n} k_i P_{ia} = \sum_{i=1}^{n} k_i - \theta_a \qquad （公式 4-50）$$

由於已如前述，θ 的平均數為 0，因此，無論考生得 0 分或滿分，公式 4-49 和公式 4-50 都有解。由上述說明可知，此即最大概似估計法與貝氏估計法對處理極端分數（即滿分和 0 分）資料之間的主要差異所在；簡單地說，當考生的得分呈現極端分數（即滿分和 0 分）時，最大概似估計法對能力值的估計是「無解的」，而貝氏估計法對能力值的估計是「有解的」。且，一般而言，貝氏估計值的估計標準誤比最大概似估計值的估計標準誤來得小；但是，最大概似估計值是一種不偏估計值（unbiased estimator），而貝氏估計值卻是一種有偏的估計值（biased estimator），會偏向事前分配的平均數值。

能力分數與能力量尺

在統計估計方法上，一般研究者之所以喜歡使用最大概似估計法的原因，是因為最大概似估計值具有下列幾種統計特性（Hambleton & Swaminathan, 1985, pp.

88-89）：

1.一致性（consistent）：亦即，隨著受試者人數及試題數的增加，最大概似估計值會收斂到真實的數值。

2.充分性（sufficient）：亦即，只要充分統計數（sufficient statistics）存在的話，充分統計數已經提供有關參數估計的所有足夠訊息，不再需要額外的資料。例如，在 1PL 模式下，試題答對分數（number-correct score）（或稱「原始分數」）即為 θ 的充分統計數；在 2PL 模式下，考生 a 的原始分數 r_a 定義為：

$$r_a = \sum_{i=1}^{n} a_i U_{ia}$$
（公式 4-51）

其中，U_{ia} 為試題 i 的作答反應。公式 4-51 所示，即為 θ 的充分統計數；但在 3PL 和三參數常態肩形模式下，充分統計數是不存在的。

3.有效性（efficient）：亦即，估計值具有最小的估計變異誤。

4.漸近性（asymptotic）：亦即，估計值會逐漸趨向以平均數為 θ、變異數為 $[I(\theta)]^{-1}$ 的常態分配，其中，$I(\theta)$ 即為公式 4-52 所示的測驗訊息函數（test information function）：

$$I(\theta) = -E\left[\frac{\partial^2 \ln L}{\partial \theta^2}\right] = \sum_{i=1}^{n} \frac{P_i'^2}{P_i Q_i}$$
（公式 4-52）

測驗訊息函數的概念，我們將在本書第七章裡再來詳細介紹，在此先不贅述。而將測驗訊息函數的倒數開根號，即定義為 θ 的估計標準誤（standard error of estimation），記作 $SE(\hat{\theta})$，是 θ 的一種函數，可以用來表示每一種能力水準的估計精確度：

$$SE(\hat{\theta}) = \frac{1}{\sqrt{I(\hat{\theta})}}$$
（公式 4-53）

而從公式 4-53 可知，當測驗訊息函數愈大時，則其相對應的最大概似估計值 $\hat{\theta}$ 的估計標準誤便愈小，表示對該 $\hat{\theta}$ 而言，其測量愈精確。當然，有了 $\hat{\theta}$ 估計值等常態分配特性，我們也可以使用信賴區間（confidence interval）的方式來表示 $\hat{\theta}$ 估計值的測量精確性。此外，常態分配中的漸近性特性，自然也會使得最大概似估計值 $\hat{\theta}$ 的估計變異數（稱作「估計變異誤」）成為最小的一者。因此，當試題數目逐漸增大〔如：Lord 認為要大於 20 題以上，Samejima（1977）亦如此認為〕時，上述最大概似估計值的各種特性便會成立，許多研究者也就習慣偏好使用這種估計法。在所欲分析的資料中，除了遇到含有極端分數（即滿分和 0 分）的情況，可能需要改用貝氏估計法外，其餘情況，在試題數目（或受試者人數）逐漸增大時，這兩種估計法所獲得的估計值會趨近於相等，此時，也就沒有必要區別出到底需要使用哪一種估計法才會比較好的問題了。

其實，測驗試題所欲測量的能力或潛在特質，可以被廣義的定義為「一般的性向或成就變項」（如：閱讀理解力），也可以狹義地定義為一種「特殊成就變項」（如：四則運算的能力）或一種「特定的人格變項」（如：自我概念、成就動機等），它們都不是天生的，更不是一成不變的，通常，都很容易隨著時間的累積而成熟變化，或經由教學而成長改變。因此，研究者都必須經過建構效度（construct validity）的研究，才能證實對此能力或潛在特質的詮釋是否適當。但在事實上，能力或潛在特質一詞，當被看成是考生（或受試者）的一種固定特徵時，多少都有一點不恰當或被誤導的意味在裡頭。在許多測驗與評量的情境裡，使用精熟程度（proficiency level）一詞的涵義，來取代能力係固定特徵的涵義，也許會比較恰當一些。

但是，測驗的最終目的，終究還是會落到給考生（或受試者）打分數、評等第上，而該分數或等第即被用來表示考生（或受試者）習得（或擁有）某種認知能力、知識成就、基本能力、精熟水準或心理特質的程度。因此，審慎地打分數和評等第，以及小心翼翼地解釋測驗分數或評量分數的涵義，便成為教育或心理測量中一個很重要的課題。

再接續前一節所述的能力參數估計問題。無論我們使用何種估計方法，只要在模式與資料之間呈現適配的情況，所估計出來的考生（或受試者）能力值 θ，

便稱作是「能力分數」（ability scores）。但是，這種屬於 IRT 理論的能力分數，其值域是介於正負無窮大之間的，亦即：$-\infty < \theta < \infty$；但由於 θ 值含有負數和小數的概念在裡頭，它的概念與統計學中標準分數（standardized scores）的概念雷同，都與一般人所熟知的百分點分數概念不同，因此，在實務應用上，實在很難被一般沒有受過統計學訓練的大眾所瞭解和接受。例如，研究者總不能將某位學生的考試成績，報告給其家長說：「您的孩子在本次測驗中的結果，能力值為 $\theta = -1.27$（或 $\theta = 1.27$）吧！」因為，這樣的說法，很容易產生誤解，無法被社會大眾接受！〔家長可能會因此而破口大罵：什麼！我的孩子沒上學還好，上了學，竟然學到能力值還倒欠學校 1.27 分（或負學校 1.27 分），學校到底在教什麼呀！我的孩子學習沒有進步則罷，竟然還學習「退步」！〕

　　另一方面，由於能力分數 θ 的估計具有試題獨立的不變性特質（請參考第二章的說明），也就是，它不受使用哪一道試題來估計的影響，因此，能力分數 θ 所用的量尺（scale）單位即可是隨機決定的。例如，以 1PL 模式為例，如果我們將 θ 和 b_i 轉換成：

$$\theta^* = \theta + k \qquad \text{和} \qquad b_i^* = b_i + k \qquad\qquad （公式 4-54）$$

k 為任何常數，則

$$
\begin{aligned}
P_i(\theta^*) &= \frac{e^{D(\theta^* - b_i^*)}}{1 + e^{D(\theta^* - b_i^*)}} \\
&= \frac{e^{D(\theta + k - b_i - k)}}{1 + e^{D(\theta + k - b_i - k)}} \\
&= \frac{e^{D(\theta - b_i)}}{1 + e^{D(\theta - b_i)}} \\
&= P_i(\theta) \qquad\qquad\qquad （公式 4-55）
\end{aligned}
$$

亦即，針對能力量尺進行簡單的直線轉換（linear transformation），仍不會改變試題反應模式的得分機率；也就是說，具有能力值為 θ 的考生（或受試者），其答對試題 i 的機率值是不會受 θ 量尺單位改變的影響，只要該試題參數亦同時加以

適當的改變。同理，若以 3PL 模式為例，如果我們將 θ 和三個試題參數轉換成：

$$\left.\begin{aligned} \theta^* &= l\theta + k \\ b_i^* &= lb_i + k \\ a_i^* &= a_i/l \\ c_i^* &= c_i \end{aligned}\right\} \quad l \text{ 和 } k \text{ 為任何常數} \qquad （公式 4-56）$$

則

$$\begin{aligned} P_i(\theta^*) &= c_i^* + (1 - c_i^*) \frac{e^{Da_i^*(\theta^* - b_i^*)}}{1 + e^{Da_i^*(\theta^* - b_i^*)}} \\ &= c_i + (1 - c_i) \frac{e^{Da_i/l(l\theta + k - lb_i - k)}}{1 + e^{Da_i/l(l\theta + k - lb_i - k)}} \\ &= c_i + (1 - c_i) \frac{e^{Da_i(\theta - b_i)}}{1 + e^{Da_i(\theta - b_i)}} \\ &= P_i(\theta) \end{aligned} \qquad （公式 4-57）$$

由於 2PL 是 3PL 的一個特例，同理，上述的直線轉換亦適用在 2PL 的模式情況下。所以說，θ 量尺的單位是隨機決定的，一點都沒錯。只要研究者決定好 l 和 k 的數值（習慣上，研究者均會仿照標準分數方式，將 l 和 k 設定成能讓 θ 的平均數為 0、標準差為 1 的任何數值），我們便可以將能力分數 θ，轉換成任何方便我們解釋 θ 涵義的量尺單位，但必須記得，試題參數也必須一起轉換才行！

例如，Rentz 和 Bashaw（1977）所發展有關閱讀的「全國參考量尺」（National Reference Scale），即採用 $l = 10$（標準差）和 $k = 200$（平均數）的設定值，即：

$$\theta^* = 10\theta + 200 \qquad （公式 4-58）$$

作為新的 θ 能力量尺。其他有名的測量工具（如：BSS、WISC、AGCT、ACT、SAT、TOEFL、GRE）（余民寧，2005a, pp. 151-152），雖然都沿用傳統的線性轉換分數的計算方式，現在，也可以仿照 IRT 的 θ 能力量尺方式，改成下列的新

量尺分數單位，以利解釋個別考生的考試得分，如：

$$BSS = 16\theta + 100$$

$$WISC = 15\theta + 100$$

$$AGCT = 20\theta + 100$$

$$ACT = 5\theta + 20$$

$$SAT = 100\theta + 500$$

$$TOEFL = 100\theta + 500$$

$$GRE = 100\theta + 500 \qquad\qquad （公式 4-59）$$

換句話說，我們只要選用適當的試題反應模式，去估計出考生的能力分數 θ 之後，再代入公式 4-59 的直線轉換公式，即可轉換成研究者想要的各種能力量尺分數。這種作法的好處是，一來可以消除能力分數 θ 值帶有負數和小數的困擾，二來轉換成正整數，亦可符合一般大眾熟知的分數理解程度。所以，在未來推廣 IRT 的應用中，在報告考生成績給社會大眾知曉時，使用經過直線轉換過的能力量尺分數（scaled scores），會比直接使用 IRT-θ 值的能力量尺分數，來得容易被大眾所接受。（因此，若採用類似 TOEFL 的量尺分數，以平均數 500、標準差 100 來加以轉換考生的得分，則前述能力分數 $\theta = -1.27$ 的考生，經過轉換後的能力量尺分數為 $\theta^* = 100(-1.27) + 500 = 373$，則該家長便可能不會無厘頭地破口大罵了！畢竟，373 分相對於 -1.27 分，給人的主觀感受是不一樣的，雖然其子女的能力程度在團體中的相對位置不會改變，但該家長聽起來會感覺舒服多了！）

總之，IRT 模式所估計而得的能力分數 θ 值，所使用的是試題反應理論中通用的 θ 量尺，其值域介於 $-\infty < \theta < \infty$。由於在實務應用時，需要考量到社會大眾對此概念的理解程度和接受程度，研究者必須把它轉換到適當的量尺後，才能方便解釋給一般社會大眾瞭解。量尺的轉換方法有兩大類：直線轉換（linear transformation）和非直線轉換（non-linear transformation）。前者是最基本的轉換方法，最容易被社會大眾所理解和接受，而且，轉換後通常不會改變個人在團體中的相對位置，並已於本節中說明；而後者則擬於下節中說明。但不論研究者使用哪一種轉換方法，量尺轉換的目的，應該都是以幫助詮釋量尺的涵義，使之容易

被一般社會大眾所接納為考量，而不是在徒增理解上的困難。

 **能力量尺的轉換**

前一節所述，經過直線轉換過的量尺分數，卻往往不易於直接比較和解釋不同考生間的表現差異。因此，有時候在某些情境裡，直接進行非直線轉換，反而有助於我們對參數的估算和解釋。

例如，即有學者（Rentz & Bashaw, 1977）著眼與此，而建議採用將正確的作答機率 $P_i(\theta)$ 轉換成「對數勝算比」（log-odds ratio）的單位，來進行比較和詮釋量尺的涵義。所謂「勝算比」（odds ratio）的意義，即定義為：$O = P_i(\theta)/Q_i(\theta)$（即答對的機率除以答錯的機率），亦即是指「做出正確反應或獲得成功的勝算」（odds for success）的涵義；而對數勝算比，只是將勝算比再取自然對數而已。

茲以 1PL 模式為例，說明獲得成功（或做出正確反應）的勝算如下。1PL 的公式，可以表示如下（請參考第三章公式 3-1 和公式 3-2 的說明）：

$$P_i(\theta) = \frac{e^{D\bar{a}(\theta - b_i)}}{1 + e^{D\bar{a}(\theta - b_i)}} \qquad i = 1, 2, \cdots, n \qquad （公式 3-1）$$

$$= \frac{e^{\theta' - b_i'}}{1 + e^{\theta' - b_i'}} \qquad \theta' = D\bar{a}\theta, b_i' = D\bar{a}b_i \qquad （公式 3-2）$$

如果我們把 θ' 和 b_i' 值，經由非直線方式轉換成新的 θ^* 和 b_i^* 值如下：

$$\theta^* = e^{\theta'} \qquad 且 \qquad b_i^* = e^{b_i'} \qquad （公式 4-60）$$

則公式 3-2 可以轉變成：

$$P_i(\theta) = \frac{e^{\theta' - b_i'}}{1 + e^{\theta' - b_i'}} \times \frac{e^{b_i'}}{e^{b_i'}}$$

$$= \frac{e^{\theta'}}{e^{b_i'} + e^{\theta'}}$$

$$= \frac{\theta^*}{b_i^* + \theta^*} \qquad\qquad （公式 4-61）$$

公式 4-61 所示，即為 Rasch（1960/1980）模式對成功的機率所下的原始定義。因此，在新的 θ^* 量尺（即 $\theta^* = e^{\theta'}$）上，正確反應的機率可比照上述定義為 $P_i(\theta^*)$ 所示，而不正確反應的機率可定義為 $Q_i(\theta^*) = 1 - P_i(\theta^*)$，亦即是：

$$Q_i(\theta^*) = 1 - P_i(\theta^*) = 1 - \frac{\theta^*}{b_i^* + \theta^*} = \frac{b_i^*}{\theta^* + b_i^*} \qquad\qquad （公式 4-62）$$

因此，成功的勝算（odds for success）O 可以定義成：

$$O = \frac{P_i(\theta^*)}{Q_i(\theta^*)} = \frac{\dfrac{\theta^*}{b_i^* + \theta^*}}{\dfrac{b_i^*}{\theta^* + b_i^*}} = \frac{\theta^*}{b_i^*} \qquad\qquad （公式 4-63）$$

假設有兩位考生在某一試題上的能力各為 θ_1^* 和 θ_2^*，且其成功的勝算各為 O_1 和 O_2，則他們兩人成功的勝算比為：

$$\frac{O_1}{O_2} = \frac{\theta_1^* / b^*}{\theta_2^* / b^*} = \frac{\theta_1^*}{\theta_2^*} \qquad\qquad （公式 4-64）$$

公式 4-64 意謂著，在 θ^* 量尺上，若某考生的能力是另一考生能力的兩倍，則他答對某一試題的機率也是另一考生的兩倍。同理，若同一考生在兩題不同難度值（如：b_1^* 和 b_2^*）的試題上成功的勝算各為 O_1 和 O_2，則該名考生答對該二試題的成功的勝算比為：

$$\frac{O_1}{O_2} = \frac{\theta^* / b_1^*}{\theta^* / b_2^*} = \frac{b_2^*}{b_1^*} \qquad\qquad （公式 4-65）$$

由公式 4-65 可以知道，假設第二道試題的難度值是第一道難度值的兩倍（如：
$b_2^* = 2b_1^*$），則該名考生答對第一道較簡單試題的機率是他答對第二道較困難試題
的兩倍。

如果我們將公式 4-63 取自然對數後，則為：

$$\ln O_i = (\theta - b) \tag{公式 4-66}$$

這樣的對數勝算比，即作為 θ 的新量尺單位，稱作「洛基」（logits）（Wright,
1977a）。例如，假設有兩位考生，各具有能力分數 θ_1 和 θ_2，則這兩名考生在同
一試題 i 上成功的勝算比為：

$$\frac{O_{i1}}{O_{i2}} = \frac{\theta_1^* / b_i^*}{\theta_2^* / b_i^*} = \frac{e^{\theta_1}}{e^{\theta_2}} = e^{(\theta_1 - \theta_2)} \tag{公式 4-67}$$

將公式 4-67 取自然對數後，則變成：

$$\ln\left(\frac{O_{i1}}{O_{i2}}\right) = (\theta_1 - \theta_2) \tag{公式 4-68}$$

或者，先算出每位考生的「洛基」分數如下：

$$\ln O_{i1} = (\theta_1 - b) \qquad 和 \qquad \ln O_{i2} = (\theta_2 - b)$$

如果我們將它們相減，則得：

$$\ln O_{i1} - \ln O_{i2} = (\theta_1 - b) - (\theta_2 - b) = (\theta_1 - \theta_2)$$

或

$$\ln\left(\frac{O_{i1}}{O_{i2}}\right)=\theta_1-\theta_2$$

如果這兩名考生的「洛基」分數相差 1，即 $\theta_1-\theta_2=1$，則：

$$\ln\left(\frac{O_{i1}}{O_{i2}}\right)=1$$

在取指數之後，

$$\frac{O_{i1}}{O_{i2}}=e^1=2.718$$

換句話說，在洛基分數量尺上相差 1，即相當於在成功的勝算量尺上差 2.718，此即表示，具有能力分數為 θ_1 的考生，其答對試題 i 的勝算是能力分數為 θ_2 的考生的 2.718 倍。因此，大約只要在洛基分數量尺上差 0.693 的話，則相當於會有兩倍成功的勝算之差出現；而大約只要在洛基分數量尺上差 1.386 的話，則相當於會有四倍成功的勝算之差出現。由此可見，對數勝算比的轉換，可以提供直接比較不同考生表現的方法。

　　同理，對數勝算比也可以用來比較不同的試題表現。例如，已知一名具有能力分數為 θ 的考生，他在試題 i 上獲得成功的勝算為 O_i，而在試題 j 上獲得成功的勝算為 O_j，如果這兩題試題的難度值相差 0.7（實際精確而言，應為 0.693）（即 $b_i-b_j=0.7$）的話，則：

$$\ln\left(\frac{O_i}{O_j}\right)=b_i-b_j=0.7 \qquad 或 \qquad \frac{O_i}{O_j}=e^{0.7}=2$$

此即表示，雖然試題 j 比試題 i 簡單，且其在洛基分數量尺上只差 0.7 而已，但是，該名考生答對試題 j 的勝算卻是答對試題 i 的兩倍。

　　此外，如以 2PL 模式為例，則獲得成功（或做出正確反應）的勝算比即為：

$$O_i = \frac{P_i(\theta)}{Q_i(\theta)} = \frac{\exp Da_i(\theta - b_i) / [\, 1 + \exp Da_i(\theta - b_i)\,]}{1 / [\, 1 + \exp Da_i(\theta - b_i)\,]} = e^{Da_i(\theta - b_i)}$$

（公式 4-69）

取自然對數後，則公式 4-69 變成：

$$\ln O_i = 1.7 a_i(\theta - b_i)$$ （公式 4-70）

因此，兩位各具有能力分數 θ_1 和 θ_2 的考生，他們在試題 i 上的「洛基」分數之比較，即為：

$$\ln(O_{i1} / O_{i2}) = 1.7 a_i(\theta_1 - b_i) - 1.7 a_i(\theta_2 - b_i) = 1.7 a_i(\theta_1 - \theta_2)$$ （公式 4-71）

而在 3PL 模式下，則獲得成功（或做出正確反應）的勝算比即為：

$$O_i = \frac{P_i(\theta) - c_i}{Q_i(\theta)} = e^{1.7 a_i(\theta - b_i)}$$

（公式 4-72）

因此，其對數勝算比即為：

$$\ln\left[\frac{P_i(\theta) - c_i}{Q_i(\theta)}\right] = 1.7 a_i(\theta - b_i)$$ （公式 4-73）

由此可見，在 2PL 模式下，對數勝算比必須把試題的鑑別度參數 a_i 考量在內，而在 3PL 模式下，則除了考量鑑別度參數 a_i 之外，還必須把試題的猜測度參數 c_i 也考量在內，這些考量都是與 1PL 模式不一樣的地方。

有鑑於此，Lord（1980, p. 84）於是提出下列的轉換建議：

$$
\left.\begin{aligned}
\theta^* &= k\, e^{l\theta} \\
b_i^* &= k\, e^{l\theta} \\
a_i^* &= 1.7 a_i / l
\end{aligned}\right\} \quad l \text{ 和 } k \text{ 為任何常數}
$$

（公式 4-74）

因此，在 3PL 模式下，對數勝算比便可以表示成：

$$
\frac{P_i(\theta) - c_i}{Q_i(\theta)} = \left(\frac{\theta^*}{b_i^*}\right)^{a_i^*}
$$

（公式 4-75）

他認為公式 4-74 可以將考生答對試題 i 的成功機率，表示成考生的 θ^* 對試題難度參數 b_i^* 的簡單比值，因此，使用這種 θ^* 量尺（θ^*-scale）來測量考生的能力，會比使用 θ 量尺（θ-scale）來得更方便詮釋能力的涵義。

上述 θ 等轉換過的量尺，具有比率量尺（ratio scale）的特性，非常適合作為報告考生能力值高低的依據。其中，θ 量尺最重要的轉換用途，即是將它轉換成真實分數量尺（true-score scale）來使用；因為真實分數量尺的範圍是由 0 到 n，n 為測驗題數，而 θ 量尺的範圍卻是介於正負無窮大之間（亦即 $-\infty < \theta < \infty$），若將 θ 量尺轉換成真實分數量尺，不僅有助於我們報告考生的能力高低，更有助於我們解釋測驗分數和作為測驗等化（test equating）之用。

在古典測驗理論（Lord & Novick, 1968, p. 30）中，真實分數的定義是考生作答一組測驗試題的期望分數，可以數學公式表示如下：

$$
t = E(x) = E\left(\sum_{i=1}^{n} U_i\right)
$$

（公式 4-76）

其中，t 為真實分數，x 為考生的原始觀察分數（即答對題數），U_i 代表第 i 個試題上的作答反應（即答對者給 1 分，答錯者給 0 分），E 代表求期望值的運算符號。若根據期望值的運算方法，公式 4-76 可以展開如下：

$$t = E\left(\sum_{i=1}^{n} U_i\right) = \sum_{i=1}^{n} E(U_i)$$

$$= \sum_{i=1}^{n} \left[1 \cdot P_i(\theta) + 0 \cdot Q_i(\theta) \right]$$

$$= \sum_{i=1}^{n} P_i(\theta) \qquad\qquad （公式 4-77）$$

亦即，真實分數即是能力為 θ 的考生在一組試題上的試題特徵曲線（item characteristic curves）之和。由此看來，真實分數可以被看成是 θ 的一種非直線轉換，因為 θ 與 t 之間具有一種單調遞增的函數關係（monotonically increasing function），該關係即是以測驗特徵函數（test characteristic function）來表示，因此，真實分數其實就是考生在某一測驗上的測驗特徵曲線（test characteristic curve, TCC）；當然，這種說法也僅在試題反應模式適配該資料的條件下才成立。

另一種常用的轉換，即是將考生的原始觀察分數（raw scores）除以總題數，以轉換成真實的百分比正確分數（true proportion correct score），並用來作為考生的領域分數（domain score）π 之估計值：

$$\hat{\pi} = \frac{1}{n} \sum_{i=1}^{n} U_i \qquad\qquad （公式 4-78）$$

$$E(\hat{\pi}) = \pi = E\left(\frac{1}{n} \sum_{i=1}^{n} U_i\right) = \frac{1}{n} E\left(\sum_{i=1}^{n} U_i\right) = \frac{1}{n} \sum_{i=1}^{n} P_i(\theta) = \frac{t}{n} \qquad （公式 4-79）$$

可見 π 的值域是介於 0 與 1 之間，即 $0 \leq \pi \leq 1$，如同百分比一般介於 0% 到 100% 之間；而我們在前面說過，能力分數 θ 的值域是介於 $-\infty$ 與 ∞ 之間，即 $-\infty \leq \theta \leq \infty$。這兩者不一樣的地方，在於 θ 量尺是試題獨立（item free）的指標，它的估計值不受使用哪一道試題的影響，但是，領域分數量尺 π 則為試題依賴（item dependent）的指標，它的估計值則會受到所使用試題的影響。

將 θ 分數轉換成真實分數或領域分數有許多好處：第一，負的分數可以被消

除，以便利社會大眾的理解能力；第二，新量尺的範圍介於 0 與 1 之間（或 0% 到 100% 之間），分數本身即具有解釋涵義在裡頭，只要去掉 % 的符號，即為一般所熟知的百分數概念；第三，領域分數比 θ 量尺更好決定區別精熟與否的切割分數（cut-off score），方便於精熟測驗（mastery testing）的實施；第四，將真實分數對照其相對應的 θ 值，畫成一個雙向度的分布圖，有助於判定切割分數的位置。

為了說明起見，茲舉表 4-2 的五個試題的基本資料為例，分別計算 $\theta = -3, -2, -1, 0, 1, 2, 3$ 時，三參數對數型模式的正確反應機率，並合併這些機率值為真實分數，以及計算出其相對應的領域分數，再畫出領域分數與 θ 值的分布圖，如表 4-3 及圖 4-2 所示。

由圖 4-2 所示，可以看出 θ 與 π 之間具有單調遞增的關係（monotonically increasing relationship），而與 π 相對應的 θ 量尺上的分數，即可作為判斷精熟與否

表 4-2　五個試題的試題參數值

試題	難度(b)	鑑別度(a)	猜測度(c)
1	−2.00	0.80	0.00
2	−1.00	1.00	0.00
3	0.00	1.20	0.10
4	1.00	1.50	0.15
5	2.00	2.00	0.20

表 4-3　θ、t 與 π 之間的關係

θ	$P_1(\theta)$	$P_2(\theta)$	$P_3(\theta)$	$P_4(\theta)$	$P_5(\theta)$	$t = \sum_{i=1}^{n} P_i(\theta)$	$\pi = \dfrac{t}{n}$
−3	0.20	0.03	0.10	0.15	0.20	0.69	0.14
−2	0.50	0.15	0.11	0.15	0.20	1.12	0.22
−1	0.80	0.50	0.20	0.16	0.20	1.85	0.37
0	0.94	0.85	0.55	0.21	0.20	2.75	0.55
1	0.98	0.97	0.90	0.58	0.20	3.65	0.73
2	0.99	0.99	0.99	0.94	0.60	4.51	0.90
3	1.00	1.00	1.00	1.00	0.96	4.96	0.99

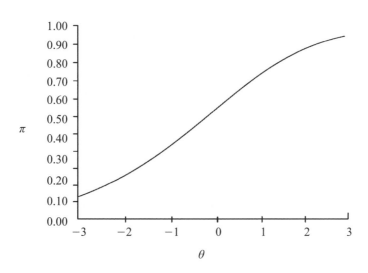

圖 4-2　θ 與 π 關係之分布圖

的切割分數（Hambleton & de Gruijter, 1983）。

　　當遇上考生（或受試者）的得分為 0 分或滿分時，在一參數和二參數對數型模式下，因為 $\theta = -\infty$，$P_i(\theta) = 0$，所以 π 的下限值均為 0；又因為 $\theta = +\infty$，$P_i(\theta) = 1$，所以 π 的上限值均為 1。但在三參數對數型模式下，由於 θ 趨近於 $-\infty$ 時，$P_i(\theta)$ 會趨近於最低的漸近線 c_i 值，故 π 的下限值為 $\Sigma c_i / n$，與之相對應的 t 的下限值則為 Σc_i；而由於 θ 趨近於 ∞ 時，$P_i(\theta)$ 會趨近於 1，故 π 的上限值為 1，與之相對應的 t 的上限值則為 n。所以，當遇到考生獲得極端分數時，此時雖然無法使用最大概似估計法估計出 θ 值，但是我們仍然可以使用真實分數 t 和領域分數 π 的上下限值，作為報告考生成績得分的依據。

第五章

試題參數的估計

本章接續前一章所討論的參數估計問題，就試題參數的估計及其相關議題，進行討論如下。

基本概念

我們已經在前幾章裡說過，在任何試題反應模式裡，正確作答反應的機率，端賴兩類因素來決定：一類為考生的「能力參數」（ability parameters），另一類為「試題參數」（item parameters）。不論是能力或試題參數，二者在初次的資料分析時，通常都是未知的，我們唯一知道的是：一群考生（或受試者）在一組測驗試題上的作答反應情形〔亦即是考生們的作答反應組型（response pattern）〕。因此，參數估計的問題，便成為如何運用哪一種有效的方法，從現有的考生反應組型裡，去推估適當的考生能力參數值和試題參數值的問題。這個問題很類似於迴歸分析（regression analysis）中估計迴歸係數（regression coefficients）的問題，唯一不同者有兩點：一為迴歸模式通常是直線的，而試題反應模式則是非直線的；另一為迴歸分析中的迴歸變項（即預測變項）是觀察得到的（observable）變項，而試題反應模式中的迴歸變項（即 θ 變項）卻是觀察不到的（unobservable）變項，需要進行估計才能得知。因此，若假設 θ 為已知或成為觀察得到的變項的話，則試題參數的估計問題，便相當於迴歸分析中去估計迴歸係數的問題；同樣的，如果試題參數為已知，則能力參數的估計問題亦會變得相當簡單和直接。

其實，欲估計試題反應模式中的參數，有許多種作法。一種最完美、但最不實際的作法，即是：當模式完全適配所欲分析的測驗資料（即 perfect model-data fit），且能力參數值 θ 為已知時，此時，本書第二章第五節「參數不變性」所述的步驟，即可用來估計試題參數。但實際上，當我們使用真實樣本資料時，上述步驟便不適用，因為，模式不一定會完全適配所欲分析的測驗資料；此時，我們的估計工作，充其量只能做到去發現某些參數值，使得它們能夠最為逼近實際的參數值，或產生最佳適配的（best fitting）試題特徵曲線而已。在迴歸分析中，欲產生最佳適配線，我們可以使用最小平方法（least squares）作為判斷的標準。但在試題反應理論中，最小平方法卻不適合用來處理非直線模式的參數估計問題，代之而起的判斷標準是「最大概似估計法」（maximum likelihood estimation, MLE），因為，它非常適合在大樣本資料下使用，並且具有許多理想的統計估計特質。

在進行參數估計之前，我們必須先知道有多少個參數需要被估計：(1)在一參數對數型模式（即1PL）下，計有 n 個試題參數（即僅有試題難度參數列入計算）和 N 個（即 N 名考生）能力參數，共計 $N+n$ 個參數需要被估計；(2)在二參數對數型模式（即2PL）下，計有 $2n$ 個試題參數（即試題難度和試題鑑別度參數列入計算）和 N 個能力參數，共計 $N+2n$ 個參數需要被估計；(3)在三參數對數型模式（即3PL）下，計有 $3n$ 個試題參數（即試題難度、試題鑑別度和試題猜測度參數列入計算）和 N 個能力參數，共計 $N+3n$ 個參數需要被估計。知道這些待估計的參數個數有多少之後，有助於我們理解後續估計程序的推理過程。

接著，我們一定會遇到參數估計時的「辨識問題」（identification problem），亦即是辨認該參數是否有解的問題〔讀者亦可參見余民寧（2006a）第四章的詳細說明〕。在1PL模式下，試題特徵曲線可以表示如下：

$$P_i(\theta|b_i) = \exp D(\theta-b_i)/[1+\exp D(\theta-b_i)] \qquad （公式 5\text{-}1）$$

如果我們進行下列的直線轉換，即：

$$\theta^* = \theta+k \qquad 且 \qquad b_i^* = b_i+k \qquad （公式 5\text{-}2）$$

k 為任一常數，則該試題反應函數仍然是不變的（invariant），即：

$$P_i(\theta^* \mid b_i^*) = P_i(\theta \mid b_i) \qquad\qquad （公式 5-3）$$

因此，1PL 模式下的參數估計辨識問題，便是這些參數（包括能力和試題參數）的估計原點（origins）如何被決定的問題；但是，這樣的估計原點通常都是無法固定決定的（indeterminacy）。為了讓這些參數都能獲得估計，我們只有將能力值 θ（或試題 b_i）加以量尺化（scaling），以便將它的平均數固定在某個方便理解的數值（通常都固定為 0）上。一旦這個估計原點固定了，整個需要估計的參數個數便少掉一個，因此，1PL 模式中剩下需要估計的參數個數便只有 $N+n-1$ 個。

就 2PL 模式而言，其試題特徵曲線可以表示如下：

$$P_i(\theta \mid a_i, b_i) = \exp Da_i(\theta - b_i) / [1 + \exp Da_i(\theta - b_i)] \qquad\qquad （公式 5-4）$$

如果我們針對下列參數進行直線轉換，即：

$$\left.\begin{array}{l} \theta^* = (\theta + k)/l \\ b_i^* = (b_i + k)/l \\ a_i^* = la_i \end{array}\right\} \quad k \text{ 與 } l \text{ 為任一常數} \qquad\qquad （公式 5-5）$$

則該試題反應函數仍然是不變的，即：

$$P_i(\theta^* \mid a_i^*, b_i^*) = P_i(\theta \mid a_i, b_i) \qquad\qquad （公式 5-6）$$

即使是 3PL 模式，其試題特徵曲線可以表示如下：

$$\begin{aligned} P_i(\theta \mid a_i, b_i, c_i) = c_i + (1 - c_i)\{&\exp Da_i(\theta - b_i) / \\ &[1 + \exp Da_i(\theta - b_i)]\} \end{aligned} \qquad\qquad （公式 5-7）$$

如果我們針對下列參數進行直線轉換，即：

$$
\left.\begin{array}{l}
\theta^* = (\theta + k)/l \\
b_i^* = (b_i + k)/l \\
a_i^* = la_i \\
c_i^* = c_i
\end{array}\right\} \quad k \text{ 與 } l \text{ 為任一常數}
\qquad （公式 5\text{-}8）
$$

則該試題反應函數仍然是不變的，即：

$$
P_i(\theta^* \mid a_i^*, b_i^*, c_i^*) = P_i(\theta \mid a_i, b_i, c_i)
\qquad （公式 5\text{-}9）
$$

由此可見，特別就 2PL 和 3PL 而言，我們便很方便地可以將能力值 θ（或試題 b_i）的平均數固定為 0，且標準差固定為 1。有了這兩項限制之後，2PL 和 3PL 中待估計的參數個數便成為 $N + 2n - 2$ 個和 $N + 3n - 2$ 個。但不論設限為何，隨著考生人數的增加，待估計的參數個數便以等比例的方式增加，這種情況與迴歸分析中的參數估計情況不同，迴歸參數個數的估計永遠不受考生樣本大小的影響。不過，隨著考生樣本數的增加或試題數的增加，我們若使用最大概似估計法去估計能力或試題參數的話，它們的估計值都會很快地收斂到真實的數值上（Swaminathan & Gifford, 1983）。

因此，綜合上述，參數估計的方法有許多種。為了說明參數是如何估計的，本書擬分成三種情況來說明：(1)假設能力參數為已知時，去估計試題參數；(2)假設試題參數為已知時，去估計能力參數；(3)不提出任何假設，試題參數和能力參數同時估計。本章先討論第一種和第三種的參數估計情形，第二種的參數估計情形，則已經在本書第四章裡討論過了。

 試題參數的估計

假設每位考生的能力參數為已知，我們可以針對一群考生進行一組試題的施測，然後求出 N 位考生在某一道試題的作答反應之「概似函數」（likelihood function），即：

$$L(u_1, u_2, \cdots, u_N | \theta, a, b, c) = \prod_{i=1}^{N} P_i^{u_i} Q_i^{1-u_i} \qquad （公式 5-10）$$

其中 a、b 和 c 分別是該試題的鑑別度、難度和猜測度參數〔為了方便推理起見，我們假設以三參數對數型模式（即 3PL）為例〕。公式 5-10 是假設 N 位考生在某一道試題上的作答反應是獨立的（即每位考生的作答反應，均不會影響或干擾其他考生的作答反應），在這個假設前提滿足後，公式 5-10 才算成立。

因此，在假設考生的能力值為已知的情況下，我們可以引用「最大概似估計法」去估計試題的參數如下：亦即，先針對 a、b 和 c 參數，求出概似函數的第一階導數，再把三個導數方程式設定為 0，並同時去解出這三個非直線方程式的解；對二參數對數型模式（即 2PL）而言，就有兩個參數解需要去估計；而對一參數對數型模式（即 1PL）而言，則有一個參數解需要去估計。接下來，我們可以使用數值分析（numerical analysis）領域中常用的 Newton-Raphson 遞迴估計程序（iteration procedure）法，來求出這些方程式的解。當每位考生的能力參數為已知時，每個試題可以分別進行估計，而不必考慮其他試題的存在。所以，估計程序必須重複 n 次，每次估計一個試題。茲進一步說明各種可以用來估計試題參數的方法如下。

一 聯合的最大概似估計法

事實上，公式 5-10 所示，僅是針對一道試題的參數來做估計，這一點作法與實際的情況不符。在實際的估計情境中，我們往往需要針對一群考生的能力參數和一組試題的參數，進行同步的估計。因此，這種同步進行估計能力與試題參數的最大概似估計法，便稱作「聯合的最大概似估計法」（joint maximum likelihood estimation, JMLE），其估計程序可以詳見如下所述（Hambleton & Swaminathan, 1985, pp. 129-138）。

首先，N 位考生在 n 道試題上的作答反應結果的概似函數，可以表示成：

$$L(\mathbf{u} \mid \theta_j, a_i, b_i, c_i) = \prod_{j=1}^{N} \prod_{i=1}^{n} P_{ij}^{u_{ij}} Q_{ij}^{1-u_{ij}}$$ （公式 5-11）

其中，$\mathbf{u}$ 為 $N \times n$ 階的作答反應資料矩陣，u_{ij} 為第 j 名考生在第 i 道試題上的作答反應結果（為一個二元化計分變項，即答對者記錄為「1」，答錯者記錄為「0」），P_{ij} 為作答正確的機率，而 $Q_{ij} = 1 - P_{ij}$ 為作答錯誤的機率。所以，公式 5-11 兩端取自然對數後，即成為：

$$\ln L(\mathbf{u} \mid \theta_j, a_i, b_i, c_i) = \sum_{j=1}^{N} \sum_{i=1}^{n} [u_{ij} \ln P_{ij} + (1 - u_{ij}) \ln Q_{ij}]$$ （公式 5-12）

由於我們有設定兩個限制（即平均數為 0，標準差為 1），因此，3PL 模式中待估計的參數個數只有 $N+3n-2$ 個。因此，要解這些參數的解，我們只有針對公式 5-12 取第一階偏導數，設定其值為 0，並解出其聯立方程式的解如下：

$$f(\lambda) = \frac{\partial \ln L}{\delta \lambda_k} = 0 \qquad k = 1, \cdots, N+3n-2$$ （公式 5-13）

其中，$\boldsymbol{\lambda}'$ 為一組參數向量，可以定義如下：

$$\boldsymbol{\lambda}' = [\boldsymbol{\theta}', \mathbf{a}', \mathbf{b}', \mathbf{c}']$$ （公式 5-14）

在實際的作法上，我們需要使用 Newton-Raphson 遞迴估計程序，來求解上述參數向量的解，即：

$$\boldsymbol{\lambda}^{(t+1)} = \boldsymbol{\lambda}^{(t)} - \boldsymbol{\delta}^{(t)}$$ （公式 5-15）

其中，

$$\boldsymbol{\delta}^{(t)} = \frac{f'(\boldsymbol{\lambda}^{(t)})}{f''(\boldsymbol{\lambda}^{(t)})} \qquad\qquad （公式 5-16）$$

其中，$f''(\boldsymbol{\lambda}^{(t)})$ 為第 t 次遞迴估計時具有 $p \times p$ 階 $\boldsymbol{\lambda}$ 估計值的第二階偏導數矩陣，而 $f'(\boldsymbol{\lambda}^{(t)})$ 則為 $\boldsymbol{\lambda}^{(t)}$ 時具有 $p \times 1$ 階 $\boldsymbol{\lambda}$ 估計值的第一階偏導數向量。所以，我們可以從某一個起始值 $\boldsymbol{\lambda}^{(0)}$ 開始，一直遞迴估計，直到前後兩次估計值之間的差距的絕對值小於某個預設值（通常設定為 $\varepsilon = 0.01$ 或 0.001）為止，我們便說估計達到收斂，便可以停止估計。

就現況而言，通常會以兩個階段的方式來進行遞迴估計：第一個階段，先以一組試題參數的起始值（即 $\mathbf{a}^{(0)}, \mathbf{b}^{(0)}, \mathbf{c}^{(0)}$）作為開始，並把它們看成是已知值，然後如第四章所述的步驟去進行估計 $\boldsymbol{\theta}_j$ 值；第二階段，再以上述階段的最後估計值 $\boldsymbol{\theta}_j (j = 1, \cdots, N)$ 作為起點，並將它視為已知的能力值，再去進行估計試題參數 $\mathbf{a}^{(1)}, \mathbf{b}^{(1)}, \mathbf{c}^{(1)}$ 的數值。這兩個階段的估計步驟持續進行下去，一直到能力與試題參數都達到收斂為止，最後的估計值即為我們所需要的最大概似估計值。

在遞迴估計的過程中，待估計參數矩陣的第一階和第二階偏導數的推理，至為複雜，因此，表 5-1 所示，即為這些待估計參數的第一階和第二階偏導數的推導公式，研究者只要運用數值分析的方法，將它們譜成電腦程式，即可估計出最後的最大概似估計值來。

當參數估計達到收斂後，則參數向量 $\boldsymbol{\lambda}$ 的訊息函數矩陣（information function matrix），即可表示如下：

$$I(\boldsymbol{\lambda}) = -E\left[\frac{\partial^2 \ln L(\mathbf{u} \mid \boldsymbol{\lambda})}{\partial \boldsymbol{\lambda}^2}\right] \qquad\qquad （公式 5-17）$$

此一訊息函數矩陣 $I(\boldsymbol{\lambda})$，即為 $(N+3n-2) \times (N+3n-2)$ 階的方陣。該訊息函數矩陣的逆矩陣（inverse matrix）中的對角線和非對角線元素，即為該等 $\boldsymbol{\lambda}$ 參數最大概似估計值之相對應的變異數和共變數元素。這些待估計參數的訊息函數矩陣之推導公式，可以參見表 5-2 所示。

表 5-1　3PL 模式下能力與試題參數的第一階和第二階導數公式

導數	公式
$\dfrac{\partial \ln L}{\partial a_i}$	$\dfrac{D}{(1-c_i)} \displaystyle\sum_{j=1}^{N} \dfrac{(\theta_j - b_i)(P_{ij} - c_i)(u_{ij} - P_{ij})}{P_{ij}}$
$\dfrac{\partial \ln L}{\partial b_i}$	$\dfrac{-Da_i}{(1-c_i)} \displaystyle\sum_{j=1}^{N} \dfrac{(P_{ij} - c_i)}{P_{ij}}(u_{ij} - P_{ij})$
$\dfrac{\partial \ln L}{\partial c_i}$	$\dfrac{-1}{(1-c_i)} \displaystyle\sum_{j=1}^{N} \dfrac{(u_{ij} - P_{ij})}{P_{ij}}$
$\dfrac{\partial \ln L}{\partial \theta_j}$	$D \displaystyle\sum_{i=1}^{n} \dfrac{a_i(P_{ij} - c_i)}{(1-c_i)} \dfrac{(u_{ij} - P_{ij})}{P_{ij}}$
$\dfrac{\partial^2 \ln L}{\partial a_i^2}$	$\dfrac{D^2}{(1-c_i)^2} \displaystyle\sum_{j=1}^{N} \left[(\theta_j - b_i)^2 (P_{ij} - c_i) \dfrac{Q_{ij}}{P_{ij}} \left(\dfrac{u_{ij}c_i}{P_{ij}} - P_{ij} \right) \right]$
$\dfrac{\partial^2 \ln L}{\partial b_i^2}$	$\dfrac{D^2 a_i^2}{(1-c_i)^2} \displaystyle\sum_{j=1}^{N} (P_{ij} - c_i) \dfrac{Q_{ij}}{P_{ij}} \left(\dfrac{u_{ij}c_i}{P_{ij}} - P_{ij} \right)$
$\dfrac{\partial^2 \ln L}{\partial c_i^2}$	$\dfrac{1}{(1-c_i)^2} \displaystyle\sum_{j=1}^{N} \left[\left(\dfrac{u_{ij}}{P_{ij}} - 1 \right) \dfrac{u_{ij}Q_{ij}}{P_{ij}^2} \right]$
$\dfrac{\partial^2 \ln L}{\partial a_i \partial b_i}$	$\dfrac{-D}{(1-c_i)} \displaystyle\sum_{j=1}^{N} (P_{ij} - c_i) \left[\left(\dfrac{u_{ij}}{P_{ij}} - 1 \right) + \dfrac{Da_i}{(1-c_i)} (\theta_j - b_i) \dfrac{Q_{ij}}{P_{ij}} \left(\dfrac{u_{ij}c_i}{P_{ij}} - P_{ij} \right) \right]$
$\dfrac{\partial^2 \ln L}{\partial a_i \partial c_i}$	$\dfrac{-D}{(1-c_i)^2} \displaystyle\sum_{j=1}^{N} (\theta_j - b_i)(P_{ij} - c_i) \dfrac{Q_{ij}}{P_{ij}^2} u_{ij}$
$\dfrac{\partial^2 \ln L}{\partial c_i \partial b_i}$	$\dfrac{Da_i}{(1-c_i)^2} \displaystyle\sum_{j=1}^{N} (P_{ij} - c_i) \dfrac{Q_{ij}}{P_{ij}^2} u_{ij}$
$\dfrac{\partial^2 \ln L}{\partial \theta_j^2}$	$D^2 \displaystyle\sum_{i=1}^{n} a_i^2 \dfrac{(P_{ij} - c_i)Q_{ij}}{(1-c_i)^2 P_{ij}} \left(\dfrac{u_{ij}c_i}{P_{ij}} - P_{ij} \right)$

　　其實，利用最大概似估計法來估計 3PL 模式下的所有參數，可能也會遭遇如同第四章所述估計能力參數值所遭遇的問題，如：(1)需要使用功能強大的電腦配備當後盾；(2)使用數值分析法，不一定每次都能獲得整體的最大近似值，也許只是獲得局部的最大近似值而已；(3)估計值也許會超過各參數所能接受的值域範圍。由於使用 MLE 估計法，會有這些潛在的估計問題，像 Wright（1977a）便非常質

表 5-2　3PL 模式下能力與試題參數的訊息函數矩陣公式

參數	訊息函數矩陣		
	a_i	b_i	c_i
a_i	$\dfrac{D^2}{(1-c_i)^2}\displaystyle\sum_{j=1}^{N}\dfrac{(\theta_j-b_i)^2(P_{ij}-c_i)^2 Q_{ij}}{P_{ij}}$		
b_i	$\dfrac{-D^2 a_i}{(1-c_i)^2}\displaystyle\sum_{j=1}^{N}\dfrac{(\theta_j-b_i)(P_{ij}-c_i)^2 Q_{ij}}{P_{ij}}$	$\dfrac{D^2 a_i^2}{(1-c_i)^2}\displaystyle\sum_{j=1}^{N}\dfrac{(P_{ij}-c_i)^2 Q_{ij}}{P_{ij}}$	
c_i	$\dfrac{-D^2}{(1-c_i)^2}\displaystyle\sum_{j=1}^{N}\dfrac{(\theta_j-b_i)(P_{ij}-c_i)Q_{ij}}{P_{ij}}$	$\dfrac{-D^2}{(1-c_i)^2}\displaystyle\sum_{j=1}^{N}\dfrac{(P_{ij}-c_i)Q_{ij}}{P_{ij}}$	$\dfrac{1}{(1-c_i)^2}\displaystyle\sum_{j=1}^{N}\dfrac{Q_{ij}}{P_{ij}}$
θ_j	$D^2\displaystyle\sum_{i=1}^{n} a_i^2\dfrac{(P_{ij}-c_i)}{(1-c_i)^2}\dfrac{(c_i-P_{ij})Q_{ij}}{P_{ij}}$		

疑 2PL 和 3PL 模式下，參數估計值的效度是否可靠。但是，像 Lord（1980）、Swaminathan 和 Gifford（1983）等人，還是認為只要考生人數及試題數夠大，MLE 估計值仍然會具有許多理想的統計特色，還是值得使用的。

　　當然，就 1PL 模式而言，估計參數的程序會簡化許多。例如，由表 5-1 中所述可知，欲估計考生的能力值 θ_j 時，其近似值方程式可以表示如下：

$$D\sum_{i=1}^{n}(u_{ij}-P_{ij})=0 \qquad j=1,\cdots,N \qquad\qquad （公式 5-18）$$

而欲估計試題的難度參數 b_i 時，其近似值方程式可以表示如下：

$$-D\sum_{j=1}^{N}(u_{ij}-P_{ij})=0 \qquad i=1,\cdots,n \qquad\qquad （公式 5-19）$$

如果，我們以下列公式：

$$\sum_{i=1}^{n} u_{ij} = r_j \qquad 且 \qquad \sum_{j=1}^{N} u_{ij} = s_i$$

分別代表考生 j 的答對題數（即考生的原始得分）和試題 i 的答對人數（即試題的通過人數），則公式 5-18 和公式 5-19 可以再表示成如下：

$$r_j - \sum_{i=1}^{n} P_{ij} = 0 \qquad j = 1, \cdots, N \qquad （公式 5-20a）$$

和

$$-s_i + \sum_{j=1}^{N} P_{ij} = 0 \qquad i = 1, \cdots, n \qquad （公式 5-20b）$$

這些公式即顯示出 r_j 是 θ_j 的充分統計數（sufficient statistic），且 s_i 亦是 b_i 的充分統計數。因此，最多只有 $n-1$ 個分數類別的能力參數值需要估計，而且至多只有 $n-1$ 個難度參數（因為難度的平均數設定為 0）需要估計，合計共有 $2(n-1)$ 個參數需要估計，與理論上的 $N+n-1$ 個待估計參數的數目不同。

同理，在 2PL 模式下，由表 5-1 中所述可知，欲估計考生的能力值 θ_j 和試題的難度 b_i 與鑑別度 a_i 參數時，其近似值方程式可以表示如下：

$$D \sum_{i=1}^{n} a_i (u_{ij} - P_{ij}) = 0 \qquad j = 1, \cdots, N \qquad （公式 5-21）$$

$$-D \sum_{j=1}^{N} a_i (u_{ij} - P_{ij}) = 0 \qquad i = 1, \cdots, n \qquad （公式 5-22）$$

$$D \sum_{j=1}^{N} (u_{ij} - P_{ij})(\theta_j - b_i) = 0 \qquad i = 1, \cdots, n \qquad （公式 5-23）$$

由此可見，公式 5-21 可以簡化如下所示：

$$\sum_{i=1}^{n} a_i u_{ij} - \sum_{i=1}^{n} a_i P_{ij} = 0 \qquad j = 1, \cdots, N \qquad （公式 5-24）$$

如果 a_i 值為已知的話，則權重分數 $\sum_{i=1}^{n} a_i u_{ij}$ 即成為 θ_j 的充分統計數。但是，問題是：a_i 也需要透過考生的作答反應組型的估計才能得出，因此，在這種情況下，考生能力值的估計就無法再簡化下去。同理，公式 5-22 和公式 5-23 所示的難度和鑑別度參數的估計公式，也都無法再簡化下去。它們都需要試題與能力參數同步地進行估計，因此，Wright 和 Panchapakesan（1969）特地以「無條件的最大概似估計法」（unconditional maximum likelihood estimation）來稱呼 Rasch 模式下的這種估計方式，但是，由於此名稱容易與其他名稱〔如 Andersen（1972, 1973a）所提出的「條件的最大概似估計法」（conditional maximum likelihood estimation, CMLE）〕混淆，筆者建議還是不要使用為宜。還是以聯合的最大概似估計法來稱呼比較適合，畢竟，我們對試題和能力參數的估計，是一起聯合起來同步進行估計的。

二　條件的最大概似估計法

其次，便是只適用於 1PL 模式下的參數估計法，該方法即為 Andersen（1972, 1973a）所提出的「條件的最大概似估計法」。茲敘述該方法如下。

在 Rasch 模式中，由於考生的答對題數 r_j 是其能力值 θ_j 的充分統計數，所以，我們可以 r_j（而不是 θ_j）的符號來重新將近似值函數表示成：

$$P[u_1, u_2, \cdots, u_n \mid \theta, \mathbf{b}] = \prod_{i=1}^{n} P[u_i \mid \theta, b_i]$$

$$= \frac{\left[\exp(D\theta \sum_{i=1}^{n} u_i) \exp(-D \sum_{i=1}^{n} u_i b_i) \right]}{\prod_{i=1}^{n} [1 + \exp(\theta - b_i)]}$$

$$= \frac{\left[\exp(D\theta r) \exp(-D \sum_{i=1}^{n} u_i b_i) \right]}{g(\theta, \mathbf{b})} \tag{公式 5-25}$$

因此，獲得原始分數 r 分的機率，可以表示成：

$$P[\mathbf{r} | \theta, \mathbf{b}] = \frac{[\exp(D\theta r)] \left[\sum_{r} \exp(-D \sum_{i=1}^{n} u_i b_i) \right]}{g(\theta, \mathbf{b})} \tag{公式 5-26}$$

其中，$\sum_{r}$ 是表示同樣可以獲得 r 分的 $\binom{n}{r}$ 種作答反應組型之總和。因此，

$$P[\mathbf{u} | r, \mathbf{b}] = \frac{P[\mathbf{u} | \theta, \mathbf{b}]}{P[r | \theta, \mathbf{b}]}$$

$$= \frac{\exp(-D \sum_{i=1}^{n} u_i b_i)}{\left[\sum_{r} \exp(-D \sum_{i=1}^{n} u_i b_i) \right]}$$

$$= \frac{\exp(-D \sum_{i=1}^{n} u_i b_i)}{\gamma_r} \tag{公式 5-27}$$

其中，

$$\gamma_r = \sum_{r} \exp(-D \sum_{i=1}^{n} u_i b_i) \tag{公式 5-28}$$

上述公式是 b_i 參數的函數，並且是有名的 r 階基本對稱函數（elementary symmetric function）。當作答反應組型已知時，$P(\mathbf{u}|r,\mathbf{b})$ 的機率即可被解釋成近似值函數 $L(\mathbf{u}|r,\mathbf{b})$，並且，估計時不需使用到 θ 值。

　　誠如 Andersen（1970）所言，這種條件的最大概似估計值仍然具有類似 MLE 估計值的理想特性。在解上述基本對稱函數的第一階和第二階偏導數的解時，這種估計法仍然會有一些數值分析的問題產生，在實務應用上，不如聯合的最大概似估計法那麼受歡迎。

三　邊緣的最大概似估計法

　　由於上述 θ 的充分統計數只存在於 Rasch 模式才有，2PL 模式下 θ 的充分統計數為 $r=\sum_{i=1}^{n}a_iu_i$，但仍需要仰賴鑑別度參數 a_i 的估計。因此，條件的最大概似估計法無法適用於 2PL 和 3PL 的模式。因此，才有學者提出邊緣的最大概似估計法（marginal maximum likelihood estimation, MMLE），以期能夠適用於 2PL 的模式（Bock & Aitkin, 1981; Bock & Lieberman, 1970）。

　　所謂邊緣的最大概似估計法，顧名思義，即是利用常態肩形試題反應模式為基礎，將 θ 能力值積分起來（如果假設它呈現連續性分配）或加總起來（如果假設它呈現離散性分配），然後再代入最大概似估計法，以求出邊緣的近似函數值的最大化，這時，它的解即是我們需要的邊緣的最大概似估計值。其估計過程可以表示如下。

　　由於考生 j 獲得一組作答反應向量 $\mathbf{u}$ 的機率，可以表示如下：

$$P[\mathbf{u}|\theta,\mathbf{a},\mathbf{b},\mathbf{c}]=\prod_{i=1}^{n}P_i^{u_i}Q_i^{1-u_i} \qquad （公式 5\text{-}29）$$

因此，便可進一步表示：

$$P[\mathbf{u},\theta|\mathbf{a},\mathbf{b},\mathbf{c}]=\prod_{i=1}^{n}P_i^{u_i}Q_i^{1-u_i}g(\theta) \qquad （公式 5\text{-}30）$$

並且

$$P[\mathbf{u}\,|\,\mathbf{a},\mathbf{b},\mathbf{c}] = \int_{-\infty}^{\infty}\prod_{i=1}^{n}P_i^{u_i}Q_i^{1-u_i}g(\theta)d\theta \equiv \pi_u \qquad （公式 5-31）$$

其中，π_u 即是獲得作答反應組型 u 的邊緣機率。由於 n 道二元化計分的試題，會產生 2^n 種作答反應組型，如果以 r_u 表示獲得作答反應組型 u 的考生人數的話，則近似值函數可以表示成：

$$L \propto \prod_{u=1}^{2^n}\pi_u^{r_u} \qquad （公式 5-32）$$

且其對數近似值函數可以表示成：

$$\ln L = e + r_u\sum_{u=1}^{2^n}\ln \pi_u \qquad （公式 5-33）$$

其中 e 為一個常數。接著，去求解公式 5-33 中 $\mathbf{a}$、$\mathbf{b}$、$\mathbf{c}$ 三個參數的微分方程式，即可獲得我們想要的邊緣的最大概似估計值。

由於邊緣的最大概似估計法，每次均需處理 2^n 種作答反應組型的資料，當試題數超過 10 或 12 題時，估計速度便會急遽減慢許多，因此，在實務應用上，更無法完全擴展到 3PL 模式的應用上。後來，Bock 和 Aitkin（1981）提出改良 Dempster、Laird 和 Rubin（1977）的 EM 估計程序法，已大幅加速與改善邊緣的最大概似估計法的效率性。Thissen（1982）甚至將此程序，延伸擴展應用到 Rasch 模式上，並且證實其效果與使用條件的估計法效果相當或甚至更好。這種新的改良估計方法，後來也被許多軟體程式納入作為估計參數的選項之一，BILOG 或 BILOG-MG 即是其中之一。

四 貝氏估計法

最後一種估計方法，即為考量各種參數的事前機率分配後，採用貝氏估計法來估計能力與試題參數。這種貝氏估計法，也可以應用到聯合的和邊緣的估計能力與試題參數上，而成為通用的參數估計方法（Mislevy, 1986; Swaminathan & Gifford, 1981, 1982, 1983, 1985, 1986）。其估計程序大致與第四章的說明相同，茲以 3PL 模式為例，扼要說明如下。

假設 $f(\theta_j)$、$f(a_i)$、$f(b_i)$ 和 $f(c_i)$ 分別為考生能力值 θ_j（$j=1,\cdots,N$）、試題鑑別度參數 a_i（$i=1,\cdots,n$）、試題難度參數 b_i（$i=1,\cdots,n$），和試題猜測度參數 c_i（$i=1,\cdots,n$）的事前機率分配（prior distribution），則這些參數的聯合事後密度函數（joint posterior density function），即為：

$$f(\mathbf{\theta}, \mathbf{a}, \mathbf{b}, \mathbf{c} \mid \mathbf{u}) \propto L(\mathbf{u} \mid \mathbf{\theta}, \mathbf{a}, \mathbf{b}, \mathbf{c}) \left[\prod_{i=1}^{n} f(a_i) f(b_i) f(c_i) \right] \prod_{j=1}^{N} f(\theta_j) \quad \text{（公式 5-34）}$$

此即階層式貝氏模式（hierarchical Bayesian model）的第一個步驟。接著，第二個步驟即是去表述這些參數的事前機率分配，例如，

$$\theta_j \mid \mu_\theta, \phi_\theta \sim N(\mu_\theta, \phi_\theta) \quad\quad\quad \text{（公式 5-35）}$$

其中，$N(\mu, \phi)$ 即表示具有平均數為 μ、變異數為 ϕ 的常態密度函數（normal density function）。亦即，公式 5-35 相當於表示：

$$f(\theta_j \mid \mu_\theta, \phi_\theta) \propto \phi^{-1/2} \exp[-(\theta_j - \mu_\theta)^2 / 2\phi_\theta] \quad\quad \text{（公式 5-36）}$$

其中，常數項 $(2\pi)^{-1/2}$ 已被省略。由此可見，θ_j 似乎是取樣自一個常態分配的母群體，因此，事前機率分配不需要仰賴某個特定的 θ_j 值而定，任何 θ 值的事前機率分配均可使用，此即貝氏估計值具有交換性的特色（Lindley & Smith, 1972）。

同理，我們亦可以仿同上述，分別將試題難度參數 b_i、鑑別度參數 a_i 和猜測

度參數 c_i 的事前機率分配表示如下：

$$b_i | \mu_b, \phi_b \sim N(\mu_b, \phi_b) \qquad\text{（公式 5-37）}$$

$$f(a_i | v_i, \omega_i) \propto a_i^{v_i-1} \exp(-a_i^2/2\overline{\omega}_i) \qquad\text{（公式 5-38）}$$

$$F(c_i | s_i, t_i) \propto c_i^{s_i}(1-c_i)^{t_i} \qquad\text{（公式 5-39）}$$

其中，b_i 參數的分配是常態分配，a_i 參數的分配是卡方分配（chi-distribution），而 c_i 參數則為具有參數 s_i 和 t_i 且界於 1 到 0 之間的貝塔分配（Beta distribution）。以上這些參數的事前機率分配的描述與定義，是執行階層式貝氏模式估計的第二個步驟。

第三個步驟，即為說明 μ_θ、ϕ_θ、μ_b、ϕ_b、v_i、ω_i、s_i 和 t_i 等參數的事前機率分配。並且，為了解決估計原點不確定性的問題，我們通常都會設定 θ 值的平均數為 0、標準差為 1，亦即是，

$$\theta_j \sim N(0, 1) \qquad\text{（公式 5-40）}$$

一旦這些待估計參數的事前機率分配被確定，凡是能夠讓公式 5-34 的聯合事後密度函數達到最大的解，即是我們所需要的貝氏聯合眾數估計值（Bayes' joint modal estimators）。這樣的估計值，仍然會具有類似最大概似估計值的統計特色，甚至於，表現得比它們還好。深入的討論和估計的優缺點比較，有興趣的讀者可以進一步參考 Swaminathan 和 Gifford（1981, 1982, 1983, 1985, 1986）的論文。

 ## 相關的電腦程式

在前一節裡，我們雖然介紹了許多估計參數的方法，但在實際的估計情境中，我們往往無法事先得知能力和試題參數值，因此，大多數的估計情況，都是能力和試題參數同時進行估計的，且都需要仰賴電腦程式的學習和應用。遠在 1980 年代裡，大多數可以應用於二元化計分與多元化計分資料的試題分析程式，即已大

致建置完成，且這些 IRT 程式都有一個共同特色，那就是要求使用者務必使用較長測驗（longer tests）和較大樣本（larger sample sizes）的考生（或受試者）作答資料，如此才能發揮這些 IRT 程式的估計參數特色。

一　各種 IRT 程式的簡介

由於估計能力和試題參數的過程，十分複雜與繁瑣，欲瞭解其估計程序和原理，將十分費時且不符實際需求。因此，站在實務應用的觀點而言，讀者（或使用者）未必需要瞭解這些詳細的估算過程，讀者（或使用者）只要學會使用相關的 IRT 電腦程式，知道它們如何被估計出來，並且也知道如何使用它們、如何解釋其涵義即可。表 5-3 所示的簡介（Du Toit, 2003; Embretson & Reise, 2000; Featherman, 1997; Hambleton & Swaminathan, 1985; Hambleton, Swaminathan, & Rogers, 1991; Kim, 1997; Reise & Yu, 1990; Yen, 1987），即是曾出現在 IRT 文獻上的相關電腦程式軟體的摘述與評論。

由表 5-3 所示可知，大致上來說，通用的參數估計方法可以粗分為兩大類，即：最大概似估計法和貝氏估計法。但由於早期的電腦軟體程式發展，多半僅適用於大電腦（mainframe），後來逐漸出現個人電腦 PC 版的軟體，晚近則紛紛改版為 WINDOWS 版程式。到目前為止，上述電腦軟體程式可以在市場上公開價購取得以及流通者，已可逐漸歸類成幾個大類。

（一）Rasch 模式專用的軟體程式

如美國地區出版的 BICAL、MICROSCALE、RASCAL、RIDA、BIGSTEPS、WINSTEPS（MESA 公司出版），和澳洲地區出版的 RUMM、ConQuest（ACER 協會出版），這些軟體程式都是專門適用於分析 Rasch 模式二元化計分資料及其家族成員模式的多元化計分資料（如：WINSTEPS 即為目前流通較廣，且為 WINDOWS 版、適用於分析 Rasch 模式二元化計分資料的主流應用程式），甚至，還逐漸擴展應到多向度 Rasch 家族模式資料的分析上（如：ConQuest 即為目前適用於分析多向度 Rasch 模式的主流應用程式）。

表 5-3　目前通用的試題反應理論相關電腦程式軟體

程式名稱	參考來源	適用模式	估計方法
BICAL（BIGSCALE）	Wright 等人（1979） Wright 等人（1989）	1PL	UML
MICROSCALE	Mediax Interactive Technologies（1986）	1PL 多元化計分	UML
ANCILLES	Urry（1978）	3PL	Heuristic
ASCAL	Assessment Systems Corp（1988）	1PL 2PL 3PL	Bayesian
RASCAL	Assessment Systems Corp（1988）	1PL	UML
LOGIST	Wingersky（1983） Wingersky 等人（1982）	1PL 2PL 3PL	UML
BILOG（BILOG 3）	Mislevy 和 Bock（1982） Mislevy 和 Bock（1990）	1PL 2PL 3PL	MML
NOHARM	Fraser 和 McDonald（1988）	1PL 2PL 3PL 多向度 IRT	Least squares
MIRTE	Carlson（1987）	1PL 2PL 3PL 多向度 IRT	UML
RIDA	Glas（1990）	1PL	CML MML
BILOG-MG	Zimowski、Muraki、Mislevy 和 Bock（1996）	1PL 2PL 3PL	MML Bayesian
MULTILOG	Thissen（1991）	多元化計分	UML
PARSCALE	Muraki 和 Bock（1997）	多元化計分	UML
TESTFACT	Wilson、Wood 和 Gibbons（1991） Wood、Wilson、Gibbons、Schilling、Muraki 和 Bock（2003）	古典測驗理論 試題分析 多向度 IRT	一般統計

表 5-3　目前通用的試題反應理論相關電腦程式軟體（續）

程式名稱	參考來源	適用模式	估計方法
BIGSTEPS	Linacre 和 Wright（1994） Linacre（1996）	1PL 多元化計分	UML CML
RUMM	Andrich、Sheridan 和 Luo（2001）	1PL 多元化計分	UML CML
WINMIRA	Von Davier（2001）	1PL 多元化計分	UML CML
FACETS	Linacre（2003）	1PL 多元化計分	UML CML
WINSTEPS	Linacre 和 Wright（2000）	1PL 多元化計分	UML CML
ConQuest	Wu、Adams 和 Wilson（2007）	1PL 多向度 IRT	CML MML

註：1.UML 表示 Unconditional maximum likelihood 的縮寫。
　　2.CML 表示 Conditional maximum likelihood 的縮寫。
　　3.MML 表示 Marginal maximum likelihood 的縮寫。

（二）二元化計分模式的軟體程式

如 BILOG-MG、MULTILOG、PARSCALE 和 TESTFACT 等四種軟體，都是由 Scientific Software International, Inc.（簡稱 SSI）公司所出版，可普遍適用於二元化計分的各種 IRT 模式（如：1PL、2PL、3PL）和古典測驗理論的試題分析工作，該等軟體程式已經逐漸取得市場上的主導優勢，並由 Du Toit（2003）彙整成一本稱作 *IRT from SSI* 的使用者參考手冊。而最早發展但僅適用於大電腦版的知名 LOGIST 程式，由於改版為 PC 版較晚，市場流通性已不如目前早已改為 WIN-DOWS 版的 BILOG-MG 程式。

（三）多向度 IRT 模式的軟體程式

如 NOHARM、MIRTE 和 ConQuest 等，由於這些軟體各自發展，並未交由商業公司出版行銷，再加上多向度 IRT 比單向度 IRT 更形複雜、艱澀難懂，因此，目前市場上還未形成主流程式。不過，隨著 Rasch 模式在多向度資料分析上的應

用日廣〔如：PISA 國際學生成就評比資料庫即指定使用 ConQuest 程式來分析數學與科學成就的五種近似可能值（plausible values）〕，ConQuest 倒有逐漸成為主流程式的趨勢。

　　由於有些軟體不方便在市場上取得，因此，本書將另闢一專章（即第八章），專門來介紹一般讀者（或研究者）方便於市場上購得使用的軟體程式。本書將僅介紹由 SSI 公司出版的四合一 IRT 軟體程式：BILOG-MG、MULTILOG、PARS-CALE 和 TESTFACT 等，並在第八章作範例介紹，不作詳細的程式語法操作介紹（因為上述軟體的使用手冊均高達數百頁之多），至於想要熟練該等程式使用的讀者（或研究者），還是必須自購該等合法軟體，並參考其所附使用者手冊的說明才行。

二　測驗長度和樣本大小使用的建議

　　儘管當代學習試題反應理論的方式，一定都是配合電腦軟體的使用而一起學習。讀者及一般使用者，除了要熟悉各種程式語法之外，還需要明瞭哪些因素會影響到試題及考生參數值的估計精確性，如此才不會誤用這些工具；這些因素計有：測驗長度、樣本大小、IRT 模式、參數估計方法、測驗分數的分布形狀，及軟體程式功能等的選擇問題（Baker, 1987; Hambleton, 1989）。

　　首先，關於模式選擇的議題。Wright 和 Stone（1979）即表示，若使用 Rasch 模式來估計試題參數的話，則最少需要使用 20 個試題和 200 名考生，才能獲得適當的估計值。Hulin、Lissak 和 Dragow（1982）則建議，若是使用 2PL 模式，則需要至少 30 個試題和 500 名考生，若是使用 3PL 模式，則需要至少 60 個試題和 1,000 名考生，才能獲得可被接受的參數估計結果；而同樣在使用 3PL 模式下，Swaminathan 和 Gifford（1983）即認為使用 20 個試題和 1,000 名考生的測驗資料時，即可獲得 b_i 和 c_i 一個非常好的估計值，且亦可獲得 a_i 和 θ_i 一個相當好的估計結果。Hulin、Lissak 和 Dragow（1982）也認為樣本大小和測驗長度之間，似乎存在著某種消長關係，例如，基於 60 個試題和 1,000 名考生的測驗資料分析結果，大約與 30 個試題和 2,000 名考生的測驗資料分析結果相同。

　　其次，關於估計參數的方法。Dragow（1989）即發現，當測驗較短，且樣

本數較小時，使用 MML 估計法，會比使用 JML 估計法來得準確。同時，Lim 和 Drasgow（1990）、Skaggs 和 Stevenson（1989）、Swaminathan 和 Gifford（1986）等人也發現，當樣本數偏小時，若使用貝氏估計法，卻可改善參數估計的精確度，但是，若貝氏估計的事前分配假設敘述不當的話，反而會受到干擾而降低估計的精確度（Harwell & Janosky, 1991; Seong, 1990; Stone, 1992）。

再其次，若真實的能力分配有偏態（skewed）的話，則會比在常態（normal）及單一分配（uniform）下的樣本分配，獲得一個較不精確的試題參數估計值（Seong, 1990; Stone, 1992; Swaminathan & Gifford, 1983）。誠如 Lord（1980, p. 186）所言，若使用 3PL 模式下，且需要去精確估計 c_i 參數時，則我們就必須使用能力量尺上具有較低能力水準考生的測驗作答資料才行。

最後，關於軟體程式功能的選擇。Seong（1990）即表示，估計點（quadrature points）數多寡的決定，會影響試題和能力參數估計的精確性。Harwell 和 Janosky（1991）的研究即認為，當測驗較短且樣本數較少時，若仍使用 BILOG 所預設的事前變異數值，即可能產生不正確的鑑別度參數估計結果。這些例證均說明一件重要的事，那就是 IRT 程式的使用者，必須徹底明瞭所選擇的程式功能可能對參數估計結果產生的種種可能影響，以便審慎適當地做出合宜功能的選擇。

目前，關於多元化計分的試題分析，較少有針對樣本大小及測驗長度對參數估計影響的問題進行研究。Reise 和 Yu（1990）的研究是其中較為重要的一個，他們即認為若使用 Samejima（1969）的等級反應模式並搭配 MULTILOG 程式來估計時，在 25 個試題且各具有五個分數類別下，至少需要 500 名考生的測驗作答資料，才能獲得一個較為精確的試題參數估計值；但若要在諸如測驗等化（test equating）之類的重要應用上，則必須使用 1,000 至 2,000 名之間樣本大小的考生資料，才能獲得一個更精確的估計結果。同樣在 MULTILOG 程式中應用 Bock（1972）的名義反應模式，de Ayala 和 Sava-Bolesta（1999）即發現真實的 θ 分配形狀，會影響到名義反應模式中的 a_{ij} 參數估計，但不會影響 c_{ij} 參數的估計；當 θ 分配呈常態時，若試題是三點計分的試題，則需要至少 1,600 名考生資料才夠，若是四點計分的試題，則必須增加到 2,300 名考生的作答資料，才足以精確估計出所需的試題參數。

就一般常識所知，在多元化計分試題的作答下，仍然有考生極可能做出極端

分數（如極高分或極低分）的反應結果，因此，造成有些類別反應組型的次數極少，而無法被程式所估計。因此，加倍樣本大小的數量（例如，在州政府的教育成就的實作評量裡，至少需要 3,500 名樣本數），才能獲得這些極端分數的反應類別皆有作答資料出現，如此才能進行估計，並且獲得一個比較適當、穩定且精確的參數估計結果。所以說，無論是二元化計分或多元化計分的試題反應資料，IRT 的各種模式，均要求使用大樣本，才能發揮出 IRT 的使用特色。

第六章

適配度檢定

　　試題反應理論的特性與優點，雖然已在前幾章裡介紹過了，但是這些特性與優點並不是隨時都存在的，它們只有在所選用的試題反應模式能夠適配（fit）所欲分析的測驗資料時才存在；換句話說，在試題反應理論裡，我們必須先檢定模式與資料之間是否具有滿意的適配度（goodness-of-fit），才能確定所選用的模式能夠適用於所分析的資料，方不至於誤用或濫用試題反應理論的特性與優點。

　　遠在 1970 及 1980 年代，IRT 剛剛成為教育評量界炙手可熱的工具時，學術界裡存在著兩大哲學觀點之爭，一者認為「如果測驗資料無法適配模式的話，就拋棄測驗資料，選擇模式為主」（data fits model），另一者則認為「選擇測驗資料為主，然後想辦法去尋找可以適配該資料的模式」（model fits data）（Divgi, 1986）。其實，辨認何種適配指標才較具有適當性，與選用何種指標才能發揮檢測不適配的特性，兩者是等同重要的。因此，當今的 IRT 學者，已經不再去做這種無謂的辯論，模式—資料適配度（model-data fit）問題不是一種全有或全無（all-or-none）的條件，我們必須適時兼顧這兩種情況。

　　欲檢定模式是否能適配於所分析資料的方法有許多種，Hambleton 和 Swaminathan（1985）即建議從下列三方面來作為判斷的依據：

　　1.模式對資料所具有的基本假設是否都能夠滿足？

　　2.模式所具有的特性（如：參數估計的不變性）是否能夠如期獲得？

　　3.在使用真實和模擬資料下，模式預測力的正確性為何？

　　從上述三方面來進行模式與資料間的適配度檢定，可以幫助 IRT 的使用者慎選適當的模式，以作為應用試題反應理論的先前準備。以下所述，便是從上述三方面觀點，來著手進行適配度的檢定工作（Hambleton, 1989; Hambleton & Swaminathan, 1985）。

 **基本概念**

一談到適配度檢定（test of goodness-of-fit），最常令人想到的方法，即是統計學上的顯著性考驗（test of significance），並且，已經有許多學者專家（Andersen, 1973b; Bock, 1972; Gustaffson, 1980b; Wright, Mead, & Draba, 1976; Wright & Panchapakesan, 1969; Wright & Stone, 1979）提出各種檢定試題反應模式是否適配資料的方法。但是，後來這些方法多半被認為是不適當的方法，因為它們會對模式應用的適當性產生誤導性的錯誤結論（Divgi, 1986; Rogers & Hattie, 1987）。

例如，Wright 和 Panchapakesan（1969）即曾針對 Rasch 模式的適配度檢定問題，提出下列模式檢定的卡方公式：

$$\chi^2 = \sum_{i=1}^{n-1} \sum_{j=1}^{n} y_{ij}^2 \qquad df = (n-1)(n-2) \qquad （公式 6-1）$$

其中，

$$y_{ij} = \frac{f_{ij} - E(f_{ij})}{Var(f_{ij})^{1/2}} \qquad （公式 6-2）$$

其中，f_{ij} 即表示具有第 i 個能力組（或水準）的考生答對第 j 個試題的人數百分比，而 $E(f_{ij})$ 是其期望值，$Var(f_{ij})$ 是其變異數。因此，在 1PL 模式下，由於 f_{ij} 是二項式次數分配，其估計參數為 p_{ij}，因而得 i 分能力組的考生人數可以表示為 r_i，故，$E(f_{ij}) = r_i p_{ij}$，而 $Var(f_{ij}) = r_i p_{ij}(1 - p_{ij})$。因此，我們可以推理得知，公式 6-2 是一個呈現以平均數為 0、標準差為 1 的常態分配數值。所以，公式 6-1 所示，即為一個自由度為 $(n-1)(n-2)$ 的卡方分配。我們可以使用傳統統計學上的顯著性考驗方式，來檢定此模式是否與資料之間適配。同時，Wright 和 Panchapakesan（1969）亦針對單一道試題的適配度檢定問題，提出下列的卡方公式：

$$\chi_j^2 = \sum_{i=1}^{n-1} y_{ij}^2 \qquad df = (n-2) \qquad （公式 6-3）$$

諸如此類的顯著性考驗公式很多，理論上，也可以類推到 2PL 和 3PL 模式上。

　　但是，使用卡方檢定的作法，會有許多問題產生。例如，只要有任何一項 $E(f_{ij})$（$i = 1, 2, \cdots, n-1$；$j = 1, 2, \cdots, n$）的數值小於 1 時，y_{ij} 其實是不會呈現常態分配的，因此，公式 6-1 的表示法便不太正確、有問題存在。其次，卡方檢定很容易受到樣本數大小（sample size）的影響，只要樣本人數一大，則很容易達到顯著程度，而檢定出許多不適配的試題來（Hambleton & Murray, 1983; Yen, 1981），因而推翻虛無假設的說法（Divgi, 1981, 1986; van den Wollenberg, 1982a, 1982b）。這些質疑在在說明，使用卡方檢定不是一種很好的適配度檢定策略。

　　因此，比較理想的作法，即是使用「近似比檢定法」（likelihood ratio test）（Waller, 1981）。近似比檢定法的作法，即是將虛無假設的近似值函數的最大值與對立假設的近似值函數的最大值，兩者之比值納入考量，只要觀察值（即樣本數）夠大的話，則 $-2 \log \lambda$ 一定會呈現如眾所周知的卡方分配，而自由度便是這兩種假設下參數估計數目的差值。這種檢定方法會比前述幾種方法為優的理由，即是它可以檢定任何一種試題反應模式的適配度，而不受限於只能檢定某一些特定的模式種類。其他相關的研究結果，亦支持這種檢定方法較其他方法為優（Andersen, 1973b; Bock & Lieberman, 1970）。

　　關於模式與資料之間適配度檢定的問題，在 IRT 發展過程中，曾受到許多學者專家們的關注和討論。然而，隨著電腦程式的普及使用，愈來愈多的資料分析，都已仰賴電腦程式的分析和判斷，適配度檢定的問題便逐漸淡化。有關適配度統計指標的使用及其衍生相關問題的討論，有興趣的讀者，可以再深入參考 Traub 和 Lam（1985）及 Traub 和 Wolfe（1981）等人的文獻評閱。

　　所以，本章的目的，即嘗試從不同觀點層面〔如：Hambleton 和 Swaminathan（1985）所建議者〕，去討論如何檢定 IRT 的模式與資料適配度的問題。我們也許需要針對一組測驗試題，試著去分析各種試題反應模式的執行結果，再與專門適配某個研究模式而產生的電腦模擬資料的分析結果，進行比較，或許有助於我們挑選一個適當的試題反應模式的參考（Hambleton & Rogers, 1986; Kang & Cohen, 2007）。

第二節　IRT 模式基本假設的檢定

誠如本書第二章所言，試題反應模式具有多種特色和基本假設。所以，我們可以根據不同模式所具有的不同假設來進行檢定，比較常見的檢定方法計有下列幾種。

一　向度（dimensionality）假設的檢定

根據考生（或受試者）作答測驗試題所需的潛在能力空間來分，試題反應模式至少可以粗分為單向度的（unidimensional）和多向度的（multidimensional）兩大類（參見本書第三章所述）。在 IRT 的發展初期，幾乎所有二元化計分和多元化計分的試題反應模式，均假設考生（或受試者）在某一測驗試題上的作答表現，都被單一的主導能力（single dominant ability）所影響和決定。因此，當我們採用二元化計分或多元化計分的試題反應模式時，我們就必須先檢定此單向度的假設是否能夠成立：若能成立，則後續的分析和討論才有意義；若不能成立，則表示該測驗試題可能需要多種能力才能作答，此時，我們便需要轉向使用多向度的試題反應模式才適合。所以，IRT 的近期發展，多向度假設的檢定，便成為探討多向度試題反應模式適配度的問題之一。

欲檢定一筆資料具有多少向度的作法，最傳統的基本作法，即是使用統計學中的「因素分析」（factor analysis）方法（Hambleton & Traub, 1973）。然而，在 IRT 中，我們欲輸入作為因素分析使用的相關係數矩陣，由於資料是二元化計分的緣故，我們不能使用皮爾森積差相關係數（Pearson's product moment correlation coefficients）來當作輸入的元素，而是需要改用 φ 相關或四分差相關（tetrachoric correlation coefficients）來作為矩陣中的元素（McDonald & Ahlawat, 1974）；但是，使用 φ 相關係數矩陣來進行因素分析的結果，卻容易產生多餘的「難度因素」（difficulty factor）後果，造成研究者無法判斷真正因素數目的多寡；而使用四分差相關係數矩陣來進行因素分析的結果，卻是該矩陣很不容易得到「正定」值（positive definite），往往造成因素分析的過程無法收斂的僵局。當然，也有人建

議改使用 KR_{20} 係數來當作輸入的元素，但是，Green、Lissitz 和 Mulaik（1977）卻也批評它容易受到測驗長度和受試者團體異質性的影響，而容易有誤導單向度結論之嫌。

Hattie（1985）曾評閱可用來檢定單向度假設的八十八種指標文獻之後，結論認為這些傳統的心理計量學文獻所提供的檢定方法，多數都無法獲得令人滿意的結果，其中，唯有以非直線的因素分析（non-linear factor analysis）和殘差值分析（analysis of residuals）為基礎的方法（McDonald, 1981），才能獲致較令人滿意的檢定結果。因此，他提出下列六種他認為最具潛力的檢定方法，當然，其他可能的方法也在發展之中。

1.根據試題與試題之間的相關係數（使用四分差相關會比 φ 相關來得理想）矩陣來進行因素分析，再依據特徵值（eigenvalues）的大小，依序畫出特徵值的分布圖，再判斷該圖中是否有一個明顯的主導因素存在，並且，第一個特徵值對第二個特徵值的比（ratio）很大，後續兩兩特徵值之間的比（如第二對第三、第三對第四、第四對第五等特徵值之間的比），則接近於 1 或趨近於某個穩定數值（Lord, 1980; Reckase, 1979）。

2.比較真實測驗資料與隨機測驗資料（樣本數與試題數均相同）二者的試題間相關係數矩陣所畫成的特徵值分布圖，如果單向度假設成立的話，則除了真實資料中的第一個特徵值外，這兩個特徵值分布圖應該會很相似，而真實資料的第一個特徵值應該會比隨機資料的第一個特徵值還來得大（Drasgow & Lissak, 1983; Horn, 1965）。

3.檢查考生（或受試者）在能力量尺或測驗分數量尺的不同範圍內，其變異數—共變數矩陣或相關係數矩陣的局部試題獨立性假設。當單向度假設（大約）成立時，該矩陣的非對角線元素值會很小，且趨近於 0（McDonald, 1981; Tucker, Humphreys, & Roznowski, 1986）。

4.針對試題間的相關係數矩陣，進行一個因素分析模式的非直線因素分析，以檢定它的殘差值，並判斷是否仍有其他因素存在（Hambleton & Rovinelli, 1986; Hattie, 1985; McDonald, 1981）。

5.直接利用試題反應理論為基礎的因素分析方法，來檢定測驗資料是否具有單向度的可能（Bock, Gibbons, & Muraki, 1988）。

6.檢查某些看起來好像會違反假設的試題，看看它們是否表現出不同的試題功能。我們可以分測驗的形式和總測驗的形式，分別計算出這些試題的難度參數值 b，如果單向度假設成立的話，這兩種形式所計算出的 b 值所畫成的圖，應該會呈現直線分布的情形，並且具有可資比較的試題參數估計值的標準誤（Bejar, 1980）。

其實，上述這些檢定策略，均有賴特殊電腦程式的使用，才能較為順利進行。當今，可以專門用來檢定測驗資料向度問題的相關電腦程式有一些，例如，DIM-TEST（Nandakumar & Stout, 1993; Stout, 1987, 1990）可用來檢定二元化計分資料的向度為何、Poly-DIMTEST（Nandakumar, Yu, Li, & Stout, 1998）則是延伸DIM-TEST而來，可用來檢定多元化計分資料的向度為何、DETECT（Zhang & Stout, 1999）則是提供使用者檢測有關二元化計分測驗資料中多向度存在程度的更多訊息，而Poly-DETECT（Yu & Nandakumar, 2001）則是DETECT程式應用到多元化計分測驗資料的延伸版本。有關該等相關程式的諸多概念基礎及應用程序說明例子，讀者尚可參見Gessaroli和de Champlain（1996）、Hattie、Krakowski、Rogers和Swaminathan（1996）、Junker（1991）、Nandakumar（1991, 1994）、Nandakumar 和 Stout（1993）、Nandakumar 和 Yu（1996）、Stout（1987, 1990）及Stout、Habing、Douglas、Kim、Roussos和Zhang（1996）等人的文獻記載。

二 局部試題獨立性（local item independence）假設的檢定

這個假設的檢定，旨在確認考生在任何試題上的作答反應之間，是沒有任何關係存在的。但是，誠如 Yen（1993）所言，局部試題獨立性在下列情況下通常無法成立：影響測驗表現的能力向度不只一種、疲勞、練習效果、特殊試題型態、作答格式的變異、連鎖性試題（item chaining）、題組型試題、速度測驗、解釋型試題、學習的機會不均等、依據計分規準（scoring rubrics）下的實作評量，以及試題本身提供作答的線索等。尤其是在實作評量（performance assessment）中，考試的目的，更是故意要求考生提出彼此有互相關聯的作答反應，因此，檢測局部試題獨立性或局部試題依賴性（local item dependence, LID），更是一個受到研究重視的議題。

　　基本上，大多數的主流 IRT 模式，還是適用於局部試題獨立性假設被滿足的情況下。但近年來逐漸受到重視的實作評量，由於它掀起「局部試題依賴性」（local item dependence, LID）的研究問題，且被發現可能會對測驗訊息及測驗分數估計標準誤的估計，產生實質的影響（Habing & Roussos, 2003; Junker, 1991; Sireci, Thissen, & Wainer, 1991; Thissen, Sternberg, & Mooney, 1989; Wainer & Thissen, 1996; Yen, 1993）。因此，Yen（1984, 1993）提出一個統計指標，稱作 Q_3，即可作為檢測 LID 的問題程度。以二元化計分試題為例，若把 $d_{ik} = x_{ik} - \hat{P}_i(\hat{\theta}_k)$ 定義為考生 k 在試題 i 的觀察分數與其依據 IRT 估計值 $\hat{\theta}$ 在同一試題下作答機率之間的離差值（deviation），而我們想要檢定試題 i 和試題 j 之間是否具有局部依賴性問題程度的話，則 Q_3 的公式可以表示如下：

$$Q_{3ij} = r_{d_id_j} \qquad\qquad （公式 6-4）$$

其中，$r_{d_id_j}$ 即是考生在這兩個試題上離差分數之間的相關係數。一般來說，若 $Q_3 > 0.20$ 時，即表示試題的局部依賴性問題已經到達值得關注的程度了。其他相關的檢測指標，也可以產生類似 Q_3 的效果者，讀者可以參見 Andrich（1985）、Chen 和 Thissen（1997）、Wilson（1988）等人的文獻說明。

（三）相等鑑別度（equal discrimination indices）假設的檢定

　　這個假設的檢定，通常僅適用於一參數對數型模式（即 1PL），因為它假設每個試題的鑑別度參數都相等。

　　我們可以從標準的試題分析中，逐題檢視試題與測驗分數之間的相關係數（即二系列相關或點二系列相關係數）的次數分配，如果每個次數分配都呈現同性質形狀時，則我們所選用的試題反應模式便算符合相等試題鑑別度參數的假設。

（四）最小猜測度（minimal guessing）假設的檢定

　　這個假設的檢定，通常也只適用於一和二參數對數型模式（即 1PL 和 2PL），

因為它們均假設猜測度的可能性是微乎其微，甚至是完全不存在。檢定的方法至少有下列三種（Baker, 1964, 1965）：

1.我們可以檢查低能力組考生在最困難試題上的表現情形，如果他們的表現水準趨近於 0，則這個假設可算是獲得滿足。

2.我們也可以透過試題與測驗分數之間的迴歸線圖來檢定。若測驗得分低的考生，傾向於接近於 0 的表現水準時，則這個假設亦可算是獲得滿足。

3.我們也可以檢視測驗難度、時間限制與試題的編排格式等，以檢定猜測對測驗表現的可能影響力。

五 非速度測驗（nonspeeded test administration）假設的檢定

這個假設和單向度假設一樣，均適用於大部分的二元化計分和多元化計分試題反應模式；亦即，在試題反應理論下，所有考生（或受試者）在測驗上的作答表現，均不受時間限制的影響，幾乎所有的考生都能在時間限制範圍內，充分作答完畢所有的測驗試題。我們可以使用至少下列三種方法之一，來加以檢定：

1.我們可以比較沒有回答的試題數之變異數和答錯的試題數之變異數兩者之間的差值，當這個假設滿足時，這項差值應該是接近於 0（Gulliksen, 1950）。

2.我們也可以比較在有時間限制下和沒有時間限制下的考生測驗分數，如果這兩次考試的表現情形具有高度的重疊情形，則表示這個假設獲得滿足（Cronbach & Warrington, 1951）。

3.我們也可以比較答完全部試題的考生百分比、答完 75%試題的考生百分比，和被 80%考生答完的試題數，當幾乎所有的考生都能答完幾乎所有的試題時，速度便可被判定為不是影響測驗表現的一個因素。

IRT 模式特性的檢定

當試題反應模式適配某種測驗資料時，我們至少可以獲得下列兩種 IRT 模式

特性，即：(1)能力參數估計值的不變性（invariance）；與(2)試題參數估計值的不變性。因此，這兩種模式參數的估計值特性，即被列為檢定的對象之一。

一　能力參數估計值的不變性之檢定

　　我們可以針對同一批考生（或受試者）樣本，給予實施兩份（或多份）不同難度的測驗，該測驗是由題庫中抽取不同內容範圍試題所組成的。施測之後，個別估計出考生在這兩份（或多份）測驗中的能力估計值，然後把這兩種能力估計值畫在同一張分布圖（scatter plot）上（一個當縱軸，另一個當橫軸）。如果這個分布圖呈現斜率接近於 1 的直線形狀時，即表示此能力估計值不受考生選考哪一份測驗的影響，能力估計值的不變性特性便算是符合；如果這個座標圖無法呈現斜率接近於 1、截距為 0 的直線形狀時，或者座標點散布在直線的兩側（代表測量誤差的現象）遠超過我們的期望時，此即表示我們所選用的試題反應模式裡，可能有幾項假設未必能適配所欲分析的測驗資料，當然，此時的能力估計值便不具有不變性的特性。

二　試題參數估計值的不變性之檢定

　　我們可以比較兩組或多組考生（或受試者）（如：男人和女人；黑人、白人和西班牙裔人；教學組別；高分與低分的考生；從不同地區來應考的考生等）接受某種專門針對他們實施的測驗之後，所獲得該測驗的試題參數估計值（如：b 值、a 值或 c 值）的差異。根據兩組參數所畫成的分布圖，除了因樣本大小所造成的分散情形（代表測量誤差的現象）外，這個分布圖應該是呈直線的形狀，並且基準線可由任何兩個隨機的相等樣本來建立，若此，則參數估計值的不變性便算是符合（Shepard, Camilli, & Williams, 1984）。

　　總之，根據兩組模式參數〔即根據同一批考生（或受試者）在兩種測驗試題上的作答反應資料所求得之能力參數估計值，和同一批測驗試題讓兩組考生（或受試者）施測後所求得之試題參數估計值〕所畫成的分布圖，可用來協助判斷該分布圖是否呈現直線分布的情形，若呈現近似斜率為 1、截距為 0 的直線時，則

可說某個試題反應模式適配於該份測驗資料，並且具有模式參數估計值的不變性等特性。

IRT 模式預測力的檢定

另一種檢定模式與資料間適配度的作法，便是進行試題殘差值（item residual）的分析。我們可以挑選一個合適的試題反應模式，並且估計出試題與能力參數值，以及求出各種不同能力組考生的表現情形，接著就可以比較預測的結果和真實的結果（Hambleton & Swaminathan, 1985; Kingston & Dorans, 1985）。

某組考生在實得的試題表現（observed item performance）與期望的試題表現（expected item performance）之間的差距，便叫作「原始殘差值」（raw residual），記作 r_{ij}。其數學公式可以表示如下：

$$r_{ij} = P_{ij} - E(P_{ij})$$
（公式 6-5）

其中，i 代表試題，j 代表考生的能力組別（習慣上都分成十至十五組），P_{ij} 便是第 j 個能力組別在第 i 個試題上正確反應的實得百分比（observed proportion），而 $E(P_{ij})$ 則是第 j 個能力組別在第 i 個試題上正確反應的期望百分比（predicted proportion）。在某個所選定（或假設）的試題反應模式下，我們可以估計出假設的模式參數估計值，再利用這些估計值去計算一個正確反應的機率，這個機率便用來作為某個能力組別的正確反應的期望百分比。

使用原始殘差值有個缺失，那就是它無法顧及某個能力組別內正確分數的期望百分比的抽樣誤差。為了顧及這項誤差，我們可以將原始殘差值除以正確分數的期望百分比的標準誤，以便將原始殘差值轉換成「標準化殘差值」（standardized residual），記作 z_{ij}，其數學公式可以表示如下：

$$z_{ij} = \frac{P_{ij} - E(P_{ij})}{\sqrt{E(P_{ij})[1 - E(P_{ij})]/N_j}}$$
（公式 6-6）

其中，N_j 是指能力組別為 j 的考生人數。

當我們選擇試題反應模式時，原始殘差值、標準化殘差值或兩者的分析，可以提供許多參考的訊息。下列便是檢定模式預測力常用的方法：

1.檢查模式與資料間適配度之殘差值和標準化殘差值。決定模式是否具有適配度，有助於挑選一個令人滿意的試題反應模式（Ludlow, 1985, 1986; Wright & Stone, 1979）。

2.在假設所有的模式參數估計值都正確的前提下，我們可以比較實得的與期望的測驗分數的分配，卡方統計數（或其他統計數）或圖解法可用來呈現這種比較結果（Hambleton & Traub, 1973）。

3.我們也可以檢驗試題替換的影響（Kingston & Dorans, 1985; Yen, 1981）、練習的影響、測驗的速限和作弊的影響（Drasgow, Levine, & McLaughlin, 1987）、疲勞（Wright & Stone, 1979）、課程（Phillips & Mehrens, 1987）、模式選擇不當（Wainer & Thissen, 1987）、指導語的前後時效（Cook, Eignor, & Taft, 1988）、認知處理的變項（Tatsuoka, 1987），以及其他會威脅到試題反應理論結果效度的不良影響，並且利用這些證據作為挑選某種適當的試題反應模式的參考。

4.畫出能力估計值和其相對應測驗分數間的資料分布圖。當適配度顯示可被接受時，除了少數的資料點作零星散布（即反映出測量誤差）外，該資料分布圖應該呈現出密集的在測驗特徵曲線周圍分布的強烈關係才對（Lord, 1970a, 1974）。

5.運用許多統計考驗的方法來檢定整個模式、試題，或個別受試者的適配度（Andersen, 1973b; Gustaffson, 1980b; Ludlow, 1985, 1986; Traub & Wolfe, 1981; Wright & Stone, 1979; Yen, 1981）。

6.使用電腦模擬（computer simulation）的方法來比較真實的與估計的試題與能力參數（Hambleton & Cook, 1983）。

7.利用電腦模擬的方法來檢定模式的強韌性（robustness），例如，我們可以研究單向度的試題反應模式能否適用於多向度資料的可行性（Ansley & Forsyth, 1985; Drasgow & Parsons, 1983）。

從實務上來說，為了能夠妥當地計算殘差值，我們通常都把能力量尺分割成等距的十至十五個區間。這些區間必須要夠寬，以免落在這區間內的考生人數過

少，因為樣本數過少所得的統計數會不穩定；同時，這些區間也必須夠窄，才能使得落在這區間的考生在能力上是屬於同性質的。

接下來的工作，便是計算正確分數的實得百分比：算一算在某一能力組別內的考生答對某試題的總數，再除以該能力組別內的考生總人數。同時，習慣上是以每一能力組別的組中點來代表該組別的能力參數值，然後以該值來計算某個正確反應的機率，並求出每一能力組別中每一位考生在某個正確反應上的機率，這些機率的平均值即當作該能力組別的期望百分比。有了正確分數的實得百分比和正確分數的期望百分比之後，我們便可代入公式 6-6 進行某種統計考驗。

常用的統計考驗方法是卡方考驗（chi-square test）。Yen（1981）提出的 Q_1 指標，便是一種典型的卡方考驗所用的統計指標，它可以用來檢定模式是否適配資料。試題 i 的 Q_1 統計指標，即可表示如下：

$$Q_{1i} = \sum_{j=1}^{m} \frac{N_j [P_{ij} - E(P_{ij})]^2}{E(P_{ij})[1 - E(P_{ij})]}$$
$$= \sum_{j=1}^{m} z_{ij}^2 \qquad\qquad （公式 6-7）$$

其中，根據能力估計值的不同，考生共可分成 m 個能力組別。 Q_1 統計指標將會成為一種以自由度為 $m - k$ 的卡方分配，其中的 k 即是試題反應模式的參數個數值。如果所計算出的 Q_1 值大於所查表的臨界值，我們便可以推翻試題特徵曲線（或試題反應模式）適配資料的虛無假設，而建議另外尋找一個較佳的模式才行。

總之，一個檢定模式與資料間適配度的方法，最理想的是包含：(1)設計和執行各種分析，以便檢查不適配情況的可能型態；(2)仔細考量通盤的結果；(3)根據所欲應用的範圍，判斷所選用的模式是否合適。而在實徵的資料分析過程中，應該包括對模式的假設、模式的特性和模式的預測力與實際資料間的差異等之檢定；之後，再利用統計考驗的方法，來檢定虛無假設是否成立，以便提供統計訊息，作為挑選一個適當模式的參考。

試題適配度與考生適配度

在大規模的教育測驗情境（如：升學考試、證照考試）中，測驗的實務工作者，也許會比較關心的議題是，從 IRT 模式的兩個層面來探討適配度的問題，並企圖將此結果應用到測驗實務中。因此，以下茲分成試題適配度（item fit）與考生適配度（person fit）兩個角度，來重新探討此適配度的議題。

一　試題適配度

在測驗實務應用上，測驗專家關注的問題，往往是從實地測試後的試題分析裡，來尋找試題品質的證據，因此，都會例行公事地執行「試題適配度」的檢定程序；根據檢定結果，可以協助測驗專家決定哪些試題是可用的（acceptable）、哪些是應該修正的（revised），而又有哪些是應該從題庫中予以排除的（excluded），以免不良品質的試題被爾後的抽題組卷裡抽中使用。因此，測驗專家多半仰賴利用一些統計指標，來作為判斷某一試題是否適配的參考。

就如前幾節裡所述，最常用於評估試題適配度的技術，即是比較考生在試題上的實際表現與應用 IRT 模式所推估出的預期表現，這項技術即被稱作評鑑「模式資料適配度」（model-data fit）的初步技術（Traub & Lam, 1985），因為，它只比較考生在試題層級上的實際得分和預期得分之間的差異問題。但這類評估試題適配度的技術，卻無法適用於評估測驗試題間是否具有局部依賴性，或測驗試題間是否具有多向度因素的特性（Yen, 1984）。儘管評論如此，測驗學家還是不斷提出各種評估指標，以作為測驗實務應用者選擇的參考。以下即是一些常用的指標。

1. Q_1 指標

此指標為 Yen（1981）所提出，如公式 6-7 所示，係呈現一種自由度為 $m - k$ 的卡方分配，可以使用慣用的常態分配或卡方分配檢定方法，來進行試題適配度的檢定。Fitzpatrick、Link、Yen、Burket、Ito 和 Sykes（1996）後來則提出一個 Q_1 的通式，以便能夠將此公式延伸適用於多元化計分的試題資料裡。

2. G^2 指標

此指標為 McKinley 和 Mills（1985）、Mislevy 和 Bock（1990）等人所提出，這是一種具有自由度為 $m - k$ 的近似值比（likelihood ratio）統計指標，m 為能力（或分數）組別個數。

$$G^2 = 2 \sum_{j=1}^{m} N_j \left[P_{ij} \ln \frac{P_{ij}}{E(P_{ij})} + (1 - P_{ij}) \ln \frac{1 - P_{ij}}{1 - E(P_{ij})} \right]$$（公式 6-8）

3. 修正卡方統計指標

此指標為 Orlando 和 Thissen（2000）所建議提出。他們建議在傳統的卡方分配指標裡，使用考生的答對題數得分來歸類能力組別，並以不同的程序來尋找期望的次數分配頻率，他們的程序包括針對試題和能力組別來找尋兩種近似值函數：一種是能產生答對題數得分 j 的所有可能反應組型的近似值函數，另一種是當某一被質疑試題的作答被排除時這些反應組型的近似值函數。如此一來，先個別估計出所有能力組別的近似值函數，然後，再針對在試題 i 上答對且答對題數得分為 j 的考生近似值函數加總起來，以估計出期望百分比值，此估計公式如下所示：

$$E_{ij} = \frac{\int T_i S^*_{k-1} \phi(\theta) \, d\theta}{\int S_k \phi(\theta) \, d\theta}$$（公式 6-9）

其中，T_i 是答對試題 i 的試題特徵函數，S_k 和 S_{k-1} 是表示有把試題 i 計算在內與不計算在內時每個能力組別的聯合近似值，而 $\phi(\theta)$ 是 θ 的母群密度函數。

造成試題不適配的原因有許多種，例如，已有少數研究顯示，如 Q_1 和 G^2 等指標很容易受測驗題數過少（如：少於 10 題）的影響，而膨脹第一類型錯誤率，導致過度偵測出不適配的試題數（Orlando & Thissen, 2000）；Stone（2000）、Stone 和 Zhang（2003）的研究認為，當考生的能力估計不精確時，會造成考生得分組別的歸類錯誤情形發生；有時，連樣本太小或太大，也都會使抽樣分配不穩定，而造成偵測出過多的不適配試題（Henning, 1989）；甚至，考生能力組別應

該分成多少組，也會影響偵測不適配試題的統計力考驗力（power）（Orlando & Thissen, 2003）。此外，如果某個能力組別中有極端期望值出現的話，也會造成卡方分配值過高，而容易把該試題偵測成為不適配、使用錯誤的 IRT 模式來進行試題校準工作（如：以一參數對數型模式來校準二元化計分的選擇題成就測驗資料），試題具有差異功能（即 DIF），樣本與試題數過少時的參數估計不準確問題，題幹、答案與選項誘答力不佳時等，這些因素都會造成試題不適配。因此，當前通用的試題適配度指標，僅具有統計參考的諮詢價值，尚不具有實質的決定性參考價值。雖然，企圖把這些不適配試題以圖解方式畫出來，可以協助偵測與解釋不適配試題的現象（Gustaffson, 1980b; Hambleton, 1989; Kingston & Dorans, 1985; Ludlow, 1986），但考量未來的長久發展之計，我們還是需要更多評估這些指標良窳與適用性的評鑑報告，才能作為測驗實務工作者選擇試題的參考。

二 考生適配度

從另一個角度來看，當考生因為缺乏能力、疲勞、猜題、作弊、作答粗心，或施測與計分發生失誤時，都會造成考生的實際作答組型與得分，與其期望的作答組型與得分之間，產生極大的落差，因而被懷疑該考生不適配這場考試。因此，探詢考生的作答結果是否不符預期或是否產生異常作答組型的研究，即為「考生適配度」問題的研究議題，該議題在早期 IRT 發展文獻中也稱作「適當性測量」（appropriateness measurement）（詳見本書第十四章）。

目前，專門探討考生適配度問題的統計指標，多半是依據 Rasch 模式而來（如：Klauer, 1991; Liou, 1993; Liou & Chang, 1992; Molenaar & Hoijtink, 1990, 1996; Wright & Stone, 1979），當然，也有少數係依據 2PL 和 3PL 模式而來。大多數考生適配度指標的發展，都是針對單向度且二元化計分的資料為主，但 Drasgow、Levine 和 McLaughlin（1991）的指標除外，他們發展出一種多重測驗指標（multi-test index），除了二元化計分的資料外，還可以適用到跨測驗且具相關能力特質的多向度資料上。甚至，考生適配度問題的探索，也延伸到電腦化適性測驗情境中（Nering, 1997; van Krimpen-Stoop & Meijer, 1999）。Meijer（1996）、Meijer 和 Sijtsma（1995, 2001）對此議題有系統性的文獻評閱，他們結論道：對

於考生異常作答組型的正確偵測率，受到考生的 θ 水準、測驗長度，及出現在測驗資料中的異常組型型態等因素的影響很大，未來仍需要大量的研究，才能提供教育測驗情境中如何更有效運用考生適配度指標的判讀技術。

第七章

訊息函數

從前幾章的討論可知，試題反應理論與古典測驗理論有兩個重大概念是不同的：一為參數估計具有「不變性」（invariance）的概念，另一則為「訊息函數」（information function）的概念。不變性的概念已經在前幾章裡談論過了，本章則集中在訊息函數概念的討論上。訊息函數在試題反應理論中，扮演著重大的角色，舉凡測驗編製（test construction）、試題挑選（item selection）、測量精確度的評估（assessment of precision of measurement）、測驗相對效能的比較（comparison of relative efficiency of tests）、計分權重的決定（determination of scoring weights）、計分方法的比較（comparison of scoring methods）等問題，皆需要使用到它。其重要性，由此可見一斑。

 試題訊息函數

試題反應理論提出一個能夠用來描述試題或測驗、挑選測驗試題，以及比較測驗相對效能的實用方法，該方法即需要使用試題訊息函數（item information function），以作為建立、分析與診斷測驗的主要參考依據。

試題訊息函數的數學定義公式，可以表示如下：

$$I_i(\theta) = \frac{[P_i'(\theta)]^2}{P_i(\theta)\,Q_i(\theta)} \qquad i = 1, \cdots, n \qquad \text{（公式 7-1）}$$

其中，$I_i(\theta)$ 代表試題 i 在能力值為 θ 時所提供的訊息量，$P_i'(\theta)$ 為在 θ 點上的 $P_i(\theta)$

值之第一階導數（first derivative），而 $P_i(\theta)$ 即能力值為 θ 的考生在試題 i 上答對的機率（即試題 i 的試題特徵曲線），$Q_i(\theta) = 1 - P_i(\theta)$ 為同一能力考生在試題 i 上答錯的機率。試題訊息函數可以應用到第三章所談到的一、二與三參數對數型試題反應模式，這些模式都適合用於二元化計分的測驗資料；也可以應用到多元化計分資料下的試題反應模式，諸如：名義反應模式、等級反應模式和部分計分模式等。例如，以三參數對數型模式為例，該模式下的試題訊息函數可以公式 7-2 來表示（Birnbaum, 1968; Lord, 1980）：

$$I_i(\theta) = \frac{2.89a_i^2(1-c_i)}{[\,c_i + e^{1.7a_i(\theta-b_i)}\,][\,1 + e^{-1.7a_i(\theta-b_i)}\,]^2} \qquad （公式 7-2）$$

從公式 7-2 裡，我們很容易便可以推知 a、b 和 c 參數在試題訊息函數中所扮演的角色：⑴當 b 值愈接近 θ 時，訊息量愈大；反之，b 值愈遠離 θ 時，訊息量則愈小；⑵當 a 參數較高時，訊息量也會較大；⑶當 c 參數接近 0 時，訊息量則會增加。這些角色，也可以從圖 7-1 所示看出。

試題訊息量與能力水準二者，是組成試題訊息函數曲線（item information function curves）圖的兩個主軸，試題訊息函數曲線看起來就像一條常態的鐘形分配曲線，對應於最大訊息量（maximum information, I_{max}）的縱軸而呈現左右對稱的單峰次數分配曲線。一般而言，試題訊息量的數值愈大，即表示試題所能提供測驗編製者有用的訊息愈高，價值性愈大，愈值得被採用。因此，一個典型的三參數對數型模式下所畫出的試題訊息函數曲線圖，就如圖 7-1 所示，它是根據表 7-1 所示的試題參數值所畫成的，可用來幫助我們瞭解它們的應用涵義。

由圖 7-1 所示可知，它們可以提供下列許多寶貴的見解，以幫助我們進行判斷測驗試題和編製測驗的有效性：

1.當 $c_i > 0$ 時，試題所提供的最大訊息量，大約出現在它的難度水準或比其難度水準稍大的位置（這點可由最大訊息量所對應之能力量尺上的位置和表 7-1 中的相對應 b 值之比較中得知）。

2.試題的鑑別度參數，很顯然的是影響試題所提供訊息量大小的主要因素之一（這點可由試題 1 和試題 2 的試題訊息函數曲線之比較中得知）。

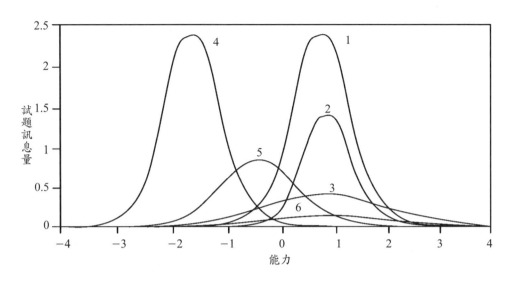

圖 7-1　表 7-1 中六個試題的試題訊息函數曲線

表 7-1　已知三參數對數型模式下六個試題的試題參數值

試題	試題參數		
	b_i	a_i	c_i
1	1.00	1.80	0.00
2	1.00	0.80	0.00
3	1.00	1.80	0.25
4	−1.50	1.80	0.00
5	−0.50	1.20	0.10
6	0.50	0.40	0.15

　　3.在其他條件相等的情況下，具有 $c_i > 0$ 的試題，比較不適於用來評定能力水準（這點可由試題 1 和試題 3 的試題訊息函數曲線之比較中得知）。

　　4.具有較低鑑別力的試題，在整份測驗中則幾乎不具有任何統計學的用處（如：試題 6 所示一般）。

　　5.在評定某些能力水準的範圍內，即使是最具有鑑別力的試題（如：試題 1 和試題 4），也會比某些鑑別力較差的試題（如試題 5），提供較少的訊息量。例如，在評定具有中等能力的考生能力（即能力水準約在 −0.50 左右者）時，試題

5 反而比試題 1 和試題 4 提供較為有用的訊息；換句話說，對中等能力的考生而言，試題 5 比試題 1 和試題 4 較為適當且有用。

一般而言，$c_i > 0$ 的試題訊息函數都會比 $c_i = 0$ 的試題訊息函數來得小，在這種情況下，研究者也許會考慮使用一或二參數模式，以求適配所使用的測驗資料。因此，也唯有在試題特徵曲線能夠適配（fit）所分析的資料時，一和二參數的試題訊息曲線才能發揮用處。當試題特徵曲線無法適配所分析的測驗資料，且其相對應的試題訊息曲線也偏離理想的形狀很遠，而我們仍然使用它們時，則我們將會獲得具有誤導作用的結果。de Gruijter（1986）即曾舉例說明過，在某些情況下，樣本太少而仍然執意使用 Rasch 模式時，便會產生偏差的結果。

試題訊息函數在測驗的發展與編製上，以及試題好壞的診斷上，扮演著舉足輕重的角色，因為它能表示出試題對能力估計正確性的貢獻量大小。該貢獻量的大小，主要受到兩個因素的決定：一為試題的鑑別度參數值（亦即，a_i 值愈大，試題特徵曲線便愈陡；$P_i(\theta)$ 的斜率愈大，訊息量便愈大）；另一為試題的難度參數值，它的位置會決定訊息量的高低。Birnbaum（1968）和 Lord（1980）即指出，在三參數對數型模式下，某個試題所提供的最大訊息量，剛好會出現在能力參數值為 θ_{max} 的點上，而 θ_{max} 的值可由公式 7-3 計算得出：

$$\theta_{max} = b_i + \frac{1}{Da_i} \ln \left[\frac{(1 + \sqrt{1 + 8c_i})}{2} \right] \qquad \text{（公式 7-3）}$$

如果猜測機率為最小時（例如，在一和二參數對數型模式下，$c_i = 0$ 時），則 $\theta_{max} = b_i$。一般而言，當 $c_i > 0$ 時，某個試題在能力水準比其難度值稍高的位置上，所提供的訊息量會達到最大。通常，試題的最大訊息量所對應的能力水準位置，即代表該試題所能夠最精確測量或估計出的能力參數估計值（即 θ_i）；因此，θ_i 也可以稱作「試題位置」（item location）（Yen & Fitzpatrick, 2006）。換句話說，只要計算出試題的最大訊息量，便可對應得知該試題所精確測量到的潛在特質（或能力水準）大概是多少，或者說，該試題可以適合用來精確測量何種程度的潛在特質（或能力水準），或確定該試題的座落位置。

而 θ_{max} 能力值所能產生的最大訊息量，通常也會因為所使用的試題反應模式

的不同而不同。例如，在一參數對數型模式下，最大訊息量的數值是一個常數
（constant），即 $I_i(\theta_{max}) = D^2/4$；在二參數對數型模式下，最大訊息量的數值是與
鑑別度參數 a_i 的平方成某種正比例的關係，即 $I_i(\theta_{max}) = D^2a_i^2/4$，並且，鑑別度參
數值愈大，訊息量即愈大；而在三參數對數型模式下，最大訊息量的數值可由公
式 7-4 來表示（Lord, 1980, p. 152）：

$$I_i(\theta_{max}) = \frac{D^2a_i^2}{8(1-c_i^2)}[\,1-20c_i-8c_i^2+(1+8c_i)^{3/2}\,]\qquad（公式 7-4）$$

通常，當 c_i 值減少時，訊息量即增加；而當 $c_i=0$ 時，便可以達到最大的訊息量。
由於試題參數值的大小，會影響到試題訊息函數最大量的產生，以及最大訊息量
所對應的能力水準位置，因此，在測驗編製時，研究者便可以挑選能在某個能力
水準範圍內產生最高測量精確度的試題來組成測驗卷，即使是編製特殊目的的測
驗或測量工具，也都可以使用與此相同的挑選試題作法。典型的試題訊息函數的
相關特性，摘要在表 7-2 裡（Hambleton & Swaminathan, 1985, pp. 106-107）。

　　但是，若真的要在發展測驗或評鑑試題上使用試題訊息函數的話，尚必須先
獲得選用的試題特徵曲線（即 ICC）能夠適配所分析測驗資料的證據才行。如果
這種資料與試題特徵曲線間的適配度（goodness-of-fit）很差的話，則我們計算所
得的試題參數估計值和試題訊息函數，都會產生誤導性的作用；甚至，即使當這
個適配度尚屬良好時，而 a_i 參數很低，c_i 參數很高，則該試題的有用性亦會受到
許多限制，它無法通用於所有的測驗中。此外，測驗試題的有用性，有時也會受
到測驗編製者在編製某種具有特殊用途測驗的需求所限制。因此，某個試題在某
種用途的能力量尺上，也許可以提供相當有價值的訊息量，但在另一種用途的能
力量尺上，卻有可能無法提供任何有價值的訊息量。

測驗訊息函數

　　一份測驗的訊息函數（test information function），原本的數學定義公式為

表 7-2　二元化計分下各種試題反應模式的試題訊息函數特性

	試題反應模式		
項目	1PL	2PL	3PL
P_i	$\{1+\exp[-D(\theta-b_i)]\}^{-1}$	$\{1+\exp[-Da_i(\theta-b_i)]\}^{-1}$	$c_i+(1-c_i)\{1+\exp[-Da_i(\theta-b_i)]\}^{-1}$
P_i'	DP_iQ_i	$Da_iP_iQ_i$	$Da_iQ_i(P_i-c_i)/(1-c_i)$
$I_i(\theta)$	$D^2P_iQ_i$	$D^2a_i^2P_iQ_i$	$\dfrac{D^2a_i^2Q_i}{P_i}[(P_i-c_i)^2/(1-c_i)^2]$
θ_{max}	b_i	b_i	$b_i+\dfrac{1}{Da_i}\ln\left[\dfrac{(1+\sqrt{1+8c_i})}{2}\right]$
$I_i(\theta_{max})$	$\dfrac{1}{4}D^2$	$\dfrac{1}{4}D^2a_i^2$	$\dfrac{D^2a_i^2}{8(1-c_i^2)}[1-20c_i-8c_i^2+(1+8c_i)^{3/2}]$

註：$Q_i=1-P_i$，$D=1.7$。

（Birnbaum, 1968, pp. 417-418; Kendall & Stuart, 1973, p. 10）：

$$I(\theta)=-E\left(\frac{\partial^2\ln L(\mathbf{u}\mid\theta)}{\partial\theta^2}\right)$$ （公式 7-5）

其中，$\ln L(\mathbf{u}\mid\theta)$ 為對數近似值函數（log-likelihood function），如果不會造成混淆的話，或許可以直接簡寫成 $\ln L$。因此，該對數近似值函數可以表示成：

$$\ln L=\sum_{i=1}^{n}[U_i\ln P_i+(1-U_i)\ln(1-P_i)]$$

$$\frac{\partial\ln L}{\partial\theta}=\sum_{i=1}^{n}\frac{\partial\ln L}{\partial P_i}\frac{\partial P_i}{\partial\theta}$$

根據乘積規則（product rule），可得：

$$\frac{\partial^2 \ln L}{\partial \theta^2} = \sum_{i=1}^{n} \frac{\partial}{\partial \theta}\left(\frac{\partial \ln L}{\partial P_i}\right)\frac{\partial P_i}{\partial \theta} + \frac{\partial \ln L}{\partial P_i}\frac{\partial^2 P_i}{\partial \theta^2}$$

$$= \sum_{i=1}^{n} \frac{\partial^2 \ln L}{\partial P_i^2}\left(\frac{\partial P_i}{\partial \theta}\right)^2 + \frac{\partial \ln L}{\partial P_i}\frac{\partial^2 P_i}{\partial \theta^2}$$

而由於

$$\frac{\partial \ln L}{\partial P_i} = \frac{U_i}{P_i} - \frac{(1-U_i)}{(1-P_i)} \qquad 且 \qquad \frac{\partial^2 \ln L}{\partial P_i^2} = -\frac{U_i}{P_i^2} - \frac{(1-U_i)}{(1-P_i)^2}$$

因此，各取期望值之後，即得：

$$E(U_i \mid \theta) = P_i$$

$$E\left(\frac{\partial \ln L}{\partial P_i}\right) = 0$$

$$E\left(\frac{\partial^2 \ln L}{\partial P_i^2}\right) = -\frac{1}{P_i} - \frac{1}{(1-P_i)} = -\frac{1}{P_i Q_i}$$

故，將上述所推導的過程公式，一一代入公式 7-5 之中，即可獲得：

$$I(\theta) = -E\left(\frac{\partial^2 \ln L}{\partial \theta^2}\right) = \sum_{i=1}^{n}\left(\frac{\partial P_i}{\partial \theta}\right)^2 / P_i Q_i$$

$$= \sum_{i=1}^{n}\left[\frac{(P_i')^2}{P_i Q_i}\right] = \sum_{i=1}^{n}\left\{\frac{[P_i'(\theta)]^2}{P_i(\theta)Q_i(\theta)}\right\} = \sum_{i=1}^{n} I_i(\theta)$$

所以，公式 7-5 即指它在某一個 θ 值上所提供的試題訊息函數之總和，亦即是，測驗訊息函數的定義可以簡寫成：

$$I(\theta) = \sum_{i=1}^{n} I_i(\theta) = \sum_{i=1}^{n} \left\{ \frac{[P_i'(\theta)]^2}{P_i(\theta)Q_i(\theta)} \right\}$$ （公式 7-6）

　　由於在 θ 值上的測驗訊息函數是其個別試題訊息函數之總和，從公式 7-6 裡可以看出：每個試題都單獨地對測驗訊息函數做出貢獻，因此，每個試題所做的貢獻量大小，並不受在該測驗中其他試題的影響。這種試題訊息函數累加的（additive）特性，對日後測驗編製的發展相當有用處，它是古典測驗理論所沒有的，也正是試題反應理論所具有的特性之一。在古典測驗理論裡，單一測驗試題對測驗信度和試題鑑別度指標（如：點二系列相關係數）的貢獻，係受該測驗中其他試題特性的影響，而無法單獨地決定；這是因為在計算這些指標時，都必須使用到測驗分數，而測驗分數卻依所選擇測驗試題的不同而不同，甚至，只要改變一個試題，便會對測驗分數產生影響，間接地，古典測驗理論下的所有試題參數指標（如：難度、鑑別度等）和測驗參數指標（如：信度、效度等）也會隨著改變，因為它們都是具有「樣本依賴」（sample dependence）特性的指標。

　　測驗訊息函數具有下列幾項特性：(1)測驗訊息函數的大小，深受測驗試題品質與數量的影響（即由鑑別度愈大的試題所組成的測驗，其測驗訊息函數愈大；題數愈多的測驗，其測驗訊息函數也愈大；試題變異數愈小的測驗，其測驗訊息函數也愈大）；(2)每個試題訊息函數對測驗訊息函數的貢獻，不受該測驗中其他試題的影響；(3)每一個 θ 能力值，就有其相對應的測驗訊息函數存在，因此，將橫跨 θ 能力軸上所對應的測驗訊息函數連接起來，便可構成一條測驗訊息函數曲線，其形狀與圖 7-1 所示的試題訊息函數曲線類似，呈現一條對稱的鐘形常態分配曲線的形狀；(4)這條測驗訊息函數曲線的最高點〔即最大測驗訊息量（maximum test information）〕所對應到 θ 能力軸上的一個點或一段區間，即為代表該測驗最能精確測量到的能力估計值或能力估計範圍。

　　在 θ 能力軸上的能力參數估計值的精確性，係與測驗訊息函數的平方根成反比，可以公式 7-7 來表示：

$$SE\left(\hat{\theta}\right) = \frac{1}{\sqrt{I(\theta)}}$$ （公式 7-7）

其中，$SE\left(\hat{\theta}\right)$ 即稱作 θ 能力估計值的「估計標準誤」（standard error of estimation）。該項指標只要在能力參數的最大概似估計值（maximum likelihood estimator）求出後，便可計算得出。有了能力參數的最大概似估計值，並且也求出在 θ 值上的測驗訊息之後，我們便可以估計信賴區間的方式來解釋該能力參數估計值的涵義。一般而言，最大測驗訊息量所對應的能力估計值 θ，便是該份測驗所最能精確測量到的能力估計值，也可以說是該份測驗適用於該能力估計值範圍內的測量。有關這點說明，我們可以由公式 7-7 中的定義得知，當 $I(\theta)$ 值達到最大時，$SE\left(\hat{\theta}\right)$ 值便達到最小，也就是說該 θ 值的最大概似估計值的估計誤差達到最小，亦即，此時 θ 值的最大概似估計值最為精確。

在試題反應理論的架構裡，$SE\left(\hat{\theta}\right)$ 所扮演的角色和古典測驗理論中的「測量標準誤」（standard error of measurement）的角色相同。然而，有一點不同的地方，那即是 $SE\left(\hat{\theta}\right)$ 值會隨著考生（或受試者）能力水準的不同而不同；但古典測驗理論下的測量標準誤，則對所有能力水準的考生（或受試者）而言，卻都是一致的；換句話說，在古典測驗理論中測量標準誤的意義，是認為每位考生能力估計值的誤差都是一致的，而試題反應理論中的估計標準誤，則認為每位具有不同能力水準的考生（或受試者），皆應有不相同的估計誤差（或估計的精確性）。

其實，θ 的最大概似估計值 $\hat{\theta}$ 的估計標準誤〔即 $SE\left(\hat{\theta}\right)$〕，是這個特定 θ 值的最大概似估計值所構成漸近性常態分配的標準差。當測驗的長度夠長時，該分配是呈現常態分配的；即使是測驗長度僅有 10 至 20 個試題，這種以常態分配的估計方法，也可以滿足多數測驗目的的要求（Samejima, 1977）。

一般而言，估計標準誤的大小受到三個因素的影響：(1)測驗試題的數目〔例如，較長的（即題數較多的）測驗會有較小的估計標準誤〕；(2)測驗試題的品質（例如，鑑別度較高的試題往往讓能力低的考生沒有僥倖猜對的機會，所以它的估計標準誤便較小）；(3)試題難度與考生能力之間的適合程度〔例如，組成測驗的試題難度參數，若與考生的能力參數相接近，則會比由相當困難或相當簡單試

題（即試題難度參數均偏離考生能力參數）所組成的測驗，產生較小的估計標準誤〕。然而，估計標準誤的大小具有快速趨近於穩定的特性，當訊息量超過 25 時，訊息量的增加對能力估計值的估計誤差而言，便會逐漸縮小其影響力。典型的例子，可以參見 Green、Yen 和 Burket（1989）的論文。

 **最佳計分權重**

其實，公式 7-6 的涵義，也可以延伸到某一計分公式（scoring formula）$y(\mathbf{u})$ 之訊息函數的定義上（Birnbaum, 1968, pp. 417-418; Lord, 1952, 1980, pp. 65-70）。Lord（1980）即曾經針對某一測驗分數的效益問題（effectiveness）進行探究，他提出一個指標，以用來區別能力值為 θ_1 和 θ_2 兩個人的表現，該指標可以表示如下：

$$\frac{(\mu_{y|\theta_2} - \mu_{y|\theta_1})}{\sigma_{y|\theta}} \qquad （公式 7-8）$$

其中，$\mu_{y|\theta_i}$ 是次數分配 $f(y|\theta_i)$ 的平均數，而 $\sigma_{y|\theta}$ 是 $\sigma_{y|\theta_1}$ 和 $\sigma_{y|\theta_2}$ 的平均標準差。也許，用來區別兩個能力水準間的單位表現差異之指標，應該更精確地表示為：

$$\frac{(\mu_{y|\theta_2} - \mu_{y|\theta_1})}{\sigma_{y|\theta}} / (\theta_2 - \theta_1) \qquad （公式 7-9）$$

當 $\theta_2 \to \theta_1$（即 θ_2 趨近 θ_1）時，公式 7-9 所定義的指標，取其極限值，即可表示成：

$$\left(\frac{d}{d\theta}\mu_{y|\theta}\right) / \sigma_{y|\theta} \qquad （公式 7-10）$$

將公式 7-10 加以平方，即可獲得下列「分數訊息函數」（score information function）的定義公式：

$$I(y \mid \theta) = \left(\frac{d}{d\theta}\mu_{y \mid \theta}\right)^2 / \sigma_{y \mid \theta}^2 \qquad （公式 7-11）$$

$$= \left[\frac{d}{d\theta}E(y \mid \theta)\right]^2 / \sigma_{y \mid \theta}^2 \qquad （公式 7-12）$$

Birnbaum（1968）在考量一位獲得 y 分數之考生（或受試者）θ 能力估計值的信賴區間寬度時，亦獲得如公式 7-12 所示的結果。因此，公式 7-12 所示的涵義，即為 y 對 θ 進行迴歸的斜率（slope）與 θ 之測量標準誤（standard error of measurement）之比的平方；該「分數訊息函數」與 θ 值呈現一種函數關係，並且，其數值的大小會隨著 θ 能力水準的不同而不同。

由公式 7-12 所示可知，當在某一特定 θ 能力值下，其斜率愈大（即迴歸線愈陡），訊息量就愈大；並且，當測量標準誤愈小時，該計分公式 y 所提供的訊息量就愈大。因此，我們就某一計分公式為例來說明如下。假設該計分公式可以表示成：

$$y = \sum_{i=1}^{n} w_i u_i \qquad （公式 7-13）$$

即：得分 y 等於每一試題作答結果 u_i（即答對給「1」或答錯給「0」）乘上每一試題得分權重（weight）w_i 的總和。而由於：

$$E(y \mid \theta) = \sum_{i=1}^{n} w_i E(u_i \mid \theta) = \sum_{i=1}^{n} w_i P_i \qquad 和 \qquad \frac{d}{d\theta}E(y \mid \theta) = \sum_{i=1}^{n} w_i P_i'$$

並且，

$$\sigma_{y \mid \theta}^2 = \sum_{i=1}^{n} w_i^2 \sigma^2(u_i \mid \theta) \qquad （公式 7-14）$$

$$= \sum_{i=1}^{n} w_i^2 P_i Q_i \qquad \text{（公式 7-15）}$$

所以，將上述幾個公式一起代入公式 7-12，即可獲得「分數訊息函數」的計算公式如下：

$$I(y|\theta) = \left(\sum_{i=1}^{n} w_i P' \right)^2 \bigg/ \left(\sum_{i=1}^{n} w_i^2 P_i Q_i \right) \qquad \text{（公式 7-16）}$$

公式 7-16 所示的「分數訊息函數」計算公式，具有相當大的實用涵義，也就是說，我們可以審慎挑選一個最佳的計分權重（optimal scoring weights）w_i，使得 $I(y|\theta)$ 的訊息量達到最大，而在最大訊息量下，其測驗訊息函數平方根的倒數即為最小的估計標準誤，而最大訊息量所對應的 θ 能力軸上的點，即為我們所需要之最精確的 θ 能力最大概似估計值（maximum likelihood estimator）。因此，我們可以進一步探索：「最佳計分權重」應該如何決定才好？

根據 Cauchy 三角不等式（Cauchy inequality）的定理所示：

$$\left(\sum_{i=1}^{n} k_i x_i \right)^2 \leq \left(\sum_{i=1}^{n} k_i^2 \right) \left(\sum_{i=1}^{n} x_i^2 \right) \qquad \text{（公式 7-17）}$$

當 $k_i = m x_i$，$m > 0$ 時，上述的等式即可成立。因此，我們特別定義：

$$k_i = w_i (P_i Q_i)^{1/2} \qquad \text{和} \qquad x_i = P_i' / (P_i Q_i)^{1/2}$$

則可得：

$$\left(\sum_{i=1}^{n} w_i P_i \right)^2 \leq \left(\sum_{i=1}^{n} w_i^2 P_i Q_i \right) \left(\sum_{i=1}^{n} P_i'^2 / P_i Q_i \right) \qquad \text{（公式 7-18）}$$

或下列公式：

$$\left(\sum_{i=1}^{n} w_i P'_i \right)^2 \Big/ \left(\sum_{i=1}^{n} w_i^2 P_i Q_i \right) \leq \left(\sum_{i=1}^{n} P'^2_i / P_i Q_i \right) \qquad \text{（公式 7-19）}$$

由公式 7-19 中可知，等號的左側即為「分數訊息函數」$I(y\,|\,\theta)$，而等號的右側即為「測驗訊息函數」$I(\theta)$。當 $k_i = x_i$ 時，則前述公式中的

$$w_i (P_i Q_i)^{1/2} = P'_i / (P_i Q_i)^{1/2} \qquad \text{（公式 7-20）}$$

兩邊移項後，即可解得：

$$w_i = P'_i / (P_i Q_i) \qquad \text{（公式 7-21）}$$

此即「計分權重」（scoring weights）的估計公式。有此計分權重之估計後，則可推導得知，在最佳權重的計分公式 y^* 之下，公式 7-19 的兩側是相等的，亦即，

$$I(y^*\,|\,\theta) = I(\theta) \qquad \text{（公式 7-22）}$$

因此，只要明確知道所擬使用的試題反應模式為何，即可經由公式 7-21 的計算，得知其最佳的計分權重。茲將二元化計分的各種試題反應模式的最佳計分權重，摘要如表 7-3 所示。由表 7-3 所示可知，一參數對數型模式（即 1PL）的最佳計分公式為：

$$y^* = D \sum_{i=1}^{n} u_i \qquad \text{（公式 7-23）}$$

而二參數對數型模式（即 2PL）的最佳計分公式為：

表 7-3　三種對數型試題反應模式的最佳計分權重估計公式

模式	$w_i = P_i' / (P_i Q_i)$	註解
1PL	D	與能力水準無關
2PL	Da_i	與能力水準無關
3PL	$\dfrac{Da_i}{(1-c_i)} \dfrac{(P_i - c_i)}{P_i}$	是能力水準的函數

$$y^* = D \sum_{i=1}^{n} a_i u_i \qquad （公式 7-24）$$

也就是說，在一參數對數型模式下，只要代入「答對題數」（number-correct）分數，即可獲得最大訊息量；而在二參數對數型模式下，則需要代入「鑑別度加權」（discrimination-weighted）的分數即可。這兩種試題反應模式最佳計分權重的計算，均與考生（或受試者）的能力無關。但在三參數對數型模式（即 3PL）下，情況則完全不一樣，它的最佳計分權重估計值為：

$$w_i = \frac{Da_i(P_i - c_i)}{P_i(1 - c_i)} \qquad （公式 7-25）$$

很明顯地，在 3PL 下最佳計分權重的計算，是與考生（或受試者）的能力水準有關係的；亦即，對能力愈高者（即 $P_i \to 1$ 時）而言，最佳計分權重與試題鑑別度參數 a_i 成比例關係，而對能力愈低者（即 $P_i \to c_i$ 時）而言，最佳計分權重即為 0。

　　由上述說明可知，針對所有能力水準的考生（或受試者）而言，當我們使用的不是最佳計分權重，會比使用最佳計分權重時，根據公式 7-16 計算而得的分數訊息函數低一些。由此反推回去可知，當某個測驗被用來估計考生的能力水準，且猜題因素也確實存在時，三參數對數型模式下的最佳計分權重，會比其他兩個更為適用；單一計分權重（即把每一試題的計分權重都設定為 1）雖然可以產生能力的有效估計值，但卻只有在猜題不存在、猜題不嚴重且鑑別度範圍值不大時，方才適用（Hambleton & Traub, 1971; Lord & Novick, 1968）。

　　然而，在實務用途上，當我們需要使用三參數對數型模式的最佳計分權重來估計某位特定考生（或受試者）的能力值時，卻會遭遇一個很嚴重的估計問題：那就是，該權重需要仰賴該未知能力值才能計算得出。因此，為了解決這個實務上的難題，Lord（1977, 1980）建議以傳統的試題難度值 p_i（即答對試題 i 的百分比）來取代公式 7-25 中的 P_i 項，以作為逼近真實最佳計分權重的計算公式：

$$w_i = \frac{Da_i(p_i - c_i)}{p_i(1 - c_i)}$$
（公式 7-26）

　　綜合上述的討論可知，計分權重的使用，不需要依賴能力值的計算，是一項很明顯的優點。因此，公式 7-21 也可以表示成：

$$\frac{dP_i}{P_i(1 - P_i)} = w_i d\theta$$
（公式 7-27）

此即為第一階微分方程式（first-order differential equation）。當 w_i 為一常數時，將等號兩邊的公式積分（integrating）起來，即可獲得：

$$\ln \frac{P_i}{1 - P_i} = (A_i\theta + B_i)$$
（公式 7-28）

或

$$P_i = \exp(A_i\theta + B_i) / [1 + \exp(A_i\theta + B_i)]$$
（公式 7-29）

公式 7-29 所示，即為二參數對數型試題反應模式；也就是說，允許具有最佳計分權重公式，且又不受能力值估計影響的最通用試題反應模式，即為二參數對數型模式（即 2PL）。

 測驗相對效能

　　有了分數、測驗與試題訊息函數之後，測驗專家們接著感興趣的議題是：比較計分公式、測驗或估計值之間的相對優劣點。其中，比較兩份或多份測量相同能力測驗的各種訊息函數之大小，便是一項重要的實務工作。因為，比較兩份或多份測驗的各種訊息函數，可以提供測驗專家作為測驗評鑑和選擇的參考〔請參見 Lord（1977）的例子〕。所以，在發展一份全國性的成就測驗時，往往會需要比較不同測驗的訊息函數，以幫助選擇優良試題來組成所需的測驗；或者，在編製一份標準化成就測驗時，可參考過去有關學生表現的訊息函數概況，再優先挑選在某段能力範圍內能產生最大訊息量的試題，彙編成我們所需的標準化成就測驗（至於其他因素，如：效度、成本、內容和測驗長度等，當然也必須考慮在內）。

　　一般來說，比較兩份測驗的訊息函數是這樣進行的：假設 $I_1(y_1|\theta)$ 和 $I_2(y_2|\theta)$ 是分別使用計分公式 y_1 與 y_2 測得相同能力值 θ 的兩種測驗模式下的測驗訊息函數，則這兩個測驗訊息函數的比值，即定義為這兩個具有不同計分公式之測驗模式的「相對精確度」（relative precision）（Birnbaum, 1968, pp. 471-472）：

$$RP(\theta) = \frac{I_1(y_1|\theta)}{I_2(y_2|\theta)} \qquad （公式 7-30）$$

由於訊息函數是能力值 θ 的函數，所以，公式 7-30 所示的相對精確度，也是能力值 θ 的函數。

　　另一種特例，即為當僅使用單一測驗模式時，上述的比值可以簡化成：

$$RE(y_1, y_2) = \frac{I(y_1|\theta)}{I(y_2|\theta)} \qquad （公式 7-31）$$

此即定義為測驗分數 y_1 相對於測驗分數 y_2 的「相對效能」（relative efficiency）。其中，$I(y_1|\theta)$ 和 $I(y_2|\theta)$ 為定義在一個共同能力量尺 θ 上的兩個測驗分數之測驗

訊息函數。「相對效能」的涵義，可由下列例子的說明得知：假設 $I(y_1|\theta)=25.0$，$I(y_2|\theta)=20.0$，則代入公式 7-31，則得 $RE(y_1,y_2)=1.25$，我們可以解釋為：「在能力水準為 θ 時，測驗分數 y_1 所發揮的效能比測驗分數 y_2 所發揮的效能多（或長）25%，因此，測驗分數 y_2 必須要加長 25%（即把訊息函數相當的試題加入原有的測驗試題中），才能產生與測驗分數 y_1 對 θ 值一樣的測量精確度；或者是，測驗分數 y_1 可以縮短 20% 的長度，就可以產生與測驗分數 y_2 對 θ 值一樣精確的能力估計值。」當然，上述解釋中的加長或縮短測驗長度的作法，都是假設所增減的試題都和原有測驗中的試題一樣具有可資比較的統計品質（如：類似的難度、鑑別度；產生大約一致的訊息量；都適用於同一範圍程度內的 θ 值測量等），即複本試題（parallel items）之意。

最後一種特例，即為比較某一種計分公式下的測驗分數 y_1，對最佳計分權重下的測驗分數 y^* 的相對效能，即：

$$Eff. = \frac{I(y_1|\theta)}{I(y_2|\theta)} = \frac{I(y_1|\theta)}{I(y^*|\theta)} = RE(y_1, y^*) \qquad \text{（公式 7-32）}$$

基本上而言，公式 7-30 至公式 7-32 所示，並不受考生（或受試者）能力值 θ 進行單調函數（monotonic function）轉換的影響，亦即，θ 能力值無論是進行什麼方式的轉換，只要該轉換公式與原來的 θ 能力量尺之間呈現單調函數的關係〔即 $\theta^* = \theta^*(\theta)$〕，雖然轉換後，個別的訊息函數會受到影響，但公式 7-30 至公式 7-32 所示的相對效能值，卻依然維持不變（Hambleton & Swaminathan, 1985, pp. 122-123）。因為相對效能的測量具有如此的不變性（invariance）特質，所以，在評鑑測驗的優劣、挑選優良試題組成測驗卷、決定計分權重大小，以及在適性測驗（adaptive testing）中作為挑選分支策略（branching strategies）的應用上，都需要使用到這相關的概念。我們將在後續測驗編製章節裡，再來深入介紹這些實務的應用課題。

測量的精確度

在古典測驗理論中，研究者只要一談論到測量的精確度（precision of mea-surement）概念時，通常都會直接想到「信度係數」（reliability coefficient）的概念和所使用的指標。信度的概念，可以說是用來表示測量精確與否的代名詞。

然而，由於古典測驗理論的推理與論證不夠完整、堅強，其中，最為人詬病者之一，即是：這些指標都是樣本依賴（sample dependent）的指標，信度係數亦包括在內；其次，信度係數所提出作為挑選測驗試題的規則，剛好與「效度係數」（validity coefficient）所建議者相衝突；再其次，由於計算信度係數時所使用的「估計標準誤」（standard error of estimation）σ_e（參見公式 7-33 所示）和「測量標準誤」（standard error of measurement）σ_m 的概念（參見公式 7-34 所示），都是信度係數的函數，也都同樣是屬於樣本依賴的指標；最後，連這兩個公式所示的指標，對所有能力水準的考生（或受試者）而言，是指「平均的」（average）標準誤概念之意（亦即，每位考生均具有相同的估計標準誤和每份測驗均具有相同的測量標準誤），似乎也與「真實分數與誤差分數之間是獨立的」假設相違背。因此，凡此種種理由，造成古典測驗理論下有關信度係數使用的適當性，相當受到嚴重的質疑。

$$\sigma_e = \sigma_x \sqrt{\rho_{xx'}(1 - \rho_{xx'})} \qquad\qquad （公式 7-33）$$
$$\sigma_m = \sigma_x \sqrt{1 - \rho_{xx'}} \qquad\qquad （公式 7-34）$$

反觀試題反應理論，試題與測驗訊息函數的定義，均與任何一個特定族群考生的使用無關，因此，它可以提供每一能力水準一個估計標準誤，因而，每一能力水準均可用來決定測量的精確度。透過測驗訊息函數的使用，測驗編製者便可以精確地評估每一道試題對整份測驗之測量精確度的貢獻，進而，可以從中挑選不會與測驗編製相衝突的其他試題，來組成一份理想的測驗試卷。我們將在第二篇「應用篇」裡，再來專題討論訊息函數在實務上的應用例子。

第八章

IRT 電腦程式簡介

　　本書在第五章的表 5-3 裡，曾摘要列舉許多當今 IRT 領域適用的電腦軟體程式，由於這些程式有的已經商業化，有的仍停留在實驗室研究的階段，並無商業化的企圖，所以，想要一一瞭解所有軟體程式的使用，頗為困難。因此，本章的目的，即集中在已經商業化，且比較廣泛使用的軟體程式，主要是以介紹由 Du Toit（2003）所收錄編輯的 *IRT from SSI* 中的四種程式為主：BILOG-MG、PARSCALE、MULTILOG 及 TESTFACT。這些程式的合訂版，已經在市場上流通，並且逐漸取得市場的主導地位，至今已成為 IRT 用來分析二元計分及多元計分資料（含單向度 IRT 模式、Rasch 模式家族及局部的多向度 IRT 模式）的主要程式。由於篇幅有限，本章僅能簡介這四種程式的入門功能概況，並舉一些簡單範例說明如下，至於細節的介紹，則需請讀者自行購買該等軟體及其使用手冊（或瀏覽線上使用手冊），即可得知詳細操作說明。

 ## BILOG-MG 程式簡介

　　BILOG-MG（Zimowski, Muraki, Mislevy, & Bock, 1996）是 BILOG 3（Mislevy & Bock, 1990）的延伸版本〔新版程式及使用手冊收錄在 Du Toit（2003）所編輯的 *IRT from SSI* 一書裡，目前是第三版〕，是一種 WINDOWS 介面的程式，在操作上有別於 DOS 介面的 BILOG 3 程式。BILOG-MG 程式具有 BILOG 3 程式的所有功能，另增加分析 DIF 和 DRIFT 的功能、改良及增強原有指令的功能，以及可以同時執行多群組（multiple groups）資料分析等多項功能。

　　BILOG-MG 程式的使用手冊，約有三百五十多頁之譜，不是本章所能詳盡介

紹的。因此，本章僅能就重點提出介紹，並舉個陽春例子做說明，至於詳細內涵，讀者還是需要直接查詢使用手冊才行。以下即分成三小節來介紹。

一　BILOG-MG 的主要指令

BILOG-MG 程式只適用於二元計分資料（binary data）下，三種 IRT 模式（即 1PL、2PL、3PL）參數的估計與受試者得分的計分工作。基本上而言，它分成三個階段（phases）來輸入和執行，因此，程式語法在執行後會輸出三個結果檔，分別取名為 xxxx.PH1、xxxx.PH2 和 xxxx.PH3，其中，xxxx 即表示使用者自訂的「檔名」（file name）的意思。這三個階段的輸入分別是：

> Phase 1：INPUT
> Phase 2：CALIBRATE
> Phase 3：SCORE

若以程式語法的排序來看，表 8-1 所示的主要指令，其出現的次序是不可以更動的，必須依序由上而下排列。其中，有些主要指令被標記上「必要的」（required，以★表示），即表示它們非出現在語法檔中不可，否則程式無法執行；其餘沒有被標記者，即表示它們是「可選擇的」（optional），可依據使用者的需求而自行挑選使用，若沒被挑選的話，則程式不會執行該項主要指令的功能。在每項主要指令的裡面，程式還提供有許多「可選擇的」次要指令，這些次要指令必須全部依據使用者的需求而自行挑選使用；而在每個次要指令之內，程式還提供有許多參數值（parameter values）供使用者選擇，這些參數值亦需要由使用者自行決定輸入，若沒有輸入任何參數值的話，則程式會自動以「預設值」（default）來取代輸入。

二　3PL 模式範例的資料檔與語法檔

表 8-2 所示，即是一份二元計分資料檔〔為一個 716（受試者）× 50（試題）

表 8-1　BILOG-MG 的主要指令與次要指令

必要的	主要指令	次要指令
★	*TITLE1*	
★	*TITLE2*	
	COMMENT	
★	*GLOBAL*	CFNAME, DFNAME, IFNAME, LOGISTIC, MFNAME, NPARM, NTEST, NVTEST, NWGHT, OMITS, SAVE, PRN
	SAVE	CALIB, COVARIANCE, DIF, DRIFT, EXPECTED, ISTAT, MASTER, PARM, POST, SCORE, TSTAT, PDISTRIB
★	*LENGTH*	NITEMS, NVARIANT
★	*INPUT*	DIAGNOSE, DIF, DRIFT, KFNAME, NALT, NFMT, NFNAME, NFORM, NGROUP, NIDCHAR, NTOTAL, OFNAME, PERSONAL, SAMPLE, TAKE, TYPE, EX-TERNAL
★	*ITEMS*	INAMES, INUMBERS
★	*TESTi*	DISPERSN, GUESS, INAME, INTERCPT, INUMBER, SLOPE, THRESHLD, TNAME, FIX
	FORMj	INAMES, INUMBERS, LENGTH
	GROUPk	GNAME, INAMES, INUMBERS, LENGTH
	DRIFT	MAXPOWER, MIDPOINT
★	(*variable for-mat statement*)	
★	*CALIB*	ACCEL, COMMON, CRIT, CYCLES, DIAGNOSIS, EMPIRICAL, FIXED, FLOAT, GPRIOR, IDIST, NEW-TON, NOFLOAT, NOGPRIOR, NORMAL, NOSPRIOR, NOTPRIOR, NQPT, NSD, PLOT, PRINT, READPRIOR, REFERENCE, RIDGE, SELECT, SPRIOR, TPRIOR, CHI, GROUP-PLOTS, NOADJUST, RASCH, NFULL
	QUADk（for group k）	POINTS, WEIGHTS
	PRIORSi（for subtest I）	ALPHA, BETA, SMU, SSIGMA, TMU, TSIGMA

表 8-1　BILOG-MG 的主要指令與次要指令（續）

必要的	主要指令	次要指令
★	**_SCORE_**	BIWEIGHT, FIT, IDIST, INFO, LOCATION, METHOD, NOPRINT, NQPT, PMN, POP, PSD, RSCTYPE, SCALE, YCOMMON, MOMENTS, DOMAIN, FILE, REFERENCE, READF, NFORMS
	QUADSk（for group k）	POINTS, WEIGHTS

註：1.必要的指令，以粗黑斜體字來表示。

　　2.原本，SCORE 為「可選擇的」指令，但根據筆者的實作經驗，建議讀者還是將
　　　該指令視為必要的，除非讀者真的不想得知與受試者能力參數有關（如：訊息
　　　函數）的其他重大訊息資料。

表 8-2　一份 50 題四選一選擇題測驗資料（檔名：CH8-2.txt）

```
key      43144244111114211112314213242223111134341332334241
571128 43144234111114212241314232242221111233341332134241
530322 43341424111112222143433141334231311443143311334241
631220 43444223311114212212343231243233111334334322332243
570704 43444434111312122232344314342423131134341232332343431
470505 43444224111112113423344133332232311333341332324324243
                        ……
                        ……
                        ……
491115 33344423113124212413413141421232311331341324313133
670314 43324234111442242433212341422231213323433443333241
630127 33341234113421212414132122443233312123341422332323243
571116 43344234311114213323143123442424333313442323333241
620423 43144224111114214214314214141422231111343443323232241
```

的矩陣資料，其中第一列為每一試題的「標準答案」）的內容；而表 8-3 所示，
即為一個用來分析表 8-2 資料且以 3PL 模式為例的語法檔內容。本節所舉例的資
料檔、語法檔和結果檔，皆收錄在本書所附「程式範例舉隅」光碟裡的資料夾
「CH8-2」，並已標示清楚檔名，讀者可以自行開啟參考使用。

表 8-3　一個 3PL 模式的 BILOG-MG 語法檔（檔名：CH8-2.BLM）

```
This program is used for demonstration with Table 8-2 Data.
No other meaning is intended.
>COMMENT
      The subject number is 716.
      The items are 50.
>GLOBAL    DFName = 'C:\temp\CH8-2\CH8-2.txt', NPArm = 3;
>LENGTH    NITems = (50);
>INPUT     NTOtal = 50, NALt = 4, NIDchar = 6,
           KFName = 'C:\temp\CH8-2\CH8-2.txt';
>ITEMS ;
>TEST1     TNAme = 'CH8-2', INUmber = (1 (1) 50);
(6A1, 1X, 50A1)
>CALIB     NORmal, NQPt = 31, CYCles = 30, ACCel = 1.0000;
>SCORE     METhod = 2, INFo = 2, POP;
```

三　3PL 模式範例的結果檔

　　從表 8-3 所示可知，一句完整的指令語法，必須是以「>」符號為開頭，再接續各個主要指令，其後的次要指令只需要前三個字母即可完整表示，但是其內的參數值卻必須由使用者自己決定輸入〔例如，在 >GLOBAL 指令中，我們選擇次要指令及參數 3（即 NPArm = 3），即表示我們打算執行 3PL 模式的分析之意，換句話說，如果我們改成 2 或 1 的話，即表示我們要執行 2PL 或 1PL 模式的分析〕，最後，再以「；」作為結束的記號。其餘詳細的指令使用說明，請參見 BILOG-MG（Zimowski, Muraki, Mislevy, & Bock, 1996）的使用手冊。

　　首先，先在電腦的 C 磁碟機中，建置一個資料夾（folder）「temp」，並在其中建立一個資料夾「CH8-2」，並把表 8-2 內容存入（即建立 CH8-2.txt 檔）。接著，即可開啟 BILOG-MG 程式，並開始建立（即從功能表中點選「File/New」）如表 8-3 內容的 CH8-2.BLM 檔，之後，即可從功能表中點選「Run/Stat, calibration and scoring」開始執行分析，如果語法表達的邏輯無誤，而且資料也適配所選的試題反應模式的話，則程式會很快速地計算完畢三個階段的結果檔，當螢幕上出

現「The command file 'C:\temp\CH8-2\CH8-2.blm' completed successfully.」字樣時，即表示執行無誤。我們便可以開啟這三個階段的結果檔，並逐一開始閱讀報表內的結果。

這三個結果檔的報表，分別自動取名為 CH8-2.PH1（以古典測驗理論的試題分析為主）、CH8-2.PH2（以原始估計的 IRT 試題參數分析為主）和 CH8-2.PH3（以量尺化後的 IRT 試題和受試者參數分析為主），讀者可以參照表 8-3 所示，自行執行一次看看，便可從中解讀報表的涵義。由於此份報表的內容很長，尤其是當受試者人數很多時，第三階段的報表內容動輒需要幾十頁到幾百頁的報表紙才能列印完畢。因此，若非非常需要的話，筆者不建議將其列印出來，以節省紙張。讀者只要在電腦螢幕上瀏覽，並保留該結果檔即可。

當然，BILOG-MG 程式的功能，不只如上述所舉出的陽春例子而已。由於它的功能很強，並且提供使用者許多次要指令的選擇，這往往也是造成初學者眼花撩亂、不知所措的困擾所在。因此，筆者建議初學的讀者，可以從該程式的線上輔助功能（Help/Help Topics）裡，逐一點選範例程式及其對應使用的資料檔，並且開啟每一個檔案，仔細閱讀其內容，之後再親自執行看看，並逐一檢核每個階段報表的內容，再嘗試著去解讀其涵義。稍假時日之後，讀者當可駕輕就熟地學會 BILOG-MG 程式的使用。別忘了，時時翻閱使用手冊的說明，也是必要的學習程序之一。

PARSCALE 程式簡介

PARSCALE（Muraki & Bock, 1997）程式〔新版程式及使用手冊收錄在 Du Toit（2003）所編輯的 *IRT from SSI* 一書裡，目前是第四版〕，是 BILOG-MG 程式的延伸，它不僅可以估算 1PL、2PL 和 3PL 等二元化計分資料的試題反應模式參數，更可以估算等級反應模式（GRM）、GRM 版的評定量表模式（RSM）、部分計分模式（PCM），以及概化部分計分模式（GPCM）等多元化計分資料的試題反應模式參數。PARSCALE 程式具有與 BILOG-MG 程式雷同的功能及使用相當類似的語法檔，同時還多提供等級反應模式的 DIF 分析、多位評審的「評審

效果」（rater effects）分析、計算能力量尺上任何一段能力值所對應的試題訊息
函數，以及較多有關試題適配度考驗的進階卡方值檢定功能。

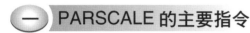

一 PARSCALE 的主要指令

PARSCALE 程式使用非常類似於 BILOG-MG 程式的語法格式，基本上的功
能，是分成四個階段（phases）依序輸入和執行的。因此，程式語法在執行後會
輸出四個結果檔，分別取名為 xxxx.PH0、xxxx.PH1、xxxx.PH2 和 xxxx.PH3，其
中，xxxx 即表示使用者自訂的「檔名」（file name）的意思。這四個階段的輸入
分別是：

Phase 0：COMMAND
Phase 1：INPUT
Phase 2：CALIBRATE
Phase 3：SCORE

若以程式語法的排序來看，表 8-4 所示的主要指令，其出現的次序是不可以
更動的，必須依序由上而下排列。其中，有些主要指令被標記上「必要的」（re-
quired，以★表示），即表示它們非出現在語法檔中不可，否則程式無法執行；其
餘沒有被標記者，即表示它們是「可選擇的」（optional），可依據使用者的需求
而自行挑選使用，若沒被挑選的話，則程式不會執行該項主要指令的功能。在每
項主要指令的裡面，程式還提供有許多「可選擇的」次要指令，這些次要指令必
須全部依據使用者的需求而自行挑選使用；並且在每個次要指令之內，程式還提
供有許多參數值（parameter values）供使用者選擇，這些參數值亦須由使用者自
行決定輸入，若沒有輸入任何參數值的話，則程式會自動以「預設值」（default）
來取代輸入。

表 8-4　PARSCALE 的主要指令與次要指令

必要的	主要指令	次要指令	選項
★	*TITLE*		
	COMMENT		
★	*FILES*	DFNAME=\<name\>, FNAME=\<name\>, CFNAME=\<name\>, FNAME=\<name\>, OFNAME=\<name\>, NFNAME=\<name\>	SAVE
	SAVE	MASTER=\<name\>, CALIB=\<name\>, PARM=\<name\>, SCORE=\<name\>, FIT=\<name\>, COMBINE=\<name\>, INFORMATION=\<name\>	
★	*INPUT*	NTEST=n, LENGTH= (list), NFMT=n, SAMPLE=n, TAKE=n, NIDCH=n, NTOTAL=n, INOPT=n, COMBINE=n, MGROUP/MRATER=n, NRATER= (list), R-INOPT=n	WEIGHT, GROUPLEVEL
★	（*variable format statement*）		
★	*TEST*	TNAME=n, NBLOCK=n, ITEMS= (list), INAME= (list), INTERCEPT= (list), THRESHOLD= (list), SLOPE= (list)	

表 8-4　PARSCALE 的主要指令與次要指令（續）

必要的	主要指令	次要指令	選項
★	*BLOCK*	BNAME= (list), NITEMS=n, NCAT=n, ORIGINAL= (list), MODIFIES= (list), CNAME= (list), CADJUST=n, CATEGORY= (list), GPARM= (list), GUESSING= (list), SCORING= (list), REPEAT=n, SKIP= (list), RATER= (list)	CSLOPE, NOCADJUST
	MGROUP	GNAME= (list), GCODE= (list), DIF= (list), REFERENCE= (list), COMMON= (list)	
	MRATER	RNAME= (list), RCODE= (list), RATER= (list)	
★	*CALIB*	SCALE=n, NQPT=n, DIST=n, CYCLES= (list), CRIT= (list), DIAGNOSIS=n, QRANGE= (list), ITEMFIT=n, RIDGE= (list), NEWTON=n, FREE= (list)	GRADED/PARTIAL, LOGISTIC/NORMAL, POSTERIOR, FLOAT, QPREAD, ESTORDER, SPRIOR, TPRIOR, GPRIOR, PRIORREAD, NOCALIB, SKIPC, ACCEL/NOACCEL, CSLOPE, THRESHOLD, NRATER
	QUADP	POINTS= (list), WEIGHTS= (list)	

表 8-4　PARSCALE 的主要指令與次要指令（續）

必要的	主要指令	次要指令	選項
	PRIORS	TMU= (list), TSIGMA= (list), SMU= (list), SSIGMA= (list), MMU= (list), MSIGMA= (list)	SOPTION
★	***SCORE***	NQPT=n, DIST=n, QRANGE= (list), SMEAN=n, SSD=n, NAME=n, PFQ=n, ITERATION= (list), SCORING= (list)	PRINT, QPREAD, NOSCORE, SAMPLE, EAP/WML/MLE, RESCALE, NOADJUST, FIT, NRATER
	QUADS	POINTS= (list), WEIGHT= (list)	
	COMBINE	NAME=n, WEIGHTS= (list)	

註：必要的指令，以粗黑斜體字來表示。

二　PCM 模式範例的資料檔與語法檔

　　表 8-5 所示，即是一份多元化計分資料檔〔為一個 1,180（受試者）×20（試題）的李克特式四點評定量表式的作答資料矩陣，其資料計分內容為 0、1、2、3 四種分數〕的內容；而表 8-6 所示，即為一個用來分析表 8-5 資料，且以部分計分模式（PCM）為例的語法檔內容。本節所舉例的資料檔、語法檔和結果檔，皆收錄在本書所附「程式範例舉隅」光碟裡的資料夾「CH8-5」，並已標示清楚檔名，讀者可以自行開啟參考使用。

三　PCM 模式範例的結果檔

　　從表 8-6 所示可知，一句完整的指令語法，必須是以「＞」符號為開頭，接著是各個主要指令，其後再接次要指令，但是次要指令內的參數值必須由使用者自己決定輸入〔例如，在>INPUT 指令中，我們選擇次要指令 NIDCHAR 及參數 5

表 8-5　一份 20 題多元化計分作答型測驗資料（檔名：CH8-5.txt）

```
22194 10010001000101010000
24254 11020011010100010000
24462 10010100001101000001
25028 00010003000200010101
21812 00121111000111110000
21906 20020002011200020001
.........
.........
.........
22012 00000112000101020000
21116 01000001000000010000
22302 01000101000101010000
25108 10001001000100010000
21256 10121112111011020111
22456 00000002002110010000
```

表 8-6　一個 PCM 模式的 PARSCALE 語法檔（檔名：CH8-5.PSL）

```
This program is used for demonstration with Table 8-5 Data.
Use the CESD--1180 Dataset, One Sample (N=1180, N= (0,1,2,3) ), 20 Items.
>COMMENTS
        The data file contains the examinee ID, followed by the 20 responses.
>FILES      DFNAME='C:\temp\CH8-5\CH8-5.txt', SAVE;
>SAVE       PARM='C:\temp\CH8-5\CH8-5.PAR',
            SCORE='C:\temp\CH8-5\CH8-5.SCO';
>INPUT      NIDCHAR=5, NTOTAL=20, NTEST=1, LENGTH=20, NFMT=1;
 (5A1,1X,20A1)
>TEST1      TNAME=TEST1, ITEMS= (1 (1) 20), NBLOCK=20;
>BLOCK1     REPEAT=20, NIT=1, NCAT=4, ORIGINAL= (0,1,2,3);
>CALIB      LOGISTIC, PARTIAL, NQPT=31, CSL, CYCLES= (10,1,1,1,1,1),
            NEWTON=2, CRIT=0.005, SCALE=1.7;
>SCORE      EAP, NAME=TEST1;
```

（即 NIDCHAR=5），即表示我們所使用的資料檔裡，有五個欄位的資料是作為受試者的辨識號碼（identification number）之用〕，最後，再以「；」作為結束的記號。其餘詳細的指令使用說明，請參見 PARSCALE 程式的使用手冊。

在語法檔建檔完畢後，即可從功能表中點選「Run/Run All」，開始執行資料分析的工作。如果語法表達的邏輯無誤，而且資料也適配所選的試題反應模式的話，則程式會很快速地計算完畢四個階段的結果檔。此時，讀者宜逐一開啟並檢查每個階段結果檔的最後一列，是否有出現「NORMAL END」字樣，如果有的話，即表示該階段的執行結果正確無誤，可以繼續進行下一階段的執行；如果沒有的話，即表示該階段的執行有誤，必須檢查語法檔的邏輯順序與指令是否有誤、資料檔的建檔是否符合規定的資料登錄格式或有無登錄錯誤，或電腦的作業系統是否有問題。接著，讀者便可以開啟這四個階段的結果檔，並逐一閱讀報表內的結果。

這四個結果檔的報表，分別自動取名為 CH8-5.PH0（以重複語法指令的陳述為主，不執行細部的資料分析）、CH8-5.PH1（以古典測驗理論的試題分析為主）、CH8-5.PH2（以原始估計的 IRT 試題參數校準分析為主）和 CH8-5.PH3（以量尺化後的受試者能力參數分析為主）；讀者可以參照表 8-6 所示，自行執行一次看看，便可從中解讀報表的涵義。由於此份報表的內容很長，尤其是當受試者人數很多時，第四階段的報表內容動輒需要幾十頁到幾百頁的報表紙才能列印完畢。因此，若非非常需要的話，筆者不建議將其列印出來，以節省紙張。讀者只要在電腦螢幕上瀏覽，並保留該結果檔即可。

當然，PARSCALE 程式的功能，不只如上述所舉出的陽春例子而已。由於它的功能很強，所提供給使用者選擇的計分模式與指令太多，往往令初學者不知所措。因此，筆者建議初學的讀者，可以從該程式的線上輔助功能（Help/Contents & Index）裡，逐一點選範例程式及其對應使用的資料檔，並且一一開啟每個檔案，仔細瀏覽其內容，之後再親自執行看看，並逐一檢核每個階段報表的內容，再嘗試著去解讀其涵義。多練習一些時日，讀者當可駕輕就熟學會 PARSCALE 程式的使用。若遇到麻煩時，別忘了，隨時翻閱使用手冊或線上輔助功能的說明，也是必要的學習歷程之一。

MULTILOG 程式簡介

　　MULTILOG（Thissen, 1991）程式〔新版程式及使用手冊收錄在 Du Toit（2003）所編輯的 *IRT from SSI* 一書裡，目前是第七版〕，顧名思義，即是指多元化選項（**MULTI**ple alternatives）計分，而且是使用對數型作答反應模式（**LOG**istic response models）來分析資料的程式之謂。舉凡 1PL、2PL 和 3PL 等二元化計分資料的試題反應模式參數，以及 Samejima（1969）的等級反應模式（GRM）、Bock（1972）的名義反應模式（NRM）及 Thissen 和 Steinberg（1984）的單選題模式（model for multiple-choice items）等多元化計分資料的試題反應模式參數，MULTILOG 程式都可以估計。由於全部使用「對數型」模式的緣故，因此，MULTILOG 程式在進行估計時，便不再使用 D = 1.7 的量化因子去換算成常態肩形模式下的參數值，所以，估計所得的試題鑑別度（即斜率）參數大約是常態肩形模式下試題鑑別度參數的 1.7 倍大。

一　MULTILOG 的主要指令

　　MULTILOG 程式使用的語法比 BILOG-MG 程式的語法簡單許多，基本上的功能，它只有一個獨立執行階段來依序執行所輸入的指令。因此，MULTILOG 程式的語法檔，必須在檔名之後冠上「*.MLG」的副檔名，並且在執行後，會自動冠上「*.OUT」副檔名的結果檔。讀者只要打開結果檔，即可依序閱讀報表的內容。

　　若以程式語法的排序來看，表 8-7 所示的主要指令，其出現的次序是不可以更動的，必須依序由上而下排列。其中，有些主要指令被標記上「必要的」（required，以★表示），即表示它們非出現在語法檔中不可，否則程式無法執行；其餘沒有被標記者，即表示它們是「可選擇的」（optional），可依據使用者的需求而自行挑選使用，沒被挑選者，則程式不會執行該項主要指令的功能。在每項主要指令的裡面，程式還提供有許多「可選擇的」次要指令，這些次要指令必須全部依據使用者的需求而自行挑選使用；而在每個次要指令之內，程式還提供有許

表 8-7　MULTILOG 的主要指令與次要指令

必要的	主要指令	次要指令／選項
★	*TITLE* *TITLE*	
★	*PROBLEM*	RANDOM/FIXED/SCORE, NITEMS=n, NGROUP=n, PATTERNS/INDIVIDUAL/TABLE, NPATTERNS=n/NEXAMINEES=n, NCHARS=n, CRITERION, NOPOP, DATA=filename;
★	*TEST*	ALL/ITEMS= (list), L1/L2/L3/GRADED/ NOMINAL/BS, NC= (list), HIGH= (list);
	EQUAL	ALL/ITEMS= (list)/GROUP= (list), WITH= (list), AJ/BJ/CJ/BK= (list)/AK= (list)/CK= (list)/ DK= (list)/ MU/SD;
	ESTIMATE	NCYCLES=n, ITERATIONS=n, ICRIT=n, CCRIT=n, ACCMAX=n, VAIM=n;
★	*END*	
	(Variable format statement)	
	FIX	ALL/ITEMS= (list)/GROUPS= (list), VALUE=n, AJ/BJ/CJ/BK= (list)/AK= (list)/CK= (list)/ DK= (list)/ MU/SD;
	LABELS	ALL/ITEMS= (list), NAMES= ('lab1', 'lab2',⋯)
	PRIORS	ALL/ITEMS= (list)/GROUP= (list), PARAMS= (n, n), AJ/BJ/CJ/BK= (list)/AK= (list)/CK= (list)/DK= (list)/ MU/SD;
	SAVE	
	START	ALL/ITEMS= (list), PARAM='filename', FORMAT, PARAM=file;
	TGROUPS	NUMBER=n, QP= (list), MIDDLE= (list);
	TMATRIX	ALL/ITEMS= (list), AK/CK/DK, DEVIATION/POLYNOMIAL/TRIANGLE;

註：必要的指令，以粗黑斜體字來表示。

多參數值（parameter values）供使用者選擇，這些參數值亦需要由使用者自行決定輸入，若沒有輸入任何參數值的話，則程式會自動以「預設值」（default）來取代輸入。

二 GRM 模式範例的資料檔與語法檔

表 8-8 所示，即是一份多元化計分資料檔〔為一個 541（受試者）×20（試題）的李克特式五點評定量表式的作答資料矩陣，其資料計分內容為 1、2、3、4、5 五種分數〕的內容；而表 8-9 所示，即為一個用來分析表 8-8 資料，且以等級反應模式（GRM）為例的語法檔內容。本節所舉例的資料檔、語法檔和結果檔，皆收錄在本書所附「程式範例舉隅」光碟裡的資料夾「CH8-8」，並已標示清楚檔名，讀者可以自行開啟參考使用。

三 GRM 模式範例的結果檔

從表 8-9 所示可知，一句完整的指令語法，必須是以「>」符號為開頭，接著是各個主要指令，其後再接次要指令，但是次要指令內的參數值必須由使用者自

表 8-8　一份 20 題多元化計分作答型測驗資料（檔名：CH8-8.txt）

111642 32313434343232325222
111222 42313411324144224222
111232 42333524325124324142
116042 41113414323232324432
116082 32132511325132323252
……
……
……
321522 32251113142124323111
322141 31113314112124223241
324192 41113321312234324421
321071 31113214342124325441
324162 31113411343144425321

表 8-9　一個 GRM 模式的 MULTILOG 語法檔（檔名：CH8-8.MLG）

```
This example is run for GRM Model with Table 8-8 Data.
Data was coded by 1,2,3,4,5 for 541 subjects on 20 items.
>PROBLEM    RANDOM, INDIVIDUAL, DATA='C:\temp\CH8-8\CH8-8.txt',
            NCHARS=6, NITEMS=20, NGROUP=1, NEXAMINEES=541;
>TEST       ALL, GRADED, NC= (5,5,5,5,5,5,5,5,5,5,5,5,5,5,5,5,5,5,5,5);
>END;
5
12345
11111111111111111111
22222222222222222222
33333333333333333333
44444444444444444444
55555555555555555555
(6A1,1X,20A1)
```

己決定輸入〔例如，在＞PROBLEM指令中，我們選擇次要指令NCHARS及參數
6（即 NCHARS=6），即表示我們所使用的資料檔裡，有六個欄位的資料是作為
受試者的辨識號碼（identification number）之用〕，最後，再以「；」作為結束
的記號。其餘詳細的指令使用說明，請參見 MULTILOG 程式的使用手冊。

　　在語法檔建檔完畢後，即可從功能表中點選「Run/Run CH8-8.MLG」，開始
執行資料分析的工作。如果語法表達的邏輯無誤，而且資料也適配所選的試題反
應模式的話，則程式會很快速地計算完畢整個結果檔。此時，讀者可以開啟並檢
查結果檔的最後一列，是否有出現「NORMAL PROGRAM TERMINATION」字
樣，如果有的話，即表示執行結果正確無誤；如果沒有的話，即表示執行有誤，
必須檢查語法檔的邏輯順序與指令是否有誤、資料檔的建檔是否符合規定的資料
登錄格式或有無登錄錯誤，或電腦的作業系統是否有問題。接著，讀者便可以閱
讀這個結果檔內的報表結果。

　　這個執行後的結果檔，程式會自動取名為 CH8-8.OUT。讀者可以參照表 8-9
所示，自行執行一次看看，便可從中解讀報表的涵義。由於本範例報表的內容僅
止於估計試題參數而已，若有選擇其他指令（如：SCORE）以估計每位受試者的
能力參數值時，此時的報表內容將會很長，尤其是當受試者人數很多時，報表內

容動輒需要幾十頁到幾百頁的報表紙才能列印完畢。因此，若非非常需要的話，筆者不建議將其列印出來，以節省紙張。讀者只要在電腦螢幕上瀏覽，並保留該結果檔即可。

　　當然，MULTILOG 程式的功能，不只如上述所舉出的陽春例子而已。由於它的功能很強，所提供給使用者選擇的計分模式與指令太多，往往令初學者不知所措。因此，筆者建議初學的讀者，可以從該程式的線上輔助功能（Help/Contents）裡，逐一點選範例程式及其對應使用的資料檔，並且一一開啟每個檔案，仔細瀏覽其內容，之後再親自執行看看，並逐一檢核每個報表的內容，再嘗試著去解讀其涵義。多練習一些時日，讀者當可駕輕就熟學會 MULTILOG 程式的使用。若遇到麻煩時，別忘了，隨時翻閱使用手冊或線上輔助功能的說明，也是必要的學習歷程之一。

TESTFACT 程式簡介

　　TESTFACT（Wilson, Wood, & Gibbons, 1991）程式〔新版程式及使用手冊收錄在 Du Toit（2003）所編輯的 *IRT from SSI* 一書裡，目前是第四版〕，是一種可以同時執行古典測驗理論下的試題分析、測驗計分、試題間四分差相關（inter-item tetrachoric correlations）的因素分析，以及根據試題反應理論所建構的完全訊息試題因素分析（full information item factor analysis, FIFA）等功能的程式；同時，它亦可針對使用者自訂試題難度及因素負荷量，模擬出適當的作答反應資料等功能。基本上，TESTFACT 與 BILOG-MG 程式一樣，僅適用於二元化計分的資料分析，特別是，TESTFACT 程式亦可以適用於分析二參數及三參數（需設定猜測參數為某個固定值）的常態肩形多向度 IRT 模式，更可以提供檢定二元化計分下試題間隱含多少向度（dimensionality）的問題，當然，它是使用 EM 演算法（Bock & Aitkin, 1981）中邊緣最大概似估計法（marginal maximum likelihood estimation, MMLE），來求解試題間四分差相關係數的完全訊息試題因素分析。

一 TESTFACT 的主要指令

　　TESTFACT 程式所使用的語法，主要是批次檔式的 DOS 指令。基本上的功能，它需要撰寫一個獨立執行的指令語法，語法檔名之後需冠上「*.tsf」的副檔名，並且在執行後，程式會自動冠上「*.OUT」副檔名的結果檔。讀者只要打開結果檔，即可依序閱讀報表的內容。

　　若以程式語法的排序來看，表 8-10 所示的主要指令，其出現的次序是不可以更動的，必須依序由上而下排列。其中，有些主要指令被標記上「必要的」（required，以★表示），即表示它們非出現在語法檔中不可，否則程式無法執行；其餘沒有被標記者，即表示它們是「可選擇的」（optional），可依據使用者的需求而自行挑選使用，若沒被挑選的話，則程式不會執行該項主要指令的功能。在每項主要指令的裡面，程式還提供有許多「可選擇的」次要指令，這些次要指令必須全部依據使用者的需求而自行挑選使用；並且在每個次要指令之內，程式還提供有許多參數值（parameter values）供使用者選擇，這些參數值亦需要由使用者自行決定輸入，若沒有輸入任何參數值的話，則程式會自動以「預設值」（default）來取代輸入。

二 FIFA 模式範例的資料檔與語法檔

　　表 8-11 所示，即是一份多元化計分資料檔〔為一個 280（受試者）×30（試題）的單選題成就測驗的作答資料矩陣，其資料選項分別登錄為 1、2、3、4、5五種代碼〕內容；而表 8-12 所示，即為一個用來分析表 8-11 資料且以完全訊息試題因素分析（full information item factor analysis, FIFA）為例的語法檔內容。本節所舉例的資料檔、語法檔和結果檔，皆收錄在本書所附「程式範例舉隅」光碟裡的資料夾「CH8-11」，並已標示清楚檔名，讀者可以自行開啟參考使用。

三 FIFA 模式範例的結果檔

　　從表 8-11 所示可知，一句完整的指令語法，必須是以「>」符號為開頭，接

表 8-10　TESTFACT 的主要指令與次要指令

必要的	主要指令	次要指令	選項
★	*TITLE*		
★	*PROBLEM*	NITEM=n, SELECT=n, RESPONSE=n, SUBTEST=n, CLASS=n, FRACTILES=n, EXTERNAL=n, SKIP=n	NOTPRES
	COMMENT		
	MEANS		
★	*RESPONSE*		
★	*KEY*		
	SELECT		
	SUBTEST	BOUNDARY= (list), NAMES= (list)	
	CLASS	IDENTITY= (list), NAMES= (list)	
	FRACTILES	BOUNDARY= (list)	SCORE/PERCENTIL
	EXTERNAL		
	CRITERION	NAME=n, WEIGHTS= (list)	EXTERNAL/ SUBTESTS/ CRITMARK
	RELIABILITY		KR2/ALPHA
	PLOT		BISERIAL/PBISERIAL, NOCRITERION/ CRITERION, FACILITY/DELTA
	TETRACHORIC	NDEC=n	RECODE/PAIRWISE/ COMPLETE, TIME, LIST, CROSS

表 8-10　TESTFACT 的主要指令與次要指令（續）

必要的	主要指令	次要指令	選項
	BIFACTOR	NIGROUPS=n, IGROUPS= (list), LIST=n, CPARMS= (list), NDEC=n, OMIT=n, CYCLES=n, QUAD=n	TIME, SMOOTH, RESIDUAL, NOLIST
	FACTOR	NFAC=n, NROOT=n, NIT=n, ROTATE= (list), NDEC=n	RESIDUAL, SMOOTH
	FULL	OMIT=n, FREQ=n, CYCLES=n, CPARMS= (list), QUAD=n	TIME
	PRIOR	SLOPE=n, INTER= (list)	
	SCORE	NFAC=n, FILE=<name>, LIST=n, METHOD=n, PARAM=n, SPRECISION=n	MISSING, TIME, CHANCE, LOADINGS
	TECHNICAL	ITER= (list), QUAD=n, SQUAD=n, PRV=n, FREQ=n, NITER=n, QSCALE=n, QWEIGHT=n, IQUAD=n, ITLIMIT=n, PRECISION=n, NSAMPLE=n, ACCEL=n, MCEMSEED=n	NOADAPT, FRACTION, NOSORT

表 8-10　TESTFACT 的主要指令與次要指令（續）

必要的	主要指令	次要指令	選項
	SAVE		SCORE, MAIN, SUBTESTS, CRITERION, CMAIN, CSUB, CCRIT, CORRELAT, SMOOTH, ROTATE, UNROTATE, FSCORES, TRIAL, SORTED, EXPECTED, PARM
	SIMULATE	NFAC=n, NCASES=n, SCORESEED=n, ERRORSEED=n, GUESSSEED=n, FILE=\<name>, MEAN= (list), FORM=n, GROUP=n, PARM=n	LOADINGS/ SLOPES, CHANCE
★	*INPUT*	NIDCHAR=n, NFMT=n, TRIAL=\<name>, WEIGHT= (list), FILE=\<name>	SCORES/CORRELATE/ FACTOR, FORMAT/ UNFORMAT, LIST, REWIND
★	（*Variable format statement*）		
★	*CONTINUE*		
★	*STOP*		

註：必要的指令，以粗黑斜體字來表示。

著是各個主要指令，其後再接次要指令，但是次要指令內的參數值必須由使用者自己決定輸入〔例如，在> PROBLEM 指令中，我們選擇次要指令 NITEMS 及參數 30（即 NITEMS=30），即表示我們所使用的資料檔裡，有三十個試題的資料需要分析〕，最後，再以「；」作為結束的記號。其餘詳細的指令使用說明，請參見 TESTFACT 程式的使用手冊。

表 8-11　一份 30 題二元化計分作答型測驗資料（檔名：CH8-11.txt）

```
90001133133343231322233122231433341
90002213121333331323432153331135312
90003321113332441344133212432121344
90004143143341233231313334241232343
90005143131324334332332232221433314
……
……
……
90276143133341533434314113241142314
90277342123341431344244131231432334
90278142143341231433314134231432213
90279143123344233343214134241242311
90280143123342233442214213431212311
```

在語法檔建檔完畢後，即可從功能表中點選「Run/Run CH8-11.tsf」，開始執行資料分析的工作。如果語法表達的邏輯無誤，而且資料也適配所選的試題反應模式的話，則程式會很快速地計算完畢整個結果檔。此時，讀者可以開啟並檢查結果檔的最後一列，是否有出現「NORMAL END OF THIS PROBLEM」字樣，如果有的話，即表示執行結果正確無誤；如果沒有的話，即表示執行有誤，必須檢查語法檔的邏輯順序與指令是否有誤、資料檔的建檔是否符合規定的資料登錄格式或有無登錄錯誤，或電腦的作業系統是否有問題。接著，讀者便可以閱讀這個結果檔內的報表結果。

這個執行後的結果檔，程式會自動取名為 CH8-11.OUT。讀者可以參照表 8-12 所示，自行執行一次看看，便可從中解讀報表的涵義。由於本範例報表的內容僅止於估計試題參數而已，若有選擇其他指令（如：SCORE）以估計每位受試者的能力參數值時，此時的報表內容將會很長，尤其是當受試者人數很多時，報表內容動輒需要幾十頁到幾百頁的報表紙才能列印完畢。因此，若非非常需要的話，筆者不建議將其列印出來，以節省紙張。讀者只要在電腦螢幕上瀏覽，並保留該結果檔即可。

當然，TESTFACT 程式的功能，不只如上述所舉出的陽春例子而已。由於它的功能很強，所提供給使用者選擇的計分模式與指令太多，往往令初學者不知所

表 8-12　一個 FIFA 模式的 TESTFACT 語法檔（檔名：CH8-11.tsf）

```
>TITLE
            One-factor non-adaptive full information item factor analysis of the fifty-
            item test with Table 8-11 Data.
>PROBLEM     NITEMS=30, RESPONSE=5, SKIP=1;
>COMMENTS
            Non-adaptive full information item factor analysis test of fit.
            The computation of classical item statistics is skipped
            (SKIP=1), and the factor loadings are not rotated or saved.
>NAMES     ITEM1, ITEM2, ITEM3, ITEM4, ITEM5, ITEM6, ITEM7,
            ITEM8, ITEM9, ITEM10,ITEM11, ITEM12, ITEM13,
            ITEM14, ITEM15, ITEM16, ITEM17, ITEM18, ITEM19,
            ITEM20, ITEM21, ITEM22, ITEM23, ITEM24, ITEM25,
            ITEM26, ITEM27, ITEM28, ITEM29, ITEM30;
>RESPONSE        '1','2','3','4','5';
>KEY             143143341233444134133231413313;
>TETRACHORIC   NDEC=3, LIST;
>FACTOR          NFAC=1, NROOT=3;
>FULL            CYCLES=20;
>TECHNICAL       NOADAPT;
>INPUT           NIDCHAR=5, SCORES, FILE='C:\temp\CH8-11\CH8-11.txt';
(5A1,T6,30A1)
>STOP
```

措。因此，筆者建議初學的讀者，可以從該程式的線上輔助功能（Help/Contents
& Index）裡，逐一點選範例程式及其對應使用的資料檔，並且一一開啟每個檔
案，仔細瀏覽其內容，之後再親自執行看看，並逐一檢核每個報表的內容，再嘗
試著去解讀其涵義。多練習一些時日，讀者當可駕輕就熟學會 TESTFACT 程式的
使用。若遇到麻煩時，別忘了，隨時翻閱使用手冊或線上輔助功能的說明，也是
必要的學習歷程之一。

應 用 篇

第九章

測驗等化

　　在許多實務的測驗情境中，難免會遇到相同的考生接受不同測驗（尤其是複本測驗）的情境發生，這種測量相同能力的不同測驗，其間測驗分數的比較應該是如何？一直是測驗編製者、測量專家，以及接受測驗的人，所一致關心和重視的課題。例如，能力差不多的考生（或受試者）接受難度亦差不多的不同版本測驗（如：國中基本學力測驗一年兩試），或者是，能力完全不同的考生（如：前後兩屆的重考生）接受難度完全不同的測驗，其測驗之後的得分應該如何進行比較？便是社會大眾所關心的課題。當我們遇到諸如證照考試、檢定考試、甄試入選，或及格與不及格的標準決定時，這個課題的重要性將會更形彰顯，因為，類似這種標準決定的課題，實在不應該受到考生接受不同測驗的影響，而是應該由各種測驗分數之間如何客觀、有效地進行比較來判定。

　　要比較在不同測驗（假設為 X 和 Y）上所獲得的測驗分數，我們必須先建立起這兩種測驗分數間的等化程序。所謂的「測驗等化」（test equating），即是指透過某種數學轉換公式，建立起 X 和 Y 測驗分數之間的一種換算關係，進而將 X 測驗上的得分轉換成 Y 測驗上的得分的一種過程。如此一來，某位考生在 X 測驗上得 x 分，便可以換算成 Y 測驗上的 y^* 分，而這個分數即可拿來和該生在 Y 測驗上所得的 y 分作比較。當我們面臨諸如證照考試、甄試入選，或及格與不及格的標準決定時，在 X 測驗上的切割點分數（cut-off score）x_c 也可以轉換成 Y 測驗上的切割點分數 y_c^*，而這種經過轉換過的切割點分數，即可幫助教師或研究者針對某考生在 Y 測驗上的得分，做出適當的判斷和決定（吳裕益，1991b；吳裕益、張家慶、林庭煌、吳明奇，1992）。

　　Lord（1977, 1980）認為測驗分數的等化，不應該受到某一特定能力程度的考生選擇接受 X 測驗或 Y 測驗的影響，並且，測驗分數要能公平的等化，必須要滿

足下列六項需求：

1.測量不同特質或能力的測驗，無法等化。

2.在信度不相等的測驗上的原始分數，無法等化。

3.在難度不相等的測驗上的原始分數，無法等化（因為在不同能力水準上的測驗，未必具有相等的信度）。

4.在能力水準 θ 上的 x 得分之條件化次數分配〔即 $f(x|\theta)$〕，必須和轉換過的分數 $x(y)$ 之條件化次數分配（即 $f[x(y)|\theta]$）一樣，其中，$x(y)$ 是 y 的一對一函數。

5.除非 X 和 Y 測驗是全然複本測驗（strictly parallel tests），否則，在該二測驗上的錯估分數，無法等化。

6.具有完全信度的測驗分數可以等化。

此外，對稱性（symmetry）、不變性（invariance）和單向度（unidimensionality）等試題反應理論的基本條件，亦是進行測驗分數等化所必備的條件。對稱性是指等化不應該受使用何種測驗為參照測驗的影響；不變性則指等化的程序應該是樣本獨立的（亦即指不受所選用樣本的影響）；單向度則指等待進行等化的測驗必須滿足該測驗只測量到單一主要能力的基本假設。這些條件，亦是古典測驗理論的等化方法所不容易滿足的。有鑑於此，理論與方法皆稱嚴謹的試題反應理論，應該是個解決之道。

因此，本章的目的，即是在探討如何把測驗試題建構在一個共同的量尺上，而無須參考接受該測驗的考生組別訊息，即可進行兩種測驗分數間的等化工作等相關議題。

 等化的基本概念

本書曾在前幾章裡說過，當試題反應模式適配某份測驗資料時，由於它具有不變性的特性，所以直接進行比較兩位接受不同測驗的考生的能力參數值是可行的。由於能力估計值 θ 不受試題集合不同的影響，因此，只要試題參數為已知，兩位接受不同部分試題（或不同測驗）的考生能力估計值，便已經建立在一個共

同的量尺上。在共同量尺上的參數估計值（不論是 a 或 b 或 θ 值），均可逕行直接的比較，沒有再加以等化或量尺化（scaling）的必要。唯一需要進行等化或量尺化的情況，是當試題和能力參數均為未知時，由於在這種情況下，我們每次所校準的能力和試題參數估計值的原點（如：平均數）和單位長（如：標準差），都是隨機決定的，所以根據不同族群考生的反應資料所估計出來的不同試題參數值和能力參數值不能直接比較，必須經過測驗銜接（test linking）的程序，將參數值轉化到同一量尺上時，才可以進行比較。基本上而言，測驗銜接也算是等化的一種，只不過它所遭遇的問題較為單純，所引發的學術爭議也較少。

假設 A 和 B 代表兩組不同的考生。我們可以估計出這兩組考生在兩份測驗上的試題和能力參數值，除了受隨機抽樣所造成的誤差影響外，這兩組參數估計值一定可以滿足下列的函數關係：

$$\theta_A = \alpha\theta_B + \beta \qquad\qquad\qquad （公式 9\text{-}1）$$
$$b_A = \alpha b_B + \beta \qquad\qquad\qquad （公式 9\text{-}2）$$
$$a_A = a_B / \alpha \qquad\qquad\qquad （公式 9\text{-}3）$$

在試題反應理論裡，所謂的測驗銜接工作，即是在透過線性轉換（linear transformation）的關係，有效地決定常數 α 和 β 的一種作法。在實際應用上，比較有效的測驗銜接方法，主要有下列五種。

一 同時校準法（concurrent calibration method）

此法假設兩份測驗中，有部分試題是相同的，或有些考生同時接受這兩份測驗；亦即，兩組的反應資料有重疊的部分。在實際作法上，此法乃將這兩組的反應資料加以合併後，輸入電腦，一起估計試題和能力參數值。由於合併的資料將會很龐大，因此，挑選記憶容量大、運算速度快的電腦，將會是成敗的決定因素。

二　*b* 值固定法（fixed *b*'s method）

此法假設兩份測驗中，有部分試題是相同的。在實際作法上，此法乃先估計第一份測驗的試題參數，而在進行估計第二份測驗的試題參數時，相同試題所估計出的 *b* 值便不再重新估計，而固定在原來第一份測驗的估計值上。如此一來，第二份測驗的試題參數在估計時，就能參考固定的 *b* 值量尺，而做適當的調整，以達到銜接的目的。

三　*b* 值等化法（equated *b*'s method）

此法亦假設在兩份測驗中，有部分試題是相同的。在實際作法上，此法乃分別估計兩份測驗的試題參數。因為相同試題的 *b* 估計值有兩組，其平均數為 μ、標準差為 σ，可以用來估計等化時所需要計算的常數項：α 和 β。其估計公式如下所示：

$$\hat{\alpha} = \sigma_A / \sigma_B \qquad \text{（公式 9-4）}$$

$$\hat{\beta} = \mu_A - (\sigma_A / \sigma_B)\mu_B \qquad \text{（公式 9-5）}$$

接著，再將公式 9-4 和公式 9-5 中的 $\hat{\alpha}$ 和 $\hat{\beta}$ 代入公式 9-1、公式 9-2 和公式 9-3 裡，便可以將第二組的估計值轉化到第一組的估計值量尺上，而達到銜接的目的。

四　特徵曲線法（characteristic curve method）

此法亦假設兩份測驗中，有部分試題是相同的，並且，認為如果估計誤差很小，參數值經過銜接手續後，每位考生在兩份測驗中相同試題上所得到的真實分數（true score）（亦即 $\sum_{i=1}^{K} P_i(\theta)$，其中 K 為相同試題的數目）必須相等。在實際作法上，此法在估計 α 和 β 值時，必須先隨機選取 N 個 θ^* 值，這些 θ^* 值必須和兩組的 θ 估計值無任何關聯，接著解出下列函數值的極小化（假設使用 3PL 模式

的話），以便求出 α 和 β 值：

$$F = \sum_{j=1}^{N} \sum_{i=1}^{n} [P_{ijA}(\theta) - P_{ijB}^*(\theta)] \qquad （公式 9\text{-}6）$$

其中，

$$\widehat{P}_{ijB}^*(\theta) = \widehat{c}_{iB} + \frac{1 - \widehat{c}_{iB}}{1 + \exp\{-\widehat{a}_{iB} / \alpha[\theta_j^* - (\alpha\widehat{b}_{iB} + \beta)]\}} \qquad （公式 9\text{-}7）$$

再將估計出來的 α 和 β 值，利用公式 9-1、公式 9-2 和公式 9-3 將第二組估計值轉化到第一組估計值的量尺上，以達到銜接的目的。

五　最小卡方法（minimum chi-square method）

此法與特徵曲線法極為類似，並且把參數的估計誤差考慮在內；亦即，在解 F 函數極小化時，估計誤差大的試題參數，其加權值應較小，而誤差小的加權值應較大。根據此看法，Divgi（1985）建議解下列函數值 Q 的極小化，以求出 α 和 β 值：

$$Q = \sum_{i=1}^{K} [W_a^2(\widehat{a}_{iA} - \widehat{a}_{iB}^*)^2 + 2W_{ab}(\widehat{a}_{iA} - \widehat{a}_{iB}^*)(\widehat{b}_{iA} - \widehat{b}_{iB}^*) + W_b^2(\widehat{b}_{iA} - \widehat{b}_{iB}^*)^2]$$

（公式 9-8）

其中的 W 代表加權值，其大小和估計誤差有關；而 $\widehat{a}_i^*$ 和 $\widehat{b}_i^*$ 是根據公式 9-2 和公式 9-3 作線性轉換後的參數值。如果參數值是以最大近似值估計法估計出來的，則誤差值可以用訊息函數的倒數值來代替。

另一種銜接情況是，當有部分考生重複接受兩份測驗，則銜接的工作也可以根據考生在兩份測驗上 $\widehat{\theta}$ 值的平均數和標準差來估算 α 和 β 值，唯獨這種根據 $\widehat{\theta}$

值來估計 α 和 β 值的銜接效果不佳，即使先將誤差過大的 $\hat{\theta}$ 刪除，再估計 α 和 β 值，其改進效果亦仍有限（Liou, 1990）。

 ## CTT 的等化方法

　　古典測驗理論所使用的等化方法，大致可以歸成三種：「相等百分位數等化」（equipercentile equating）法、「直線等化」（linear equating）法和「迴歸方法」（regression method）（Angoff, 1971, 1982; Kolen, 1988）。所謂的「相等百分位數等化」法，即是指將兩份測驗拿給同一組考生來施測，施測結果，如果呈現出他們各自在這兩份測驗上的得分百分等級（percentile ranks, PR）相同的話，則稱這兩份測驗分數即為「相等的」（equivalent）。為了能夠等化兩份不同測驗之間的分數，嚴格來說，這兩份測驗必須拿給相同的一組考生來作答才行，但是，實際上的作法，通常只是拿給隨機相等組的考生來作答而已。因此，嚴格說來，古典測驗理論的相等百分位數等化方法，通常無法滿足公平性（equity）的要求。

　　其次，所謂的「直線等化」法，即是指將同一組考生在兩份測驗上的原始分數，進行下列直線關係的轉換，以確保獲得相等的平均數和標準差的作法。假設同一組考生在 X 測驗上得 x 分，在 Y 測驗上得 y 分，則可以透過下列直線轉換來進行等化：

$$y = ax + b \qquad\qquad （公式 9-9）$$

其中，a 和 b 係數可由下列公式來決定：

$$\mu_y = a\mu_x + b \qquad\qquad （公式 9-10）$$
$$\sigma_y = a\sigma_x \qquad\qquad （公式 9-11）$$

其中，μ_y 和 μ_x 分別為 Y 測驗和 X 測驗上的平均數，而 σ_y 和 σ_x 則分別為其標準差。因此，

$$y = \frac{\sigma_y}{\sigma_x}x + \left(\mu_y - \frac{\sigma_y}{\sigma_x}\mu_x\right) \qquad （公式 9-12）$$

當平均數與標準差的假設獲得滿足時，上述公式的直線等化過程，其實可以被看成是相等百分位數等化的一個特例，或者，至少是被看成近似的相等百分位數等化程序。如此一來，原始分數的直線等化，也會遭遇到相等百分位數等化法所遭遇的難題。

所謂的「迴歸方法」，係指下列兩種迴歸方程式的預測方法：

1.從某個測驗分數來預測另一個測驗分數。

2.經由使用外在效標為依據，來決定兩種測驗分數之間的關係。

就第一種方法而言，看起來雖簡單，但卻不可行；因為，在迴歸的情境下，依變項與自變項之間並不是對稱地相互關聯。而就第二種方法而言，公平性的基本要求可能無法滿足，除非該兩個測驗具有理想的複本信度或完全信度，否則，也容易產生某測驗預測外在效標的關係與另一測驗預測外在效標的關係不相等的問題，同時，在迴歸分析中，通常亦假設自變項是沒有測量誤差存在的；因此，Lord（1980）認為這種迴歸方法亦不符實際現況的要求，也不是一種理想的等化作法。

 # IRT 的銜接法設計

在許多情況下，銜接的工作只是在將兩份或多份測驗的試題參數估計值，放置在一個共同單位的量尺上而已。這項舉動不僅使不同測驗之難度水準得以比較，更能夠促進試題題庫（item bank）的發展（Vale, 1986）。不過，欲將兩份測驗的反應資料轉換到同一單位量尺上時，我們必須藉助於使用「相同試題」（common items）或「重複考生」（repeated subjects）的策略。如果測驗在發展之初，即已考慮到為將來的題庫建置而做銜接準備的話，則在施測或試題的設計上，就必須注意此銜接的原則。簡單地分，下列四種銜接方法的設計，可以使試題參數（或

其估計值）得以轉換到共同的量尺上。

一 單組設計（single-group design）

　　將欲銜接的兩份測驗，給予同一組考生施測。這種作法最簡單，但最不實際，因為施測時間會延長，考生個人的身體疲勞或重複練習的因素，都會影響到參數的估計和銜接的結果。

二 相等組設計（equivalent-group design）

　　將欲銜接的兩份測驗，給予隨機選擇出來的、相似但不完全相同的兩組考生施測。此作法較為實際，並且可以避免受疲勞和練習等因素的影響。

三 定錨測驗設計（anchor-test design）

　　將欲銜接的兩份測驗給予兩組不同考生施測，每組考生另外接受一份共同試題的測驗（這份測驗試題可以是附屬在原來的每一份測驗裡，或是額外附加的試題都可以），這份測驗即稱作「定錨測驗」（anchor test），其共同的試題即稱作「定錨試題」（anchor items）。此法最為常用，並且，如果定錨試題選得好的話（參見 Klein & Jarjoura, 1985），此法可以避免單組或相等組設計所遭遇到的問題。

四 共同考生設計（common-person design）

　　將欲銜接的兩份測驗給予兩組不同考生施測，但其中有一部分考生重複接受這兩份測驗。由於共同考生所接受的測驗是加倍的份量，所以這種設計也會遭遇和單組設計一樣的缺失。

　　其實，上述的設計方法是較簡略的歸類，若予以細分，蒐集資料以便進行銜接的設計方法，可以參見圖 9-1 所示。茲扼要分述第二種以後的設計方法如下：

(a) 單組設計：

樣本組	測驗	
	X	Y
P_1	✓	✓

(b) 定錨測驗隨機分組設計：

樣本組	測驗		
	X	Y	V
P_1	✓		✓
P_2		✓	✓

(c) 定錨測驗不等組設計：

樣本組	測驗		
	X	Y	V
P_1	✓		✓
Q_1		✓	✓

(d-1)分測驗預先銜接設計（一個分測驗）：

樣本組	分測驗					
	X_1	X_2	X_3	Y_1	Y_2	Y_3
P_1	✓	✓	✓	✓		
P_2	✓	✓	✓		✓	
P_3	✓	✓	✓			✓

(d-2)分測驗預先銜接設計（兩個分測驗）：

樣本組	分測驗							
	X_1	X_2	X_3	X_4	Y_1	Y_2	Y_3	Y_4
P_1	✓	✓	✓	✓	✓	✓		
P_2	✓	✓	✓	✓	✓			✓
P_3	✓	✓	✓	✓		✓	✓	
P_4	✓	✓	✓	✓	✓		✓	
P_5	✓	✓	✓	✓		✓		✓
P_6	✓	✓	✓	✓			✓	✓

(e)試題預先銜接設計：

樣本組	分測驗								
	V_2	W_1	W_2	X_1	X_2	Y_1	Y_2	Z_1	Z_2
P_1	✓	✓	✓						
P_2		✓	✓			✓			
P_3		✓	✓						✓
Q_1	✓			✓	✓				
Q_2				✓	✓		✓		
Q_3				✓	✓			✓	

圖 9-1　資料蒐集的銜接設計方法

（資料來源：Petersen, Kolen, & Hoover, 1989）

(b)定錨測驗隨機分組設計：此法與前述定錨測驗設計相同，唯，此定錨測驗（即圖中的 V 測驗）的試題內容必須與原兩份測驗十分類似，且測驗長度相當於一個分測驗。通常，定錨測驗都暗藏在大測驗中，使考生不易察覺。三份測驗再同時進行校準，或根據定錨測驗資料來估計 α 和 β 值。

(c)定錨測驗不等組設計：前法是以隨機方式來混合這兩份測驗，所以考生接受哪一份測驗的機會是一樣的。而本方法乃採行：一組考生在學期中考第一份測驗，另一組考生在學期末考第二份測驗，然後接受定錨測驗，以估計兩組考生在能力及其他方面的差異。

(d-1)分測驗預先銜接設計（一個分測驗）：此法旨在使新測驗中的某個分測驗（也許只是草稿性的試題）能和其他相似內容的完整測驗一起實施，然後一起校準後，利用新校準的試題參數估計值來銜接新的測驗。例如，如圖 9-1 之(d-1)所示，讓每組考生接受原測驗（共有三份分測驗）及加考一份新測驗的分測驗，故有三種隨機方式分派測驗，反應資料則可依據任何一種銜接方式來校準參數值。

(d-2)分測驗預先銜接設計（兩個分測驗）：這個方法如前述，如果新測驗的分測驗有很多，則可以隨機方式，安排兩種或兩種以上的分測驗和原測驗一起進行施測，再根據結果來校準新測驗的參數值。

(e)試題預先銜接設計：此法主要是針對題庫發展所需而來。在設計時，唯一需遵循的原則是：不論考生分成多少組，每組至少有一部分試題和其他一組相同。如圖 9-1 之(e)所示，測驗 W 和分測驗 V_2、Y_1 及 Z_2 以隨機方式對三組考生施測；測驗 X 和分測驗 V_2、Y_2 及 Z_1 也以隨機方式對三組考生施測，並且將反應資料以同時校準法求得參數估計值，由於兩次校準中都有共同的分測驗 V_2，所以可以將兩次校準參數轉換到同一量尺上。

上述這些銜接方法及設計，其主要目的是在將兩份測驗的試題參數估計值，轉換到同一量尺上，以便進一步進行測驗分數的等化工作。其中，定錨測驗設計的方式，可以說是最可行的一種等化方法，我們將於下節再繼續討論。

IRT 的等化方法

前節提到定錨測驗設計是較常用、也較可行的一種測驗等化方法（test equating method），它的主要目的是在利用線性轉換的銜接方式（參見本章第三節所述），將轉換所需的常數值（如：α 和 β 值）加以量化、估算出來，以達到等化的目的。習慣上，它常使用下列四種方法來量化所需的常數值。

一 迴歸法（regression method）

由於定錨測驗是指兩組考生（A 或 B）所接受的共同測驗，因此，一旦兩組考生在共同測驗試題上的試題參數被估計出來之後，我們便可以套用下列的迴歸方程式，來將 α 和 β 值估計出來：

$$b_B = \alpha b_A + \beta + e \qquad\qquad（公式 9\text{-}13）$$

公式 9-13 中的 e 為迴歸線的殘差項（residuals），b_B 和 b_A 為共同試題的兩組試題難度參數估計值。因此，所得的迴歸係數估計值 $\hat{\alpha}$ 和 $\hat{\beta}$ 可以表示如下：

$$\hat{\alpha} = r(S_B / S_A) \qquad\qquad（公式 9\text{-}14）$$
$$\hat{\beta} = \overline{b}_B - \hat{\alpha}\overline{b}_A \qquad\qquad（公式 9\text{-}15）$$

其中，r 為 b_B 和 b_A 之間的相關係數，$\overline{b}_B$ 和 $\overline{b}_A$ 為兩組試題難度參數估計值的平均數，而 S_B 和 S_A 為這兩組試題難度參數估計值的標準差。

若以重複考生為設計重點時，則迴歸方程式可以改寫為：

$$\theta_Y = \alpha\theta_X + \beta + e \qquad\qquad（公式 9\text{-}16）$$

其中，θ_Y 和 θ_X 為考生在 Y 和 X 測驗上的能力估計值。至於 α 和 β 的估計值求法，

則和公式 9-14 與公式 9-15 雷同，但以 θ 估計值代替其試題難度參數估計值來求解。

使用迴歸法來進行等化的工作，會有個問題存在，那就是對稱性（symmetry）條件無法被滿足；也就是說，以 b_A 來預測 b_B 所得的迴歸係數，並不會與以 b_B 來預測 b_A 所得的迴歸係數相同。因此，迴歸法在決定量化的常數值（即 α 和 β）時，嚴格說來，並不是一種很適當的作法。

二 平均數和標準差法（mean and sigma method）

由公式 9-9 可以簡化表示如下：

$$b_B = \alpha b_A + \beta \qquad\qquad （公式 9-17）$$

所以，我們可利用簡單的代數求得：

$$\bar{b}_B = \alpha \bar{b}_A + \beta \qquad\qquad （公式 9-18）$$
$$S_B = \alpha S_A \qquad\qquad （公式 9-19）$$

和

$$\alpha = S_B / S_A \qquad\qquad （公式 9-20）$$
$$\beta = \bar{b}_B - \alpha \bar{b}_A \qquad\qquad （公式 9-21）$$

同時，也可以求得：

$$b_A = (b_B - \beta) / \alpha \qquad\qquad （公式 9-22）$$

一旦 α 和 β 常數值被決定後，在 X 測驗上的試題參數估計值，便可以順利地轉換到與 Y 測驗的相同量尺上，其間的轉換關係如下：

$$b_Y^* = \alpha b_X + \beta \qquad\qquad （公式 9-23）$$

$$a_Y^* = a_X / \alpha \qquad\qquad （公式 9-24）$$

其中的 b_Y^* 和 a_Y^* 便是已經轉換成 Y 測驗量尺的難度和鑑別度參數值。

若使用一參數對數型模式（即 1PL）的話，則因為 $\alpha = 1$ 的緣故，所以上述公式可以再簡化成：

$$b_B = b_A + \beta \qquad\qquad （公式 9-25）$$

同理，可求得：

$$\bar{b}_B = \bar{b}_A + \beta \qquad\qquad （公式 9-26）$$

$$\beta = \bar{b}_B - \bar{b}_A \qquad\qquad （公式 9-27）$$

由此可知，在 X 測驗的難度估計值只要加上共同試題的平均難度值之差，便可以轉換到 Y 測驗的量尺上。

（三） 韌性平均數和標準差法（robust mean and sigma method）

由於前法未考慮試題參數的估計標準誤，因此，Linn、Levine、Hastings 和 Wardrop（1981）另提出本項作法，把參數估計值的標準誤考慮在內：亦即，把共同試題 i 的每對估計值 (b_{Bi}, b_{Ai}) 中較大變異數的倒數考慮在內，具有較大變異數的每對估計值給予較小的加權值（weights），而具有較小變異數者則予以較大的加權值。其中，難度值的變異數可由其訊息矩陣的對角線元素的倒數得到；對於三參數對數模式而言，其訊息矩陣為一個 3×3 階的矩陣，而一參數對數型模式而言，其訊息矩陣則為一個 1×1 階的矩陣，亦即，只有單一個元素而已。

本方法的實施步驟可以摘要如下：

1.就每對估計值 (b_{Bi}, b_{Ai}) 來說，加權值 w_i 可以下列公式來決定：

$$w_i = \{\max[v(b_{Bi}), v(b_{Ai})]\}^{-1}$$ （公式 9-28）

其中，$v(b_{Bi})$ 和 $v(b_{Ai})$ 是共同試題估計值的變異數。

2.求出加權值如下：

$$W'_i = w_i / \sum_{i=1}^{K} w_i$$ （公式 9-29）

其中，k 為兩份測驗 X 和 Y 中之共同試題的數目。

3.計算出加權後的參數估計值如下：

$$b'_{Bi} = w'_i b_{Bi}$$ （公式 9-30）
$$b'_{Ai} = w'_i b_{Ai}$$ （公式 9-31）

4.再計算出加權後的試題參數估計值的平均數和標準差。

5.利用上述所計算出的平均數和標準差，來估計 α 和 β 常數值。

對上述方法與詳細步驟的計算感興趣的讀者，可以參考進階相關文獻（Hambleton & Swaminathan, 1985; Stocking & Lord, 1983）的說明。

四 特徵曲線法（characteristic curve method）

由於前兩種方法都忽略鑑別度參數在決定量化常數 α 和 β 中所扮演的角色，Haebara（1980）及 Stocking 和 Lord（1983）於是提出本方法，以同時考慮難度和鑑別度參數的作法，來補充前法的不足。

在實際作法上，先計算兩位具有相同能力值 θ_a 的考生在 k 個共同試題上的兩份測驗的真實分數（true scores），計算公式如下所示：

$$\tau_{Aa} = \sum_{i=1}^{K} P(\theta_a, b_{Ai}, a_{Ai}, c_{Ai})$$ （公式 9-32）

$$\tau_{Ba} = \sum_{i=1}^{K} P(\theta_a, b_{Bi}, a_{Bi}, c_{Bi})$$ （公式 9-33）

由於是使用共同試題的緣故，下列公式亦會成立：

$$b_{Bi} = \alpha b_{Ai} + \beta$$ （公式 9-34）

$$a_{Bi} = a_{Ai} / \alpha$$ （公式 9-35）

$$c_{Bi} = c_{Ai}$$ （公式 9-36）

所以，α 和 β 常數可以經由求出下列 F 函數的極小值而獲得：

$$F = \frac{1}{N} \sum_{a=1}^{N} (\tau_{Aa} - \tau_{Ba})^2$$ （公式 9-37）

其中，N 為考生人數；F 函數是由 α 和 β 所構成的函數，並且是 τ_{Aa} 和 τ_{Ba} 之間差距的指標。至於計算 α 和 β 常數的算法，是以遞迴的方式（iterative method）來進行的，詳細的計算過程可以參見 Stocking 和 Lord（1983）的說明。

　　除了上述各種銜接等化方法外，試題反應理論也可以應用到下列二方面：(1)兩份測驗的真實分數之等化；(2)利用特定 θ 值所構成的實得分數分配，來進行兩份測驗的等化。有關這點的實際應用過程與銜接步驟，讀者可以參閱 Lord（1980）及 Hambleton 和 Swaminathan（1985）專書中的說明。

　　在使用定錨測驗的設計法中，定錨試題的數目及其特徵，對銜接的品質而言，扮演著極為重要的角色。例如，如果所使用的定錨試題對某組考生而言太簡單，對另一組考生而言太困難的話，則這兩組所獲得的試題參數便會顯得不穩定，因而使得銜接的品質下降。所以，被用來作為定錨試題的共同試題，必須具有被兩組考生所接受的難度值才行。實證研究結果顯示，如果所使用的共同試題均能代

表兩份即將被銜接的測驗內容，則銜接的效果將會是最好。此外，確保這兩組考生在能力分配（至少在共同試題）上，具有高度的相似性，也是一件極重要的事。至於定錨試題的數目應該是多少？學者們（Hambleton, Swaminathan, & Rogers, 1991）的建議則是：大約是測驗試題數的 20% 到 25% 之間。

 **等化方法的實例**

歸納前幾節所述的等化作法，其前提是測驗的試題參數都已經過校準，考生的能力值都已經過估計。因此，欲進行等化的工作，下列程序便是試題反應理論的常用步驟：

1. 選擇適當的等化設計

本章第三節所介紹的各種銜接設計方式都適合使用，測驗發展者可以視測驗與考生組別的特性，選擇其中一種銜接設計方式（如：定錨測驗設計）來使用即可。

2. 決定適當的試題反應模式

測驗發展者可以審慎檢定測驗資料與何種試題反應模式之間最能適配，然後再從中選擇一種適當的試題反應模式（如：1PL、2PL、3PL，或其他模式），作為測驗等化的計算依據。一旦選定之後，此試題反應模式便一直作為建置題庫時的理論依據。

3. 建立一個共同量尺

接著，測驗發展者需要建立如公式 9-1 至公式 9-3 的直線關係，並將需要等化的能力參數和試題參數連結起來，一起計算出這些等化的常數項，並將某一測驗的能力參數和試題參數等化到另一份測驗的共同量尺上，再修正所有共同的能力參數和試題參數，以將不同測驗結果的能力參數和試題參數建立在一個共同的量尺上。

4. 決定報告測驗分數的量尺

最後，測驗發展者需要決定使用何種分數，作為報告測驗結果的依據。通常來說，它可以分成三種作法：

⑴如果測驗分數是以能力值 θ 來報告的話,則這個程序即到此為止。

⑵如果測驗分數必須以估計的真實分數(true scores)來報告的話,則測驗發展者還需要進一步去估算各種能力值在測驗上的答對機率,以便算出真實分數,再進行等化的銜接換算。因此,這兩個測驗上的真實分數,即可進行互相等化。

⑶如果測驗分數必須以實得分數(observed scores)來報告的話,則測驗發展者還需要先計算一組考生能力值的理論條件化實得分數(conditional observed scores),再求出理論上實得分數的邊緣分配(marginal distribution of observed scores),再進行相等百分位數等化(equipercentile equating)的計算,再從一個編輯好的統計表或圖中進行實際的實得分數的等化。看來,此步驟相當繁瑣,當遇到必須使用時,也不得不如此。

為了說明等化議題在測驗實務中是如何操作的,本節先舉出兩個可用手算的例子作為補充說明:一個是討論擴增題庫新試題時所使用的等化作法,另一個則是討論銜接兩份測驗時的一般等化作法,最後,舉出 BILOG-MG 的程式範例,並輔以一個實徵例子作說明。

一 擴增題庫試題的等化方法

假設我們要增加 15 個新試題到一個現成的題庫裡,我們可以從該現成的題庫中,挑選任意 5 個能夠與這 15 個新試題之內容和難度值相當的試題,當作是定錨試題;並且,又假設這已知的 5 題試題的難度值分別為:1.50、1.20、-1.00、-1.20 和 2.50。

接下來,便是採用方法較單純易懂的平均數和標準差法,來進行量化常數的銜接與等化工作的作法。其詳細步驟如下所述:

1.將此 20 題的測驗(含 15 個新試題和 5 個定錨試題)給適當的樣本(假設為三百至五百名考生)施測。

2.選擇適用於題庫和此 20 題測驗的試題反應模式〔假設經過模式適配度考驗後,一參數型對數模式(即 1PL)適用於本例〕。

3.計算這 5 個來自題庫的定錨試題(假設以 Y 表示)的平均難度值為:$\overline{b}_{Y_c} = 0.60$。

4.接下來，以電腦程式（如：BILOG-MG）來校準這 20 題的測驗，在估計過程中，這 20 題測驗的平均難度值設定為 0，並計算其中 5 個定錨試題的平均難度值為：$\bar{b}_{X_c} = 0.40$。

5.由於共同試題的試題難度值具有下列的線性關係：

$$b_Y = b_X + \beta$$

所以 β 值可由 $\bar{b}_{Y_c} - \bar{b}_{X_c}$ 計算而得，故，$\beta = 0.60 - 0.40 = 0.20$（註：在一參數對數型模式下，$\alpha = 1$ 為已知數，故不予估計）。

6.然後，將這 15 個新試題的試題難度估計值，各加上 β 值〔即 $(\bar{b}_{Y_c} - \bar{b}_{X_c}) = 0.20$〕，以調整成新的估計值。

7.同理，這 20 題測驗中的 5 個定錨試題的難度估計值，亦各加上 β 值（即 0.20），以調整成新的估計值。由於調整後的難度值會與其原本在題庫中的已知難度值不同，因此，可將調整後的新值與其在題庫中的舊值加以平均，以作為修正後的共同試題之難度估計值。

8.至此，這 15 個新試題已和原先現成的題庫試題，建立在同一個量尺上了。因此，這些新試題便可以正式加入題庫裡，同時，原作為定錨試題的 5 個共同試題的難度估計值，也已加以修正過。

上述的計算過程，已經簡單地舉例摘要在表 9-1 裡。從表 9-1 的粗體字（即共同試題）部分的計算，我們可以得知常數值 β 是如何計算的，因此，很容易將新試題的難度參數等化到與舊試題（即題庫內既有的試題）難度參數相同的量尺上，而完成擴增題庫內試題的作法。為了簡化計算過程的說明，本例子係以一參數型對數模式（即 1PL）為基礎，來說明其等化過程是如何計算的；如果換成是使用二或三參數型對數模式（即 2PL 或 3PL）的話，則計算過程便需要把 a 參數和 c 參數考慮進來，因此，轉換過程中要計算常數項 α 值和 β 值時，便需要使用到上述公式 9-20 和公式 9-21，以及設定 c 參數不變（即 $c_{Bi} = c_{Ai}$）的作法，請參見下一個例子。

表 9-1 將新試題（測驗 X）銜接到題庫試題（測驗 Y）量尺上的等化過程

試題	測驗 X 的難度 b_X	測驗 Y 的難度（共同試題）b_{Y_c}	量化後測驗 X 的難度 $b_X + \bar{b}_{Y_c} - \bar{b}_{X_c}$	量化後測驗 X 的難度（修正值）
1	**1.25**	**1.50**	**1.45**	1.48
2	**0.95**	**1.20**	**1.15**	1.18
3	**−1.20**	**−1.00**	**−1.00**	−1.00
4	**−1.30**	**−1.20**	**−1.10**	−1.15
5	**2.30**	**2.50**	**2.50**	2.50
6	0.75		0.95	0.95
7	−1.44		−1.24	−1.24
8	−2.32		−2.12	−2.12
9	0.10		0.30	0.30
10	0.20		0.40	0.40
11	−0.56		−0.36	−0.36
12	−1.38		−1.18	−1.18
13	−1.12		−0.92	−0.92
14	0.48		0.68	0.68
15	0.65		0.85	0.85
16	0.53		0.73	0.73
17	−0.48		−0.28	−0.28
18	1.27		1.47	1.47
19	1.09		1.29	1.29
20	1.85		2.05	2.05
	$\bar{b}_{X_c} = 0.40$	$\bar{b}_{Y_c} = 0.60$	$\bar{b}_{Y_c} - \bar{b}_{X_c} = 0.20$	

註：1.共同試題以足標 c 及粗體字表示。
　　2.修正值是表示測驗 X 和 Y 的共同試題之難度值已被平均。

二　銜接兩份測驗的等化方法

　　假設我們要銜接兩份不同試題的能力測驗，各具有 15 個試題。我們可以設計一些具有代表性內容的共同試題，其內容性質約略與這兩份測驗（分別以 X 和 Y

來表示）相當，假設這份定錨測驗共有 6 個試題，我們便可放入這兩份測驗裡，共同進行校準其試題參數值。

假設所選用的三參數對數型模式（其中的 c 值假設為 0.2）適合本研究，我們便可以使用「平均數和標準差法」來進行衝接這兩份測驗。其詳細步驟如下所述：

1.計算 X 和 Y 測驗中共同試題的難度估計值之平均數和標準差（如，利用 BILOG-MG 電腦程式軟體代為計算）。

2.代入公式計算常數項 α 值和 β 值的估計值。

3.將 X 測驗中的難度估計值乘上 α，再加上 β，以轉換到 Y 測驗的量尺上。

4.把共同試題的難度估計值加以平均。

5.將 X 測驗中的鑑別度估計值除以 α，以轉換到 Y 測驗的量尺上。

6.把共同試題的鑑別度估計值加以平均。

上述的計算過程，已經簡單地舉例摘要在表 9-2 和表 9-3 裡。如此一來，X 測驗上的難度和鑑別度參數估計值便已和 Y 測驗上的試題參數估計值，建立在同一量尺上了。從表 9-2 和表 9-3 中粗體字（即共同試題）部分的計算，我們可以得知常數項 α 值和 β 值是如何計算的，因此，很容易便將兩份測驗試題的難度參數及鑑別度參數等化到相同的量尺上，以完成一般建置題庫時的等化工作。

我們也可以利用 α 和 β 等常數值，來衝接參與 X 和 Y 測驗的考生能力估計值。由於衝接參與這兩份測驗的能力參數值公式為：

$$\theta_Y = \alpha\theta_X + \beta = 0.95\theta_X - 0.18 \qquad （公式 9-38）$$

所以，在估計過程中，假設接受 X 測驗的這組考生能力值是設定為 0，因此，它相當於接受 Y 測驗這組考生的能力值為：

$$\bar{\theta}_Y = 0.95(0) - 0.18 = -0.18$$

這意謂著接受 X 和 Y 測驗的兩組考生的平均能力相差 -0.18；亦即，接受 X 測驗這組的考生平均能力，比接受 Y 測驗這組的考生平均能力，要低 0.18 個單位估計值。這項差異的涵義，在學術研究和課程評鑑上，具有重大的啟示。

表 9-2　等化兩份測驗 X 和 Y 的難度參數到共同量尺上的作法

試題	測驗 Y 的難度值	測驗 X 的難度值	所有試題經過量化後的難度值
1	1.20		1.20
2	1.75		1.75
3	−0.80		−0.80
4	−1.28		−1.28
5	1.35		1.35
6	1.40		1.40
7	1.20		1.20
8	0.50		0.50
9	0.72		0.72
10	−1.95		−1.95
11	−2.20		−2.20
12	2.40		2.40
13	1.80		1.80
14	1.45		1.45
15	0.80		0.80
16	**1.10**	**1.20**	1.03
17	**1.85**	**2.10**	1.83
18	**2.30**	**2.75**	2.36
19	**−1.50**	**−1.40**	−1.51
20	**−1.80**	**−1.65**	−1.78
21	**0.40**	**0.60**	0.40
22		1.81	1.54
23		2.20	1.91
24		2.70	2.38
25		1.86	1.59
26		−0.90	−1.04
27		−1.10	−1.23
28		−2.30	−2.37
29		0.58	0.37
30		0.92	0.69
31		0.88	0.66
32		1.92	1.64
33		2.10	1.82
34		2.52	2.21
35		1.60	1.34
36		−1.20	−1.32
	$\overline{b}_{X_c} = 0.40$ $s_{Y_c} = 1.56$	$\overline{b}_{Y_c} = 0.60$ $s_{X_c} = 1.65$	$\alpha = 0.95$ $\beta = -0.18$

註：1.共同試題以足標 c 及粗體字表示。
　　2.共同試題已被平均，係針對測驗 X 的難度值（即 $X = \alpha b_X + \beta$）而來。

表 9-3 等化兩份測驗 X 和 Y 的鑑別度參數到共同量尺上的作法

試題	測驗 Y 的鑑別度值	測驗 X 的鑑別度值	所有試題經過量化後的鑑別度值
1	1.02		1.02
2	1.21		1.21
3	0.90		0.90
4	0.72		0.72
5	1.25		1.25
6	1.40		1.40
7	1.12		1.12
8	0.75		0.75
9	0.92		0.92
10	0.62		0.62
11	0.52		0.52
12	1.98		1.98
13	1.90		1.90
14	1.62		1.62
15	1.01		1.01
16	**0.95**	**0.90**	0.95
17	**1.23**	**1.15**	1.22
18	**2.00**	**1.86**	1.98
19	**0.68**	**0.55**	0.63
20	**0.45**	**0.40**	0.44
21	**0.70**	**0.65**	0.69
22		1.60	1.68
23		1.85	1.95
24		1.90	2.00
25		1.62	1.70
26		0.81	0.85
27		0.62	0.65
28		0.40	0.42
29		0.64	0.67
30		0.80	0.84
31		0.75	0.79
32		1.23	1.29
33		1.55	1.63
34		1.72	1.81
35		1.12	1.18
36		0.42	0.44
			$\alpha = 0.95$

註：1.共同試題以足標 c 及粗體字表示。

　　2.共同試題已被平均，係針對測驗 X 的鑑別度值（即 $X = \alpha / a_X$）而來。

三　等化作法的程式範例舉隅

　　上述兩個例子的舉例，只是說明等化的過程是如何進行的而已，旨在幫助讀者明瞭其等化程序的作法為何。但在實務應用上，由於需要進行等化的測驗可能一次有好幾組，且作為定錨試題使用的題數也可能會有許多題，因此，在實作上，都需要仰賴電腦程式的計算，不可能使用手算。因此，以下例子的說明，即是以 BILOG-MG 程式語法為例，說明等化工作是如何使用電腦程式來執行。

　　假設我們有兩份測驗資料需要進行等化，並且假設已挑選出其中 6 題試題當作是定錨試題（如表 9-4 中方框內的 6 個試題），使用者務必將擬進行等化分析的兩個測驗之定錨試題對齊排列如表 9-4 所示的格式，詳細的範例數據請參見本書所附「程式範例舉隅」光碟中資料夾「CH9-1」內的 CH9-1.txt 檔，並呈現在表 9-4 所示的精簡版。因此，利用 BILOG-MG 的程式語法〔該等化程式的語法檔（即 CH9-1.BLM）如表 9-5 所示〕，即可進行等化的計算。

　　經由執行 CH9-1.BLM 的語法檔後，電腦程式會自動輸出 CH9-1.PH1、CH9-1.PH2、CH9-1.PH3 等三個報表檔，讀者只要仔細檢查其中的 CH9-1.PH3 檔，便可查知已將這兩份測驗的試題等化到相同單位量尺上了。關於詳細的報表，讀者請

表 9-4　擬進行等化的測驗資料檔（檔名：CH9-1.txt）

```
KEY     23321131233234233211112221124123434232423
OMIT    5555555555555555555555555555555555555555
900011  234241124311212333343223142
900021  223211133431441333441224122
900031  134313134342413331341431122
900041  422212223131222333141221123
        ............................
        ............................
        ............................
402392                     222144311321433131
402402                     222112312243423141
402412                     222312212323443121
402422                     222112412142443133
```

239

表 9-5　等化的 BILOG-MG 程式語法檔（CH9-1.BLM）

```
This program is demonstrated for vertical equating
with Table 9-1 Data.
>COMMENT
   EQUATING 113ITEMS   1 TO 60 BELONGS TO TEST1
                       54 TO 113 BELONGS TO TEST2
>GLOBAL DFName = 'C:\temp\CH9-1\CH9-1.txt',
           NPArm = 3,
           SAVe;
>SAVE     PARm = 'CH9-1.PAR',
           SCOre = 'CH9-1.SCO';
>LENGTH NITems = (113);
>INPUT    NTOtal = 113,    NALt = 4, NIDchar = 5, NGRoup = 2,
           KFName = 'C:\temp\CH9-1\CH9-1.txt',
           OFName = 'C:\temp\CH9-1\CH9-1.txt';
>ITEMS;
>TEST1    TNAme = 'TEST_EUQ',
           INUmber = (1 (1) 113),
           FIX = (0 (0) 53, 1 (0) 7, 0 (0) 53);
>GROUP1 GNAme = 'GROUP001',
           LENgth = 60,
           INUmbers = (1 (1) 60);
>GROUP2 GNAme = 'GROUP002',
           LENgth = 60,
           INUmbers = (54 (1) 113);
 (5A1, I1, 113A1)
>CALIB    TPRior,
           NQPt = 15,
           CYCles = 40;
>SCORE    METhod = 2, IDIst = 3, RSCtype = 3, INFor = 2, POP;
```

直接參考光碟中資料夾「CH9-1」所示的相關檔案，尤其是 CH9-1.PH3 檔中所示的內涵。

第十章

題庫建置

　　題庫（item bank 或 item pool），從表面字義來看，當然是指一大堆試題的匯集或集合體（item collection）。因此，國內坊間出版各種有關如何準備考試（尤其是升學考試）的用書，把一堆過去已經考過、公布周知、未經過試題分析的試題（俗稱考古題）匯集起來，也就常被當成是「題庫」來看待。其實，這種看法是社會大眾對「題庫」一詞的普遍認知，認為只是一堆試題的匯集而已。

　　然而，心理計量學對「題庫」的看法卻不是如此，而是指一堆根據測驗編製標準化歷程而來、且經過試題校準程序（item calibration）、進行分析、歸類與評鑑之後，所貯存起來供特殊用途使用的測驗試題集合體。例如，Millman 和 Arter（1984）即將題庫界定為一群使用方便的試題彙編；他們的意思即是說，該群試題的數量十分龐大，並且都是根據試題內容（如：某一學科領域）及統計特質（如：試題難度、鑑別度、猜測度等指標），有系統地經過分析、編碼與分類組織，以供不同測驗場合與目標使用的試題集合體，並且有逐漸走向電腦化、數位化發展的趨勢（何榮桂，1991a，1991b，1991c，1992，2005）。

　　題庫通常內含數量十分龐大的試題，同時涵蓋每一項教學或學習目標、技能或作業範圍在內，並且可以提供測驗編製者（test developers）（也許是教師或專業機構）根據需求編製隨心所欲的測驗。一個設計發展良好的題庫（尤其是根據試題反應模式參數估計值所建立起來的試題），具有下列運用的潛在優勢（Hambleton & Swaminathan, 1985, pp. 255-256）：

　　1.可供測驗編製者輕易編製能夠測量所欲目標的測驗。

　　2.可供測驗編製者就題庫的範圍內，針對每個目標編製出含有適當代表題數的測驗，以用來測量該目標。

　　3.如果題庫能夠涵蓋內容有效且編題技巧純熟的試題，則據以編製出的測驗

品質，通常會比測驗編製者自行編製的測驗品質還好。

由此可見，題庫具有改進測驗品質的潛能，在可預期的將來，它對測驗編製者和測驗使用者的重要性，將日益增加，同時，對節省編製測驗所花的時間和成本，亦將無可限量。

題庫發展的流程

題庫建置的種類，至少可以區分成兩大類。一類為「未校準過的題庫」（uncalibrated item bank），亦即是未經過試題分析及校準程序所建置的題庫，例如，官方考試用的題庫（如：高普考試、特種考試等）即是一種典型代表（曾慧敏，1997；劉淑姿，1999），這類官方考試用的題庫，在現行法令規定下將於考試後公布題目，因此，在考試前已經命好的試題（或從題庫中抽題組成的試卷），多半無法事先進行預試（pre-test），以免有洩題風險而致有礙考試公平的事情發生，因此，充其量而言，這類題庫只是一堆試題的集合體而已，尚稱不上是一個嚴謹建置的題庫。另一類則是「已校準過的題庫」（calibrated item bank），亦即是經過試題分析及校準程序所建置的題庫，例如，基本學力測驗（BCTEST）、托福測驗（TOEFL）、研究生入學性向測驗（GRE）等題庫即為典型代表（張道行，2001），這類題庫已經經過校準的程序，所以每一道試題均有參數（parameters）（如：難度、鑑別度、猜測度等參數指標），故可作為嚴謹建置題庫的範本。

環顧諸多有關題庫發展的文獻（何榮桂，1991a，1991b，1991c，1992，2000，2005；洪碧霞，1991；洪碧霞、邱上真、林素薇、葉千綺，1998；許擇基、劉長萱，1992；曾慧敏，1997；劉淑姿，1999；劉湘川、許天維、胡豐榮、郭伯臣，2003；Hambleton & Swaminathan, 1985; Millman & Arter, 1984; Prosser, 1974）之後，筆者提出一個嚴謹的典型題庫建置發展架構，並以圖 10-1 所示的流程圖來表示。

由圖 10-1 所示可知，「未校準過的題庫」其實只是圖內所示流程圖的上半部而已，在傳統的成就測驗編製流程（余民寧，1992g，1994d，2002，2006c）下，

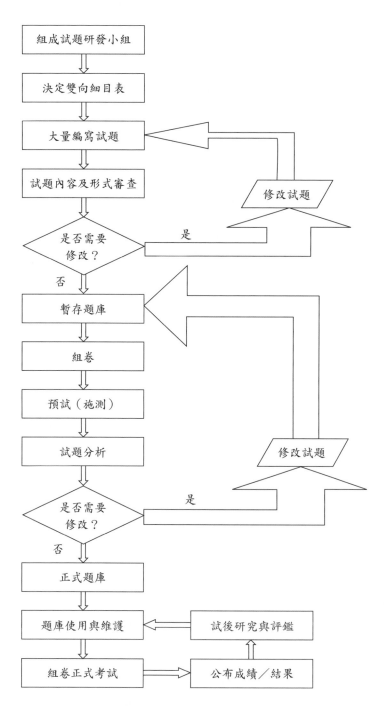

圖 10-1　題庫發展流程圖

該類題庫試題經過內容審查及形式審查後，即納入題庫，等候使用，所以，實際上還未經過預試與試題分析的步驟。而「已校準過的題庫」則是屬於圖 10-1 所示的完整流程圖，該類題庫試題，不僅經過嚴謹的命題、審題過程，還需進一步經過施測與試題分析的程序，在評鑑過每一道試題參數之後，最後才決定是否納入正式題庫。因此，本章所擬討論的重點，即是針對圖 10-1 所示完整的題庫建置流程而來。

題庫建置與維護

　　整個題庫建置與發展的流程，除了可以參考圖 10-1 所示的發展架構外，還可以進一步詳細補充說明如下（許擇基、劉長萱，1992；曾慧敏，1997；劉淑姿，1999；歐滄和，1991）。

1. 組成試題研發小組

　　首先，組成試題研發小組，該小組成員至少包括命題的學科專家（如：任課教師）和測驗專家，並負責從事下列幾件事：

　　⑴**決定雙向細目表**（two-way specification table）：即決定該考科試題所擬測量的認知目標〔如：知識、理解、應用、分析、綜合、評鑑（或創造）等〕及考慮該考科應有的教學內容（教材範圍或能力指標）為何，而設計編製出一個具有兩個向度的細格表，即為雙向細目表。雙向細目表即是在規範命題的範圍及單元，以及命題的難易度和所擬測量的認知目標種類，因此，可以說是測驗編製的藍圖（余民寧，2002）。

　　⑵**決定題型種類**：即決定所欲建置的題庫試題種類為何，例如，選擇題、申論題或綜合型題目等。目前，一般常用的題庫，多半仍以建置具有單一正確答案、可供電腦讀卡閱卷，並可計分成「對、錯」二元化資料（binary data）的選擇題型試題為主。

　　⑶**決定擬使用的試題反應模式**：即針對所欲建置的題庫試題性質，考慮其作答反應資料需要使用何種試題反應模式（如：1PL、2PL、3PL、PCM、GRM 等，參見本書第三章所示）來分析，必須事先有所討論、規劃和決定，一旦決定之後，

整個題庫試題的資料分析，即使用相同的試題反應模式作為試題校準的共同工具。

⑷**大量編寫試題**：如果命題人員是初次命題的話，則他們必須事先接受如何命題的講習訓練，並根據成就測驗的編製原理或命題原則（余民寧，1992g，1994d，2002，2006c；Gronlund, 1993; Haladyna, 1999; Linn & Gronlund, 2000; Osterlind, 1998），開始撰寫大量的試題。

2. 審查試題

其次，邀請另一批學科專家（如：任課教師）和測驗專家人選，就編寫好的試題，進行內容審查（content check）（即審查試題的內容是否正確？答案有無出錯？答案有無爭議？）和形式審查（format check）（即審查試題表述的形式是否看似合理？選項有無誘答力？有無違反命題原則？），以查看該等試題是否符合具有該考科內容效度和具有誘答作用等選擇題型試題的形式要求。如果發現該等試題不符要求，即需進行修改，甚或刪除不用；若發現該等試題尚能符合要求，則可以納入暫時性的題庫裡，等待後續被抽取使用。

3. 選題組卷及施測

欲納入正式題庫裡的所有試題，都必須是建立在一個共同量尺（common scale）上才行，否則試題之間是無法比較使用的（Stocking & Lord, 1983; Vale, 1986）。因此，選擇適當的試題來組成考試卷，以及抽取適當的考生樣本來進行測試，都是一項很重要的工作和步驟。其中，運用定錨測驗設計（anchor test design）方式，可以協助本步驟的完成：

⑴**定錨試題的數目**：一般而言，針對未來所擬編製使用的測驗題數，在題庫建立的過程中，建議至少挑選測驗試題數的 20% 到 25% 之間的共同試題當作定錨試題（anchor items）（Hambleton, Swaminathan, & Rogers, 1991），才夠後續進行測驗等化（test equating）的分析工作，以便建置一個比較穩定的共同量尺。

⑵**每個定錨試題都必須經過至少五百名以上考生的測試**：抽取考生樣本來接受測試工作，到底人數必須要多少才算足夠？大致上來說，若使用二參數（即 2PL）或三參數對數型模式（即 3PL）來進行校準時，則樣本數至少需要 1,000 名以上；若使用一參數對數型模式（即 1PL）來進行校準的話，則樣本數可以少到五百名即可。但是，人數無論多寡，考生樣本的能力分配最好都是呈現常態分配（Embretson & Reise, 2000; Hambleton & Swaminathan, 1985; Hambleton, Swaminathan, & Rogers, 1991）。因此，若欲發揮試題反應理論的優勢，讓接受測試的樣本數均維持在 1,000 名以上，則經校準後所得的試題參數，不僅既穩定又嚴謹，更能省卻預試（pre-test）過程中因人數不多或樣本不具代表性而致試題參數不穩定的困擾發生。所以，傳統測驗發展過程中的預試工作是否仍然必要？以試題反應理論為基礎的題庫建置過程觀點來看，預試工作似乎是一項可以省略的工作。

4. 試題分析

　　選擇適當的試題反應模式來分析資料，必須考慮試題的性質。就以選擇題型的成就測驗資料而言，當然是以三參數對數型模式（即 3PL）最適合；若是實作題、計算題、申論題或應用題，只要能以多元化計分（polytomous scoring）方式（如：根據考生的作答情形，分別給予不同的局部分數）來表示者，則是以部分計分模式（partial credit model, PCM）（余民寧，1991a；Yu, 1991b）最適合。決定好選用適當的試題反應模式之後，便可採用適當的電腦程式（如：BILOG-MG等）來進行試題參數與考生能力參數的估計與適配度檢定分析，這個過程即統稱為「校準」（calibration）。經過校準後的試題，必須能夠通過適配度考驗者，方可被納入正式題庫裡，因為它們可以被適當的試題反應模式（如：3PL）所解釋。如果在進行校準時，接受施測的是不同考生樣本，則在試題被納入正式題庫之前，還必須經過試題銜接與等化分析的工作（參見本書第九章說明），如此才能將所有的試題參數都建立在一個共同的量尺上。若試題沒有通過適配度考驗者，則必須退回修改，修改之後，再放入暫時題庫，等候下一次的被使用和校準。

5. 正式題庫

　　根據試題反應理論建置的理想題庫，應該具有下列的特色：各教學單元（教材範圍或能力指標）均包含題數相當充足的試題，並且每道試題均具有內容效度、鑑別度指標值應至少高於 0.8 以上，且難度指標分布均勻（最好是呈現常態分配）、猜測度指標愈小愈好（最好是愈接近 0 愈好，最高不大於 0.3）等特質（Urry, 1977）。由於試題被選入不同的測驗裡，和不同的試題出現在同一份試卷中，在施測時會產生不同的背景影響（context effect），因此，當題庫裡的試題被選用之後，都必須要有詳實的施測記錄，甚至必須再重新校準一次，以確定該試題參數的真正適配度。如此可以確保題庫之素質能夠不斷地更新，也可以保持題庫之安全，避免淪為考古題而被眾多考生熟悉，因而喪失題庫的功能。另外，也

可以視測驗目的、使用題庫的目的和學科的性質，於每次施測前，重新組合與排列題庫中的試題，以方便未來的使用。

6. 題庫使用與維護

如果題庫的素質很高，則從題庫中抽取試題來編製一份測驗，便會很容易。編輯測驗（可詳見本書第十一章說明）的方式很多，最主要是看測驗目的而定。往往是先由學科專家會同測驗專家，將試題按學科、單元、屬性和概念等予以電腦編碼，再按其他統計特質〔如：試題參數值（難度、鑑別度、猜測度）、訊息函數值、估計標準誤、信度、效度等〕，一起撰寫在電腦程式裡，以便測驗編輯時，只要輸入幾個關鍵詞（key words），即可快速地搜尋到所欲的試題，以組成想要編製的測驗。

因為題庫的內容龐大，幾乎不太可能用人工選題的方式，來編印試卷。通常都是仰賴電腦的幫助，因此在選題組卷上，也有幾種方法可供參考：

⑴**依分層隨機抽樣選取試題**：按教材內容來分，將題庫分成幾個層次，然後就每個層次中隨機抽取適當的題數，以作為選題組卷的內容。這種作法的唯一缺點，即是無法保證被選出的試題品質就一定是最好的。

⑵**依試題參數值隨機抽樣**：測驗編製者可依據教材內容，決定具有所欲的難度、鑑別度和猜測度的試題參數範圍值為何，以及擬編製測驗的題數多寡，再由電腦自滿足條件需求的合格試題中隨機抽樣，以編成一份試卷。這種作法的最大優點便是免除人為的偏見，並可確保試題具有一定的品質與所欲的特質。

⑶**依試題訊息量來選取試題**：首先，由測驗編製者決定理想的目標訊息曲線（target information curve），然後從已經校準過的試題中，選取訊息量最能夠優先填滿此一曲線的候選試題，亦可中途更換較佳的候選試題，並且每選出一道試題便計算其累積的訊息量是否已接近理想的曲線，若否，則一直繼續這種選題過程，直到理想的目標訊息曲線被填滿為止。

⑷**依測驗編製者主觀選題**：測驗編製者依據試題的特性和統計分析的資料，再由本身的專業判斷，以決定選取何種試題來組成一份試卷。

7. 預先評估測驗品質

對於新編製的測驗，可用試題反應理論所適用的電腦程式（如：BILOG-MG）來預測其特性。例如，電腦程式可利用所選取試題的難度、鑑別度和猜測

度等估計值，事先計算出試題參數估計值的平均值、信度估計值、測驗訊息期望值和平均值，以及各種不同長度下的預期測驗訊息量等資料，以便測驗編製者判斷所編製的測驗是否已經符合理想的編製目標。如果所編製的測驗不符理想，則可以依據前述步驟來重新選題編製，一直到滿意為止。

8. 執行考試

如果前個步驟顯示測驗品質不錯，即可開始針對考生進行正式的施測（即俗稱的考試）。當然，與考試有關的施測指導語、測驗目的與計分方式、測驗情境的安排與佈置，和其他會影響考試的注意事項等，都必須事前準備與策劃好，並且載明在考試規則裡，以便全體考生得以共同遵守。

9. 評分與成績公布

經過考試後的考生作答資料，可再被拿來進行試題校準，此時，考生的考試成績，可以使用下列三種方法之一來加以評分處理，並進而公布考試結果：

(1)直接以學生的能力估計值 $\hat{\theta}$ 來代表學生的能力。唯這種作法，比較不容易被社會大眾所瞭解，因此，欲解釋能力估計值的涵義時，頗費周章。

(2)以真實分數（true scores）來表示學生的能力。亦即將每位考生在每個試題上的答對機率，加總起來的和，即是他的真實分數。真實分數的值域將分布於全部試題的猜測度之和與試題總題數（n）之間，即 $\sum_{i=1}^{n} c_i \leq \tau \leq n$。唯這種作法，仍有其解釋上的不便之處，因此，可以考慮將真實分數除以試題總題數，以轉換成領域分數（domain scores），再乘上 100，並四捨五入之後，即可轉換成正確答對試題的百分制分數，此分數將與一般學校慣用的百分制計分方式的意義相同：愈接近 100 分者，即表示其能力愈高；反之，愈接近 0 分者，即表示其能力愈低。

(3)以某種特定的量尺分數（scaled scores）來表示學生的能力。亦即，選定好某種欲轉換的量尺分數之平均數（如：250）和標準差（如：50），並將每位考生的能力估計值代入某種量尺分數（例如：S=250+50$\hat{\theta}$）的線性轉換公式，以轉換成量尺分數，並作為考試結果的公布成績。

10. 決策

此步驟旨在應用上述評分與試題評鑑的結果，作為甄選學生、診斷命題技巧，與改進教學的參考。

11. 試後研究與評鑑

　　題庫的應用，不僅只適用於編製新測驗，以節省人力、物力和時間而已，還可以透過每次考試完畢後，針對試題與考生能力參數進行校準，以評鑑試題品質的好壞、試題內容有否偏差（如：有利於某種族群的考生，而不利於另一種族群的考生），以及診斷學生的作答資料是否不尋常，或找出學習有缺陷的地方等資訊，這種得以不斷研究與評鑑的題庫發展過程，正是題庫所具有的價值，也是題庫所提供的特色。

題庫的相關課題

　　題庫建置的流程、步驟與使用維護的作法，已於前兩節裡詳細敘述。除此之外，在題庫建置過程中，還會有其他延伸出來的相關課題，值得討論與說明。茲分述如下。

一　發展題庫的時機

　　在什麼情況下，我們才需要去建立並運用題庫？關於此問題，Millman 和 Arter（1984）認為在至少滿足下列條件之一的情況下，即可著手建立題庫，並且可以充分發揮題庫的價值：

　　1.現存測驗無法廣被接受，並且客觀環境要求編製屬於自己的測驗時。

　　2.經常需要進行測驗時。

　　3.需求具有多份複本測驗時。

　　4.實施個別化適性測驗（individualized adaptive testing）時。

　　5.許多測驗使用者願意一致建置滿足自己所需的題庫時。

　　6.已具備題庫系統，如：電腦設備和可用之電腦軟體時。

　　由此可見，在客觀環境需求與主觀條件許可下，即是我們建置題庫的最恰當時機。

二　題庫應該包含多少試題

欲建置一套優良的題庫，其內容到底應該包含多少試題才夠？這個問題其實並沒有一定的標準或準則可供參考判斷和回答。基本上而言，初始建置的題庫內容數量均不會很大，雖然理論上而言，題庫內的試題是愈多愈好，甚至可以高達數萬題試題包含在內；但隨著需求的增加，題庫勢必會慢慢地擴增，擴增題庫時，就必須考慮新加入題庫的試題，是否與既有題庫內的試題都具有相同的內容效度和令人滿意的統計品質，同時也要考慮未來編製測驗的目的為何。

Prosser（1974）即建議每個概念至少要包含 10 個試題，每一單元課程內容至少要包含 50 題。而 Reckase（1981）則建議 100 至 200 個難度均勻分布且具有合理鑑別度的試題，便可適用在電腦化適性測驗（computerized adaptive testing）（詳見本書第十二章）裡。另外，測驗的目的如果是在對課程作一整體的評估〔如：常模參照測驗（norm referenced testing, NRT）〕，則不需針對每項學習細節編製太多試題；測驗的目的如果僅在作診斷學習或篩選考生的話〔如：效標參照測驗（criterion referenced testing, CRT）〕，則許多學習細節部分，仍需要編製許多試題去測量它們。

此外，還需要考慮題庫是否公開的問題。如果題庫內容不擬公開，則題庫內的試題數量可以少一些也無妨，兩、三百題的題庫內容即夠滿足一般性考試的重複使用目的；但是，如果題庫內容將行公開（如：國中基本學力測驗和國家公務人員的各種考試一般），則題庫內的試題數量高達幾千題也不嫌少，並且還需要不斷地擴增題庫，以補足被公開、消耗掉的試題數量。

三　題庫系統應該如何分類

題庫常見的分類系統是依據學科內容來分類，它有兩項作法：一是依主題或教學目標來檢索試題，另一是採關鍵詞方式來檢索試題。一般而言，採關鍵詞檢索方式比較富彈性，可以同時適用於目標、單元內容、年級及思考歷程等類型試題的檢索；但是依主題或教學目標檢索方式，則比較可以顯現知識結構的層級分明。當課程修訂時，採關鍵詞系統檢索者修訂比較容易、迅速；但如果電腦無法

處理多重關鍵詞時,或分類系統本身即具有明確的界定(如:生物學中的種、屬、科、目等層次的分類)時,則採用固定的分類方法就比較適合。測驗專家們的一般建議,都是認為任何題庫系統都應兼具這兩種編碼檢索的方法。

四 題庫試題是否必備量尺化參數

所謂量尺化的試題參數,是指將試題參數(如:難度、鑑別度、猜測度等參數值)經過校準後,都換算成共同量尺單位的指標。這種參數,正是試題反應理論具有試題參數不變性(parameter invariance)的優勢使然,也是古典測驗理論所採用的試題參數指標(但容易受樣本影響)所無法媲美的。因此,在題庫發展的過程中,如果能夠針對大樣本進行施測的話,則試題參數的量尺化就非常必要;但如果僅針對教師個別班級施測的話,則試題參數的量尺化問題便可予以忽略,因為此時參數所能發揮的價值不高,效用也不大,可以不必多此一舉。至於,學校如果仍想運用試題參數的量尺化過程,來建立屬於自己學校適用的題庫的話,則筆者建議:不妨採行幾個學校聯合命題與聯合施測的方式,以力求獲取大樣本(如:大於 1,000 人以上),來建立起量尺化的參數試題,以充分發揮試題反應理論的優勢。

五 題庫是否可以公開

站在測驗發展的角度來看,一套優良的題庫建置不易,必須投入大量的人力、物力、時間和金錢才能有所斬獲,一旦建置完成,最好就是題庫內的試題能夠永續使用,頂多年年不斷地加以修訂和維護而已。因此,測驗專業的建議,題庫是以「不公開」為宜。若是輕易地公開題庫(像國中基本學力測驗、公務人員的高、普、特考考試等),不僅是浪費昂貴的題庫開發成本,更容易讓任課老師、補習班及社會大眾陷入誤用與濫用的局面,掉入擬透過不斷練習考古題來提高未來考試分數的迷思中,如此一來,不僅扭曲教學正常化的教育本意,更會提升全體考生為準備考試的競爭壓力,更有甚者,還會讓尚未公開的題庫內容受到威脅,引發對試題安全性與未來考試公平性問題的質疑。所以,公開題庫的作法,其帶來

的副作用與負面效果，會遠大於不公開題庫的作法。

　　但是，有些現實環境的限制是存在的，也必須考量。例如，升學高中的國中基本學力測驗、升學大學的學科能力測驗，以及公務人員的高、普、特考考試等，這些考試在現行法規的規定下都必須於考後公布題目和答案，因此，造成題庫內的試題數量逐年銳減，考古題充斥市場，不僅造成扭曲教學正常化的現象與矮化測驗專業性的角色，更讓考生的升學壓力不降反升（余民寧，2005c；余民寧、賴姿伶、劉育如，2004，2005）。這些副作用與負面效果都與公開題庫的作法有關。然而，在此情境的限制下，我們又能怎麼辦呢？筆者認為唯一的解決辦法，就是持續不斷地擴增題庫，但這種作法也只能補充試題數量的消耗而已，仍無法遏止公開題庫所帶來的副作用與負面效果。

　　因此，是否要完全公開題庫，需要再三審慎考慮。但是，基本上，公開少數的樣本試題或範例試題，讓考生熟悉題型的長相，明瞭該題庫的評量重點和計分方式，以便於準備考試，卻是一項正確並且有其必要的作法。

六　題庫是否安全

　　題庫的建立，固然可以使日後的測驗編製更加容易，也可以使評量問題更輕鬆地獲得解決。但是，題庫的重複使用，是否會妨礙到試題的安全性（如：雷同或考古試題的重複出現）呢？在題庫試題數量較少時，這點憂慮也許是有必要，因為重複使用題庫會增加試題曝光率（item exposure rate），危害到試題安全性與考試公平性，尤其是在電腦化適性測驗裡更是嚴重（陳淑英，2004；章舜雯，2002；章舜雯、涂柏原，2001；章舜雯、涂柏原、Ansley, 2002）；但隨著題庫試題數量擴大時，這層顧慮也許就是多餘的，一個設計良好的試題選題模組程式，即可解決試題曝光率的問題。

　　另外，目前有關題庫的儲存與管理問題，都是透過電腦伺服器與資料庫管理程式的連線作業。因此，為了安全起見，一般都會使用封閉式或獨立式的網路系統設計與管理方式，亦即，儲存題庫試題的伺服器不與外界的網際網路有任何連線，只能在行政管理層級的內部網路系統裡儲存與提取使用。所以，相對而言，題庫是安全的。此外，隨時更新題庫的內容，以確保試題的內容效度和統計品質，

也是保障題庫安全的另一項作法。

 **題庫的發展趨勢**

　　前幾節所述有關題庫建置的作法，傳統上，皆可利用書面式紙上作業來完成，或僅利用電腦來儲存試題資料並進行簡易的管理工作而已，因此，可以稱作「紙筆式題庫」（paper-and-pencil item bank）。但隨著資訊科技軟體與硬體技術的大幅進步，資料庫管理系統（data base management system）、物件導向的程式設計（object oriented programming）、資料倉儲（data warehouse）、全球資訊網（WWW）、無線通訊（wireless communication）等技術的興起和設計概念的創新，在二十世紀末逐漸興起線上測驗（on-line testing）、網路測驗（web-based testing）、數位化測驗（digitalized testing）、數位化學習評估系統（digitalized learning assessment system）等，也正風起雲湧，所累積的文獻亦趨汗牛充棟。這些現象在在顯示，傳統上以紙筆式建立的題庫系統，已不符時代所需，代之而起的是全面性的電腦化、資料庫化、網路化和數位化的發展趨勢。

　　故，當代的題庫建置工作，無論是建置「未校準過的題庫」或「已校準過的題庫」，在在都需要利用資料庫系統、電腦及網路伺服器，及各種數位化設備（如：文書處理軟體、影像處理或剪輯軟體、網頁開發設計軟體、掃描器、數位相機、數位錄音機、數位錄影機等）當工具，因此，依賴這些工具所建置的題庫也都可以統稱為「電腦化題庫」（computer-based item bank）、「線上題庫」（on-line item bank）或「數位化題庫」（digitalized item bank）（何榮桂，1991a，1991b，1991c，2000，2005；陳新豐，2003a；鄭裕篤，2000a）。目前，國內市場上已出現幾種電腦化題庫系統，有的是免費，有的則需要價購，但都是侷限在依據古典測驗理論所開發的題庫系統，各有其優缺點及使用限制（鄭裕篤，2000b）。由於試題反應理論的興起，電腦化適性測驗（computerized adaptive testing, CAT）的概念逐漸受到重視與採用，因此，筆者相信未來題庫建置的發展趨勢，一定是愈發走向電腦化、資料庫化、網路化和數位化，這是無庸置疑的。

第十一章

測驗編製

測驗編製（test construction），顧名思義，即是在某個教學及評量目標的引導之下，製作一組測量試題或作業題目，以作為該目標的測量工具之用的意思；換句話說，即是在建構一份測量工具之意。因此，隨著試題的組成方式不同，測驗編製至少可以分成兩類來說明：(1)嶄新測驗的編製（construction of new test），即是從無到有地產生新試題，所編製而成的新試卷或新測量工具的意思；(2)測驗編輯（test editing），即是從既有的試題或題庫（item bank）中，抽取適當的試題數出來組成一份新試卷或測量工具的意思。

對於嶄新測驗的編製而言，無論所持的測驗理論觀點為何，其編製的過程都是一樣的。筆者（余民寧，2002，pp. 82-105）在《教育測驗與評量》一書中，即已歸納提出目前的成就測驗編製步驟大致可分為：(1)準備測驗編製計畫；(2)編擬測驗試題；(3)試題與測驗的審查；(4)試題與測驗的分析；(5)新測驗的編輯。因此，讀者只要遵守這些步驟（至少是遵守前三個步驟）進行編製，即可編製出一份大致優良的測驗工具來。不過，如此新編製的測驗工具只能使用一次而已，下次若需要再使用時，即需重複上述步驟，才能再產製一份新的測驗工具。

如果每次施測完畢，都能再遵守第四個步驟的作法，加以進行試題與測驗分析的話，則我們便可以保留具有優良特質或特徵的試題，匯集到一定數量之後，便可以形成一份題庫。有了題庫當後盾，我們便可以開始進行所謂的「測驗編輯」的工作了。

因此，本章標題「測驗編製」，嚴格來說，是專指「測驗編輯」之意；亦即是，假設讀者已經瞭解新測驗的編製過程，而且也已經學會如何自編一份新的成就測驗之後〔請參考筆者著作（余民寧，2002，pp. 82-105）中的說明〕，在既有試題或已知題庫的前提下，把整個測驗編製的重點，集中在討論如何去編輯一份

新的測驗上。茲分成四小節討論如下。

 ## CTT 的測驗編輯方法

在古典測驗理論（即 CTT）下，欲編製一份成就測驗或性向測驗的方法，往往僅考慮試題的內容和特徵（如：難度和鑑別度），即當成是挑選試題的依據；例如，從已經經過試題分析的試題中，先挑選出鑑別度較高（如：大於 0.25）的試題，再依據雙向細目表、教學評量的目標、實施測驗的目的、組成測驗的試題題型，和考生的能力分配情況等訊息，再從中挑選出難度較為適中或符合某種特殊需求的試題來，即可組成一份完整的新測驗卷（余民寧，2002，pp. 234-236）。

然而，我們曾經評論過古典測驗理論所使用指標的缺失，例如，難度和鑑別度都不具有不變性（invariant）的特質，它們是會隨著考生群體的能力分配的不同，而有不同的估計值出現，這些估計值都屬於是樣本依賴（sample dependent）的估計值。因此，用來決定試題指標的樣本能否適切代表測驗所要測量的母群體，便成為決定新編製的測驗能否成功的主要因素。當這個樣本的代表性令人質疑時，則我們所獲得的試題指標（如：難度和鑑別度）便不宜適用於將來所欲測量的母群體。

此外，由於受試學生生理與心理成熟或成長的緣故，原本在學期開始時所建立的試題指標，到了學期結束時，便可能不適用於原本的學生族群了，因為當初參與測驗的學生能力分配，經過一學期或一學年的時間，已經發生明顯的變化，因而導致學期初所建立的測驗試題，無法適當地應用到學期末的測驗情境中。

另一種情況也會使得古典測驗理論的試題指標無法適用於未來所欲測量的母群體，那就是來自題庫的測驗編製。在發展一套題庫之時，所有要被放入題庫的試題特徵，應該都已經事先被估算出來，並且事先決定好。實際上，這些被稱作「實驗性」的試題，是在被編入一份測驗卷並對一群受試者施測後，才計算出試題指標估計值的。由於實驗性試題的數目遠比測驗卷數還多，我們只能把它們編成幾份測驗卷，每份均含有不同的實驗性試題和不同的試題題型，再拿來針對不同族群的考生（或受試者）施測。由於我們無法保證這些接受不同題型測驗的學

生，都是能力相等的學生，因此，我們在不同族群受試者下所建立起來的試題指標，彼此之間便無法直接比較。在這種情況下，題庫內的試題指標若被假設成是可以比較的，則從該題庫中所建立起來的任何測驗，便無法適用於某一特定的群體。

除了試題指標本身不具有不變性特質之外，即使是在建構良好的現成題庫下，古典測驗理論的測驗編輯方法，仍然有一項很嚴重的缺失，那就是被選入編成測驗的試題，無法滿足事前訂定的測量精確度的要求。試題對測驗信度的貢獻量，不僅受該試題特徵的影響，同時也會受到該試題與其他試題間關聯性的影響。因此，我們無法單獨計算某個試題對測驗信度，甚至對測驗的測量標準誤的貢獻量大小，而不受其他試題的影響。

為了彌補古典測驗理論在編製測驗上所面臨的困難和缺失，試題反應理論提出一項比較強而有力的方法來克服這種窘境，那就是運用試題和測驗訊息函數來參與測驗編輯的工作。運用試題與測驗訊息函數的最大好處是，它可以挑選出對滿足某份特殊測驗所需的訊息總量最有貢獻的試題，以編製成可以達成該測量目標的測驗卷。因為，訊息量和測驗的精確度息息相關，並且，試題難度指標和學生能力指標又定義在同一量尺上，所以，我們可以在任何能力水準上，挑選出最能夠精確測量到該能力範圍的試題（因為該能力範圍值具有最小的估計標準誤），以編製成我們所需要的測驗。

IRT 的測驗編輯方法

試題反應理論（即 IRT）應用到測驗編製上，最常用的工具莫過於是使用訊息函數（information function）。根據一般建立題庫（請參見本書第十章所述）的過程，在選定合適的試題反應模式來分析資料後，除了可以獲得試題參數和考生（或受試者）的能力參數估計值外，也可以獲得訊息函數值。由於訊息函數具有可加性（additivity），所以，測驗訊息函數（test information function）即可由個別的試題訊息函數（item information function）之總和來表示。

所以，Lord（1977）即提出利用訊息函數的特性，來作為編製能夠滿足某種

特殊需求的測驗之依據。他所提出的測驗編製步驟如下：

1.決定所欲編製的測驗訊息函數的形狀，該形狀的曲線便叫作「目標訊息函數」（target information function）。

2.由題庫中先挑選一組試題，使得這些試題的試題訊息函數量累加起來的和，能夠填滿該目標訊息函數下最難填滿的部分（通常即是訊息函數曲線最突起的部分）。

3.再每加入一道新試題，即計算現有測驗中試題所具有的測驗訊息函數總量。

4.重複上述選題步驟，直到測驗訊息函數接近目標訊息函數，或者兩者之間的差距到達某種令人滿意的程度為止。

上述這種測驗編製的步驟，通常需要仰賴電腦和測驗編製專家的共同努力合作，才容易達成，否則，光靠筆算或人工選題，既非常費時、又非常費力。

從已知（或現成）試題反應模式所建立起來的題庫中，我們可以根據 Lord（1977）所提出的步驟，編製出可以在某個能力範圍內充分發揮鑑別功能的測驗來；也就是說，假設我們已知某組受試者們的能力水準，我們便可以挑選出能夠使該能力範圍內的測驗訊息量達到最大的測驗試題，以作為測量該等能力水準的工具。這種挑選測驗試題的作法，將可以增進對能力參數估計值的精確性。

舉例來說，根據 Lord（1977）所提的綱要，一個涵蓋範圍較廣的能力測驗（broad-range ability test），其目標訊息函數應該是個相當平坦的曲線，它所表示的涵義即是：在整個能力量尺上，該測驗希望能夠提供幾乎是同樣精確的能力估計值，以表明它所能適用的能力範圍較為寬廣。而針對一個需要設有切割點分數（cut-off score）以區別精熟者（masters）和非精熟者（nonmasters）的效標參照測驗（criterion-referenced test）而言，其所期望獲得的目標訊息函數，應該是個對應於能力量尺上的切割點分數附近，能夠呈現類似高狹峰分配的曲線，這種情況顯示出，在切割點分數附近，該測驗最能夠精確測量到區分精熟與非精熟二者的能力估計值。

透過試題訊息函數的使用，測驗編製者可以編製出滿足各種特殊需求的測驗來。例如，Yen（1983）便曾舉例說明，如何運用試題訊息函數來編製一份大規模的測驗。van der Linden 和 Boekkooi-Timminga（1989）也已發展出一套程序，說明在測驗上加諸一些限制，以確保內容效度、適當的測驗長度和其他特徵之後，

可以自動挑選測驗試題以符合某種測驗訊息函數的作法。de Gruijter 和 Hambleton（1983）及 Hambleton 和 de Gruijter（1983）也曾經著手研究過，在測驗編製之前便先決定好切割點分數或測驗的通過標準（passing standard），看看最理想的試題挑選方法，會對一份測驗的決策正確性產生什麼樣的影響。為了解釋這項結果，我們通常都會以隨機的方式來挑選試題，以編製成所需要的測驗。雖然，在效標參照測驗的編製過程中，從一堆現成的候選測驗試題庫裡，以隨機方式挑選試題以組成測驗，是一種常用的作法，但是，這種依據隨機方式挑選出的測驗試題所組成的測驗卷，其錯誤率（error rates）（亦即是造成分類錯誤的可能機率）幾乎是依最理想方式來挑選測驗試題以組成測驗卷所造成錯誤率的兩倍。因此，以試題反應理論為架構，來挑選最理想測驗試題的作法是有可能的，因為試題、學生和切割點分數都是建立在同一量尺的基礎上，所以非常方便測驗的編製與測驗結果的解釋。

其實，設定目標訊息函數和挑選試題的程序，仍存在許多值得商榷的問題。其中一個便是：單單依靠統計指標的判斷標準來挑選試題的作法，並沒有辦法保證一定可以編製出內容有效（content-valid）的測驗來。只可惜，我們卻常常過度強調依據統計指標來作判斷的重要性，而忽略試題內容在測驗編製上所扮演的重要角色，這種缺乏考量試題內容重要性的作法，往往只會導致編製出一個缺乏內容效度的測驗來。因此，為了解決這個難題，van der Linden 和 Boekkooi-Timminga（1989）建議使用線性規劃（linear programming）的技術，提出許多同時考慮試題內容和統計指標的判斷標準等有用的組合方法，以作為挑選試題的參考依據。

此外，使用試題訊息函數來作為測驗編製的依據，還會有另一項問題產生，那就是我們很可能會受到高鑑別度參數（即 a）試題的影響，以至於高估訊息函數而產生偏差。使用具有高鑑別度參數的試題所編製出的測驗，很可能會與期望中的測驗相去甚遠。由於測驗訊息函數將會被高估，所以增加額外的幾道試題到測驗裡，也許會緩和高估的情形，然而最好的解決辦法，還是儘量使用大樣本考生（或受試者），如此才能確保試題參數的估計值都很正確、很穩定。

以下兩節所舉的例子，即是用來說明上述兩種常見的測驗編製情況，並且進一步解釋如何運用訊息函數來編製特殊測量目的的測驗。

第三節 廣泛能力測驗的編製

　　Hambleton、Swaminathan 和 Rogers（1991, pp. 103-104）即舉出一個例子，說明如何編製一份能夠測量廣泛能力範圍的測驗。假設有某一位測驗專家，他想要編製一份能夠適用於較廣泛範圍的能力測驗，他認為該能力範圍應該涵蓋在（−2.00, 2.00）之間，並且只容許有 0.50 以下的估計標準誤存在，但在此能力範圍外者，則允許有少許較大的估計標準誤存在。因此，該測驗專家根據期望而決定 $SE(\hat{\theta}) = 0.50$，則經過測驗訊息函數的換算，可以推論得知測驗訊息函數為 $I(\theta) = 4.0$，因此，我們即可如圖 11-1 所示一般，建立起一個典型的目標訊息函數曲線來。

　　為了能夠編製一份滿足此目標並且具有愈少試題愈好的測驗，我們就必須從具有難度值介於 −2.00 和 2.00 之間、高鑑別度和低猜測度的試題群中，逐一去挑選符合要求的候選試題。圖 11-1 所示，即為在既定的目標訊息函數（即 θ 值介於 ± 2.0 之間，且 $I(\theta) = 4.0$，呈現平坦的曲線）下，從題庫中挑選出最理想的 10、15 和 20 題測驗試題後，所計算出的測驗訊息函數。很明顯的可以從圖 11-1 中看出，20 題所組成的測驗，最為接近我們想要編製的目標測驗。如果我們再增加一些難度值接近 ± 2.0 的試題，則所獲得的測驗訊息函數將會更接近目標訊息函數，達到我們所期望編製的目標測驗。

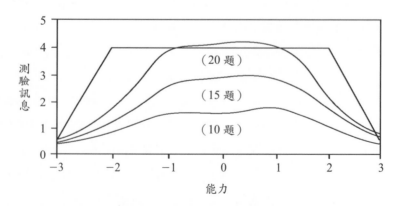

圖 11-1　含有 10、15 和 20 題試題測驗的測驗訊息函數

效標參照測驗的編製

Hambleton、Swaminathan 和 Rogers（1991, pp. 104-106）另舉出一個例子，說明如何編製一份效標參照測驗。一樣假設有某一位測驗專家，他想要編製一份含有 15 道試題的效標參照測驗，並且期望該測驗訊息函數能在切割點分數 $\theta = -0.50$ 的地方達到最大。為了能夠作比較，他也以一般常用的方法隨機抽取 15 道試題編製成一般的測驗（簡稱「隨機測驗」），並計算出其應有的測驗訊息函數。茲將這兩種不同方式挑選試題編製而成的測驗訊息函數，畫於圖 11-2 裡，以資作為比較參考之用。

圖 11-3 所示，即為理想測驗相對於隨機測驗之相對效能圖。很明顯的，理想測驗在切割點分數（即 $\theta = -0.50$）處，提供較大的測量精確性；它比隨機測驗在此處高出 60% 的相對效能，也就是說，隨機測驗的長度必須從 15 題增加到 24 題，才能發揮與理想測驗相等的效能。

由圖 11-2 和圖 11-3 可以看出，對高能力考生（或受試者）而言，理想測驗表現得不如隨機測驗表現得好。這是由於理想測驗僅包含能夠在切割點分數附近發揮鑑別功能的試題，而忽略許多適合於高能力考生（或受試者）的試題的緣故。由此可見，隨機測驗包含比較多的異質試題在內。

從實務上來說，題庫中的試題愈異質化，或所欲編製之測驗長度占題庫大小

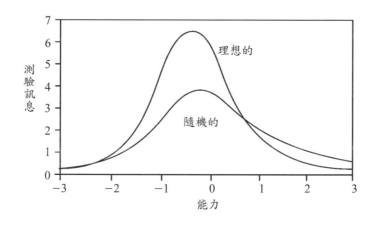

圖 11-2　理想的和隨機的挑選方法下 15 道試題的測驗訊息函數

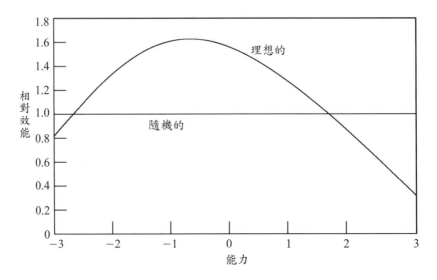

圖 11-3　理想的相對於隨機的 15 題試題測驗的相對效能

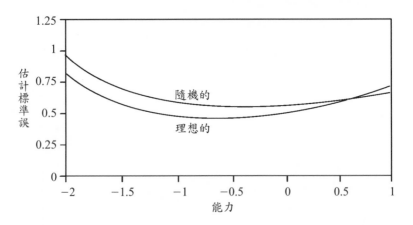

圖 11-4　理想的與隨機的挑選方法下 15 道試題的估計標準誤

的比率愈小，則理想的試題挑選方法遠比隨機的試題挑選方法較優。這兩種挑選試題方法下所產生之測驗訊息函數所對應的估計標準誤，則如圖 11-4 所示。由圖 11-4 所示可知，理想的測驗估計標準誤比隨機的測驗估計標準誤還小。

第十二章

電腦化適性測驗

本書第十章談論到題庫的建置，它有另一項潛藏優勢，即是為推動電腦化適性測驗（computerized adaptive testing, CAT）作準備。電腦化適性測驗不僅可以節省未來施測時間，更可以達到精確估計考生能力或某種潛在特質的目的。

從測驗理論與實務工作的進行可知，一場典型的施測或考試活動，我們都必須經過命題、審題、組卷、印刷、考試（或施測）及閱卷評分等歷程，才能獲知考生的考試得分或其能力估計值為何。這項備考與應考的歷程十分冗長，也頗耗費時間、金錢、精神和心力，這無論對測驗準備者（考試機構）或考生而言，都是一項身心的煎熬，尚且還沒考慮到考生能力特質的個別差異和估計標準誤的大小。

由本書第七章「訊息函數」所述可知，試題反應理論的優點特色之一，即是當某個測驗的難度值愈能夠適合（或接近）考生的能力程度時，這時該測驗所測量到的考生能力值最為精確，並且其估計標準誤（standard error of estimation）為最小。由此特色可知，僅憑任何一次施測的結果，可能都無法滿足針對每位考生提供最精確的能力測量與估計結果，因為該測驗的難度值無法剛好適配每位考生能力程度的需求。所以，最理想的施測狀況，即是能夠針對每位考生不同的能力程度，提供最適合其個別情況的測驗方式。這種最理想的施測方式，在傳統的紙筆式施測環境下，是無法做得到的，但到了目前資訊與電腦科技昌盛的時代，這正是電腦化適性測驗可以派得上用場的新紀元，也是發揮「量身訂製測驗」（tailored testing）（何榮桂，1999；Meijer & Nering, 1999; Straetmans & Eggen, 1998）的新時代。

測驗發展的新天地

最早應用適性測驗（adaptive testing）（即因才施測的測驗方式）概念的例子，是 1908 年 Binet 所做有關智力測驗的研究（Weiss, 1985）。後來一度中斷好久，一直到 1960 年代末期，才由在教育測驗服務社（Educational Testing Service）的 F. Lord 從事較為完整的通盤研究〔參見 Lord（1980）的著作〕。由於 Lord 感覺到，對於低能力與高能力的考生而言，接受一份統一固定長度的測驗方式，並無法有效滿足這些考生能力估計的需求，因此才積極投入適性測驗的研究。Lord 認為如果被挑選用來施測的試題都能針對每位考生能力提供最大的參考訊息的話，則縮短測驗的長度（即減少施測的題數），應該不會降低對每位考生能力的精確測量；從理論上而言，每位考生所接受的施測試題都是不同試題的組合，因此，欲做到適性化的施測方式（亦即「因才施測」）是有可能的。

但是，欲做到適性化的施測方式，也唯有在電腦誕生發明之後，才有可能實現。所幸，人類在第二次世界大戰結束時（1945 年），即已發明電腦。之後，隨著電腦軟硬體技術的進步與日新月異，它的超大容量逐漸可以貯存測驗訊息（如：測驗試題及其特徵指標）、編製、施測，和記錄測驗分數等，因此使得推行適性測驗變得愈來愈可行（Bunderson, Inouye, & Olsen, 1989; Wainer, Dorans, Flaugher, Green, Mislevy, Steinberg, & Thissen, 1990）。在 1960 年代末，美國陸軍總署、人事管理局及其他聯邦機構，均大力支持贊助有關適性測驗的研究，除了舉辦特殊的專題研討會外，更有數百篇相關研究論文發表，並且也陸續出版成冊的論文集（如：Wainer, et al., 1990; Weiss, 1980, 1983）。

在電腦化適性測驗（CAT）裡，呈現給考生的試題順序，是依據考生在前一個試題上作答表現的對錯來決定的。根據考生在前一題作答表現的對錯，下一題要呈現給考生作答的試題，便是能對考生能力估計值的精確性，產生最大貢獻且具最大試題訊息量（maximum item information）的試題。如此一來，測驗的長度便可以大幅縮短，並且也不會犧牲任何的測量精確性；因為，對於高能力的考生，可以不必給他相當容易的試題作答，而對於低能力的考生，則也可以不必給他極度困難的試題作答，因為這些試題對他們能力程度的估計而言，只能提供極為有

限或絲毫沒有幫助的訊息量而已。因此，實施電腦化適性測驗，不僅可以做到因才施測般精確估計考生能力的地步，更可以節省許多施測時間和成本，可以說至少是一舉兩得的創舉。根據研究顯示，實施電腦化適性測驗，可使施測長度縮短為傳統紙筆測驗長度的一半，並且仍然具有與傳統紙筆測驗相當的信度、效度，甚至更高、更好的測驗品質（Weiss, 1982; Weiss & Kingsbury, 1984）。

在開始進行電腦化適性測驗時，首先由電腦隨機呈現一組測驗試題（也許是3到5題不等），等到考生做出反應之後，電腦便根據這些作答反應資料，估計出考生的起始能力估計值（initial ability estimate）；然後，電腦會根據這些起始能力估計值，從現有的題庫（儲存在電腦資料庫或網路伺服器內部）中，挑選出一題最能對能力程度的估計發揮最大貢獻力量的試題（通常這道試題的訊息量也是最大的），再呈現這道試題給該考生作答；等到該考生再做出反應之後，電腦又會快速地估算該考生的能力估計值，並從題庫中再挑選下一題適合的試題給該考生作答；這種選題、作答、估算能力、再選題、再作答、再估算能力的施測過程，會一直持續下去，一直到事先預定的施測題數已測完或某種預定的能力估計值的測量精確性（即估計標準誤的大小）已獲得為止。

從古典測驗理論中，我們已經得知「難易適中」的試題，對估計考生能力的精確性而言，是最為有效的試題。而通常任何一份測驗卷的試題難度，都很難滿足或適配每位考生的能力程度，因此，要能做到試題難度隨考生能力不同（即個別差異）而調整的測驗方式，唯有採行適性測驗才能辦得到。而最適合在適性測驗中應用的理論基礎，便是試題反應理論（IRT）。由於在試題反應理論中，考生能力估計值的獲得，是具有不受施測試題不同而影響的特性〔即具有試題獨立（item free）的估計特性〕，也就是說，不同考生考不同的試題，只要試題屬性（即指測量目標、功能與範疇均相等的題庫試題）相同，不同能力考生的能力估計值均可以被精確地估計出來，並且也可以互相比較。事實上，也唯有試題反應理論才適合應用在這種適性測驗裡。

在應用試題反應理論到實際的學習成就測量情境時，必須先滿足該測驗只具有單一主要因素的基本假設（即單向度的假設），這個基本假設在目前所使用的適性測驗裡，一般都能夠獲得滿足。目前，最適合應用到適性測驗上的試題反應模式，是三參數對數型模式（即3PL）（Green, Bock, Humphreys, Linn, & Reckase,

1984; Weiss, 1983），其最主要的原因即是它比一與二參數對數型模式，更適合用在選擇題的試題作答資料上。

在適性測驗裡，試題訊息函數扮演著很重要的角色。其中，能對測量精確性發揮最大貢獻力量的試題，會被優先挑選作為施測的試題，呈現給考生作答。一般而言，能讓考生大約有 50% 或 60% 答對機率的試題，通常都是屬於能夠提供最大訊息量的試題。這一點特性，其實也與從古典測驗理論中挑選「難易適中」試題的概念相類似，因為試題在「難易適中」的情況下，測驗的信度與效度值通常可以達到最大。

讀者是否可以想像得到下列一個畫面：一位考生走進考場（即電腦室），打開電腦，連上並登錄進入網路，先開始幾題的練習作答，之後，電腦告訴考生開始進行正式考試，經過一些試題的出現、考生經鍵盤或滑鼠點選作答之後，電腦告訴你作答結束；由於出現在每位考生電腦螢幕上的試題都不相同，即使考生想偷看別人的作答（即作弊），也無濟於事；當考生考畢還未離開座位時，考試成績單已經透過網路，寄達到考生的電子郵件信箱（e-mail）裡。這個適性化施測的畫面，即是未來測驗實施的新趨勢。

由此可知，實施電腦化適性測驗將比實施傳統的紙筆測驗，具有下列幾項優點，也因為如此，這些優點亦逐漸顯現未來的測驗方式，有逐漸走向電腦化適性測驗的發展趨勢（吳裕益，1991a；Hambleton & Swaminathan, 1985; Hambleton, Swaminathan, & Rogers, 1991; Lord, 1980; Wainer, et al., 1990）：

1. 增強測驗的安全性。
2. 可依據需求來進行施測，具有施測彈性與效率的特色。
3. 無需使用試題本及答案卡，具有環保功能。
4. 適合每位考生的作答速度。
5. 立即計分和成績報告。
6. 降低某些考生的考試挫折感。
7. 強化施測的標準化過程。
8. 容易從題庫中抽題組卷，找出並刪除不良的試題。
9. 對於試題類型的選擇更具彈性。
10. 減少監試的時間。

電腦化適性測驗的步驟

以試題反應理論為架構的適性測驗，有個基本目的，那就是要撮合測驗試題的難度和待測量的考生能力水準。為了達成這項目的，我們必須擁有已知每個試題特徵的龐大試題庫，以便從中挑選出適當的試題（Millman & Arter, 1984）。根據 Lord（1980）的看法，我們必須設計電腦程式，以便完成下列的目的，才能達到適性測驗的目標：

1.根據考生先前的反應表現，預測他在尚未接受測驗的試題上的種種可能反應。

2.根據上述的理解，有效地挑選試題，接著呈現給考生作答。

3.最後在測驗完畢時，能夠計分，以分數來表示考生能力的大小。

因此，參酌目前有關電腦化適性測驗的研究文獻（何榮桂，1991a，1991b，1991c；吳裕益，1991a；洪碧霞，1989，1991；洪碧霞、吳裕益、陳英豪，1992；洪碧霞、吳鐵雄，1989；洪碧霞、吳鐵雄、葉千綺、江秋坪、許宏彬，1992；洪碧霞、邱上真、林素薇、葉千綺，1998；陳新豐，2003a，2003b；Bartram & Hambleton, 2006; Hambleton & Swaminathan, 1985; Hambleton, Swaminathan, & Rogers, 1991; Wainer, et al., 1990; Weiss, 1983），筆者嘗試畫一個簡單的流程圖，如圖 12-1 所示，以說明實施電腦化適性測驗的基本方法和步驟。

根據圖 12-1 所示可知，實施一次典型的電腦化適性測驗，其過程包括下列六大階段和步驟，茲描述如下。

一 挑選試題反應模式

針對不同類型資料和研究問題的瞭解，審慎挑選適用於二元化計分資料（binary data）的一、二或三參數對數型模式（即 1PL、2PL 或 3PL）或適用於多元化計分資料（polytomous data）的模式（如：GRM、RSM、PCM、2PPCM 或 GPCM 等），作為進行電腦化適性測驗的最基本模式根據。當然，以選擇題型的測驗而言，當前最受歡迎的試題反應模式還是以三參數對數型模式（即 3PL）最常被選

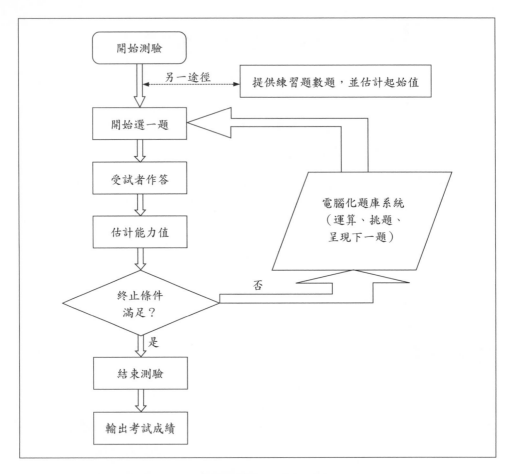

圖 12-1　電腦化適性測驗的簡易流程圖

用（Green, Bock, Humphreys, Linn, & Reckase, 1984; Weiss, 1983）。

二　準備電腦化題庫

　　參考本書第十章關於「題庫建置」的說明。建置並準備好一套電腦化題庫系統（含題庫和電腦施測程式），是進行電腦化適性測驗的核心單元，若沒有建置好一套已校準過參數的電腦化題庫系統，欲推動電腦化適性測驗是不可能的。

三 起始策略：測驗起點

首先，當一位考生上機後，電腦該先挑選哪一題試題給考生施測？這是實施電腦化適性測驗所需面對的一件重要決策的問題。從上述的理論來看，試題的難度必須要能夠符合考生的能力程度，這是施測的最基本要求。但是，除非我們已經事先知道考生過去的程度表現好壞，否則，在剛開始施測時，我們無從判斷考生能力高低。所以，目前最常被設計作為電腦選題的起點策略有：(1)自難度適中的試題中隨機抽取一個試題；(2)完全隨機抽取一個試題；(3)先調查學生的背景，然後再決定選出哪一類的試題。Lord（1977）認為，只要所欲進行電腦化適性測驗的總題數不少於 25 題的話，以哪一種選題方式作為測驗起點的影響不大。從題庫中隨機選題的最大好處，就是可以達到保密的要求，減少某些特定試題有被重複抽取的高曝光率（item exposure rate）（Sympson & Hetter, 1985）問題發生，而致危害題庫的安全性。

然而在實務中，為了方便電腦程式開始選題施測下去，電腦化適性測驗通常也會設計讓電腦預先提供三到五題的練習題，並且是每位考生的練習題都相同，以供考生練習作答。這項作法的目的，一方面是讓考生熟悉利用電腦作答的測驗環境和該適性測驗系統的作答方式，另一方面則是等考生至少出現一題答對（假設他連續答錯的話）或一題答錯（假設他連續答對的話）時，考生的作答反應組型才可以利用最大近似值估計法開始估計出每位考生能力的起始值（initial value），以便繼續下一階段的施測步驟；當然，若是使用貝氏估計法的話，則練習題的功用純粹是為了讓考生熟悉施測的情境之用。

四 繼續策略：選題方式

依據試題反應理論所建立的電腦化適性測驗方式，必須事先有建置好的題庫存在，並且，經過校準的試題參數特徵也必須一起儲存在題庫裡。校準時所選用的模式不同，都會影響計分方法的選擇和能力的估計。一般而言，常用的試題挑選方法有三種（Chen, Ankenmann, & Chang, 2000; Veerkamp & Berger, 1997）：(1)挑選能夠針對考生能力估計提供最大訊息量的試題；為了避免同樣的試題一再地

被重複選用，Green、Bock、Humphreys、Linn 和 Reckase（1984）建議可從一堆能夠產生最大訊息量的試題中，隨機抽取一個試題來進行就可以；(2)利用貝氏試題挑選法來挑選試題；將考生能力分配看成是某種事前分配（prior distribution）（通常都是視為常態分配），並計算考生答對或答錯未用到的試題之事後變異數，再挑選能夠使這種考生能力事後分配之變異數為最小的試題，以作為下一題施測的試題。使用貝氏的選題方法，受事前分配假設的影響很大，但是只要施測的試題很多，這種影響是可以被排除的；(3)挑選難度最接近考生現階段能力估計值之試題。

五 運算策略：能力估計

接著，就是進行考生能力值的估計。唯一不同的是，在電腦化適性測驗裡，考生每作答一道試題之後，電腦就得重新估計一次考生的能力新值。其中，電腦化適性測驗裡最常用的兩種能力估計方法，即是最大近似值估計法（maximum likelihood estimation）和貝氏估計法（Bayesian estimation）（Bock & Mislevy, 1982; Cheng & Liou, 2000; Lord, 1970b; van der Linden, 1998; Wang & Vispoel, 1998）。

最大近似值估計法的估計效能很好，但遇到題數少或估計值無法收斂時，都會產生較大的估計標準誤問題，一般而言，最大近似值估計法所估計出的能力值的估計標準誤將大於考生真正能力分配的標準差（Lord, 1977）。因此，為了能夠開始順利估計考生的能力值，一般的電腦化適性測驗，都會設計讓考生先練習作答幾題（大約是 3 到 5 題左右），然後再根據作答結果的反應組型（response pattern）進行初始能力值的估計。

貝氏估計法雖然能克服最大近似值估計法的估計限制，但在估計前，卻必須對考生能力分配有個適當的事前分配假設，如果該假設不當的話，卻會產生有偏差的能力估計值，且因為貝氏估計法所得的估計值常有回歸平均數的現象，因而無法與最大近似值估計法的估計值相比；一般而言，貝氏估計法所估計出的能力值的估計標準誤會小於考生真正能力分配的標準差（Lord, 1977）。

站在實務運用的立場上來看，也許在電腦化適性測驗剛開始估計考生能力的

初期（如：剛作答幾題練習題之後的能力估計），使用貝氏估計法來進行會比較適當，而在估計進行之後，則改採最大近似值估計法來替代，會是一項比較不錯的能力估計策略的搭配（洪碧霞，1989）。

六　終止策略：終止標準

最後，電腦化適性測驗進行到何時才結束？這也是一項重要的決策問題。終止電腦化適性測驗的方法，與前述的選題與計分方法有很密切的關聯。若以試題最大訊息量作為選題標準的話，只要累積已測過之試題的訊息量總和，到達某種事先預定的標準後，便可終止施測；換句話說，在開始施測之前，先預設一個測驗訊息量總和值（如：20）或預設一個可被容許的估計標準誤收斂值（如：0.01），然後自題庫中依序抽出能夠產生最大訊息量的試題給予施測，並累計測驗訊息量的總和，一直到測驗訊息量總和或估計標準誤收斂值達到事先預設的標準為止，即停止施測。若以貝氏估計法來選題的話，則可以估計能力之變異數小到某個預設的標準時，便可終止施測。

此外，根據過去的施測經驗，如果前述這兩種標準均很慢才達到的話，也可以預設施測試題的上限（如：40 題）或固定的作答時間（如：四十分鐘）作為停止施測的標準，只要累積施測的題數達到上限（即已測完 40 題）或作答時間已到預定的時限（即已作答四十分鐘），即使尚未達到預定測驗訊息量總和的標準，或能力估計值尚未獲得滿意的估計標準誤收斂值，也就可以終止施測，以避免施測活動漫無止境地進行下去，徒增考生的作答負擔與浪費考生的時間。

施測終止之後，電腦即可輸出考生的成績或列印出測驗的結果（Xiao, 1999）。

第三節　電腦化適性測驗的實例

由於實施電腦化適性測驗，需要有現成的電腦化題庫、施測程式、能力值估算程式等配合，才能完成。這些動態的施測歷程比較難以用書面方式呈現。因此，

表 12-1　一個假想建置好的題庫試題及其參數特徵

試題	b	a	c
1	0.09	1.11	0.22
2	0.47	1.21	0.24
3	−0.55	1.78	0.22
4	1.01	1.39	0.08
5	−1.88	1.22	0.07
6	−0.82	1.52	0.09
7	1.77	1.49	0.02
8	1.92	0.71	0.19
9	0.69	1.41	0.13
10	−0.28	0.98	0.01
11	1.47	1.59	0.04
12	0.23	0.72	0.02
13	1.21	0.58	0.17

本章擬以一個假想例子，以書面呈現方式，試圖逐步說明電腦化適性測驗的施測歷程。

假設從一個已知的題庫（如：表 12-1 所示，事實上的題庫試題應有數百題或更多題，在此所列舉者，僅作為例子說明用而已）中，擬針對某位考生進行電腦化適性測驗，則下列的步驟應該是會出現的事件：

1.首先，假設電腦隨機挑選出的第一題試題是試題 3；因為它具有平均難度值（即 b）和最高的鑑別度值（即 a）。又假設某考生在這一題上答對，但此時的最大近似值估計法無法進行能力估計，必須等到至少有一題答對或至少有一題答錯才行（全錯或全對的得分，會導致 −∞ 和 +∞ 的能力估計值，因此，最大近似值估計法無法進行估計）。

2.其次，假設電腦隨機選中試題 12，因為它比前一個試題較難。又假設該考生答對此一試題。至此，最大近似值估計法仍無法進行能力估計，必須再等下一題的作答結果。

3.再其次，又假設電腦隨機選中試題 7，因為它比前兩題較難。此時，假設該考生答錯此題。則該考生在三個試題上的反應組型為（1，1，0），利用這三個試題

表 12-2　每一階段電腦化適性測驗後的能力估計值和估計標準誤

施測階段	試題編號	試題作答結果	$\hat{\theta}$	$I(\hat{\theta})$	$SE(\hat{\theta})$
1	3	1	—	—	—
2	12	1	—	—	—
3	7	0	1.03	0.97	1.02
4	4	1	1.46	2.35	0.65
5	11	0	1.13	3.55	0.55
6	9	1	1.24	4.61	0.47
7	2	1	1.29	5.05	0.45
8	1	1	1.31	5.27	0.44
9	8	0	1.25	5.47	0.43

表 12-3　每一個電腦化適性測驗階段中剩餘試題所提供的訊息量

階段	$\hat{\theta}$	試題所提供之訊息量												
		1	2	3	4	5	6	7	8	9	10	11	12	13
4	1.03	0.034	0.547	—	1.192	0.010	0.051	—	0.143	1.008	0.251	1.101	—	0.166
5	1.46	0.179	0.319	—	—	0.004	0.017	—	0.205	0.579	0.136	1.683	—	0.175
6	1.13	0.292	0.494	—	—	0.008	0.039	—	0.159	0.917	0.219	—	—	0.170
7	1.24	0.249	0.433	—	—	0.006	0.029	—	0.175	—	0.187	—	—	0.173
8	1.29	0.232	—	—	—	0.006	0.026	—	0.182	—	0.175	—	—	0.174
9	1.31	—	—	—	—	0.005	0.024	—	0.186	—	0.168	—	—	0.174
10	1.25	—	—	—	—	0.006	0.028	—	—	—	0.184	—	—	0.173

的已知參數特徵和最大近似值估計法，我們可以快速地估計出該考生的能力估計值為 $\hat{\theta}=1.03$；這三個試題的測驗訊息量總和為 $I(\hat{\theta})=0.97$，其估計標準誤為 $SE(\hat{\theta})=1.02$，如表 12-2 所示。

4.接著，當 $\hat{\theta}=1.03$ 時，計算出題庫中剩餘試題所提供的訊息量，如表 12-3 所示。由表 12-3 所示可知，其中的試題 4 在 $\hat{\theta}=1.03$ 時所提供的訊息量最大（即 1.192），所以，它是下一個被挑選中的試題。假設該考生亦答對本題，接著，根據其反應組型為（1, 1, 0, 1）時，估計出其新的能力估計值為 $\hat{\theta}=1.46$，其估計標準誤為 $SE(\hat{\theta})=0.65$，亦如表 12-2 中所示。

5.接下來，重複上述步驟 3 到步驟 4。根據上述步驟已計算出 $\hat{\theta}=1.46$，再繼

續計算剩餘試題所提供的訊息量，然後，從中挑選出一題最大訊息量的試題、再給予施測、再重新估計能力、再計算剩餘試題所提供之訊息量、再挑選下一題具有最大訊息量的試題，如此繼續重複下去（如表 12-2 所示，接下來被選中的試題，依序為試題 11、9、2、1，和最後的試題 8），一直到考生能力估計值的估計標準誤之收斂值小於事先預定的標準（如：小於 0.01）為止。從表 12-2 可知，在第九個階段施測試題 8 之後，它從第八個階段所遞減的估計標準誤值即為 0.01，因此，整個施測過程到此為止，此時，該考生的能力估計值為 $\hat{\theta} = 1.25$。這個估計值便是我們從題庫中挑選 9 個試題進行電腦化適性測驗之後，所精確估計出該考生的能力程度值。

由上述實徵例子的步驟可知，當這些挑題、呈現試題、作答、能力估計等步驟，都透過電腦來執行時，其速度是很快的，能力估計也會很快速和精確，並且，電腦也可以做到「因才施測」的理想境界，也就是說，電腦可以針對每位考生的表現，挑選最適合該考生作答的試題。因此，每位考生所考到的試題都不一定會相同，但電腦卻又可以快速、精確地估計出其能力值；並且，由於題庫中的試題都已建立在共同量尺單位上，所以，每位考生被電腦估計出來的能力值，也都是建立在共同量尺單位上，可以直接進行彼此間大小高低和差異與否的推論比較，以達到適性測驗的最終目的。

第四節　電腦化適性測驗的相關議題

經由本書第一節的說明，電腦化適性測驗是未來測驗發展的新趨勢，而實際上，確實也是如此。當今，已有許多傳統以紙筆方式進行的測驗，也都紛紛增加電腦化適性測驗的版本（朱錦鳳，2002；洪碧霞、邱上真、林素薇、葉千綺，1998；Mills, 1999; Mills & Steffen, 2000），這些現象在在顯示電腦化適性測驗是未來測驗發展的新趨勢。

在電腦化適性測驗陸續發展的進程中，還是有一些相關的研究議題，一直引起學者專家們的注意與興趣。這些研究議題在電腦化適性測驗剛發展的初期，多半是集中在電腦軟硬體的發展與技術更新的部分，而隨著網路科技的興起與電腦

化適性測驗逐漸受到重視之後，這些關注的研究議題便逐漸轉移到與整個施測流程有關的議題上，因為這些議題關係著題庫本身的重複使用問題、施測本身的公平性與客觀性問題、考生本身能力估計的精確性與正確性問題，以及測驗實施效率與經濟的問題（Bartram & Hambleton, 2006; Mills, Potenza, Fremer, & Ward, 2002; Parchall, Davey, Spray, & Kalohn, 2001; Sands, Waters, & McBride, 1997; van der Linden & Pashley, 2000; Wainer, et al., 2000）。

然而，環顧文獻記載，典型的研究議題雖然與起始策略、選題策略、能力估計策略、終止策略，和其他的適性測驗模式等有關（Gershon, 2005），但研究最多的，還是集中在選題策略及其延伸的議題上。茲說明如下。

在選題策略方面，由於高鑑別度的試題對測驗訊息量最有貢獻，因此，在電腦化適性測驗中，便成為常被抽取使用的試題，如此一來，導致這些高鑑別度的試題便有過高曝光率（Sympson & Hetter, 1985）的風險，在題庫數量不大時，進而會危害到題庫本身的安全性（即類似於把優良試題公布一樣），導致題庫在後續使用時，喪失施測的公平性與客觀性。然而，具有高鑑別度的試題卻對考生的能力估計，具有超高水準的估計效率性和精確性。因此，電腦化適性測驗中的選題策略，便陷入一種兩難的局面：如何在兼顧能力估計的高效率性與控制試題曝光率之間做取捨（Hau & Chang, 2001）。

近年來，在選題策略的問題研究上，雖然有提出其他選題方法（何榮桂，1991c；孫光天、陳新豐，1999）或改進選題方法（Eggen & Verschoor, 2006; Mead, 2006; van der Linden, 2005a; Weissman, 2006）的零星論文出現，但大多數的研究還是集中在試題曝光率的研究上。針對如何控制試題曝光率方面的研究，已逐漸成為電腦化適性測驗中的新興熱門議題之一，並且相關的議題亦延伸應用至其他的 IRT 模式上，國內外學者對此有相當豐富的研究成果（陳淑英，2004；章舜雯，2002；章舜雯、涂柏原，2001；章舜雯、涂柏原、Ansley，2002；Chang & Ansley, 2003; Chang, Qian, & Ying, 2001; Chang & Ying, 1999; Chen & Ankenmann, 2004; Chen, Ankemann, & Spray, 2003; Chen & Lei, 2005; Davis, 2004; Davis & Dodd, 2003; Davis, Pastor, Dodd, Chiang, & Fitzpatrick, 2003; Hetter & Sympson, 1997; Leung, Chang, & Hau, 2002, 2005; Li & Schafer, 2005a; Pastor, Dodd, & Chang, 2002; Revuelta & Ponsoda, 1998; Segall, 2004; Stocking & Lewis, 1998, 2000; Stocking &

Swanson, 1993; van der Linden, 2003; van der Linden & Veldkamp, 2004）。筆者認為選題策略比較歸屬於施測程式設計好壞的問題，但筆者相信透過對這些文獻的瞭解，對促進一個更周全電腦化施測程式的設計，一定會有相當大的助益的。

截至目前為止，電腦化適性測驗的發展，多半是適用於二元化計分的成就測驗資料及使用單向度 IRT 模式（如：3PL）為主，鮮少使用其他類型的資料結構和試題反應理論模式。因此，若欲發展適用於其他類型測驗資料的電腦化適性測驗時，研究者便需要另行研發適用的模型架構。例如，Dodd、Koch 和 de Ayala（1989）提出一種等級反應模式（graded response model）的適性測驗程序；Dodd（1990）、Chen、Hou、Fitzpatrick 和 Dodd（1997）則提出一種專門用來評量態度測量資料的評定量表模式（rating scale model）的適性測驗選題策略與程序；Dodd、Koch 和 de Ayala（1993）、Gorin、Dodd、Fitzpatrick 和 Shieh（2005）、Chen、Hou 和 Dodd（1998）、Dodd、Koch 和 de Ayala（1993）、Koch 和 Dodd（1989）、Pastor、Dodd 和 Chang（2002）則提出一種以部分計分模式（partial credit model）為基礎的適性測驗程序，並探討其選題策略及終止策略的不同效果，及 Dodd、de Ayala 和 Koch（1995）則歸納過去的研究提出適用於多元化計分資料的適性測驗理論架構等。由此可見，在這些有關適用於不同類型資料與 IRT 模式的電腦化適性測驗方面，雖然文獻上已有雛形架構提出，但在實務應用上，仍缺乏大量實徵例子的佐證。所以，此方面的發展仍有待學者專家們的持續努力。

另外，電腦化適性測驗的研究議題，也會和 IRT 其他相關研究議題結合，而交互產生新興的應用研究議題。例如，與差異試題功能（參見本書第十三章）研究議題結合，則有專門探討電腦化適性測驗中對差異試題功能的診斷研究問題（Lei, Chen, & Yu, 2006; Zwick, 2000; Zwick, Thayer, & Wingersky, 1994）；與題庫方面結合，即有探討如何運用電腦化適性測驗技術建置電腦化題庫的研究問題（何榮桂，2000；陳新豐，2003a；Stocking & Swanson, 1998）；甚至於還有其他的結合發展可能，例如，電腦化適性測驗的模式也可以擴充應用到多向度 IRT 方面（Li & Schafer, 2005b; Luecht, 1996; Segall, 1996, 2000, 2001; van der Linden, 1999; Veldkamp & van der Linden, 2002; Yan, Lewis, & Stocking, 2004），屬於這方面的研究雖然已超出本書的介紹範圍，但筆者相信它仍具有無窮的發展空間，仍值得學者專家們的努力開發。

第十三章

差異試題功能

　　社會大眾對心理測驗或教育測量都有個相當迫切的關注，那就是測驗的公平性（test fairness）問題。例如，我們的大學入學考試試題對少數族群（如：偏遠地區、離島或殘障的特殊學生）的考生而言，都公平嗎？我國的高普考試試題對性別不同的男女考生而言，也都公平嗎？這些類似問題的答案，也許都不是。由於編製測驗試題的學科專家，受到自己本身的專業素養、國學程度、文化認知，甚至主觀偏見等限制和影響，會編製出只對某些族群考生有利，而對另一些族群考生不利的試題，也是常見的事。這種現象和問題，即是本章所要探討的試題偏差（item bias）的問題。雖然，在古典測驗理論裡，測驗專家也談試題偏差的診斷和補救的問題，但試題反應理論對此問題所提出的理論基礎和檢定架構，卻是更完整、周延和嚴謹的。

　　傳統上，對診斷試題偏差的作法是：蒐集所關心的少數族群（minority）在測驗試題上表現好壞的資料，以及多數族群（majority）的表現資料，再去比較其間的差異，以作為判斷試題是否有偏差的實徵證據（empirical evidence）。其實，表現出有差異存在的實徵證據，是結論說試題有偏差的必要條件，但絕非充分條件；也就是說，這種結論已超過資料所能推論的範圍。為了區別實徵證據與結論間的不同，學者們往往使用比較中性涵義的用詞——「差異試題功能」（differential item functioning, DIF），以強調試題發揮了不同的功用，並取代語意比較不明確，且會給人帶來負面情緒感受的「偏差」（bias）用詞，一方面除了用來描述實徵證據背後所涵蓋的偏差涵義外，另一方面則避免此一強烈字眼所帶給人們負面的情緒感受和認知偏見（Berk, 1982）。

　　即使對 DIF 該怎麼樣定義才會比較適當，也都存在著許多爭辯。一個關於測驗公平性問題的常見看法，即認為：「在某個試題上，如果多數族群和少數族群

的平均表現有所不同的話，該試題便顯示出具有 DIF 的現象。」其實，這樣的看法有個缺失，那就是未考慮其他影響變項的可能性，例如，也許這兩個族群的能力原本就有所不同，因此才導致他們在某個試題（或某份測驗）上表現不同（Lord, 1980）。若因為能力不同所造成的表現差異，頂多只能稱之為「衝擊」或「影響」（impact），未必就是真正的 DIF 現象；例如，Dorans 和 Holland（1993）就曾以「辛普森的矛盾」（Simpson's paradox）來說明 DIF 與 impact 的區別，顯示受試者能力差異會造成完全不同的解釋結果，因而突顯出「兩組受試者能力相等的必要條件」在 DIF 檢定上的重要性。如果試題真的具有 DIF 現象，即表示同一試題對兩個團體或族群展現出不同的功能（functioning），這可能是因為不同性別、族群，或是地區性教學差異、生活經驗不同，甚至是資源分配不公等因素所造成，但其中的真正影響原因為何，才是學者們所關注、積極想要探究的真相。因此，使得各種相關的 DIF 研究方法，如雨後春筍般地湧現。

目前，比較被心理計量學者所接受的 DIF 定義為：「具有能力相同，但來自不同族群的個人，如果在某個試題上的答對機率有所不同的話，則該試題便顯現出 DIF 的現象」（Dorans & Holland, 1993; Hambleton, Swaminathan, & Rogers, 1991; Holland & Thayer, 1988）。有了這項定義，試題反應理論便很自然地提供一個研究 DIF 的架構，因為試題特徵函數正可以說明答對某個試題的機率是與受試者的潛在能力和試題的潛在特徵之間，有著某種關聯存在。因此，DIF 的定義便可以進行操作型定義如下：「某個試題特徵函數如果對不同的族群而言都不相同的話，則該試題便顯現出 DIF 現象；反之，如果跨越不同族群的試題特徵函數都相同的話，則該試題便不具有 DIF 現象」（Ackerman, 1992, 1994; Camilli & Shepard, 1994）。或者，甚至可以說是「因為試題測量到不同目標的緣故所造成的一種現象」（Walker & Beretvas, 2001），但這項說法已經牽涉到多向度 IRT 測驗理論，遠超過本書所欲討論的範圍。

由於測驗中若含有差異試題功能的試題，則可能產生對考生中的某一群體有利、對另一群體不利的情形，因此，該測驗所建構的能力量尺將對不同受試者群體產生不同的估計值，使得該次測驗的公平性受到質疑，進而影響該次測驗的效度。因此，自從 1980 年代起，為了以效度為基礎來定義和確保測驗品質與公平性，差異試題功能（即 DIF）的檢定便成為測驗編製過程中被建議必須例行性實

施的檢核項目之一（Zieky, 2006）。實務上，研究者在進行檢定程序前，通常必須將受試團體分成參照團體〔即參照組（reference group）〕與焦點團體〔即焦點組（focal group）〕，以進行能力的控制，務必使兩組受試者的能力維持相同水準或沒有顯著差異。其中，焦點組是研究者所感興趣的受試團體〔通常可能為「少數族群」（minority）的代表〕，而參照組則是研究者用以作為對照用途〔在大多數情況下均為「多數族群」（majority）的代表〕。因此，為了簡明扼要說明差異試題功能的內涵，本章重點僅放在討論試題反應理論如何檢定單向度測驗下的差異試題功能（或說試題具有 DIF 現象），並舉例說明它的各種檢定方法和作法。

　　現行比較受到青睞的 DIF 檢定方法，包括：偏向潛在變項觀點的 IRT 取向法和強調觀察分數觀點的非 IRT 取向法等兩類檢定程序作法。IRT 取向的 DIF 檢定程序作法，主要是在檢定兩組受試團體之試題參數是否相同，目前較盛行的作法有：Lord 卡方考驗法、ICC 間區域面積法和近似值比檢定法等，但這些 IRT 取向的 DIF 檢定程序都必須符合 IRT 模式下各種嚴謹的理論假設，因而在實際應用上有很多限制和不方便之處，因而有非 IRT 取向的檢定方式產生。而非 IRT 取向的 DIF 檢定程序作法，在計算上雖然較為簡易，且不需要大樣本，並且容易實施，在實際應用上較受到歡迎，目前較常被使用的非 IRT 取向 DIF 檢定程序有：MH 卡方考驗法、標準化法、對數型迴歸分析法和 SIBTEST 程序法等。

IRT 取向的 DIF 檢定法

　　根據前述 DIF 的定義，我們只要比較兩個或多個族群在某個試題特徵函數上的差異，就可以判別該試題是否具有 DIF 的存在。試題反應理論常用來檢定試題是否具有差異功能的方法，計有三種：(1)比較試題特徵曲線的參數〔又稱「Lord 卡方考驗法」〕；(2)比較介於兩條試題特徵曲線之間的面積〔又稱「兩團體 IRF 或 ICC 間區域面積法」〕；和(3)比較試題反應模式與資料間的適配度〔又稱「近似值比檢定法」（likelihood ratio test, LRT）〕（Hambleton & Swaminathan, 1985; Hambleton, Swaminathan, & Rogers, 1991; Holland & Wainer, 1993）。此三種 IRT 取向的檢定程序中，Lord 的卡方考驗法和 LRT 法考驗均只提供兩個團體統計是否達

顯著的資訊，無法進一步提供差異程度上的訊息，而 ICC 區域面積法雖提供兩個團體間的差異程度，但其考驗是否顯著的依據雖有 Raju（1990）提出的 Z 分配統計數，但其在檢定效能上仍有待更多研究的評估，茲分別描述如下。

① **比較試題特徵曲線的參數**

這種檢定方法，首先由 Lord（1980）提出，係採卡方考驗方式來檢定兩個團體試題參數是否達顯著差異，它除了必須先獲得精確的參數估計值的變異數——共變數矩陣外，還受限於 IRT 量尺不定性（indeterminacy）的影響。由於根據不同的兩個團體所計算出的試題參數，其估計值均有各自的原點與單位，因此必須先經過銜接（linking）過程，將兩個團體試題參數等化到同一量尺單位之後，始能進行 DIF 檢定。

如果兩個試題特徵函數的參數值相同的話，則該試題特徵曲線在線上所有點的功能都會相同，亦即，答對該試題的正確機率值也會一樣。因此，試題特徵函數的參數均相等的虛無假設，便可以表示如下：

$$H_0 : b_1 = b_2 \,;\, a_1 = a_2 \,;\, c_1 = c_2$$

其中，a 表示試題鑑別度參數，b 表示試題難度參數，c 表示試題猜測度參數，而足標表示兩個不同族群的代號。經過統計檢定的結果，如果我們能夠拒絕上述某個試題的虛無假設，此即表示該試題確實具有 DIF 的現象。

上述這種檢定方法，往往需要使用到參數估計值間之差值的變異數—共變數矩陣（或訊息函數矩陣）作為基礎。其檢定步驟如下所述：

1.選取一個適當的試題反應模式（如：3PL）。

2.分別估計不同族群考生的能力參數及試題參數。

3.經由銜接的過程，將參數值建立在共同量尺上。

4.以矩陣表示試題參數所組成的向量，例如，$\mathbf{X} = [\, a_i, b_i, c_i \,]$，並計算其訊息矩陣或變異數—共變數矩陣。

5.計算虛無假設的卡方分配統計檢定值如下：

$$\chi^2 = (\mathbf{X}_1 - \mathbf{X}_2)' \sum{}^{-1} (\mathbf{X}_1 - \mathbf{X}_2)$$

其中，$\sum$ 表示參數估計值之差值的變異數—共變數矩陣，而此 χ^2 統計值是一個具有 p 個自由度的卡方分配，p 即為前述所選用之試題反應模式的參數個數；例如，選用三參數對數型模式（即 3PL）時，p 即為 3；若選用二參數對數型模式（即 2PL）時，p 即為 2。

由於 c 參數比較不容易被精確估計，且具有較高的估計標準誤值，若把它加入卡方分配統計值裡計算，常會導致較保守的檢定結果，亦即，它會讓檢定 DIF 的功能變得較不敏銳。因此，另一種替代作法即是，只納入 a 和 b 參數的檢定即可，而忽略 c 參數的檢定。因為，不管 c 參數是否有納入考量，只要 a 和 b 參數在跨群組之間有差異存在的話，則其試題特徵函數之間一定會有差異出現；若 a 和 b 參數之間沒有差異存在的話，則任憑 c 參數有差異存在，也很難結論說試題特徵函數之間會真有差異出現（Lord, 1980）。

6.選定臨界點（如：$\alpha = 0.05$），並查閱卡方分配表的顯著性臨界值。如果計算出的 χ^2 值大於查表的卡方值，則必須要拒絕虛無假設，便說某個試題確實在不同族群上具有 DIF 的存在。

上述這種檢定方法，常遭致幾種批評：一為在某種能力值範圍內，即使某兩條試題特徵曲線沒有實質上的差異存在，也會獲得很顯著差異的試題參數值。Linn、Levine、Hastings 和 Wardrop（1981）便舉例說明這種現象也是有可能存在的，因此容易產生誤判的結論。另一為這種卡方分配曲線的統計檢定值，只是一種漸近的曲線（也就是說它必須使用大樣本才行）而已，它只有在能力參數為已知的情況下，才能適用到試題參數的估計值上（Hambleton & Swaminathan, 1985）。至於，要多大的樣本才適用？若在能力參數與試題參數同時估計的情況下，是否還仍適用？甚至於，已有證據顯示卡方分配統計值常有獲致較高的偽陽性反應率（false-positive rate）（McLaughlin & Drasgow, 1987）的結論情況發生。但上述這種卡方分配統計值的檢定方法，並無法解答這些質疑。

二 比較介於兩條試題特徵曲線之間的面積

從本書第四章與第五章的說明可知，試題參數的估計不受考生能力分布的影響（亦即具有樣本獨立的估計特性）。因此，根據不同族群考生所估計出來的同一道試題參數或試題特徵曲線（即 ICC），在經過銜接與等化的計算之後，這些試題參數應該都已建立在共同量尺上，其試題特徵曲線也應該會相同。此時，同一道試題的兩條試題特徵曲線之間所夾的面積應該會等於 0（Rudner, Getson, & Knight, 1980）；如果這兩條試題特徵曲線間所夾的面積不是 0 的話，即顯示該試題對不同族群考生而言，確實具有 DIF 的現象。

因此，針對兩團體在某個能力區間範圍內的試題反應函數（IRF）或 ICC 之間所夾面積的大小進行比較，若所夾面積愈大，即顯示 DIF 現象愈嚴重，反之，則否。但是，此方法也和 Lord 的卡方考驗法一樣，仍必須先分別估計兩個團體的試題參數，然後進行銜接與等化的動作，始能開始檢定 DIF 是否存在。這種檢定方法的步驟如下所述：

1.選取一個適當的試題反應模式。

2.分別估計不同族群考生的能力參數及試題參數。

3.經由銜接的過程，將不同族群考生之能力參數及試題參數加以等化，以建立在共同量尺上。

4.將能力量尺（θ-scale）自 -3.0 到 $+3.0$ 之間，劃分成 k 個等分。

5.以每個等分的中點為中心，畫出該等分的長條圖（histogram）。

6.計算出每個等分的中點處所能獲得的試題特徵曲線（機率）值。

7.計算出兩組不同族群考生在每個等分中點處之機率值間的差值，並取其差值的絕對值。

8.再將該絕對值差值乘上每個等分的寬度（即長條圖之寬度），最後，將這些乘積值加總起來。如以數學公式來表示，本步驟可以表示成：

$$A_i = \sum_{j=1}^{k} \left| P_{i1}(\theta_j) - P_{i2}(\theta_j) \right| \Delta\theta_j$$

其中，$\Delta\theta_j$ 表示每個等分的寬度，並且是愈小愈好（如：0.01），$P_{i1}(\theta_j)$ 和 $P_{i2}(\theta_j)$ 分別代表兩個不同族群考生在某個能力段落之間（如：從 s 到 r 值不等，此段落可由研究者自行決定，以確保所有考生能力值均落於其間，但通常都是挑選自 -3.0 到 $+3.0$ 之間，即 $s=-3.0$，$r=3.0$）的試題特徵曲線（機率）值。

9.判斷 A_i 值的大小。如果 A_i 值很大，則表示試題 i 對不同族群考生而言，具有 DIF 的現象；若 A_i 值不大，則表示試題 i 不具有 DIF 的現象。

這種兩條試題特徵曲線間所夾面積的檢定法，可以圖 13-1 來表示其檢定的程序，亦即，檢定兩條 ICC 曲線所夾面積的大小。

過去，Raju（1988）曾推導出一個專供 1PL、2PL 或 3PL 模式下，任兩條 ICC 線之間所夾面積的計算公式。當使用 3PL 模式時，該面積的計算公式可以表示如下：

$$A_i=(1-c)\left|\frac{2(a_2-a_1)}{Da_1a_2}\ln[1+e^{Da_1a_2(b_2-b_1)/(a_2-a_1)}]-(b_2-b_1)\right| \quad \text{（公式 13-1）}$$

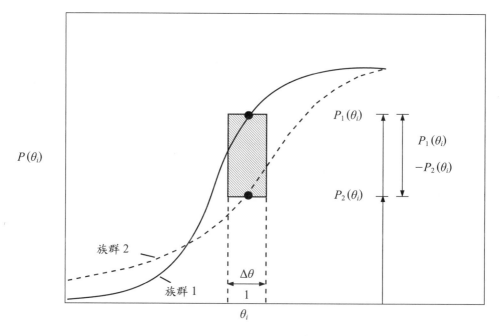

圖 13-1　兩條 ICC 曲線所夾面積之計算

若是使用 2PL 模式時，則上述公式中會少掉 c 參數；若是使用 1PL 模式時，則上述公式會簡化成只剩兩個族群的 b 參數之差的絕對值（即 $|b_2 - b_1|$）而已。同時，Raju（1990）亦推導出上述公式的標準誤，並可將上述面積除以該標準誤，以轉換成接近常態分配的統計分配數（如：z 分數），再進行標準化的常態分配檢定程序。這種檢定程序，都是建立在上述公式中的 c 參數在兩個族群中均為相等（且固定，不予估計）的假設上，才能順利進行檢定，若不假設為相等的話，則當我們去估計考生的能力從 $-\infty$ 到 $+\infty$ 的段落時，該面積則會變成無窮大，而致無法收拾（亦即無法檢定是否達顯著）。

因此，上述這種檢定方法也有幾項限制：首先是當我們使用 3PL 時，如果不假設 c 參數在兩個族群呈現相等的話，則 A_i 值的顯著考驗便無法進行。此時，通用的檢定辦法即是找出某個「決斷點」（cut-off），以作為判斷該面積的統計數是否達顯著程度的依據，若所計算的面積大於該「決斷點」，即表示該試題具有 DIF 的現象。在實務作法上，學者們（Hambleton & Rogers, 1989）多半是建議將兩個不同族群中人數較多的那一個族群，以隨機方式分割成兩個相等組，並個別估計出其 ICC，以及計算出兩個 ICC 間所夾面積的大小。從理論上來看，既然這兩個組別是隨機組成的相等組，其間所夾的面積，理論上應該為 0，若不是呈現 0 的話，則可歸因於純粹是因為抽樣誤差所造成的變動現象；此時，出現最大可能的面積值，即可被視為是抽樣誤差所可能產生的最大變動面積值。當我們想去比較多數族群與少數族群之間是否具有試題 DIF 時，該最大變動面積值即可作為判定我們所計算出的 A_i 值是否達顯著的「決斷點」；當我們所計算出的 A_i 值大於此「決斷點」時，即表示該試題具有 DIF 的現象，反之，則否。然而，這種計算「決斷點」的方式有點隨機，所檢定出的 DIF 現象有不穩定的情況，因此，也有學者（Rogers & Hambleton, 1989）建議改用模擬資料的方法，其檢定出 DIF 的效果比較好。

其次，由於兩組的試題參數都需要估計，因此需要能力值範圍較廣的考生加入，所以，往往需要使用大樣本的估計；如果每組使用的人數不夠多（即能力值範圍可能不夠寬廣）的話，則容易導致一個錯誤的 DIF 結論。

三 比較試題反應模式與資料間的適配度

在比較兩個不同模式下兩個團體的 IRF 是否相同時，可以分為精簡模式（compact model）與延伸模式（augmented model）來看待。延伸模式包含著精簡模式所有的參數和一個或數個增額（additional）參數（即待檢定的試題參數），並採用統計數 G^2 針對這兩個模式的最大近似值函數進行比較，以檢定是否具有顯著差異存在。在 LRT 法的檢定下，兩個團體的試題參數是同時估計的，所以無需經過銜接與等化的動作（Camilli & Shepard, 1994），且不需要有精確的試題參數變異數—共變數矩陣（Thissen, Steinberg, & Wainer, 1988, 1993），所以，本方法在應用上有逐漸受到重視的趨勢。

如果不同族群考生產生不同的適配度估計值，也就是表示該試題具有 DIF 的現象。這種利用試題反應模式與資料間的適配度作為檢定的方法，其步驟如下所述：

1.將不同族群考生的資料合併起來，並進行試題參數與能力參數的估計。

2.根據估計出的參數值，再將每位考生在每個試題上的答對機率值（即 $\widehat{P}_{ij}(\theta), i = 1, \cdots, n; j = 1, \cdots, N$）算出。

3.計算不同的考生族群在每個試題上的平均 $\widehat{P}_{ij}(\theta)$ 值和答對率。

4.比較各族群在每個試題上的平均 $\widehat{P}_{ij}(\theta)$ 值和答對率是否有顯著差異存在，以判定該試題是否具有 DIF 的現象。

上述這種檢定方法也有些缺失，例如，在檢定不同族群考生在每個試題上的平均 $\widehat{P}_{ij}(\theta)$ 值和答對率的差異時，不論是用卡方（χ^2）考驗或 t 考驗，都很容易因為使用大樣本或大題數而達到顯著差異，造成試題反應模式與資料間的不適配，因而錯誤結論說該試題具有 DIF 的現象。

除此之外，Linn 和 Harnisch（1981）也提出另一種改進上述比較試題反應模式與資料間適配度的檢定方法，他們認為若試題並無 DIF 存在的話，則少數族群與合併族群的適配度應該會一樣，若不一樣，即表示有 DIF 現象存在。而 Linn、Levine、Hastings 和 Wardrop（1981）則提出另一種改良方法，只計算每一個 θ 觀察值上兩條 ICC 間的差異平方和，即可檢定試題是否有 DIF 存在；甚至，也可以把估計機率的誤差考慮在內，亦可達到檢定的效果（Shepard, Camilli, & Williams,

1985）。由此可見，檢定 DIF 的 IRT 方法甚多，比較有系統的文獻說明和介紹，讀者可以參見 Holland 和 Wainer（1993）所著的專書。

 非 IRT 取向的 DIF 檢定法

在非 IRT 取向的 DIF 檢定方法中，主要有四種最常被使用，計有：⑴Mantel-Haenszel 法（Holland & Thayer, 1988）；⑵標準化法（standardization method）（Dorans & Kulick, 1986）；⑶對數型迴歸分析法（logistic regression）（Swaminathan & Rogers, 1990）；⑷同步試題偏差檢定法（simultaneous item bias test）（Shealy & Stout, 1993）。上述方法各有其優缺點，但目前最被廣泛使用的方法非 MH 法莫屬，此方法不僅計算簡單、理論易懂，且研究者亦可自行利用一般市面上的統計套裝軟體程式（如：SAS、SPSS）進行 DIF 分析，不需要使用特定的專用軟體程式，美國的教育測驗服務社（Educational Testing Service, ETS）即常利用此方法來進行 DIF 試題的檢定。

 Mantel-Haenszel 法

目前最受歡迎的非 IRT 取向的 DIF 檢定方法，即是所謂的 Mantel-Haenszel 法（簡稱 MH 法）。MH 統計方法，係由 Mantel 與 Haenszel 兩位學者於 1959 年所提出，此方法發展至今，復經 Landis、Heyman 和 Kock（1978）加以改良，始成為一種可以調整層次的卡方統計量數，稱為 CMH（Cochran-Mantel-Haenszel）統計量，之後，再由 Holland 和 Thayer（1988）應用到 DIF 的研究中，才形成一套完整的 DIF 試題檢定方法。它不僅具有統計上強而有力的考驗指標，且美國的 ETS 也隨之提出一套解釋 DIF 嚴重程度的分類系統，是一種少數兼具量與質的 DIF 檢定證據的方法。

MH 法和其他 DIF 檢定方法一樣，在進行檢定前都必須選定配對的標準，通常都以測驗總分（total raw scores）作為焦點組與對照組的配對變項，亦有以 IRT 能力估計值（IRT-θ 值）作為配對準則者。MH 法即類似傳統的卡方分配檢定法，

表 13-1　總分為 k 的 2×2 列聯表

	試題反應		
	答對（1）	答錯（0）	總和
參照組（R）	A_k	B_k	n_{Rk}
焦點組（F）	C_k	D_k	n_{Fk}
總和	m_{1k}	m_{0k}	T_k

組別

是一種需要使用列聯表（contingency tables）的統計分析法，包含共同勝算比（common odds ratio）及 MH 卡方統計值（χ^2_{MH}）的計算，其方法乃直接根據 $k+1$ 個分數組別（k 代表測驗的試題數，$k = 1, \cdots, k$），以形成 $k+1$ 個如表 13-1 所示的 2×2 列聯表（即每一種得分畫一個列聯表，共計 $k+1$ 個列聯表），再一一檢定每個試題的作答反應情形。在表 13-1 中，T_k 代表得分為 k 的總人數，n_{Rk} 與 n_{Fk} 分別代表參照組與焦點組的人數，m_{1k} 代表答對某試題的人數，m_{0k} 代表答錯某試題的人數，A_k 代表得分為 k 且答對某試題的參照組人數，B_k 代表得分為 k 且答錯某試題的參照組人數，C_k 代表得分為 k 且答對某試題的焦點組人數，D_k 代表得分為 k 且答錯某試題的焦點組人數。

　　MH 法所提出的虛無假設（null hypothesis），即是在考驗這 $k+1$ 個分數層的參照組和焦點組的共同勝算率（α_{MH}）是否等於 1.0。其虛無假設與對立假設的陳列方式如下：

$$H_0 : \alpha_{MH} = 1 \quad \text{vs.} \quad H_1 : \alpha_{MH} \neq 1$$

而 α_{MH} 的估計值如下：

$$\alpha_{MH} = \frac{\sum\limits_{k} A_k D_k / T_k}{\sum\limits_{k} B_k C_k / T_k}$$

（公式 13-2）

Mantel 和 Haenszel（1959）曾提出一個卡方統計數來考驗 α_{MH} 是否等於 1.0 的研究假設：

$$\chi^2_{MH} = \frac{\left[\left|\sum\limits_{k} A_k - \sum\limits_{k} E(A_k)\right| - 0.5\right]^2}{\sum\limits_{k} Var(A_k)}$$

（公式 13-3）

其中，$E(A_k) = \dfrac{n_{RK} m_{1k}}{T_k}$，$Var(A_k) = \dfrac{n_{RK} n_{FK} m_{1k} m_{0k}}{T_k^2 (T_k - 1)}$（公式 13-3 中，$-0.5$ 是為促使間斷的 χ^2_{MH} 分配趨近連續卡方分配所作的校正項）。在虛無假設為真時，χ^2_{MH} 統計數呈現出自由度為 1 的卡方分配，Birch（1964）和 Cox（1970）都認為 MH 卡方檢定是檢定 H_0 與 H_1 最強而有力的不偏檢定方式。

基本上，MH 法的第一類型錯誤控制力大致令人滿意，唯當兩組受試者能力差異很明顯、受試樣本數多，且測驗信度不高時，MH 法對鑑別度較極端（特別是高鑑別度試題在受試樣本人數較多的情形下）之試題，容易產生偏高的第一類型錯誤率，易將無 DIF 試題誤判為 DIF 試題（盧雪梅，2000）。然而，採 MH 法進行 DIF 檢定時，若同時搭配 ETS 的 DIF 分類系統，則因為較不受樣本因素的影響，而可得到一客觀、可信的 DIF 指標，其檢定 DIF 的表現能力，大致上是令人滿意的（余民寧、謝進昌，2006）。

二 標準化法

　　美國教育測驗服務社針對 DIF 程度的描述，訂定出一套分類系統理論架構，以作為比較參照組與焦點組於各分數層上答對百分比的差異嚴重情況，並有效解釋 DIF 分析結果的嚴重程度。該套分類系統的理論架構，首先，必須先將 α_{MH} 值轉換為另一形式的 DIF 量數，稱為 MH D-DIF（Δ_{MH}）（Holland & Thayer, 1988），其轉換公式如下：

$$\Delta_{MH} = -2.35 \ln(\alpha_{MH}) \qquad\qquad （公式 13-4）$$

Holland 和 Thayer（1988）曾進一步提出其標準誤的公式如下：

$$SE(\Delta_{MH}) = 2.35\sqrt{Var[\ln(\alpha_{MH})]} \qquad\qquad （公式 13-5）$$

其中，$Var[\ln(\alpha_{MH})] = \dfrac{\sum\limits_{k} \dfrac{U_k V_k}{T_k^2}}{2\left(\sum\limits_{k} \dfrac{A_k D_k}{T_k}\right)^2}$，$U_k = (A_k D_k) + \alpha_{MH}(B_k C_k)$，$V_k = (A_k + D_k) +$ $\alpha_{MH}(B_k + C_k)$。

　　MH D-DIF 是以 ETS 的難度量尺（即 Δ，delta）指標來解釋能力相等的參照與焦點組於某試題上難度指標的差異值，負的 Δ_{MH} 值表示該試題對於參照組而言較簡單，即是有利於參照組；而正的 Δ_{MH} 值，則表示該試題對於參照組而言較困難，即是有利於焦點組。有鑑於統計顯著性考驗的結果易受到樣本因素的影響，當樣本人數很大時，即使是微小的差異，也會達到統計上的顯著差異，但該差異值不見得具有實質上的意義。因而，ETS 的 DIF 嚴重程度分類系統，乃同時根據顯著性考驗結果（如訂定 $\alpha = 0.05$ 為顯著水準）與 Δ_{MH} 值兩者，來對試題進行 DIF 分類（Zwick & Erickan, 1989）。當 $\Delta_{MH} = 0$，即表示虛無假設成立，也就是兩個群體在某試題的表現間沒有顯著差異存在，亦即該試題並無 DIF 現象存在；如果某試題之 Δ_{MH} 值未顯著異於 0 或 Δ_{MH} 的絕對值小於 1.0，則將該試題歸類為 A 類 DIF，

代表著該試題的 DIF 現象為輕微程度，但可以忽略；如果某試題之 Δ_{MH} 的絕對值大於 1.5，且統計上的考驗呈現顯著地大於 1.0，則將該試題歸類為 C 類 DIF，代表著該試題的 DIF 現象已達很嚴重的程度；而指標介於其間的試題，即 Δ_{MH} 值顯著地異於 0，且絕對值至少大於等於 1 但小於等於 1.5，或絕對值至少為 1 但沒有顯著異於 1 者，則將該類試題歸類為 B 類 DIF，代表著該類試題的 DIF 現象為中等程度（Doran & Holland, 1993; Dorans & Kulick, 1986）。上述 DIF 現象的分類系統，可以簡化成圖 13-2 所示的說明，圖中的 $\widehat{D_i}$ 即是本節所指的 Δ_{MH} 值（Kamata & Vaughn, 2004）。

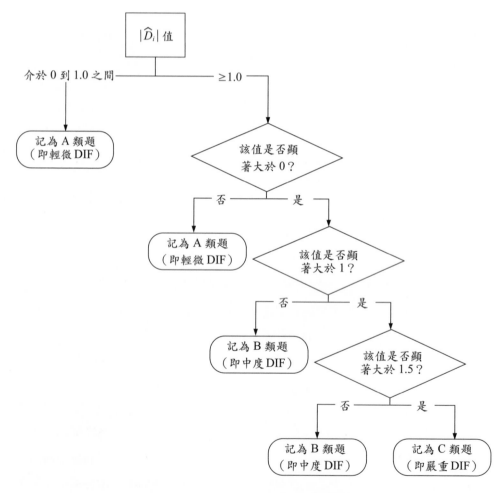

圖 13-2　ETS 的標準化 DIF 分類系統

三　對數型迴歸分析法

另一種非 IRT 取向的 DIF 檢定方法，即是 Swaminathan 和 Rogers（1990）、Rogers 和 Swaminathan（1993）等人所提出的對數型迴歸分析方法，採用迴歸分析方法來檢定兩個族群估計模式間的迴歸係數是否達顯著差異程度，若組別與能力交互作用的迴歸係數達顯著時，即表示具有 DIF 現象存在。通常是，如果兩群組間迴歸模式的截距與迴歸係數均沒有差異的話，則表示該試題沒有 DIF 的現象；若兩群組間迴歸模式的截距不等於 0，而迴歸係數等於 0 的話，即表示該試題為「一致性 DIF」（uniform DIF）試題；若兩群組間迴歸模式的迴歸係數不等於 0，即表示該試題為「非一致性 DIF」（non-uniform DIF）試題。因此，對數型迴歸分析方法的優點，即是可以同時檢定「非一致性 DIF」和「一致性 DIF」的現象，比 MH 法僅能適合檢定「一致性 DIF」的現象為優。

對數型迴歸分析法也可與上述的標準化法一起使用。Monahan、McHorney、Stump 和 Perkins（2007）即提出 LR 法的效果量可與 MH 法採用相同概念的作法，先由勝算比（odds ratio）的轉換公式計算出 Δ_{LR} 值，再仿照 ETS 的 DIF 分類系統轉換成 $\Delta_{LR} = -2.35 \ln(\alpha_{LR})$，並採三級分類方式，將試題分類成不同嚴重程度的 DIF 試題，再進行解釋試題分析的結果：

A 級輕微的 DIF 試題：檢定 $H_0 : \Delta_{LR} = 0$ 未達顯著，或 $|\Delta_{LR}| < 1$。

B 級中度的 DIF 試題：檢定 Δ_{LR} 顯著地不等於 0，且 $1 \leq |\Delta_{LR}| \leq 1.5$，

　　或 $H_0 : |\Delta_{LR}| > 1$ 未達顯著程度。

C 級嚴重的 DIF 試題：檢定 $|\Delta_{LR}| > 1.5$，且 $H_0 : |\Delta_{LR}| > 1$ 達顯著程度。

四　同步試題偏差檢定法

另外一種檢定 DIF 的非 IRT 取向方法，即為同步試題偏差檢定法（simultaneous item bias test, SIB 或 SIBTEST）（Shealy & Stout, 1993）。該法可同時檢定一個或多個試題是否有 DIF 現象存在，其作法主要是將整份測驗試題分成兩部分，其中一部分由無 DIF 試題所組成〔稱作「有效分測驗」（valid subtest）或「配對分測驗」（matching subtest）〕，作為參照組與焦點組的配對變項（matching variable）之用，另一部分則由待檢測 DIF 的單一或多個試題所組成〔稱作「可疑分測驗」（suspect subtest）或「研究分測驗」（studied subtest）〕，以比較兩組於可疑測驗上經迴歸校正（regression correction）後的分數，若該二組校正後的分數之間達顯著差異時，即表示該等試題具有 DIF 現象的存在。

SIBTEST 法原先提出一個用來判別單向性（unidirectional）DIF 大小的指標：β_{uni}，並以下列假設考驗程序來進行 DIF 的檢定：

$$\hat{\beta}_{uni} = \sum_{k=0}^{n} \hat{p}_k (\overline{Y}_{Rk}^* - \overline{Y}_{Fk}^*) \qquad （公式 13-6）$$

$$H_0 : \beta_{uni} = 0 \quad \text{vs.} \quad H_1 : |\beta_{uni}| > 0$$

$$t_{uni} = \frac{\hat{\beta}_{uni}}{\hat{\sigma}(\hat{\beta}_{uni})} \qquad （公式 13-7）$$

$$\hat{\sigma}(\hat{\beta}_{nui}) = \left\{ \sum_{k=0}^{n} \hat{p}_k^2 \left[\frac{1}{N_{Rk}} \hat{\sigma}^2(Y|k, R) + \frac{1}{N_{Fk}} \hat{\sigma}^2(Y|k, F) \right] \right\}^{\frac{1}{2}}$$

其中，$\hat{p}_k = (N_{Rk} + N_{Fk}) / \sum_{k=0}^{n} (N_{Rk} + N_{Fk})$。$\overline{Y}_{Rk}$ 與 $\overline{Y}_{Fk}$ 分別是參照組與焦點組在配對分測驗上總分為 $X = k$（$k = 0, 1, 2, \cdots, n$）時，全體受試者所得到的 Y 值平均數，而 $\overline{Y}_{Rk}^*$ 與 $\overline{Y}_{Fk}^*$ 分別代表去除 DIF 影響（impact）後的校正 Y 值平均數；N_{Rk} 與 N_{Fk} 是配對分測驗上總分相同時，參照組與焦點組的受試者人數；$\hat{\sigma}^2(Y|k, R)$ 與 $\hat{\sigma}^2(Y|k, F)$ 則是配對分測驗上總分為 k 時，參照組與焦點組受試者在可疑分測驗上得 k 分的樣本變異數。當 DIF 不存在時，SIBTEST 法的 β_{uni} 統計值會接近標準化常態分配，亦即是呈現 $N(0, 1)$ 的分配；若 $\beta_{uni} > Z_\alpha$（α 為一般的顯著水準）時，則須拒絕沒有 DIF 的虛無假設，表示某試題具有 DIF 的現象。

後來，Li 和 Stout（1996）又提出另一個修正 SIBTEST 法的檢定程序，可以有效檢定出具有交叉性（crossing）DIF 的試題，且不限定於一個能力參數上。交叉性 DIF 的檢定程序如下：

$$\hat{\beta}_{cro} = \sum_{k=0}^{k=1} \hat{p}_k (\bar{Y}_{Rk}^* - \bar{Y}_{Fk}^*) + \sum_{k=k+1}^{n} \hat{p}_k (\bar{Y}_{Rk}^* - \bar{Y}_{Fk}^*) \qquad (公式 13\text{-}8)$$

$$H_0 : \beta_{cro} = 0 \quad \text{vs.} \quad H_1 : |\beta_{cro}| > 0$$

$$t_{cro} = \frac{\hat{\beta}_{cro}}{\hat{\sigma}(\hat{\beta}_{cro})} \qquad (公式 13\text{-}9)$$

$$\hat{\sigma}^2(\hat{\beta}_{cro}) = \left(\sum_{k=0}^{kc-1} + \sum_{k=kc+1}^{n} \right) \hat{p}_k^2 \left[\frac{1}{N_{Rk}} \hat{\sigma}^2(Y|k,R) + \frac{1}{N_{Fk}} \hat{\sigma}^2(Y|k,F) \right]$$

其中，$\hat{p}_k = (N_{Rk} + N_{Fk}) / \sum_{k=0}^{n} (N_{Rk} + N_{Fk})$，且 $\hat{\sigma}^2(Y|k,R)$ 與 $\hat{\sigma}^2(Y|k,F)$ 是配對分測驗上

總分為 k 分時，參照組與焦點組受試者在可疑分測驗上得 k 分的樣本變異數。當

DIF 不存在時，SIBTEST 法的交叉性 DIF β_{cro} 統計值也會近似呈現標準化常態分配

〔亦即 $N(0,1)$ 分配〕；若 $\beta_{cro} > Z_\alpha$（α 為一般的顯著水準）時，則須拒絕沒有 DIF

的虛無假設，即表示某試題具有 DIF 的現象。

第三節　IRT 取向的 DIF 檢定實例

　　為了逐步說明 IRT 在檢定試題 DIF 現象上的用法，本節茲舉出一個假想例子

作為說明。假設從多數族群（如：美國白人、我國漢人）中隨機抽取 1,000 名受

試者當樣本，另從少數族群（如：美國原住民、我國新移民）中隨機抽取另外的

1,000 名受試者為樣本，並從題庫中隨機抽取 25 個試題給這兩個族群樣本施測。

　　假定我們選用三參數對數型模式（即 3PL），作為適配這兩個族群樣本的試

題反應模式，並估計出這兩個族群的試題參數，其中的 b 值並予以標準化，以便

將這兩個族群的 b 參數建立在一個共同量尺上。接著，計算出這兩個族群在每個

試題的試題特徵曲線（即 ICC）上所夾的面積，並以 $\theta = 0.01$ 為計算單位，算出能

力值在 ±3 之間的面積，再以模擬資料所算出之沒有 DIF 情況下的最大決斷點面

積值假設為 0.498，並當作判斷的參照標準（Rogers & Hambleton, 1989），若每道

試題被這兩個族群的試題特徵曲線所夾之面積大於 0.498 時，則該試題即被判定具有 DIF，並以 * 來表示。另外，以 χ^2_{ab} 和 χ^2_{abc} 作為兩種考驗試題參數間是否達顯著的指標，前者（即 2PL）沒有把 c 參數列入考慮，後者（即 3PL）則有，其卡方分配是否達顯著的臨界值分別為 $\chi^2_{2,0.001} = 13.82$ 和 $\chi^2_{3,0.001} = 16.27$。最後，將這三種檢定結果列於表 13-2 中，其中，標示 * 者即表示為被檢定出具有 DIF 的試題。

表 13-2　25 個隨機試題的試題參數估計值、面積統計數和卡方值

試題	多數族群			少數族群			DIF 統計數		
	b_1	a_1	c_1	b_2	a_2	c_2	面積	χ^2_{ab} [a]	χ^2_{abc} [b]
1	0.840	0.575	0.190	0.823	0.896	0.170	0.417	5.84	6.01
2	−0.412	0.773	0.190	−0.008	0.906	0.170	0.388	7.90	9.52
3	−1.347	0.413	0.190	−0.953	0.821	0.170	0.609*	21.13*	12.99
4	0.125	0.608	0.190	0.286	0.414	0.170	0.344	5.31	5.21
5	0.319	0.639	0.190	−0.197	0.645	0.170	0.342	17.80*	14.74
6	0.693	0.714	0.190	0.728	0.303	0.170	0.732*	21.86*	19.38*
7	−0.308	1.044	0.190	−0.650	0.551	0.170	0.494	17.12*	15.83
8	−0.193	0.977	0.190	0.286	1.999	0.231	0.405	29.13*	23.07*
9	−0.337	0.536	0.190	−0.106	0.595	0.170	0.238	1.57	2.42
10	−0.514	0.529	0.190	−0.628	0.407	0.170	0.217	2.20	2.22
11	−1.463	0.488	0.190	−0.716	0.839	0.170	0.637*	11.14	9.78
12	−1.168	0.549	0.190	−1.175	0.433	0.170	0.195	4.15	4.64
13	1.011	0.849	0.190	0.943	1.054	0.170	0.214	1.33	1.76
14	1.808	1.166	0.137	2.778	0.509	0.125	0.641*	14.74*	12.08
15	−0.481	0.583	0.190	0.140	0.586	0.170	0.540*	11.62	13.09
16	−0.663	0.661	0.190	−1.128	0.528	0.170	0.290	5.73	3.64
17	0.409	0.431	0.190	0.265	0.430	0.170	0.057	0.56	0.15
18	1.444	1.050	0.190	1.246	1.201	0.137	0.315	1.94	3.19
19	0.338	0.404	0.190	1.545	0.405	0.170	0.880*	14.11*	16.42*
20	0.281	0.685	0.190	−0.497	0.489	0.170	0.536*	32.43*	21.54*
21	0.904	0.569	0.190	1.154	0.531	0.170	0.257	1.19	2.10
22	0.245	0.442	0.190	−0.387	0.280	0.170	0.467	10.52	5.56
23	−1.398	0.340	0.190	−0.122	0.693	0.170	0.942*	15.41*	15.07
24	−0.567	0.640	0.190	−0.007	1.223	0.170	0.648*	20.29*	20.04*
25	1.646	0.317	0.190	0.534	0.562	0.170	0.722*	23.53*	15.24

註：a 表示 $\chi^2_{2,0.001} = 13.82$，b 表示 $\chi^2_{3,0.001} = 16.27$，*表示達 $\alpha = 0.001$ 的顯著水準。

由表 13-2 資料所示可知,前兩種診斷方法之間的一致性達 77%,二者間的等級相關係數為 0.71。圖 13-3 和圖 13-4 所示,即分別為所診斷出之不同 DIF 型態的試題。茲分別說明如下。

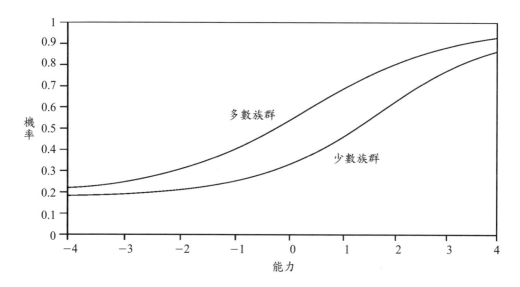

圖 13-3　多數族群和少數族群在試題 19 上的 ICC

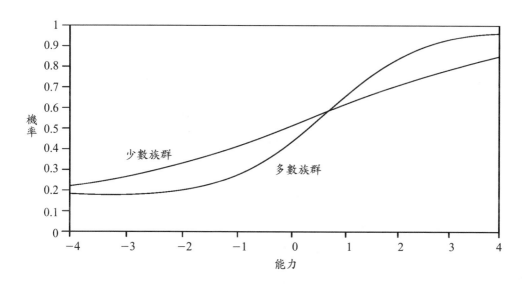

圖 13-4　多數族群和少數族群在試題 6 上的 ICC

由圖 13-3 所示可知，兩個族群在試題 19 上的 ICC 線，大致上而言是呈現平行的，其主要的差別只在 b 參數值（參見表 13-2 中第 19 題的數據）上，亦即是，這兩條 ICC 線所座落的位置參數（location parameter）不同而已。這種類型的 DIF，即稱作「一致性 DIF」（uniform DIF）（Hambleton, Swaminathan, & Rogers, 1991; Mellenbergh, 1982），亦即在所有的能力範圍內，這兩種族群間的作答成功機率之差值，是呈現一種穩定、一致變化的趨勢。

由圖 13-4 所示可知，這兩個族群在試題 6 上的 ICC 線表現不同：在低能力量尺的部分，少數族群的表現比多數族群的表現來得好；而在高能力量尺部分，多數族群卻表現得比少數族群還好。這種類型的 DIF，即稱作「非一致性 DIF」（non-uniform DIF）（Hambleton, Swaminathan, & Rogers, 1991; Mellenbergh, 1982; Narayanan & Swaminathan, 1996），此時，這兩個族群在作答成功機率上的差值，不是呈現一種穩定、一致的變化趨勢，而是呈現不同族群能力值與試題特徵（多半是二參數和三參數模式的特徵）產生交互作用的現象。

由上述表 13-2 所示可知，χ^2_{ab} 所檢定出具有 DIF 的試題數（共 11 題）比 χ^2_{abc} 所診斷出者（共 5 題）還多，可見後者的檢定方法比前者方法和面積統計數方法還要保守。這種利用 IRT 程序來檢定試題是否具有 DIF 現象的一項優點，即是這些方法對不同類型 DIF 現象的檢定極為敏銳，這項特色亦是其他非 IRT 程序方法所不能媲美的（Holland & Thayer, 1988; Swaminathan & Rogers, 1990）。但是由上述例子的分析可知，當這些檢定方法所找到的解答不完全一致時，便無法進一步解釋其間的結果為什麼會有差異存在了（Hambleton, Swaminathan, & Rogers, 1991）。

 **DIF 的發展趨勢**

DIF 檢定的作用，原本係用來偵測測驗公平性的問題，以確保某次測驗結果的效度是否合宜。回顧過去的歷史文獻，有關 DIF 的應用例子，多半是涉及教育測驗的應用為主，不外乎是應用到一般成就測驗情境的試題偏差之偵測、各種 DIF 檢測方法的介紹、DIF 檢定方法學之優劣比較、結合其他模型的應用（如：多向

度 IRT 模式、多元計分資料、電腦化適性測驗、實作評量等議題結合），以及層出不窮的應用論文的例子等；其應用之廣，簡直無法竟書（請見本書末的參考文獻）。

近年來，除上述各節討論過的 IRT 或非 IRT 的檢測方法外，還有一些發展趨勢是值得注意的，那就是應用到精神醫學領域的研究與結合結構方程式模型（structural equation model, SEM）方法學而來的應用。例如，Gelin 和 Zumbo（2003）舉例說明 DIF 分析技術應用到流行病學中心的憂鬱量表（即 CESD 量表）上，會影響憂鬱測量的診斷結果；而 Kamata（2001）率先引用「階層一般線性模式」（hierarchical generalized linear model, HGLM）方法到試題 DIF 現象的偵測後，陸續便有 Cheong（2006）、Williams 和 Beretvas（2006）等人的持續應用分析例子，以及新型改良的模式應用例子（Finch, 2005）出現。這些創新的應用例子，也為 DIF 檢測技術的適用廣度，更增添應用的空間與可能性。

第十四章

IRT 的其他應用與未來

除了前面十三章內容所介紹的基本 IRT 理論與應用之外，在傳統的其他測驗議題上，也都常見有 IRT 理論模式的應用影子。這些 IRT 的應用議題，不斷地推陳出新，無法在此一一說明。所以，本章僅選取幾個文獻記載過的應用議題，作為補充說明 IRT 的其他應用例子。這些應用例子並不是 IRT 的全貌，如欲獲得終極的瞭解，還是需要讀者自己研讀最新發表的期刊論文或專書著作〔如：Brennan（2006）〕，才能鳥瞰整個 IRT 可以應用的全貌。最後，本章亦根據文獻的記錄，描繪一下 IRT 的未來可能發展趨勢。

IRT 的其他應用

傳統上，古典測驗理論所探討的應用議題，基本上而言，都可以應用 IRT 的理論模式加以改良或取代。茲舉一些應用例子說明如下。

一 精熟測驗

自 1970 年代起，教育測驗與評量領域有個重大的評量典範的轉變，那就是「效標參照測驗」（criterion-referenced tests, CRT）逐漸受到重視，並開始廣為流傳使用。至今，效標參照測驗的用途很廣：(1)在軍隊裡，它可被用來評量軍人的基本能力；(2)在工業界，它可被用來評定員工工作技能的純熟度，或評鑑在職訓練課程的好壞；(3)在證照考試上，它可被用在各行各業中，以區分出誰是「精熟者」、誰是「非精熟者」；(4)在學校教育中，它可被用來評量學生在某種知識技

能上的表現程度是否達到「及格」的要求。

　　由於效標參照測驗的名詞定義很多〔如：Gray（1978）說有五十七種之多〕，很難予以統一。不過，目前比較被一致接受的定義是：「效標參照測驗是指被用來確定個人在某個界定清楚的行為領域中表現程度的測驗」（Popham, 1978, p.93）。它又有幾個常見的同義詞，如：精熟測驗（mastery test）、領域參照測驗（domain-referenced test）、能力測驗（competency test）或基本技能測驗（basic skills test）等，本節擬援用 Lord（1980）的說法，以「精熟測驗」一詞來顯現試題反應理論在這方面的應用，並用以區別與古典測驗理論所指稱的「效標參照測驗」的不同。

　　精熟測驗的內涵，主要可以分成幾個重點：(1)測驗試題的設計與選擇；(2)測驗的計分與報告方式；(3)測驗的長度與精熟標準的決定。茲分別介紹這些精熟測驗重點內涵的概況如下。

（一）精熟測驗的設計和編製步驟

　　基本上，發展精熟測驗與發展常模參照測驗（norm-referenced tests, NRT）的整個設計和編製步驟是雷同的。茲條述發展精熟測驗的方法與步驟如下（Hambleton & Zaal, 1991, pp. 10-11）。

1. 初步的考慮事項

　　(1)說明測驗的目的。

　　(2)說明該測驗所欲測量的目標。

　　(3)說明受試者的特性及特殊的施測設備。

　　(4)初步決定試題格式（如：客觀測驗的選擇題型試題或實作導向的試題）。

　　(5)決定編製測驗所需的時間和成本。

　　(6)慎選合格且適當的命題委員（如：考慮學科或測驗專家個人的專長，及在測驗發展中所扮演的角色）。

　　(7)說明初步的測驗長度（如：要測量哪些目標、需要施測多少題數及施測時間多長）。

2. 審視測量的目標

　　(1)審視測量目標的陳述是否明確清楚，目標的適當性是否被接受。

(2)選擇測驗所欲測量到的一組目標。

(3)針對每項目標描述所需試題的特徵，並且審視這些特徵的完整性、正確性、明確性和實用性。

3. 撰寫試題

(1)撰寫大量試題，以作為預試之用。

(2)輸入電腦化題庫，以便利修改和存取（參見本書第十章）。

(3)進行試題初步編輯工作。

4. 評量內容效度

(1)延聘一批課程、學科與測量專家。

(2)進行內容審查（content check）：邀請這批專家評審這些試題是否符合它們所欲測量的目標、是否具有教材內容的代表性，以及是否不受刻板印象的影響等。

(3)進行形式審查（format check）：審視這些試題的外表，看起來各個選項是否都具有誘答力、不容易被猜中、沒有提供作答線索，以及按測驗規則來排列和印刷試題等，以判定其在測驗技術上的適切性。

5. 修改試題

(1)有必要時，根據上述 4 (2)到 4 (3)的步驟，修改試題或刪除不適當的試題。

(2)如有需要，撰寫補充的試題，並重複上述第 4 個步驟。

6. 初步預試

(1)把試題編輯成試卷的形式，以便進行預試。

(2)針對一群適當抽樣的考生，進行施測。

(3)進行試題校準和試題偏差的診斷（參見本書第十三章）。

7. 測驗試題再修改

根據 6 (3)的步驟，如有必要，需對試題再加以修改或刪除。

8. 組卷：組合成正式的測驗卷

(1)決定測驗的長度、所需的題型數目，以及每個目標需要多少試題數。

(2)從上述有效的候選試題中（多半存放在題庫裡），挑選所需的適當試題。

(3)準備測驗指導語、練習用的試題、測驗題本、計分卡、答案紙等。

(4)補充說明指導語不清楚的地方、考生作答有哪些注意事項、特殊考生（如：單一或多重殘障考生）所需的作答輔具、時間及作答方式等。

9. 設定精熟的標準

(1)決定考生表現程度的描述或精熟程度的設定，是否能夠符合測驗的目的（如果該描述是主要用途的話，則跳到第 10 個步驟）。

(2)說明設定區分為「精熟」與「非精熟」之標準的挑選過程；如果必要的話，設定一種等級以上的標準（如：分成「卓越」、「優良」、「尚可」、「待努力」等）。

(3)說明殘障考生所適用的特殊標準。

(4)說明需要重測考生的另一種計分方式。

10. 正式預試

(1)設計施測的方式，以便蒐集測驗分數的信度與效度等方面的訊息。

(2)對挑選出的一群適當的考生進行施測。

(3)評估那些為符合特殊需求而改變之施測過程，其可能對測驗的信度和效度估計所造成的影響。

(4)評量施測程序、測驗試題及測驗分數的信度和效度。

(5)根據上述所獲得的技術性資料，進行最後的修改。

11. 準備使用手冊

(1)準備一份施測者或監考者須知手冊。

(2)準備一份技術性使用手冊。

12. 蒐集額外的技術性資料

(1)進行信度、效度和試題分析的研究。

(2)進行考生背景資料及其對考試結果影響的分析研究。

（二）測驗長度的決定

有關精熟測驗應該具備多少試題才算適當，一直是個很數量化的研究課題，目前所累積的研究文獻也很多（Hambleton, 1984）。本節僅列舉其中較具實用性的一種決定方法如下。

當我們確定測驗分數的用途，也對其用法加以描述後，有關考生得分的專精分數估計值〔又稱作「領域分數」（domain score）〕的測量精確度，可以用下列公式來表示：

$$（精確度）^2 = \frac{\hat{\pi}(1 - \hat{\pi})}{n} \qquad （公式 14-1）$$

其中，專精分數估計值 $\hat{\pi}$ 可以下列數學公式來表示：

$$\hat{\pi} = \frac{1}{n} \sum_{i=1}^{n} P_i(\theta) \qquad （公式 14-2）$$

$P_i(\theta)$ 為具有能力值為 θ 的考生在試題 i 上的答對機率；而在所有測驗試題上的答對機率之和，即為該考生的真實分數（true score）。因此，所謂的專精分數即是真實分數的平均數；亦即是考生答對某種目標領域的測驗內所有試題的平均機率。該值為一比率分數，其值域介於 0 與 1 之間；其值愈接近 1，表示該考生的精熟程度愈大，反之，該值愈接近 0，則表示該考生在測驗上的表現反應愈不精熟。

根據公式 14-1 所示，我們可以進一步推論出適當的測驗題數，應該為下列公式所示：

$$n = \frac{\hat{\pi}(1 - \hat{\pi})}{（精確度）^2} \qquad （公式 14-3）$$

例如，假設已知某群考生的專精分數為 0.80，且我們希望該專精分數估計值的精確度至少能夠達 0.10 的話，則將此二數值代入公式 14-3，即可獲得：

$$n = \frac{0.80(1 - 0.80)}{(0.10)^2} = 16$$

換句話說，我們若想要使某群考生在某個測驗上的專精分數達到 0.80，且其估計值的精確度也必須達 0.10 的要求水準的話，則我們必須要編製出一份至少含有 16 個試題的測驗，才能滿足我們所需要之測驗目的。由此可見，要編製出一份達到某種測驗目的之精熟測驗，其題數的多寡完全取決於專精分數和估計精確度兩個

因素：專精分數愈接近 0.50，所需之題數則愈多；專精分數愈接近於兩極端（即 0 或 1），則所需題數愈少。若該測驗所能達到的精確度值愈大，則所需的題數愈少；若該測驗所能達到的精確度值愈小，則所需的題數便需要愈多。

如果精熟測驗分數的目的只是用來區分「精熟者」與「非精熟者」的話，則可以用來幫助決定題數多寡的參考依據就更多了。Millman（1973）和 Wilcox（1976）提供許多對照表，可用來幫助我們決定適當的測驗長度、專精分數、通過分數（passing score）或標準設定（standard setting）等問題。

（三）精熟標準的決定

在精熟測驗中，有關通過分數等標準設定問題之研究文獻，可說是已經到了汗牛充棟的地步（吳裕益，1988；鄭明長、余民寧，1994）。根據諸多學者（Berk, 1984, 1986; Hambleton, 1990; Hambleton & Zaal, 1991）的歸納，有關標準設定之研究方法，大致可以歸納成三大類，大類之中亦各有數種較有名的方法，茲分述如下。

1. 判斷性方法（judgmental methods）

這種方法主要是聘請專家來評審每一個試題，以判別出最低能力考生可能表現到什麼樣的最佳程度。這類靠「專家判斷」來設定通過標準的方法，有三種常用的方法較為有名，分別是：

(1) Nedelsky 法：首先，請個別的專家找出最低能力考生在選擇題的誘答選項中，能夠刪除（或以消去法消除）的選項數目。因此，該試題的最低通過標準即訂定為剩餘未被刪除之誘答選項數目之倒數，即作為最低能力考生在該試題上的「機會得分」（chance score）。再將每個試題之最低通過標準（即機會得分）加總起來，便得出該專家在此一測驗上做出判斷的通過標準。若有數位專家進行判斷，則將個別之通過標準加總後除以判斷人數，求出平均數，該平均數即作為該次測驗最後決定的「通過標準」。

(2)Ebel法：根據試題的相關性和難度兩個向度，請專家進行評定。其中，相關性分成四個水準，難度分成三個水準，共形成 4×3 的列聯表，再請專家就每一細格中，最低能力考生所可能答對之百分比進行評定。再將數位專家評定一致之細格題數加總除以總題數，便得出此一測驗最後決定的「通過標準」。

⑶**Angoff 法**：請專家就每一個試題中，最低能力考生所可能答對之機率，進
行評定。將每題可能答對之機率加總，便成為該專家所判斷的通過標準。再將數
位專家判斷所得的通過標準加以平均，便成為該次測驗最後決定的「通過標準」。

2. 實徵性方法（empirical methods）

這種方法是以考生的實際作答資料的分析結果，作為設定通過標準之依據。
它又可分成下列幾種方法：

⑴**Livingston 法**：從外在選擇一個效標（criterion），並建立一條直線的效用
函數（linear utility function），以決策理論的方法找出能夠使該效用函數達到極大
的分數切割點（cut off score），即作為該測驗的通過標準。

⑵**Linden 和 Mellenbergh 法**：找出能夠使「期望的損失」（expected losses）
（即分類錯誤的代價）達到最小的分數切割點，即作為該測驗所需之通過標準。
若此點找出後，將使效標分數大於此點以上者（即判定為「精熟者」）能夠通過
測驗；效標分數小於此點者（即「非精熟者」）無法通過該測驗。

3. 混合性方法（combination methods）

這種方法乃揉和上述兩個方法，用來設定通過標準的一種過程。又可分為：

⑴**邊緣組法**（borderline-group method）：首先要求專家針對每一教材內容
的最低可接受表現程度作一定義，再列舉一批表現水準接近此一劃分為精熟與非
精熟的邊緣線考生，然後編輯測驗對此批考生施測，取其得分之中位數（me-
dian），作為該測驗之通過標準。

⑵**對照組法**（contrasting-group method）：首先要求一批專家定義精熟某教
材內容的最低可接受的表現程度，再找出他們已確知某些已達精熟和未精熟的考
生。針對此二組考生施測，並將此二組考生的得分分配曲線，一一畫在每個目標
範疇圖上，取其兩線的交叉點作為起始的通過標準（initial standard）。然後，再
漸次調整該交叉點，使分類錯誤率達到最小的位置為止，此時的決定點即為最後
的通過標準。

其實，上述文獻記載有關各種標準設定的方法，終究都需要運用專家的判斷，
這些參與建構標準的專家們必須具有：⑴熟悉教材內容和各種設定標準的方法；
⑵評定試題表現和測驗分數分配曲線的能力和經驗；⑶瞭解使用該測驗的社會與
政治責任。唯具有如此背景與條件的專家組合，才能設定出一個良好、公正的標

準（Hambleton & Powell, 1983）。然而，這些方法仍多半歸屬於古典測驗理論的方法，真正屬於 IRT 的應用方法還是少數。

　　因此，筆者企圖運用 IRT 中的最大測驗訊息量（maximum test information）概念，來作為設定單一次測驗或考試的通過標準，證實可以獲得很寶貴的應用價值（鄭明長、余民寧，1994；謝進昌、余民寧，2005）。雖然決定最大測驗訊息量的因素中，最重要的因素是試題鑑別度，其次是難度參數，但它（即最大測驗訊息量）所對應到能力量尺上的點（即當作是該場測驗的「通過標準」），大約是落在整份測驗的平均難度值稍高一點的位置上，因此說來，該份測驗的平均難度值大概就是決定一個通過標準的起點所在。如果能夠與上述各種標準設定方法一起搭配使用，則依此最大測驗訊息量法決定的通過標準所能產生的分類正確性（即將考生分類成「精熟」與「非精熟」兩類），將可達到最大。

　　目前，有關精熟測驗的發展，其理論與技術均已日臻成熟的地步。未來，值得繼續研發的領域有：(1)標準設定的方法；(2)改進測驗分數使用效果的分數報告格式；及(3)描述目標的方法。甚至，精熟測驗的方法學也可以應用到認證考試（license testing）上，或應用到諸如下列的測驗實務問題上：(1)結合電腦化適性測驗，來研究如何進行線上施測、計分，和判定通過與否；(2)配合各種試題反應模式，來研究發展目標的描述方法、測驗試題的診斷功能，和考生可以隨時運用的各種成長與發展量表。這些應用前景，在在都需要仰賴眾多的學習者一起共襄盛舉。

二 量表翻譯與修訂

　　教育與心理測驗經過編製使用後，過一段時間再檢討它們，研究者也許會發現已有許多試題的測量特徵（measurement characteristics）發生改變，變得不再適合目前使用上的需要；在這種情況下，研究者通常會針對這些不合時宜的測驗或量表重新加以修訂（revision）。

　　有些時候，研究者為了研究上的需要，必須編製一份新的測驗。他除了可以依照測驗編製過程來進行編製外，多半會參考原文版本的測驗或量表，將它們翻譯成中文版本，再進行修訂，以節省重新編製的時間。在此，不論是經過翻譯再

修訂，或直接修訂不合宜的測驗或量表，都必須保留或維持新修訂版的試題具有所希望的測量特徵，才能達成使用者所期望的測驗目的。因此，試題反應理論技術在此便可以派得上用場，它可以使得新修訂版試題都具有研究者所希望的測量特徵。

翻譯外文量表或測驗所可能遭遇到的最大難題，便是泛文化差異（cross-cultural difference）所產生的泛語言間的語意不同問題，尤其是心理學上的語意問題。因此，研究泛文化問題的學者在需要翻譯量表時，多半會採用「背譯法」（back translation）來進行量表的翻譯：亦即，先將原文譯成中文，再請專家根據中文譯回原文，接著，比對這譯文與原始的原文在語言學上的正確性與差異性為何，再進行修正有差異之處；再持續這反覆譯文的比對工作，直到語意皆正確無誤為止（Brislin, 1970, 1980）。

為了驗證每道試題在不同文化背景下的受試者群體間是否有所偏差（bias），古典測驗理論學者（Gulliksen, 1950/1987; Lord & Novick, 1968）多半會比較每道試題在每種群體下所獲得的一些指標，如：(1)難度值（即每道試題的正確反應比率）；(2)鑑別度值（即試題得分與測驗總分間的點二系列相關係數）；(3)考生得分的平均數；(4)考生得分的標準差；及(5)試題反應共變數的因素分析等（Hulin, Drasgow & Parsons, 1983）。然而，前四項指標都具有樣本依賴（sample dependent）的特性，亦即，它們的數值會隨著施測樣本的不同而不同；因此，客觀地說，它們並不適合用於泛文化間的比較。而最後一項指標，往往需要有其他基本假設（如：符合常態性等）作為先決條件，因此，也不太適合二元化計分的試題反應資料。所以，為了克服上述這些缺點，唯有仰賴試題反應理論的分析技術。

試題反應理論在修訂一份翻譯量表上的應用，需要使用到試題參數估計不變性、訊息函數、等化，以及差異試題功能的診斷等特性及方法，可說是一種綜合性的應用技巧。歸納起來，試題反應理論應用到這方面的問題，包括使用下列幾項程序（Drasgow & Kanfer, 1985; Hulin, Drasgow & Komocar, 1982; Hulin, Drasgow & Parsons, 1983; Hulin & Mayer, 1986）：

1.挑選懂得雙語（bilinguals）的受試者和僅懂單語（monolinguals）的受試者，作為施測的對象，分別給予原文版和中文版譯文的測驗。

2.針對這批測驗資料進行校準（calibrations）工作，其中，以雙語受試者為定

錨受試者，因為他們共同接受這兩種版本的測驗。

3.針對每道試題，進行其試題特徵曲線（即 ICC 線）的比對，或計算其所夾面積之大小，以診斷出試題是否具有差異功能。

4.針對有差異功能的試題，再進行背譯法的語意修正，期使語意能適用於不同的文化。修正後的試題，再給予僅懂單語的受試者施測，之後，再進行校準，再比對 ICC，直到沒有差異試題功能出現為止。

5.最後，根據原文版的試題特徵為基礎，將中文版譯文試題特徵等化成相同的量尺。

如此一來，新譯版的測驗或量表與原始量表皆具有相同特徵的量尺單位，故可以視為原始量表在國內使用的依據。如果欲採行更嚴謹的作法，也可以仿同古典測驗理論在編製測驗時的作法一樣，進行因素分析（factor analysis）、試題分析（item analysis）、信度與效度分析（reliability and validity analysis）等過程，以期求所修訂的測驗或量表更臻完備。

由此可見，修訂一份翻譯量表的最終目標，在於建立「等值的量尺」（equivalent scale），亦即，將新譯量表建立在原始量表的量尺上，以避免譯題受文化偏差的影響，同時，並能享有與原版試題同樣的測量特徵。有關泛文化的測驗問題，有興趣的讀者可以參閱 van de Vijver 和 Poortinga（1991）的論文。

三　適當性測量

在大規模的施測情境中，尤其是使用單選的選擇題（multiple-choice item）作為測驗試題時，研究者往往會發現考生的得分有下列各種奇怪現象產生，例如，(1)在施測前，考生死背某些很困難試題的答案，故能順利答題，遠超乎他能力所及；(2)高能力但低語文程度的考生，他的答題結果反映不出他的真正能力；(3)特別有創意的高能力考生發現有新穎的解題方法和解釋，但卻被當成錯誤來計分；(4)考生漏掉部分試題，致使後續的答案都填在不正確的位置上，導致一連串錯誤；(5)某些低能力的考生過度猜對遠非他能力所及的試題數；(6)某些考生的應試技巧過度保守，若非十分有把握的試題，絕對是空白不作答；(7)某些考生過度不熟悉測驗格式，導致胡亂猜題，甚至胡亂作答或以作弊方式來應付施測。

綜合上述現象可知，研究者因此會懷疑：⑴該考生的得分可能不是代表能力的一個適當測量值；⑵由試題與試題所構成的作答組型，可能會呈現不尋常（unusual）的狀態。因此，上述這些原因都會造成不尋常的作答組型〔或稱反應組型（response pattern）〕，使得考生的得分不再代表他真正的實力。為了能夠從考生的反應組型中，找出這種代表不適當得分的不尋常反應組型來，於是便有「適當性測量」（appropriateness measurement）的研究誕生（Levine & Drasgow, 1982; Levine & Rubin, 1979）；簡單地說，適當性測量即是用來找出這種不適當測驗得分（inappropriate test scores）的方法。

Levine 和 Rubin（1979, p. 271）對適當性測量作了一個定義：「適當性指標（appropriateness index）是一種對某個心理計量學模式與考生的反應組型間之適配度（goodness-of-fit）的簡單測量。如果考生在答案卷答題結果與其能力相仿的話，則適當性指標應該會較高；反之，若答案卷上答題結果愈不像考生應有的能力作為時，則適當性指標應該會較低。就像考生的測驗得分一樣，考生的適當分數應該只是他在試題上得分的唯一函數而已。因此，適當性指標是指考生在答案卷上答題情形的內在證據顯示指標，反映出他的答題結果是否與其他具有相同能力考生的答題結果相一致。」所以，適當性指標便是用來測量考生的反應組型是多麼不尋常的程度，典型的考生反應組型若偏離所期望的反應組型，則適當性指標便能顯示出他的不適當測驗得分，而不是用來矯正造成這種不適當得分的原因。

適當性指標有三種（Levine & Rubin, 1979），各是以一種數量指標來表示，茲分述如下。

1. 邊緣機率（marginal probabilities）指標

此指標適用於一般正常的考生行為；即以某特定能力群體（如：常態分配）中隨機抽取之考生的反應組型的條件機率為基準，求出同屬這一能力分配的群體考生的平均數，用以代表該考生之特定的反應組型邊緣機率。當某位考生的反應組型出現不尋常時，即呈現異常組型（aberrant pattern）（如：高能力考生答錯簡單的試題，或低能力考生答對困難的試題所形成的反應組型）時，他的邊緣機率值便可能相當低；反之，則否。

2. 近似比值（likelihood ratios）

是以標準的近似比值分析技術，在模式適配考生的作答組型資料，且允許每

個答題所需之能力都可以有所不同的情況下，針對通用的試題反應模式與另外的類化模式（generalized model），分別求出這兩種模式在該考生之作答組型上的機率最大值，並比較其間的差值，看看該類化模式的適配度是否比通用的模式更好。

3. 估計的能力變異數（estimated ability variation）

在允許每個答題所需之能力都可以有所不同的情況下，分別估計出模式的能力參數值及其估計值的變異數，並以此估計值作為衡量異常程度（degree of aberrance）的指標，故又稱為異常程度估計值。

適當性測量便是利用上述指標來作為表示異常反應組型的指標，它包含兩個過程：⑴試題參數的估計，或稱作「測驗正規化」（test norming）；⑵指標的計算，或稱作「個人測量」（person measurement）。這些過程很類似試題反應理論中對測驗資料所進行的校準工作，不過是以上述三種指標作為找出異常反應組型的指標。在評定和診斷一個測驗得分是否為不適當時，研究者往往必須先決定一個效標值，以作為判斷的參考，並利用統計決策理論中的接受者操作特徵（receiver operating characteristic, ROC）曲線，來提供決定此一分割點的依據。當研究者以適當性指標來進行考生得分是否適當的歸類時，他必須事先決定一個效標值的切割點（假設以 t 來表示），然後將異常考生正確歸類為異常的百分比，與將正常考生錯誤歸類為異常的百分比，分別表示如下：

$x(t)$：適當性指標值小於 t 的正常考生的百分比。

$y(t)$：適當性指標值小於 t 的異常考生的百分比。

而所謂的 ROC 曲線，便是根據各種可能不相同的效標 t 值，將每對 $(x(t), y(t))$ 百分比值的位置相對應地畫成一個曲線分布圖。其中，$x(t)$ 值稱錯誤警示比率（false alarm rate），$y(t)$ 值稱為正確分類比率（hit rate）。在大多數的應用情境中，太高的錯誤警示比率是不被允許的，因此，我們需要選擇適當的 t 值，使得正確分類比率值 $y(t)$ 較大，而錯誤警示比率值 $x(t)$ 較小（Levine & Drasgow, 1982）。

圖 14-1 所示，即為根據 3,000 名模擬的考生反應組型資料所畫出的 ROC 曲線，其中橫軸（即 $x(t)$）代表適當性指標小於效標 t 值的正常考生的百分比，而縱軸（即 $y(t)$）則代表適當性指標小於效標 t 值的異常考生的百分比，而 ROC 曲線即為 $(x(t), y(t))$ 點組所構成的分布曲線。此 ROC 曲線有個簡單的判別方法：即一個不良的適當性指標會使得 ROC 曲線愈接近 $x=y$ 的對角線，而一個較佳的適

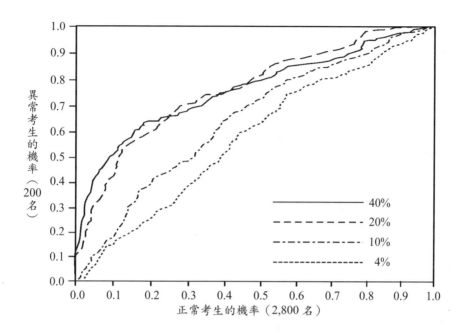

圖 14-1　以每組 200 名考生的異常程度指標（邊緣機率值）所畫成的 ROC 曲線

當性指標會使得 ROC 曲線偏離在對角線之上。圖 14-1 所示，即為各種假想的低能力群考生，在各種異常組型百分比的假設下，所畫出的 ROC 曲線；由此曲線圖可知，異常組型的百分比愈大者，愈容易顯示出來，如圖中 20% 者就比 4% 者明顯偏離對角線，顯示前者愈容易被診斷出來。

　　適當性指標被用作診斷考生的異常反應組型（顯示在他的不適當測驗分數上），已被證實獲致良好的成效。有關這方面的理論與應用的報告，有興趣的讀者可再進一步參閱 Dragow（1982）、Dragow 和 Guertler（1987）、Dragow 和 Levine（1986）、Dragow、Levine 和 Williams（1985）及 Levine 和 Dragow（1988）等論文。

四　認知診斷測驗

　　在過去四十餘年來，認知心理學（cognitive psychology）的發展已逐漸蔚為心理學的主流，它的研究方法也已摒棄過去主觀式的投射分析，而逐漸改採較客觀、

可以量化，和較深奧的數學模式為基礎的研究架構，來探究人類的學習行為及愈來愈複雜的認知行為。其中，對教育界影響較多的便是針對人類學習中「認知失誤」（cognitive bugs）行為的研究，尤其在與人工智慧（artificial intelligence）的結合，逐漸興起一股診斷測驗（diagnostic testing）學的新興研究領域；當然，這門新的研究領域是以試題反應理論為基礎，才足以彰顯它的重要性和未來的潛力。

Tatsuoka（1983, 1986, 1990）及 Tatsuoka 和 Tatsuoka（1987, 1988）發展出一種叫做「規則空間」（rule space）的數學模式，用來診斷及偵測小學生在解決算術中四則運算之問題時，為何有的學生會答對？而有的學生會答錯？而且答錯者的反應組型皆不相同之原因。他們發現學童使用錯誤規則（erroneous rules）來解題，因此產生系統化的錯誤，這些錯誤反映在學童的不尋常反應組型裡，同時，他們導出這些觀察得到的失誤情形的理論分配，並且稱這個分配為「失誤分配」（bug distribution）。這項重要的發現，對教育的實務問題具有很重大的涵義和啟示：教師可以透過有目的、結構化的設計試題，經過規則空間的分析，就能順利找出或診斷出具有認知失誤，或「錯誤概念」（misconception）的學生來，以便對症下藥進行補救教學。

然而，Tatsuoka 的研究並非沒有限制，Linn（1990）就曾評論說：「Tatsuoka 的研究僅限於結構良好（well-structured）的問題領域，至於結構較不良的問題，規則空間是否仍能提供有用的訊息，則有待日後的證實。」（p. 491）因此，發展一套分析技術，以期能夠適用於各種學科領域知識的診斷，是未來認知診斷測驗可以走的方向。

近年來，認知心理學的研究結果給行為科學家更多的啟示，人類的學習行為也以電腦模擬方式呈現給人們瞭解，致使許多領域的學者結合起來一起研究，因此，認知診斷評量（cognitively diagnostic assessment, CDA）（Nichols, 1994; Nichols, Chipman, & Brennan, 1995）也逐漸結合認知科學、教學研究及心理計量學而成為一門新科學；甚至，認為認知診斷評量與教學是一體的，不可單獨分開處理（Embretson, 1990; Marshall, 1990）。諸多屬於這類的應用研究，例如，有關知識結構的評量（knowledge structure assessment）（Jonassen, Beissner, & Yacci, 1993; Schvaneveldt, 1990），雖然並不是完全以 IRT 的理論與技術為基礎，但也有逐漸走向融合的趨勢。

　　因此，有些心理計量學者（Lohman & Ippel, 1993; Mislevy, 1993; Snow & Lohman, 1993）甚至開始主張「新的測驗理論」誕生——即以認知理論為基礎的新評量方式和測驗設計方法。由此可見，未來的認知診斷測驗的新走向也許是：根據某種認知科學的理論為基礎，依據該理論設計新型的診斷測驗試題，再提出可能評量該理論的 IRT 測量模式，以驗證該理論下的評量是否成立，並予以認知、測量，或教育領域中有意義的結果解釋。

IRT 的未來

　　筆者曾大規模評閱心理計量學發展的文獻（Horst & Stalnaker, 1986; Lewis, 1986; McDonald, 1989），並於 1990 年代即提出測驗理論未來發展趨勢的兩個看法，當時即認為「測驗理論的發展會愈來愈趨向數學化」，並且「測驗理論的應用會愈來愈趨向電腦化」（余民寧，1991b，1993g）；這意謂著，未來測驗理論的使用者必須兼備數學與電腦的良好訓練，才能瞭解與掌握當代試題反應理論，習得知其然、更知所以然的知識與應用技術。

　　十多年過去了，隨著電腦及網路科技的發展與傳播，這項趨勢的進展更加明確與快速。無庸置疑地，試題反應理論已成為當代測驗理論的主流，其對測驗〔或廣義地說「測量」（measurement）〕領域的發展、應用，與影響之深、之廣，正可以借用 Warm（1978）的話來形容它：「試題反應理論對心理計量學的重要性，猶如愛因斯坦的相對論之於物理學的重要性。」由此可見 IRT 的重要性與價值性之一斑。至於，IRT 未來的發展會是怎樣？由於歷史尚未寫定，沒有人能夠事先知道。但是，藉由下列文獻記載的評閱，也許我們可以窺知其未來發展趨勢之端倪。

一 多向度 IRT 的發展

　　本書至此所介紹的 IRT 模式，都是屬於單向度的試題反應模式。然而，在實際的心理與教育測量問題上，人類的各種潛在特質很少是單向度的，反而多半是

多向度的（multidimensional）；或者，有些試題的設計，它的原始目的即是在測量多向度的能力或潛在特質，因此，需要具有多向度能力值或潛在特質的考生才能順利解題。凡此種種實務問題，在在指向朝多向度試題反應理論（multidimensional item response theory, MIRT）及其模式的發展（不論是分析二元化計分或多元化計分的資料）、研發各種可能的多向度 IRT 模式、設計可以適用該模式的電腦軟體程式，以及朝向實務問題解決的應用方向去推廣，可能都是 IRT 未來應該走的路。

過去，已有逐漸增多的學者，嘗試應用單向度 IRT 模式來探索多向度資料的可能性（Ackerman, 1989, 1992, 1994; Ansley & Forsyth, 1985; Folk & Green, 1989; Luecht & Miller, 1992; Reckase, 1985; Reckase & McKinley, 1991; Walker & Beretvas, 2003; Way, Ansley, & Forsyth, 1988）。典型的研究結果，就如同 Reckase（1985）的研究所發現者，簡單的試題所測量到的能力特質向度，似乎與困難試題所測量到的能力特質向度有所不同，因此，能力量尺上的高低得分，在多向度的測驗中，其意義是不相同的。Ackerman（1992）的研究也顯示，當我們使用單向度的模式去校準一群考生的能力，而他們在試題上的作答反應是呈現多向度時，則將容易產生差異試題功能（即 DIF）的現象。這些現象，在在指出多向度 IRT 模式的發展是趨勢之一。

多向度 IRT 模式的發展，首由 Lord 和 Novick（1968）及 Samejima（1974）提倡其理論概念，之後，又有多位學者（Ackerman, 1989, 1992, 1994; Adams, Wilson, & Wang, 1997; Bock, Gibbons, & Muraki, 1988; Embretson, 1984, 1991, 1997; McDonald, 1989; Reckase, 1985, 1997a; Wang, Wilson, & Adams, 1977; Whitely, 1980）加入共襄盛舉的行列，陸續嘗試提出不同形式的模式，繼而有逐漸發揚光大之勢。

基本上，多向度 IRT 模式的提議，能夠比單向度 IRT 模式產生更佳適配目前測驗資料的可能性與功用，尤其是，它可以提供試題與考生（或受試者）能力估計值，有個多向度表徵的新機會。簡單地分，多向度 IRT 模式可以有兩類分法，一是分成：「探索性多向度 IRT 模式」（exploratory multidimensional IRT models）與「驗證性多向度 IRT 模式」（confirmatory multidimensional IRT models）（Embretson & Reise, 2000）；另一者，則是分成：「補償性多向度 IRT 模式」（compensatory multidimensional IRT models）（即在某個能力向度上的高表現，可以補償在另一個能力向度上的低表現）與「非補償性多向度 IRT 模式」（non-compensatory multidimensional IRT models）（即在某個能力向度上的高表現，無法補償在另一個能力向度上的低表現）（Ackerman, 1989; Yen & Fitzpatrick, 2006）。茲分述如下。

（一）探索性多向度 IRT 模式

探索性多向度 IRT 模式，十分類似於處理二元化計分試題反應資料的因素分析（factor analysis for binary item data）方法，只要設定某些假設，考生在某一個試題上的可能反應，即可被看成是多個潛在特質的加權組合，它包含估計在多個向度上的試題與考生參數，以期改進模式能夠適配資料的程度，但與該因素本質有關的理論學說，卻無法決定該參數估計的過程及所需分析的因素個數有幾個（Reckase, 1997b; Takane & de Leeuw, 1988）。至今，探索性多向度 IRT 模式的應用，主要仍停留在測驗發展中有關構念（construct）如何建立的發展階段，亦即，試題中所隱含的構念，包括需要多少個潛在特質和向度本質才能適配，都可以運用適配資料的 IRT 模式予以顯現出來。因此，在挑選試題去測量目標特質時，IRT 的試題參數便特別有用，它可以刪除或平衡掉具有多個特質依賴的試題，以便挑選出來的試題都能夠明確測量到單一的目標特質。

1. 多向度對數型模式（multidimensional logistic models）

在多向度 IRT 中，一如在單向度 IRT 一樣，它也有相對應的一參數、二參數與三參數對數型模式，分別稱作 1PL MIRT、2PL MIRT 及 3PL MIRT（Reckase, 1985, 1997a）。茲以 3PL MIRT 模式為例，說明如下：

$$P_i(X_i = 1 \mid \mathbf{a}_i, \delta_i, c_i, \boldsymbol{\theta}) = c_i + (1 - c_i) \frac{\exp(\mathbf{a}_i'\boldsymbol{\theta} + \delta_i)}{1 + \exp(\mathbf{a}_i'\boldsymbol{\theta} + \delta_i)} \qquad （公式 14-4）$$

其中，$\mathbf{a}_i'$ 是指試題 i 在 p 個向度上的試題鑑別度向量，即 $\mathbf{a}_i' = (a_{i1}, a_{i2}, \cdots, a_{ip})$；$\delta_i$ 是指試題 i 的純量參數（scalar parameter），它受試題 i 的難度參數影響，表示具有正值 δ_i 的試題比具有負值 δ_i 的試題較為簡單；c_i 是指能力量尺上具有低能力值的

考生在試題 i 的答對機率；而 $\boldsymbol{\theta}'$ 是指考生在 p 個向度上的能力向量，即 $\boldsymbol{\theta}' = (\theta_1, \theta_2, \cdots, \theta_p)$。

　　基本上，多向度 IRT 模式係延伸單向度 IRT 而來，但對模型所定義的試題參數概念，則稍有不同。例如，考生的能力值參數係定義成一個向量（vector），意謂著考生欲作答該試題，需要一組能力值，而不是只有單一能力；試題的鑑別度參數亦定義成一個向量參數，代表該試題中每一種能力向度下的鑑別度參數，其數值的大小，正反映出該向度下的能力值參數對答對該試題機率的重要程度；另外，試題的猜測參數則維持不變，仍只有一個單一數值，它反映出在某個能力向度上屬低能力的考生，他作答該試題時唯一的猜題可能性（即答對機率），但不是每個能力向度都需要猜題；至於，原本單向度 IRT 中的試題難度參數，則因為吸收每個向度的試題鑑別度參數，而改成以另一項參數 δ_i 來表示，並且定義為該試題作答的容易度截距項（easiness intercept），以用來表示該試題的作答容易程度（此時表示出：正 δ_i 值比負 δ_i 值的試題較為簡單的意思）。

　　同樣的，我們也可以將 3PL MIRT 簡化成 2PL MIRT 和 1PL MIRT 模式，且其試題參數（如：鑑別度參數）的概念和意義，也都與 3PL MIRT 時相同：

$$P_i(X_i = 1 \mid \mathbf{a}_i, \delta_i, \boldsymbol{\theta}) = \frac{\exp(\mathbf{a}'_i \boldsymbol{\theta} + \delta_i)}{1 + \exp(\mathbf{a}'_i \boldsymbol{\theta} + \delta_i)} \qquad （公式 14-5）$$

$$P_i(X_i = 1 \mid \delta_i, \boldsymbol{\theta}) = \frac{\exp(\boldsymbol{\theta} + \delta_i)}{1 + \exp(\boldsymbol{\theta} + \delta_i)} \qquad （公式 14-6）$$

2. 多向度常態肩形模式（multidimensional normal ogive models）

　　一如單向度常態肩形模式一樣，多向度 IRT 模式也可以有相對應的一參數、二參數與三參數常態肩形模式，分別稱作 1P MNOM、2P MNOM 及 3P MNOM（Bock, Gibbons, & Muraki, 1988）。茲比照多向度對數型模式為例，僅列示如下：

$$P_i(X_i = 1 \mid \mathbf{a}_i, \delta_i, c_i, \boldsymbol{\theta}) = c_i + (1 - c_i) \int_{-\infty}^{\mathbf{a}'_i \boldsymbol{\theta} + \delta_i} \frac{1}{\sqrt{2\pi}} e^{-z^2/2} dz \qquad （公式 14-7）$$

$$P_i(X_i = 1 \mid \mathbf{a}_i, \delta_i, \boldsymbol{\theta}) = \int_{-\infty}^{\mathbf{a}_i \boldsymbol{\theta} + \delta_i} \frac{1}{\sqrt{2\pi}} e^{-z^2/2} dz \qquad \text{（公式 14-8）}$$

$$P_i(X_i = 1 \mid \delta_i, \boldsymbol{\theta}) = \int_{-\infty}^{\boldsymbol{\theta} + \delta_i} \frac{1}{\sqrt{2\pi}} e^{-z^2/2} dz \qquad \text{（公式 14-9）}$$

雖然 Bock、Gibbons 和 Muraki（1988）認為他們提出的 2P MNOM 模式，是一種使用完全訊息（full information）的因素分析模式，但真正可以應用的實務例子並不多，因此，本小節不擬再行深入介紹。

（二）驗證性多向度 IRT 模式

驗證性多向度 IRT 模式，與驗證性因素分析的方法十分雷同，必須根據先前的研究或理論基礎，提出試題與所欲測量能力特質之間的數學模式或設計結構（design structures）的假設，然後才去估計或驗證所假設之多個向度上的試題與考生參數是否存在，以期改進模式與資料之間的適配程度。因此，隨著各種測量資料的特殊型態不斷地推陳出新，驗證性多向度 IRT 模式便還不斷地在擴增，至目前發展為止，本節僅能簡單介紹其中幾種如下。

1. 非補償性向度的模式（models for non-compensatory dimensions）

Whitely（1980）首先提出一個模式，稱作「多成分潛在特質模式」（multi-component latent trait model, MLTM），可以用來分析試題的作答需要多種處理成分（multiple processing components）才能完成的資料型態；也就是說，在 MLTM 的假設裡，考生必須仰賴所有的認知處理成分都成功、通過或擁有時，才能順利答對試題或圈選某個結果，若其中有任何一個處理成分失敗時，則整個試題的作答便不算答對或圓滿成功。因此，MLTM 模式便假設考生答對試題 i 的機率，係由每一個成功（答對或通過）成分機率值的連乘積來表示：

$$P_i(X_i = 1 \mid \mathbf{b}_i, \boldsymbol{\theta}) = \prod_m \frac{\exp(\theta_m - b_{im})}{1 + \exp(\theta_m - b_{im})} \qquad \text{（公式 14-10）}$$

其中，$\boldsymbol{\theta}$ 代表考生在 M 個成分上的能力特質向量，$\mathbf{b}_i$ 代表在 M 個成分上的試題難度參數向量，而 θ_m 係指考生在第 m 個成分上的能力特質，b_{im} 係指第 m 個成分上

的試題難度參數，$\prod_m$ 係表示這 M 個成分機率值的連乘積。

後來，Embretson（1984）進一步提出 MLTM 模式的通式，稱作「一般成分潛在特質模式」（general component latent trait model, GLTM），則進一步將成分試題難度參數表示成由一組刺激因素（stimulus factors）q_{ikm} 的加權線性組合，如下所示：

$$P_i (X_i = 1 \mid \mathbf{b}_i, \boldsymbol{\theta}) = \prod_m \frac{\exp [\theta_m - (\sum_k \tau_{km} q_{ikm} + q_{0m})]}{1 + \exp [\theta_m - (\sum_k \tau_{km} q_{ikm} + q_{0m})]} \qquad （公式 14-11）$$

其中，τ_{km} 代表影響成分 m 的刺激因素 k 之權重值，q_{ikm} 代表在試題 i 中影響成分 m 的刺激因素 k 之得分，而 q_{0m} 係指成分 m 的正規化常數（normalization constant），即截距項（intercept）。原本，在估計 MLTM 和 GLTM 的參數時，需要提供考生作答各個成分的成分分數和試題總分，並且，成分分數必須是可以觀察得到的數值才行；後來，隨著估計方法的改良（Maris, 1995），只要試題或測量作業可以強烈預測試題難度參數的話，則即使不提供成分的作答分數，也可以透過對模式估計增加條件設限的方式，而估計出成分參數。

MLTM 和 GLTM 模式的優點為：⑴經由對成分難度組型的明確說明，我們可以挑選適當的試題來控制所欲測量的建構；⑵我們可以測量到考生外顯的認知處理成分。讀者也可以對照參考本書第三章第三節「其他類型的單向度 IRT 模式」中「成分模式」的說明，以進一步瞭解相關的資訊。

2. 學習與改變的模式（models for learning and change）

Embretson（1991）提出一個用來解決測量改變（change）的心理計量學問題模式，稱作「測量學習與改變的多向度 Rasch 模式」（multidimensional Rasch model for learning and change, MRMLC）。在該模式的假設中，考生在每一種測試條件或情境（如：前測與後側）的能力值，是會促進或干擾試題作答表現的，也就是說，MRMLC 將隨情境而改變的能力值〔即可變性（modifiabilities）〕視為是一種可分離的向度，需要個別估計它們的參數。例如，由下列的測量過程結構來看：

$$
\Lambda_{km} =
\begin{array}{c}
 \\
C_1 \\
C_2 \\
C_3 \\
C_4
\end{array}
\begin{array}{cccc}
\theta_1 & \theta_2 & \theta_3 & \theta_4 \\
1 & 0 & 0 & 0 \\
1 & 1 & 0 & 0 \\
1 & 1 & 1 & 0 \\
1 & 1 & 1 & 1
\end{array}
$$

其中，1 代表某一特質（向度）出現在某一情境表現中，0 則否，θ_1 表示起始能力特質，θ_2、θ_3、…、θ_M 則為後續測量的可變性能力特質。因此，MRMLC 模式可以表示成：

$$
P_i(X_i = 1 \mid b_i, \boldsymbol{\theta}) = \frac{\exp(\sum_m^k \theta_m - b_i)}{1 + \exp(\sum_m^k \theta_m - b_i)}
\qquad （公式 14-12）
$$

其中，θ_m 係指考生在第 m 個特質上的能力水準，b_i 係指試題 i 的難度參數，而 $\sum_m^k$ 符號即表示適度加入情境 k 的可變性能力值的累加和。

3. 明確特質結構的模式（models with specified trait level structures）

除了上述情況外，許多實務測驗情境中，也可能包含不同的設計結構在裡頭。例如，在某些測驗目的裡，研究者的目的是要比較不同情境下的能力表現，因此，不同測驗情境的設計方式就必須納入考量，其中有些情境會有出現某些能力特質，有些情境則否。所以，各種含有設計結構的 IRT 模式，便相繼被提出。

例如，Embretson（1997）提出「一般結構化潛在特質模式」（general structured latent trait model, SLTM），便是將許多能力設計結構方式考量在內，包括那些不均等試題鑑別度和試題與情境交互作用的因素在內；Wang、Wilson 和 Adams（1997）則提出一個類似的模式，其中每一個向度即各自形成一個 Rasch 模式，並且經 Adams、Wilson 和 Wang（1997）的研究顯示，該模式可以將各種不同的設計結構考量在內，亦包括某些 SLTM 的結構在內，因此，可以說是一種通式（general form）；甚至，DiBello、Stout 和 Roussos（1995）提出一個更為通用的統一模式，不僅將能力和試題設計考量在內，更可以不受限於 Rasch 模式必須具

備均等試題鑑別度的假設，所以應用更廣。

茲以 SLTM 模式為例，介紹說明如下：

$$P_i(X_i = 1 \mid \lambda_{i(k)m}, b_i, \boldsymbol{\theta}) = \frac{\exp\left[\sum_m \lambda_{i(k)m}\theta_m - \sum_k b_{ik}\right]}{1 + \exp\left[\sum_m \lambda_{i(k)m}\theta_m - \sum_k b_{ik}\right]}$$ （公式 14-13）

其中，θ_m 係指考生在第 m 個特質上的能力水準，b_{ik} 係指試題 i 在情境 k 下的難度參數，而 $\lambda_{i(k)m}$ 係指第 m 個能力特質在情境 k 下的權重值。由於 SLTM 模式不僅可以針對權重值設限為 0，如果將 $\lambda_{i(k)m}$ 視為是第 m 個向度在情境 k 下的試題鑑別度參數的話，也可以針對試題鑑別度參數進行個別估計或者是進行設限（如：設定為 0 或是設定跨情境都相等），因此，MRMLC 模式是它的一個特例，它看起來比較像是一個驗證性因素模式，而非探索性因素模式。

4. 不同類別考生的模式（models for distinct classes of persons）

某些正處於發展階段中的考生，對發展性的測驗題目，可能會因為掌握或精熟其中某些解題技巧或規則，而在解答含有該等技巧或規則的題目時，有產生巨幅改變（如：突然答對或成功的表現）的情形發生，而對不含有該等技巧或規則的題目，則作答情形不盡理想，或甚至不受是否習得該等解題技巧或規則的影響。因此，我們可以根據考生的作答反應組型而將考生分成幾類，雖然，從技術上而言，這些考生仍然僅具某一能力特質而已，但是，我們卻可以根據其類別屬性（class membership）以及試題難度順序，來預測每位考生的作答機率，並且將他們分類。

SALTUS（Wilson, 1989）模式，便是用來描述隨著考生能力的逐漸增加，當到達某一發展階段時，會產生突然成功（答對）的巨變情形的一種試題反應模式。它可以表示如下：

$$P_i(X_i = 1 \mid b_i, \boldsymbol{\theta}) = \prod_m \frac{\exp(\theta - b_i + \zeta_{hki})}{1 + \exp(\theta - b_i + \zeta_{hki})}$$ （公式 14-14）

其中，ζ_{hki} 便是指當處於第 h 階段時，考生在第 k 種類型試題中的作答會突然成功的參數。由此可見，SALTUS 模式所畫出的 ICC 曲線圖，是隨著考生的發展階段而改變的。

另一種稱作「混合的試題反應分析模式」（mixed item response analysis model, MIRA）（Rost, 1990），也是屬於這一類的模型，用來描述考生能力特質屬於某一種潛在類別，並且在每一種潛在類別裡，試題的難度參數都是經過量尺化並且排序過的（scaled and ordered）。這種模式雖然是使用 Rasch 模式家族成員，但卻把每一類別中樣本占總觀察人數的百分比值（即 γ_h）考量在模式裡，並且限制這些百分比值的和等於 1。這種模式可以表示如下：

$$P_i(X_i = 1 \mid b_i, \boldsymbol{\theta}) = \sum_h \gamma_h \frac{\exp(\theta_h - b_{ih})}{1 + \exp(\theta_h - b_{ih})} \qquad （公式 14-15）$$

其中，θ_h 係指屬於第 h 類別的能力特質，b_{ih} 係指試題 i 在第 h 類別的難度參數，而 γ_h 係指屬於第 h 類別樣本數占全體受試者人數的百分比。

綜合上述，探索性多向度 IRT 模式有時被稱作「完全訊息因素分析」（full information factor analysis），其目的就像因素分析一樣，在找出並決定隱藏在試題作答表現背後的因素個數及其性質；而驗證性多向度 IRT 模式，則是將可以反映出理論所欲測量假設特質或表現的設計結構（design structures），連結到如此設計的試題上，以便估算各種理論假設存在的能力特質或潛在試題參數。但截至目前為止，相較於單向度 IRT 而言，多向度 IRT 的應用實例仍不夠多，筆者認為這是有一些原因之故：(1)多向度 IRT 的數理模型更複雜、更深奧、更難懂，因此，能夠瞭解其理論，進而加以應用的人更是稀少；(2)市場上缺乏方便使用的電腦套裝軟體程式，因此，欲推廣使用多向度 IRT，更顯不易；(3)多向度 IRT 的理論發展還未穩定，未來都有可能針對各種新理論的測量概念出現，而隨時提出各種新式的多向度 IRT 模型與之對應；(4)多向度 IRT 缺乏一種比較通用的模式來統整各種理論假設下的測量問題，目前即是針對某一種特殊理論所隱含的測量資料，即需採行某一種特殊的多向度 IRT 模式，使用某一種特殊的軟體程式才能進行資料分析的工作，這種理論模型的歧異性與多樣性，讓大多數的實務應用者感到無所

適從，更行降低使用與推廣多向度 IRT 模式的可能性。職此之故，多向度 IRT 的未來發展走向，是否可能成為集合 IRT 理論模型之總成，而成為主流的測量理論模型，仍有待繼續觀察。

二 Rasch 模式的應用

自從 Lord（1980）發表有關 IRT 的專書以來，試題反應理論在實務測驗問題上的應用，已明顯分類成兩大潮流：(1)在教育測驗（以成就測驗為代表）上，多半是應用 2PL 或 3PL 的單向度 IRT 模式，來作為建立題庫或試題分析的理論模型依據；(2)而在心理測驗（以人格測驗或態度測量為代表）上，則明顯趨向應用 1PL 或 Rasch 模式，作為建構測量工具或理論的依據，甚至有逐漸走向多向度 IRT 模式的應用與推廣趨勢（Boeck & Wilson, 2004; Embretson & Reise, 2000; Maydeu-Olivares & McArdle, 2005; Ostini, 2005; Smith & Smith, 2004; Yen & Fitzpatrick, 2006）。

就如前一節內容所述，尤其是討論到驗證性多向度 IRT 模式（如公式 14-10 到公式 14-15）時，幾乎都是從 Rasch 模式及其家族成員模式延伸而來。這個現象顯示出，從 Lord（1980）的專書發表以後，大概僅剩 Rasch 模式及其家族成員模式比較有獲得繼續深入研究與發展的機會，而其餘的 IRT 模式，幾乎已到了發展瓶頸。甚至於，我們也可以換個角度來說，從實務應用觀點來看，源自美國本土，由 Lord（1980）等人所提二元化計分資料的 IRT 模式（特別是 2PL 和 3PL 模式，及其延伸至多向度的 MIRT 模式），雖然適合在教育測驗（特別是成就測驗或能力測驗領域）情境中應用，但其發展似乎已經到了成熟、穩定的階段，理論模式還能夠再創新的地方和機會已經不多了；而源自歐洲大陸的 Rasch（1960/1980）模式，卻自 B. Wright 於 1969 年引進美國後，幾十年發展下來，Rasch 模式、其家族成員模式，及各種延伸的多向度 IRT 模式，陸續在心理測驗（特別是人格測驗、態度測量，甚至是各種使用李克特氏評定量表方式作答的測量工具之發展，以及結合認知心理學理論）的應用上成長茁壯，儼然已經成為測量理論發展的主流架勢，這點可從近年來所出版的專書和論文集（Andrich, 1988b; Boeck & Wilson, 2004; Bond & Fox, 2001; Boomsma, van Duijn, & Snijders, 2001; Fischer & Molenaar,

1995; Smith & Smith, 2004），大多環繞在 Rasch 模式的討論與應用課題上，即可窺見其一斑。

就從導論性教科書說起，Andrich（1988b）在美國加州的 Sage 出版社，最早出版一本膾炙人口的專書，率先深入淺出地介紹 Rasch 模式及其應用，僅偏重模式介紹和書面範例的說明而已。繼而，Fischer 和 Molenaar（1995）及 Wilson（1992a）各自彙編一本進階的論文集，更深入地介紹Rasch模式的理論基礎、近期發展及其應用。之後，Bond 和 Fox（2001）及 Smith 和 Smith（2004）更是舉出電腦運算的實作例子，一步一步地教導有關 Rasch 模式的種種測量理論、其家族成員模型，及各種可能的應用。此時，國際間各種應用 Rasch 模式的心得報告和創新發現，也陸續被收錄在各種學術研討會的論文集（Boeck & Wilson, 2004; Boomsma, van Duijn, & Snijders, 2001）裡。此外，位於美國芝加哥大學（University of Chicago）附近的 MESA 公司，更是有系統地介紹與推廣 Rasch 模式及其應用，除年年舉辦工作坊外，更贊助成立「客觀測量協會」（Association of Objective Measurement）與舉辦學術研討會活動，他們除了出版由B. Wright指導設計的BI-CAL（1979）程式外，後經 1989 年改版稱為 BIGSCALE 程式、1994 年改版稱 BIGSTEPS 程式，至 2000 年後改版稱為 WINSTEPS 程式之後，自此，隨著方便使用的 WINDOWS 版作業系統的普及，這個專屬適用於 Rasch 分析的軟體程式，更是如火如荼地發展著，客觀測量幾乎與 Rasch 模式劃上等號，後續的應用更是無可限量。

自從筆者（余民寧，1991b，1993g）於十多年前，針對 IRT 的發展趨勢發表評論以來，近十多年來 IRT 的發展結果，其之所以會僅存 Rasch 模式比較有獲得持續發展、應用與推廣的機會，不外乎是由於下列幾項因素：(1) Rasch 模式具有客觀測量（objective measurement）的理論優勢和特色（王文中，2004；Wilson, 1992a; Wright & Stone, 1979），這一點特質能夠說服許多使用計量研究方法的人；(2)相對於 IRT 的其他模式而言，Rasch 模式似乎比較簡單且容易許多，這一點特色讓許多非主修數學的應用學者，也可以輕易讀得懂該模式的數學涵義；(3)市場上有方便使用的專屬軟體程式出版，如：單向度的 WINSTEPS 程式（Linacre & Wright, 2000）和多向度的 ConQuest 程式（Wu, Adams, & Wilson, 2007），這些應用軟體程式的出版，均有利於 Rasch 理論模式的應用和推廣；(4) MESA 公司及其

他學術團體〔如：美國教育研究年會（AERA）、美國心理學年會（APA）〕年年舉行學術研討會與工作坊，這些活動透過網際網路的傳播，快速地達到宣傳與推廣的效果；(5)學術社群的共襄盛舉，由於學術界專業研究人員的有志一同，願意投入發展此一理論嚴謹又方便使用的模型，於是促成它的應用與推廣能夠日益蓬勃壯大。

總之，綜合上述說明，筆者非常看好 Rasch 理論模式的未來應用與發展情形，它除了兼顧 IRT 的理論特色外，還能夠被應用到其他測量問題的計分上，甚至還可與電腦化適性測驗的理論與實務結合，以及應用到量尺工具的編製與研發（scale construction and development）問題上，這麼多元的應用潛力，將會取得主導學術理論發展的主流地位。

三　線上測驗的趨勢

自二次世界大戰結束（1945 年）時，人類開始發明電腦（computer）以來，電腦的應用已與人類的生活息息相關。1980 年左右，美國 IBM 公司推出「個人電腦」（personal computer, PC）以來，電腦自此更加速走入每個人的生活、學習、工作與休閒領域。1991 年，美國國防部釋出網路系統，自此網際網路（internet）把全球每個人都連結起來。1995 年起開始出現全球資訊網（world wide web, WWW）、行動電話（mobile phone）和無線通訊（wireless communication）等科技產物，更行塑造出地球村（global village）與世界是扁平（world is flat）的抽象概念。我們可以這麼說，資訊與通訊科技將是未來人類賴以生活的主要依靠，不僅工作與學習需要靠它，連測驗與評量的發展也需要靠它。

利用電腦來協助測驗的進行，早已行之多年。早自 1960 年代，美國即有研發電腦輔助施測（computer-based testing, CBT）系統的出現，利用電腦來取代紙筆測驗（paper-and-pencil tests）的進行，除了大幅縮短施測時間外，並能提高測驗應用的效率。然而自 IRT 理論出現後，電腦化適性測驗（computerized adaptive testing, CAT）已經取代 CBT 的角色，並且逐漸取得主導測驗發展的趨勢，至今可說是發展得相當完備與周全。舉凡紙筆測驗所具有的功能、特性、優點或測驗結果，CAT 均具有，甚至，CAT 還比傳統紙筆測驗節省施測時間、精確有效，並且

還兼具組卷、自動評分、認知診斷與預測表現的功能。這就是 CAT 迷人之處，也是它未來會愈來愈受到重視的原因所在。

然而，隨著網路時代的來臨，CAT 也逐漸移轉到「線上」（on-line）來進行，而不再是以封閉式區域網路的主從（server-client）架構連線方式來進行。因此，下列幾項實際的課題，正是 CAT 未來所要改善的重點及發展方向（Bartram & Hambleton, 2006; Dragow & Olson-Buchanan, 1999; Mills, Potenza, Fremer, & Ward, 2002; van der Linden & Glas, 2000; Wainer, et al, 2000）。

1. 時限（time constraint）問題

原本 CAT 的一項優點是：讓受試者根據自己的反應速度作答，因此，在施測時限上非常具有彈性。然而，有些受試者若猶豫過久，或不安於施測情境，則他們的作答將會拖得很長一段時間，這對實施 CAT 而言，也就無法發揮 CAT 的特性了。所以，針對每個試題或每份測驗的作答時間予以適當的限制，還是有必要的。

但是，設立時限卻會引發另外兩種問題：一為每個試題或每份測驗的作答時間還剩多少，必須顯示讓受試者知道；另一為該如何去計算那些尚未作答完畢的測驗得分。這兩個實際問題很難解決；也許未來的 CAT 系統宜朝增加一個計時功能的裝置，或設置一些扣分的計分方法，方能克服 CAT 的發展瓶頸。

2. 作弊及其他不適當的考試行為

就如前文中所述，受試者在施測情境中，可能會有一些不尋常的反應組型（unusual response patterns）出現，這些不尋常的作答行為可能是來自：作弊（cheating）、粗心大意、焦慮過度，或任意猜題等因素。不過，自從 Levine 和 Rubin（1979）發展出適當性測量（appropriateness measurement）後，受試者的不尋常反應組型已能被適當性指標所診斷出。未來的 CAT 走向，似可將適當性測量的診斷系統包含在 CAT 系統裡，以提供診斷與補救措施，使 CAT 更能發揮適性測驗的功能。

3. 空白作答（omitting）問題

在 CAT 中，不太可能會有空白作答的試題出現，因為每位受試者必須在回答一個試題之後，CAT 才會挑選下一個試題呈現給受試者作答，因此，受試者不會錯過任何一道試題。但是，有些受試者在紙筆測驗中，面對自己沒有把握的試題

時，通常會採取先略過作答的作法，等其他試題均回答完畢後，再回頭嘗試作答剛才略過作答的試題。這種作法在CAT中卻無法辦到，因為受試者必須在螢幕上回答一個試題之後，才能有機會回答下一個試題；換句話說，若受試者對目前螢幕上所呈現的試題沒有把握，而想暫時跳過，等待後來再回頭作答的話，目前的CAT卻無法允許受試者有此選擇，受試者還是得被強迫作答後，才能回答下一個試題。因此，未來的 CAT 系統宜朝多增加一個選項：「跳至下一個試題」來設計，但是，這又引發一個問題：「該多出來的選項應該如何計分？」如果把空白作答的試題當成是答錯，則受試者很可能逃避他沒有把握者，而選答他完全會的題目，因此，最後的計分結果也很可能不正確或不公平。也許，未來的 CAT 系統，亦宜將分數等化方法包含在設計裡，以期獲得公正、公平的計分。

4. 在人格與態度測量上的應用

目前，IRT 在人格與態度測量（personality and attitude measurement）上的應用，遠不如在教育測量上的應用。近期的社會或人格方面的研究文獻顯示，僅有少數幾個應用 IRT 的方法，來解決調查問卷方面的資料分析問題〔如：Thissen & Steinberg（1988）等〕。因此，發展 CAT 系統並應用到這些研究領域，是頗值得開發與嘗試的新研究課題。不過，在從事人格與態度測量方面之研究時所常遇到的問題：「原本設計用來測量某些人格與態度變項的試題，會隨著時間的流逝，而在語意、與測量結構的關係，或極端選項的水準上，產生很明顯的變化」，也會發生在應用 IRT 方法的 CAT 系統中，此時的問題便是：「試題參數漂流」（item parameter drift）（Bock, Muraki, & Pfeiffenberger, 1988）的問題，亦即是試題參數估計值隨著時間而改變的現象。因此，未來的 CAT 在這方面的研究，也需將 IRT 所用的量尺隨時更新及校準，以增進測量的精確度。

參 考 文 獻

中文部分

王文中（2004）。Rasch測量模式與其在教育與心理之應用。**教育與心理研究**，27（4），637-694。

王文中、張智宏（1998）。Rasch 模式概率比法的差異試題功能分析。**中華心理學刊**，40（1），15-32。

王寶擁（1995）。**當代測驗理論**。台北：心理。

朱錦鳳（2002）。國中生物科適性測驗的建構歷程：IRT 理論的應用。**教育與心理研究**，25，615-627。

何榮桂（1991a）。電腦化題庫設計的基本架構。**教育研究雙月刊**，20，21-26。

何榮桂（1991b）。題庫中項目參數分配型態對電腦化適應性測驗能力估計的影響。**教育研究所集刊**，33，1-31。

何榮桂（1991c）。題庫中項目參數分配型態對電腦化適性測驗選題的影響。**測驗年刊**，38，71-96。

何榮桂（1992）。題庫的概念及其應用。**資訊與教育雙月刊**，31，10-13。

何榮桂（1999）。量身訂製的測驗——適性測驗。**測驗與輔導**，157，3289-3294。

何榮桂（2000）。網路環境題庫與測驗之整合系統。**科學發展月刊**，28（7），534-540。

何榮桂（2005）。數位化題庫之概念架構。**國家菁英**，1（4），149-157。

余民寧（1991a）。二分法計分與部分法計分之比較。**測驗年刊**，39，221-231。

余民寧（1991b）。試題反應理論的介紹（一）——測驗理論的發展趨勢。**研習資訊**，8（6），13-18。

余民寧（1992a）。試題反應理論的介紹（二）——基本概念和假設。**研習資訊**，9（1），5-9。

余民寧（1992b）。試題反應理論的介紹（三）——試題反應模式及其特性。**研習資訊**，9（2），6-10。

余民寧（1992c）。試題反應理論的介紹（四）——能力與試題參數的估計。**研習資訊**，9（3），6-12。

余民寧（1992d）。試題反應理論的介紹（五）——模式與資料間適合度的檢定。**研習資訊**，9（4），6-10。

余民寧（1992e）。試題反應理論的介紹（六）——能力量尺。**研習資訊**，9（5），8-12。

余民寧（1992f）。試題反應理論的介紹（七）——訊息函數。**研習資訊**，9（6），5-9。

余民寧（1992g）。測驗編製與分析技術在學習診斷上的應用。**教育研究**，28，44-60。

余民寧（1993a）。試題反應理論的介紹（八）——測驗編製。**研習資訊**，10（1），6-10。

余民寧（1993b）。試題反應理論的介紹（九）——測驗分數的等化（上）。**研習資訊**，10（2），6-11。

余民寧（1993c）。試題反應理論的介紹（十）——測驗分數的等化（下）。**研習資訊**，10（3），11-16。

余民寧（1993d）。試題反應理論的介紹（十一）——題庫的建立。**研習資訊**，10（4），9-13。

余民寧（1993e）。試題反應理論的介紹（十二）——電腦化適性測驗。**研習資訊**，10（5），5-9。

余民寧（1993f）。試題反應理論的介紹（十三）——試題偏差的診斷。**研習資訊**，10（6），7-11。

余民寧（1993g）。測驗理論的發展趨勢。載於中國測驗學會主編：**心理測驗的發展與應用**（23-62頁）。台北：心理。

余民寧（1994a）。試題反應理論的介紹（十四）——精熟測驗。**研習資訊**，11（1），7-11。

余民寧（1994b）。試題反應理論的介紹（十五）——IRT 的其他應用。**研習資訊**，11（2），7-10。

余民寧（1994c）。試題反應理論的介紹（十六）——IRT 的未來。**研習資訊**，11（3），7-11。

余民寧（1994d）。測驗編製與分析技術在學習診斷上的應用。載於國立政治大學教育研究所主編：**教育研究方法論文集**（303-327頁）。台北：台灣書店。

余民寧（2002）。**教育測驗與評量：成就測驗與教學評量（第二版）**。台北：心理。

余民寧（2005a）。**心理與教育統計學（增訂二版）**。台北：三民。

余民寧（2005b）。試題、分數、和測驗理論。IRT 測驗與教學，1，5-25。

余民寧（2005c）。從調查數據回顧基本學力測驗的實施。測驗學刊，52（1），IX-XXXVI。

余民寧（2006a）。潛在變項模式：SIMPLIS 的應用。台北：高等教育。

余民寧（2006b）。精熟學習、診斷測驗、與補救學習。IRT 測驗與教學，2，1-24。

余民寧（2006c）。學習成就測驗編製。教師天地，145，24-29。

余民寧、賴姿伶、劉育如（2004）。國中基本學力測驗實施成效之初步調查：學生的觀點。教育與心理研究，27（3），457-481。

余民寧、賴姿伶、劉育如（2005）。國中基本學力測驗實施成效之初步調查：學校的觀點。教育與心理研究，28（2），193-217。

余民寧、謝進昌（2006）。國中基本學力測驗之 DIF 的實徵分析：以 91 年度兩次測驗為例。教育學刊，26，241-276。

林奕宏、林世華（2004）。國小高年級數學科成就測驗中與性別有關的DIF現象。台東大學教育學報，15（1），67-96。

吳裕益（1988）。標準參照測驗通過分數設定方法之研究，測驗年刊，35，159-166。

吳裕益（1991a）。電腦化適性測驗與傳統測驗之比較。教師天地，54，49-53。

吳裕益（1991b）。IRT 等化法在題庫建立之應用。初等教育學報，4，319-365。

吳裕益、張家慶、林庭煌、吳明奇（1992）。國小高年級學術性向測驗題庫擴充研究：題庫擴充時參數估計與連結相關問題之探討。測驗年刊，39，233-247。

洪碧霞（1989）。電腦化適性測驗中起始點、計分方法、先前分配標準差及題庫特質之研究。台南師範學院初等教育學報，2，101-139。

洪碧霞（1991）。如何建立並應用題庫系統。國教之友，42（4），13-16。

洪碧霞、吳裕益、陳英豪（1992）。題庫建立時題目IRT參數連結相關問題之探討。台南師院學報，25，29-54。

洪碧霞、吳鐵雄（1989）。簡介電腦化適性測驗的發展及其實施要素並兼論我國大專聯考電腦適性測驗化的可行性。測驗年刊，36，75-93。

洪碧霞、吳鐵雄、葉千綺、江秋坪、許宏彬（1992）。能力估計方法、題庫特質及終止標準對 CAT 考生能力估計影響之研究。測驗年刊，39，249-267。

洪碧霞、邱上真、林素薇、葉千綺（1998）。國小中低年級國語文成就測驗題庫建立之研

究。**測驗年刊**，45（2），1-18。

孫光天、陳新豐（1999）。利用人工智慧技術於選題策略之研究。**測驗年刊**，46（1），75-88。

許擇基、劉長萱（1992）。**試題作答理論簡介**。台北：中國行為科學社。

陳新豐（2003a）。線上題庫之研發。**中學教育學報**，10，301-326。

陳新豐（2003b）。線上題庫等化連結方式之比較。**花蓮師院學報**，17，153-192。

陳淑英（2004）。分析「電腦適性測驗」的試題曝光率及能力估計精確度。**測驗學刊**，51（1），103-115。

章舜雯（2002）。題庫變動對電腦適性測驗試題曝光控制參數之影響。**測驗年刊**，49（2），265-291。

章舜雯、涂柏原（2001）。考生能力分配改變對電腦適性測驗曝光控制法之影響。**測驗年刊**，48（1），167-190。

章舜雯、涂柏原、Ansley, T. N.（2002）。試題曝光率控制法在電腦適性測驗中的特性功能──進階研究。**測驗年刊**，49（2），235-263。

曾慧敏（1997）。從測驗之發展談國家考試題庫之建立。**考銓**，9，70-77。

曹亦薇、侯傑泰（1999）。漢語詞彙測驗中的性差項目功能差異。**測驗年刊**，46（1），119-128。

黃財尉、李信宏（1999）。國中數學成就測驗性別 DIF 之探討：Poly-SIBTEST 的應用與分析。**測驗年刊**，46（2），45-60。

張道行（2001）。台灣國中基本學力測驗題庫之資訊系統的架構、執行與未來。**文教新潮**，6（3），10-13。

鄭明長、余民寧（1994）。各種通過分數設定方法之比較。**測驗年刊**，41，19-40。

鄭裕篤（2000a）。電腦題庫的設計與發展。**測驗統計簡訊**，37，15-22。

鄭裕篤（2000b）。電腦題庫的應用與實例。**測驗統計簡訊**，38，1-9。

劉淑姿（1999）。題庫試題之建置與展望。**公務人員月刊**，32，33-40。

劉湘川、許天維、胡豐榮、郭伯臣（2003）。數學科題庫建置之方法──以高職課程為例。**測驗統計簡訊**，54，8-37。

盧雪梅（1999a）。差別試題功能（DIF）的檢定方法。**台北市立師範學院學報**，30，149-165。

盧雪梅（1999b）。應用 Bootstrap 法評估 Mantel-Haenszel DIF 統計數的抽樣變異。**測驗年刊**，46（2），33-44。

盧雪梅（2000）。Mantel-Haenszel DIF 程序之第一類型錯誤率和 DIF 嚴重度分類結果研究。**測驗年刊**，47（1），57-71。

盧雪梅（2007）。國民中學學生基本學力測驗國文科和英語科成就性別差異和性別差別試題功能（DIF）分析。**教育研究與發展期刊**，3（4），79-112。

歐滄和（1991）。建立題庫時應考慮事項。**輔導月刊**，27（5），11-14。

聯合報（2006）。**心理測量師爆紅，年薪 640 萬**。2006 年 5 月 6 日聯合報國際 A12 版。

謝進昌、余民寧（2005）。以最大測驗訊息量決定通過分數之研究。**測驗學刊**，52（2），149-176。

謝進昌、余民寧（2007）。不同測驗難度對精熟標準設定與分數轉換之影響。**測驗學刊**，54（1），1-30。

簡茂發、劉湘川、許天維、郭伯臣、殷志文（1995）。以 Mantel-Haenszel 法檢定試題區別功能之相關因素探討。**測驗年刊**，42，85-102。

英文部分

Ackerman, T. A. (1989). Unidimensional IRT calibration of compensatory and noncompensatory multidimensional items. *Applied Psychological Measurement*, *13*, 113-127.

Ackerman, T. A. (1992). A didactic explanation of item bias, item impact, and item validity from a multidimensional perspective. *Journal of Educational Measurement*, *29*, 67-91.

Ackerman, T. A. (1994). Using multidimensional item response theory to understand what items and tests are measuring. *Applied Measurement in Education*, *7*, 255-278.

Adams, R. J., & Khoo, S. T. (1996). *Quest*. Melbourne, Australia: Australian Council for Educational Research.

Adams, R. J., Wilson, M., & Wang, W. C. (1997). The multidimensional random coefficients multinomial logit model. *Applied Psychological Measurement*, *21*, 1-23.

Alagumalai, S., Curtis, D. D., & Hungi, N. (Eds.) (2005). *Applied Rasch measurement: A book of exemplars*. The Netherlands: Springer-Verlag.

Allen, N. L., & Donoghue, J. R. (1996). Applying the Mantel-Haenszel procedure to complex samples of items. *Journal of Educational Measurement, 33*, 231-251.

Allen, M. J., & Yen, W. M. (1979). *Introduction to measurement theory*. Monterey, CA: Brooks/ Cole.

Allen, W. J., & Yen, W. M. (2001). *Introduction to measurement theory* (2nd ed.). Monterey, CA: Brooks/Cole.

Andersen, E. B. (1970). Asymptotic properties of conditional maximum likelihood estimates. *Journal of the Royal Statistical Society, Series B, 32*, 283-301.

Andersen, E. B. (1972). The numerical solution of a set of conditional estimation equations. *Journal of the Royal Statistical Society, Series B, 34*, 42-54.

Andersen, E. B. (1973a). Conditional inference in multiple choice questionnaires. *British Journal of Mathematical and Statistical Psychology, 26*, 31-44.

Andersen, E. B. (1973b). A goodness of fit test for the Rasch model. *Psychometrika, 38*, 123-140.

Andersen, E. B. (1973c). *Conditional inference and models for measuring.* Copenhagen: Mentalhygiejnisk Forlag.

Andersen, E. B. (1980). *Discrete statistical models with social science applications*. Amsterdam: North-Holland.

Andersen, E. B. (1995). Polytomous Rasch models and their estimation. In G. H. Fischer & I. W. Molennar (Eds.), *Rasch models: Foundations, recent developments, and applications* (pp. 271-291). New York: Springer-Verlag.

Andrich, D. (1978a). A binomial latent trait model for the study of Likert-style attitude questionnaires. *British Journal of Mathematical and Statistical Psychology, 31*, 84-98.

Andrich, D. (1978b). A rating formulation for ordered response categories. *Psychometrika, 43*, 561-573.

Andrich, D. (1978c). Scaling attitude items constructed and scored in the Likert tradition. *Educational and Psychological Measurement, 38*, 665-680.

Andrich, D. (1978d). Application of a psychometric rating model to order categories which are scored with successive integers. *Applied Psychological Measurement, 2*, 581-594.

Andrich, D. (1979). A model for contigency tables having an ordered response classification. *Biometrics, 35*, 403-415.

Andrich, D. (1982). An extension of the Rasch model for ratings providing both location and dispersion parameters. *Psychometrika, 47*, 105-113.

Andrich, D. (1985). A latent-trait model for items with response dependencies: Implications for test construction and analysis. In S. E. Embretson (Ed.), *Test design: Development in psychology and psychometrics* (pp. 245-275). Orlando, FL: Academic Press.

Andrich, D. (1988a). A general form of Rasch's extended logistic model for partial credit scoring. *Applied Measurement in Education, 1*, 363-378.

Andrich, D. (1988b). *Rasch models for measurement*. Newbury Park, CA: Sage.

Andrich, D. (1997). An hyperbolic cosine IRT model for unfolding direct response of persons to items. In W. J. van der Linden & R. K. Hambleton (Eds.), *Handbook of modern item response theory* (pp. 399-414). New York: Springer-Verlag.

Andrich, D., Sheridan, B., & Luo, G. (2001). *RUMM: Rasch unidimensional measurement model* [Computer software]. Perth, Australia: RUMM Laboratory.

Angoff, W. H. (1971). Scales, norms, and equivalent scores. In R. L. Thorndike (Ed.), *Educational measurement* (2nd ed.) (pp. 508-600). Washington, DC: American Council on Education.

Angoff, W. H. (1982). Summary and derivation of equating methods used at ETS. In P. W. Holland & D. R. Rubin (Eds.), *Test equating* (pp. 55-79). New York: Academic Press.

Ansley, T. N., & Forsyth, R. A. (1985). An examination of the characteristics of unidimensional IRT parameter estimates derived from two-dimensional data. *Applied Psychological Measurement, 9*, 37-48.

Assessment Systems Corporation (1988). *User's manual for the MicroCAT testing system*. St. Paul, MN: Author.

Baker, F. B. (1964). An intersection of test score interpretation and item analysis. *Journal of Educational Measurement, 1*, 23-28.

Baker, F. B. (1965). Origins of the item parameters X_{50} and β as a modern item analysis technique. *Journal of Educational Measurement, 2*, 167-180.

Baker, F. B. (1977). Advances in item analysis. *Review of Educational Research, 47*, 151-178.

Baker, F. B. (1985). *The basics of item response theory*. Portsmouth, NH: Heinemann.

Baker, F. B. (1987). Methodology reviews: Item parameter estimation under the one-, two-, and three-parameter logistic models. *Applied Psychological Measurement, 11*, 111-142.

Baker, F. B. (1992). *Item response theory: Parameter estimation techniques*. New York: Marcel Dekker.

Baker, F. B., & Kim, S. H. (2004). *Item response theory: Parameter estimation techniques* (2nd ed.). New York: Marcel Dekker.

Barton, M. A., & Lord, F. M. (1981). An upper asymptote for the three-parameter logistic item-response model. *Research Bulletin, 81-20*. Princeton, NJ: Educational Testing Service.

Bartram, D., & Hambleton, R. (Eds.) (2006). *Computer-based testing and the internet: Issues and advances*. Hoboken, NJ: John Wiley & Sons.

Bejar, I. I. (1980). A procedure for investigating the unidimensionality of achievement tests based on item parameter estimates. *Journal of Educational Measurement, 17*, 283-296.

Berberoglu, G., & Dochy, F. (1996). Psychometric evaluation of entry assessment in higher education: A case study. *European Journal of Psychology of Education, 11*, 25-41.

Berk, R. A. (Ed.) (1982). *Handbook of methods for detecting test bias*. Baltimore, MD: Johns Hopkins University Press.

Berk, R. A. (1984). *A guide to criterion-referenced test construction*. Baltimore, MD: The Johns Hopkins University Press.

Berk, R. A. (1986). A consumer's guide to setting performance standards on criterion-referenced tests. *Review of Educational Research, 56*, 137-172.

Birch, M. W. (1964). The detection of partial association: The 2*2 case. *Journal of the Royal Statistical Society, Ser. B, 26*, 313-324.

Birnbaum, A. (1968). Some latent trait models and their use in inferring an examinee's ability. In F. M. Lord & M. R. Novick (Eds.), *Statistical theories of mental test scores* (chapters 17-20, pp. 397-479). Reading, MA: Addison-Wesley.

Birnbaum, A. (1969). Statistical theory for logistic mental test models with a prior distribution of ability. *Journal of Mathematical Psychology, 6*, 258-276.

Bock, R. D. (1972). Estimating item parameters and latent ability when responses are scored in two or more nominal categories. *Psychometrika, 37*, 29-51.

Bock, R. D., & Aitkin, M. (1981). Marginal maximum likelihood estimation of item parameters:

An application of an EM algorithm. *Psychometrika, 46*, 443-459.

Bock, R. D., Gibbons, R., & Muraki, E. (1988). Full information item factor analysis. *Applied Psychological Measurement, 12*, 261-280.

Bock, R. D., & Lieberman, M. (1970). Fitting a response model for dichotomously scored items. *Psychometrika, 35*, 179-197.

Bock, R. D., & Mislevy, R. J. (1981). An item response curve model for matrix-sampling data: The California grade-three assessment. In D. Carlson (Ed.), *New directions for testing and measurement: Testing in the states* (pp. 65-90). San Francisco: Jossey-Bass.

Bock, R. D., & Mislevy, R. J. (1982). Adaptive EAP estimation of ability in a microcomputer environment. *Applied Psychological Measurement, 6*, 431-444.

Bock, R. D., & Mislevy, R. J. (1988). Comprehensive educational assessment for the states: The Duplex design. *Educational Evaluation and Policy Analysis, 10*, 89-105.

Bock, R. D., Muraki, E., & Pfeiffenberger, W. (1988). Item pool maintenance in the presence of item parameter drift. *Journal of Educational Measurement, 25*, 275-285.

Boeck, P., & Wilson, M. (Eds.) (2004). *Explanatory item response models: A generalized linear and nonlinear approach*. New York: Springer-Verlag.

Bolt, D. M. (2000). A SIBTEST approach to testing DIE hypotheses using experimentally designed test items. *Journal of Educational Measurement, 37*, 307-327.

Bond, T. G., & Fox, C. M. (2001). *Applying the Rasch model: Fundamental measurement in the human sciences*. Mahwah, NJ: Lawrence Erlbaum Associates.

Boomsma, A., van Duijn, M., & Snijders, T. (Eds.) (2001). *Essays on item response theory*. New York: Springer-Verlag.

Bradlow, E. T., Wainer, H., & Wang, M. M. (1999). A Bayesian random effects model for testlets. *Psychometrika, 64*, 153-168.

Brennan, R. L. (2001). *Generalizability theory*. New York: Springer-Verlag.

Brennan, R. L. (Ed.) (2006). *Educational measurement* (4th ed.). Washington, DC: National Council on Measurement in Education.

Brislin, R. (1970). Back-translation for cross-cultural research. *Journal of Cross-Cultural Psychology, 1*, 185-216.

Brislin, R. (1980). Translation and content analysis of oral and written materials. In H. C. Triandis & J. W. Berry (Eds.), *Handbook of cross-cultural psychology: Methodology* (Vol. 2, pp. 389-444). Boston, MA: Allyn & Bacon.

Bunderson, C. V., Inouye, D. K., & Olsen, J. B. (1989). The four generations of computerized educational measurement. In R. L. Linn (Ed.), *Educational measurement* (3rd ed.) (pp. 367-407). New York: Macmillan.

Camilli, G., & Shepard, L. A. (1994). *Methods for identifying biased test items*. Thousand Oaks, CA: Sage.

Carlson, J. E. (1987). *Multidimensional item response theory estimation: A computer program* (Research Report ONR87-2). Iowa City, IA: American College Testing.

Chang, S. W., & Ansley, T. N. (2003). A comparative study of item exposure control methods in computerized adaptive testing. *Journal of Educational Measurement, 40*, 71-103.

Chang, H. H., Mazzeo, J., & Roussos, L. (1996). Detecting DIF for polytomously scored items: An adaptation of the SIBTEST procedure. *Journal of Educational Measurement, 33*, 333-353.

Chang, H. H., Qian, J., & Ying, Z. (2001). A-stratified multistage computerized adaptive testing with b blocking. *Applied Psychological Measurement, 25*, 333-341.

Chang, H. H., & Ying, Z. (1999). A-stratified multistage computerized adaptive testing. *Applied Psychological Measurement, 23*, 211-222.

Chen, S. Y., & Ankenmann, R. D. (2004). Effects of practical constraints on item selection rules at the early stages of computerized adaptive testing. *Journal of Educational Measurement, 41*, 149-174.

Chen, S. Y., Ankenmann, R. D., & Chang, H. H. (2000). A comparison of item selection rules at the early stages of computerized adaptive testing. *Applied Psychological Measurement, 24*, 241-255.

Chen, S. Y., Ankemann, R. D., & Spray, J. A. (2003). The relationship between item exposure and test overlap in computerized adaptive testing. *Journal of Educational Measurement, 40*, 129-145.

Chen, S., Hou, L., & Dodd, B. G. (1998). A comparison of maximum likelihood estimation and expected a posteriori estimation in CAT using the partial credit model. *Educational and Psychological Measurement, 58*, 569-595.

Chen, S., Hou, L., Fitzpatrick, S. J., & Dodd, B. G. (1997). The effect of population distribution and methods of theta estimation on CAT using the rating scale model. *Educational and Psychological Measurement, 57*, 422-439.

Chen, S. Y., & Lei, P. W. (2005). Controlling item exposure and test overlap in computerized adaptive testing. *Applied Psychological Measurement, 29*, 204-217.

Chen, W. H., & Thissen, D. (1997). Local dependence indexes for item pairs using item response theory. *Journal of Educational and Behavioral Statistics, 22*, 265-289.

Cheng, P. E., & Liou, M. (2000). Estimation of trait level in computerized adaptive testing. *Applied Psychological Measurement, 24*, 257-265.

Cheong, Y. F. (2006). Analysis of school context effects on differential item functioning using hierarchical generalized linear models. *International Journal of Testing, 6*, 57-79.

Cizek, G. J. (Ed.) (2001). *Setting performance standards: Concepts, methods, and perspectives.* Mahwah, NJ: Lawrence Erlbaum Associates.

Cizek, G. J., & Bunch, M. B. (2006). *Standard setting: A guide to establishing and evaluating performance standards on tests.* Thousand Oaks, CA: Sage.

Clauser, B. E., & Mazor, K. M. (1998). Using statistical procedures to identify differentially functioning test items. *Educational Measurement: Issues and Practice, 17*, 31-44.

Cohen, A. S., Kim, S. H., & Wollack, J. A. (1996). An investigation of the likelihood ratio test for detection of differential item functioning. *Applied Psychological Measurement, 20*, 15-26.

Cohen, R. J., Montague, P., Nathanson, L. S., & Swerdlik, M. E. (1988). *Psychological testing: An introduction to tests and measurement.* Mountain View, CA: Mayfield.

Coombs, C. H., Milholland, J. E., & Womer, F. B. (1956). The assessment of partial kowledge. *Educational and Psychological Measurement, 16*, 13-37.

Cook, L. L., Eignor, D. R., & Taft, H. L. (1988). A comparative study of the effects of recency of instruction on the stability of IRT and conventional item parameter estimates. *Journal of Educational Measurement, 25*, 31-45.

Cox, D. R. (1970). *Analysis of binary data.* London: Mdthuen.

Crocker, L., & Algina, J. (1986). *Introduction to classical and modern test theory*. New York: Holt, Rinehart & Winston.

Cronbach, L. J. (1951). Coefficient alpha and the internal structure of tests. *Psychometrika, 16*, 297-334.

Cronbach, L. J., Gleser, G. C., Nanda, H., & Rajaratnam, N. (1972). *The dependability of behavioral measurements: Theory of generalizability for scores and profiles*. New York: Wiley.

Cronbach, L. J., & Warrington, W. G. (1951). Time-limit tests: Estimating their reliability and degree of speeding. *Psychometrika, 16*, 167-188.

Davis, L. L. (2004). Strategies for controlling item exposure in computerized adaptive testing with the generalized partial credit model. *Applied Psychological Measurement, 28*, 165-185.

Davis, L. L., & Dodd, B. G. (2003). Item exposure constraints for testlets in the Verbal Reasoning Section of the MCAT. *Applied Psychological Measurement, 27*, 335-356.

Davis, L. L., Pastor, D. A., Dodd, B. G., Chiang, C., & Fitzpatrick, S. (2003). An examination of exposure control and content balancing restrictions on item selection in CATs using the partial credit model. *Journal of Applied Measurement, 4*, 24-42.

De Ayala, R. J., & Sava-Bolesta, M. (1999). Item parameter recovery for the nominal response model. *Applied Psychological Measurement, 23*, 3-19.

De Gruijter, D. N. M. (1986). Small N does not always justify the Rasch model. *Applied Psychological Measurement, 10*, 187-194.

De Gruijter, D. N. M., & Hambleton, R. K. (1983). Using item response models in criterion-referenced test item selection. In R. K. Hambleton (Ed.), *Applications of item response theory* (pp.142-154). Vancouver, BC: Educational Research Institute of British Columbia.

Dempster, A. P., Laird, N. M., & Rubin, D. B. (1977). Maximum likelihood from incomplete data via the EM algorithm (with discussion). *Journal of the Royal Statistical Society, Series B, 39*, 1-38.

DeVellis, R. F. (2003). *Scale development: Theory and applications* (2nd ed.). Thousand Oaks, CA: Sage.

DiBello, L. V., Stout, W. F., & Roussos, L. (1995). Unified cognitive psychometric assessment likelihood-based classification techniques. In P. D. Nichols, S. F. Chipman, & R. L. Brennan

(Eds.), *Cognitively diagnostic assessment* (pp. 361-390). Hillsdale, NJ: Lawrence Erlbaum Associates.

Divgi, D. R. (1981). Model free evaluation of equating and scaling. *Applied Psychological Measurement, 5*, 203-208.

Divgi, D. R. (1985). A minimum chi-square method for developing a common metric in item response theory. *Applied Psychological Measurement, 9*, 413-415.

Divgi, D. R. (1986). Does the Rasch model really work for multiple choice items? Not if you look closely. *Journal of Educational Measurement, 23*, 283-298.

Dodd, B. G. (1990). The effect of item selection procedure and stepsize on computerized adaptive attitude measurement using the rating scale model. *Applied Psychological Measurement, 14*, 355-366.

Dodd, B. G., de Ayala, R. J., & Koch, W. R. (1995). Computerized adaptive testing with polytomous items. *Applied Psychological Measurement, 19*, 5-22.

Dodd, B. G., & Koch, W. R. (1987). Effects of variations in item step values on item and test information in the partial credit model. *Applied Psychological Measurement, 11*, 371-384.

Dodd, B. G., Koch, W. R., & de Ayala, R. J. (1989). Operational characteristics of adaptive testing procedures using the graded response model. *Applied Psychological Measurement, 13*, 129-143.

Dodd, B. G., Koch, W. R., & de Ayala, R. J. (1993). Computerized adaptive testing using the partial credit model: Effects of item pool characteristics and different stopping rules. *Educational and Psychological Measurement, 53*, 61-77.

Dorans, N. J., & Holland, P. W. (1993). DIF detection and description: Mantel-Haenszel and standardization. In P. W. Holland & H. Wainer (Eds.), *Differential item functioning* (pp. 35-66). NJ: Lawrence Erlbaum Associates.

Dorans, N. J., & Kulick, E. (1986). Demonstrating the utility of the standardization approach to assessing unexpected differential item performance on the Scholastic Aptitude Test. *Journal of Educational Measurement, 23*, 355-368.

Dorans, N. J., Pommerich, M., & Holland, P. W. (Eds.) (2007). *Linking and aligning scores and scales*. New York: Springer-Verlag.

Downing, S. M., & Haladyna, T. M. (Eds.) (2006). *Handbook of test development*. Mahwah, NJ: Lawrence Erlbaum Associates.

Drasgow, F. (1982). Choice of test model for appropriateness measurement. *Applied Psychological Measurement, 6*, 297-308.

Drasgow, F. (1989). An evaluation of marginal maximum likelihood estimation for the two-parameter logistic model. *Applied Psychological Measurement, 13*, 77-90.

Drasgow, F., & Guertler, E. (1987). A decision-theoretic approach to the use of appropriateness measurement for detecting invalid test and scale scores. *Journal of Applied Psychology, 72*, 10-18.

Drasgow, F., & Hulin, C. L. (1990). Item response theory. In M. D. Dunnette & L. M. Hough (Eds.), *Handbook of industrial and organizational psychology* (2nd ed.) (Vol. 1, pp. 577-636). Palo Alto, CA: Consulting Psychologists Press.

Drasgow, F., & Kanfer, R. (1985). Equivalence of psychological measurement in heterogeneous populations. *Journal of Applied Psychology, 70*, 662-680.

Drasgow, F., & Levine, M. V. (1986). Optimal detection of certain forms of inappropriate test scores. *Applied Psychological Measurement, 10*, 59-67.

Drasgow, F., Levine, M. V., & McLaughlin, M. E. (1987). Detecting inappropriate test scores with optimal and practical appropriateness indices. *Applied Psychological Measurement, 11*, 59-79.

Drasgow, F., Levine, M. V., & McLaughlin, M. E. (1991). Appropriateness measurement for some multidimensional test batteries. *Applied Psychological Measurement, 15*, 171-191.

Drasgow, F., Levine, M. V., & Williams, E. A. (1985). Appropriateness measurement with polychotomous item response models and standardized indices. *British Journal of Mathematical and Statistical Psychology, 38*, 67-86.

Drasgow, F., & Lissak, R. I. (1983). Modified parallel analysis: A procedure for examining the latent dimensionality of dichotomously scored item responses. *Journal of Applied Psychology, 68*, 363-373.

Drasgow. F., & Olson-Buchanan, J. B. (Eds.) (1999). *Innovations in computerized assessment*. Hillsdale, NJ: Lawrence Erlbaum Associates.

Drasgow, F., & Parsons, C. K. (1983). Application of unidimensional item response theory models to multidimensional data. *Applied Psychological Measurement*, *7*, 189-199.

Du Toit, M. (Ed.) (2003). *IRT from SSI: BILOG-MG, MULTILOG, PARSCALE, TESTFACT*. Chicago, IL: Scientific Software International, Inc.

Eggen, T. J. H. M., & Verschoor, A. J. (2006). Optimal testing with easy or difficult items in computerized adaptive testing. *Applied Psychological Measurement*, *30*, 379-393.

Embretson, S. E. (1984). A general multicomponent latent trait model for response processes. *Psychometrika*, *49*, 175-186.

Embretson, S. E. (Ed.) (1985). *Test design: Developments in psychology and psychometrics*. Orlando, FL: Academic Press.

Embretson, S. E. (1990). Diagnostic testing by measuring learning processes: Psychometric considerations for dynamic testing. In N. Frederiksen et al. (Eds.), *Diagnostic monitoring of skill and knowledge acquisition* (pp. 407-432). Hillsdale, NJ: Lawrence Erlbaum Associates.

Embretson, S. E. (1991). A multidimensional latent trait model for measuring learning and change. *Psychometrika*, *56*, 495-515.

Embretson, S. E. (1995). A measurement model for linking individual learning to processes and knowledge: Application to mathematical reasoning. *Journal of Educational Measurement*, *32*, 277-294.

Embretson, S. E. (1997). Structured ability models in tests designed from cognitive theory. In M. Wilson, G. Engelhart, & K. Draney (Eds.), *Objective measurement III* (pp. 223-236). Norwood, NJ: Ablex.

Embretson, S. E., & Reise, S. P. (2000). *Item response theory for psychologists*. Mahwah, NJ: Lawrence Erlbaum Associates.

Embretson, S. E., Schneider, L. M., & Roth, D. (1986). Multiple processing strategies and the construct validity of verbal reasoning tests. *Journal of Educational Measurement*, *23*, 13-32.

Embretson, S. E., & Wetzel, C. D. (1987). Component latent trait models for paragraph comprehension tests. *Applied Psychological Measurement*, *11*, 175-193.

Embretson, S., & Yang, X. (2006). Item Response Theory. In J. L. Green, G. Camilli, & P. B. Elmore (Eds.), *Handbook of complementary methods in education research* (pp. 385-409).

Mahwah, NJ: Lawrence Erlbaum Associates.

Engelhard, G. J. (1994). Examining rater errors in the assessment of written composition with a many-faceted Rasch model. *Journal of Educational Measurement, 31*, 93-112.

Engelhard, G. J. (1996). Evaluating rater accuracy in performance assessments. *Journal of Educational Measurement, 33*, 56-70.

Featherman, C. M. (1997). BIGSTEPS Rasch model computer program-Version 2.76. *Applied Psychological Measurement, 21*, 279-284.

Finch, H. (2005). The MIMIC model as a method for detecting DIF: Comparison with Mantel-Haenszel, SIBTEST, and the IRT likelihood ratio. *Applied Psychological Measurement, 29*, 278-295.

Fischer, G. H. (1973). Linear logistic test model as an instrument in educational research. *Acta Psychologica, 37*, 359-374.

Fischer, G. H. (1983). Logistic latent trait models with linear constraints. *Psychometrika, 48*, 3-26.

Fischer, G. H. (1989). An IRT-based model for dichotomous longitudinal data. *Psychometrika, 54*, 599-624.

Fischer, G. H. (1997). Unidimensional linear logistic Rasch models. In W. J. van der Linden & R. K. Hambleton (Eds.), *Handbook of modern item response theory* (pp. 225-243). New York: Springer-Verlag.

Fischer, G. H., & Molenaar, I. W. (Eds.) (1995). *Rasch models: Foundations, recent developments, and applications*. New York: Springer-Verlag.

Fischer, G. H., & Parzer, P. (1991). An extension of the rating scale model with an application to the measurement of treatment effects. *Psychometrika, 56*, 637-651.

Fischer, G. H., & Ponocny, I. (1994). An extension of the partial credit model with an application to the measurement of change. *Psychometrika, 59*, 177-192.

Fitzpatrick, A. R., Erickan, K., Yen, W. M., & Ferrara, S. (1998). The consistency between raters scoring in different test years. *Applied Measurement in Education, 11*, 195-208.

Fitzpatrick, A. R., Link, V. B., Yen, W. M., Burket, G. R., Ito, K., & Sykes, R. C. (1996). Scaling performance assessments: A comparison of one-parameter and two-parameter partial credit models. *Journal of Educational Measurement, 33*, 291-314.

Folk, V. G., & Green, B. F. (1989). Adaptive estimation when the unidimensionality assumption of IRT is violated. *Applied Psychological Measurement, 13*, 373-389.

Fraser, C., & McDonald, R. P. (1988). NOHARM: Least squares item factor analysis. *Multivariate Behavioral Research, 23*, 267-269.

Frederiksen, N., Mislevy, R. J., & Bejar, I. I. (Eds.) (1993). *Test theory for a new generation of tests*. Hillsdale, NJ: Lawrence Erlbaum Associates.

Freedle, R. (Ed.) (1990). *Artificial intelligence and the future of testing*. Hillsdale, NJ: Lawrence Erlbaum Associates.

Furr, R. M., & Bacharach, V. R. (2007). *Psychometrics: An introduction*. Thousand Oaks, CA: Sage.

Gelin, M. N., & Zumbo, B. D. (2003). Differential item functioning results may change depending on how an item is scored: An illustration with the Center for Epidemiologic Studies Depression Scale. *Educational and Psychological Measurement, 63*, 65-74.

Gershon, R. C. (2005). Computer adaptive testing. *Journal of Applied Measurement, 6*, 109-127.

Gessaroli, M. E., & de Champlain, A. F. (1996). Using an approximate chi-square statistics to test the number of dimensions underlying the responses to a set of items. *Journal of Educational Measurement, 33*, 157-179.

Glas, C. (1990). *RIDA: Rasch incomplete design analysis*. Arnhem, The Netherlands: National Institute for Educational Measurement.

Gorin, J. S., Dodd, B. G., Fitzpatrick, S. J., & Shieh, Y. Y. (2005). Computerized adaptive testing with the partial credit model: Estimation procedures, population distributions, and item pool characteristics. *Applied Psychological Measurement, 29*, 433-456.

Gray, W. M. (1978). A comparison of Piagetian theory and criterion-referenced measurement. *Review of Educational Research, 48*, 223-249.

Green, B. F., Bock, R. D., Humphreys, L. G., Linn, R. L., & Reckase, M. D. (1984). Technical guidelines for assessing computerized adaptive testing. *Journal of Educational Measurement, 21*, 347-360.

Green, S. B., Lissitz, R. W., & Mulaik, S. A. (1977). Limitations of coefficient alpha as an index of test unidimensionality. *Educational and Psychological Measurement, 37*, 827-838.

Green, D. R., Yen, W. M., & Burket, G. R. (1989). Experiences in the application of item response theory in test construction. *Applied Measurement in Education*, *2*, 297-312.

Gronlund, N. E. (1993). *How to make achievement tests and assessments* (5th ed.). Boston: Allyn & Bacon.

Guilford, J. P. (1954). *Psychometric methods*. New York: McGraw-Hill.

Guion, R. M., & Ironson, G. H. (1983). Latent trait theory for organizational research. *Organizational Behavior and Human Performance*, *31*, 54-87.

Gulliksen, H. (1950). *Theory of mental test*. New York: John Wiley.

Gulliksen, H. (1987). *Theory of mental test*. Hillsdale, NJ: Lawrence Erlbaum Associates. (Originally published in 1950 by New York: John Wiley & Sons)

Gustaffson, J. E. (1980a). A solution of the conditional estimation problem for long tests in the Rasch model for dichotomous items. *Educational and Psychological Measurement*, *40*, 377-385.

Gustaffson, J. E. (1980b). Testing and obtaining fit of data to the Rasch model. *British Journal of Mathematical and Statistical Psychology*, *33*, 205-233.

Guttman, L. (1944). A basis for scaling qualitative data. *American Sociological Review*, *9*, 139-150.

Habing, B., & Roussos, L. (2003). On the need for negative local item dependence. *Psychometrika*, *68*, 435-451.

Haebara, T. (1980). Equating logistic ability: Scales by a weighted least squares method. *Iowa Testing Programs Occasional Papers*, No. 27.

Hagenaars, J. A., & McCutcheon, A. L. (Eds.) (2002). *Applied latent class analysis*. Cambridge, UK: Cambridge University Press.

Haladyna, T. M. (1996). *Writing test items to evaluate higher order thinking*. New York: Allyn & Bacon.

Haladyna, T. M. (1999). *Developing and validating multiple-choice test items* (2nd ed.). Hillsdale, NJ: Lawrence Erlbaum Associates.

Haladyna, T. M. (2004). *Developing and validating multiple-choice test items* (3rd ed.). Mahwah, NJ: Lawrence Erlbaum Associates.

Haley, D. C. (1952). Estimation of the dosage mortality relationship when the dose is subject to error. *Technical Report No. 15*. Applied Mathematics and Statistics Laboratory, Stanford University, California.

Hambleton, R. K. (Ed.) (1983). *Applications of item response theory*. Vancouver, BC: Educational Research Institute of British Columbia.

Hambleton, R. K. (1984). Determining test lengths. In R. A. Berk (Ed.), *A guide to criterion-referenced test construction* (pp. 144-168). Baltimone, MD: The Johns Hopkins University Press.

Hambleton, R. K. (1989). Principles and selected applications of item response theory. In R. L. Linn (Ed.), *Educational measurement* (3rd ed.) (pp. 147-200). New York: Macmillan.

Hambleton, R. K. (1990). *A practical guide to criterion-referenced testing*. Boston, MA: Kluwer.

Hambleton, R. K., & Cook, L. L. (1977). Latent trait models and their use in the analysis of educational test data. *Journal of Educational Measurement, 14*, 75-96.

Hambleton, R. K., & Cook, L. L. (1983). Robustness of item response models and effects of test length and sample size on the precision of ability estimations. In D. Weiss (Ed.), *New horizons in testing* (pp. 31-49). New York: Academic Press.

Hambleton, R. K., & de Gruijter, D. N. M. (1983). Application of item response models to criterion-referenced test item selection. *Journal of Educational Measurement, 20*, 355-367.

Hambleton, R. K., & Murray, L. N. (1983). Some goodness of fit investigations for item response models. In R. K. Hambleton (Ed.), *Applications of item response theory* (pp. 71-94). Vancouver, BC: Educational Research Institute of British Columbia.

Hambleton, R. K., & Powell, S. (1983). A framework for viewing the process of standard-setting. *Evaluation and the Health Professions, 6*, 3-24.

Hambleton, R. K., & Rogers, H. J. (1986). *Promising directions for assessing item response model fit to test data*. Paper presented at the 70th Annual Meeting of American Educational Research Association, San Francisco, CA, April 16-20, 1986.

Hambleton, R. K., & Rogers, H. J. (1989). Detecting potentially biased test items: Comparison of IRT area and Mantel-Haenszel methods. *Applied Measurement in Education, 2*, 313-334.

Hambleton, R. K., & Rovinelli, R. J. (1986). Assessing the dimensionality of a set of test items.

Applied Psychological Measurement, 10, 287-302.

Hambleton, R. K., & Swaminathan, H. (1985). *Item response theory: Principles and applications*. Boston, MA: Kluwer-Nijhoff.

Hambleton, R. K., Swaminathan, H., Cook, L. L., Eignor, D. R., & Gifford, J. A. (1978). Developments in latent trait theory: Models, technical issues, and applications. *Review of Educational Research, 48*, 467-510.

Hambleton, R. K., Swaminathan, H., & Rogers, H. J. (1991). *Fundamentals of item response theory*. Newbury Park, CA: Sage.

Hambleton, R. K., & Traub, R. E. (1971). Information curves and efficiency of three logistic test models. *British Journal of Mathematical and Statistical Psychology, 24*, 273-281.

Hambleton, R. K., & Traub, R. E. (1973). Analysis of empirical data using two logistic latent trait models. *British Journal of Mathematical and Statistical Psychology, 26*, 273-281.

Hambleton, R. K., & van der Linden, W. J. (1982). Advances in item response theory and applications: An introduction. *Applied Psychological Measurement, 8*, 373-378.

Hambleton, R. K., & Zaal, J. N. (Eds.) (1991). *Advances in educational and psychological testing*. Boston, MA: Kluwer.

Harwell, M., & Janosky, J. E. (1991). An empirical study of the effects of small data sets and varying prior variances on item parameter estimation in BILOG. *Applied Psychological Measurement, 15*, 279-291.

Hattie, J. A. (1985). Methodological review: Assessing unidimensionality of tests and items. *Applied Psychological Measurement, 9*, 139-164.

Hattie, J. A., Krakowski, K., Rogers, J. H., & Swaminathan, H. (1996). An assessment of Stout's index of essential unidimensionality. *Applied Psychological Measurement, 20*, 1-14.

Hau, K. T., & Chang, H. H. (2001). Item selection in computerized adaptive testing: Should more discriminating items be used first? *Journal of Educational Measurement, 38*, 249-266.

Henning, G. (1989). Does the Rasch model really work for multiple-choice items? Take another look: A response to Divgi. *Journal of Educational Measurement, 26*, 91-97.

Hessen, D. J. (2005). Constant latent odds-ratios models and the Mantel-Haenszel null hypothesis. *Psychometrika, 70*, 497-516.

Hetter, R. D., & Sympson, J. B. (1997). Item exposure control in CAT-ASVAB. In W. A. Sands, B. K. Waters, & J. R. McBride (Eds.), *Computerized adaptive testing: From inquiry to operation* (pp. 141-144). Washington, DC: American Psychological Association.

Hoijtink, H. (1991). The measurement of latent traits by proximity items. *Applied Psychological Measurement, 15*, 153-169.

Holland, P. W., & Rubin, D. B. (1982). *Test equating.* New York: Academic Press.

Holland, P. W., & Thayer, D. T. (1988). Differential item performance and the Mantel-Haenszel procedure. In H. Wainer & H. I. Braun (Eds.), *Test validity* (pp. 129-145). Hillsdale, NJ: Lawrence Erlbaum Associates.

Holland, P. W., & Wainer, H. (1993). *Differential item functioning.* Hillsdale, NJ: Lawrence Erlbaum Associates.

Horn, J. L. (1965). A rationale and test for the number of factors in factor analysis. *Psychometrika, 30*, 179-185.

Horst, P., & Stalnaker, J. (1986). Present at the birth. *Psychometrika, 51*, 3-6.

Hulin, C. L., Drasgow, F., & Komocar, J. (1982). Application of item response theory to analysis of attitude scale translations. *Journal of Applied Psychology, 67*, 818-825.

Hulin, C. L., Drasgow, F., & Parsons, C. K. (1983). *Item response theory: Application to psychological measurement.* Homewood, IL: Dow Jones-Irwin.

Hulin, C. L., Lissak, R. I., & Drasgow, F. (1982). Recovery of two- and three-parameter logistic item characteristic curves: A Monte Carlo study. *Applied Psychological Measurement, 6*, 249-260.

Hulin, C. L., & Mayer, L. J. (1986). Psychometric equivalence of a translation of the Job Descriptive Index into Hebrew. *Journal of Applied Psychology, 71*, 83-94.

Irvine, S. H., & Kyllonen, P. C. (Eds.) (2002). *Item generation for test development.* Mahwah, NJ: Lawrence Erlbaum Associates.

Isaacson, E., & Keller, H. (1966). *Analysis of numerical methods.* New York: Wiley.

Jansen, P. G. W., & Roskam, E. E. (1986). Latent trait models and dichotomization of graded responses. *Psychometrika, 51*, 69-91.

Jansen, P. G. W., van den Wollenberg, A. L., & Wierda, F. W. (1988). Correcting unconditional parameter estimates in the Rasch model for inconsistency. *Applied Psychological Measurement, 12,* 297-306.

Jonassen, D. H., Beissner, K., & Yacci, M. (1993). *Structural knowledge: Techniques for representing, conveying, and acquiring structural knowledge.* Hillsdale, NJ: Lawrence Erlbaum Associates.

Junker, B. W. (1991). Essential independence and likelihood-based ability estimation for polytomous items. *Psychometrika, 56,* 255-278.

Kamata, A. (2001). Item analysis by hierarchical generalized linear model. *Journal of Educational Measurement, 38,* 79-93.

Kamata, A., & Vaughn, B. K. (2004). An introduction to differential item functioning analysis. *Learning Disabilities: A Contemporary Journal, 2,* 49-69.

Kang, T., & Cohen, A. S. (2007). IRT model selection methods for dichotomous items. *Applied Psychological Measurement, 31,* 331-358.

Kendall, M. G., & Stuart, A. (1973). *The advanced theory of statistics* (Vol. 2). New York: Hafner.

Kim, S. H. (1997). BILOG 3 for Windows: Item analysis and test scoring with binary logistic models. *Applied Psychological Measurement, 21,* 371-376.

Kingston, N. M., & Dorans, N. J. (1985). The analysis of item-ability regressions: An exploratory IRT model fit tool. *Applied Psychological Measurement, 9,* 281-288.

Klauer, K. C. (1991). An exact and optimal standardized person test for assessing consistency with the Rasch model. *Psychometrika, 56,* 213-228.

Klein, L. W., & Jarjoura, D. (1985). The importance of content representation for common-item equating with non-random groups. *Journal of Educational Measurement, 22,* 197-206.

Kline, T. J. B. (2005). *Psychological testing: A practical approach to design and evaluation.* Thousand Oaks, CA: Sage.

Koch, W. R., & Dodd, B. G. (1989). An investigation of procedures for computerized adaptive testing using the partial credit model. *Applied Measurement in Education, 2,* 335-357.

Kolen, M. J. (1988). Traditional equating methodology. *Educational Measurement: Issues and Practice, 7,* 29-36.

Kolen, M. J., & Brennan, R. L. (2004). *Test equating, scaling, and linking: Methods and practices*

(2nd ed.). New York: Springer-Verlag.

Kurpius, S. E. R., & Stafford, M. E. (2005). *Testing and measurement: A user-friendly guide*. Thousand Oaks, CA: Sage.

Landis, R. J., Heyman, E. R., & Kock, G. G. (1978). Average partial association in three-way contingency tables: A review and discussion of alternative tests. *International Statistical Review*, *46*, 237-254.

Lautenschlager, G. J., Flaherty, V. L., & Muñiz, J. (1994). IRT differential item functioning: An examination of ability scale purifications. *Educational and Psychological Measurement*, *54*, 21-31.

Lazarsfeld, P. F., & Henry, N. W. (1968). *Latent structure analysis*. New York: Houghton Mifflin.

Lei, P. W., Chen, S. Y., & Yu, L. (2006). Comparing methods of assessing differential item functioning in a computerized adaptive testing environment. *Journal of Educational Measurement*, *43*, 245-264.

Leung, C. K., Chang, H. H., & Hau, K. T. (2002). Item selection in computerized adaptive testing: Improving the a-stratified design with the Sympson-Hetter algorithm. *Applied Psychological Measurement*, *26*, 376-392.

Leung, C. K., Chang, H. H., & Hau, K. T. (2005). Computerized adaptive testing: A mixture item selection approach for constrained situations. *British Journal of Mathematical and Statistical Psychology*, *58*, 239-257.

Levine, M. V., & Drasgow, F. (1982). Appropriateness measurement: Review, critique and validating studies. *British Journal of Mathematical and Statistical Psychology*, *35*, 42-56.

Levine, M. V., & Drasgow, F. (1988). Optimal appropriateness measurement. *Psychometrika*, *53*, 161-176.

Levine, M. V., & Rubin, D. B. (1979). Measuring the appropriateness of multiple-choice test scores. *Journal of Educational Statistics*, *4*, 269-290.

Lewis, C. (1986). Test theory and Psychometrika: The past twenty-five years. *Psychometrika*, *51*, 11-22.

Li, Y. H., & Schafer, W. D. (2005a). Increasing the homogeneity of CAT's item-exposure rates by minimizing or maximizing varied target functions while assembling shadow tests. *Journal of*

Educational Measurement, 42, 245-269.

Li, Y. H., & Schafer, W. D. (2005b). Trait parameter recovery using multidimensional computer-ized adaptive testing in reading and mathematics. *Applied Psychological Measurement, 29*, 3-25.

Li, H. H., & Stout, W. (1996). A new procedure for detection of crossing DIF. *Psychometrika, 61*, 647-677.

Lim, R. G., & Drasgow, F. (1990). Evaluation of two methods for estimating item response theory parameters when assessing differential item functioning. *Journal of Applied Psychology, 75*, 164-174.

Linacre, J. M. (1996). *BIGSTEPS: Rasch model computer program*, Version 2.67 [Computer software]. Chicago: MESA Press.

Linacre, J. M. (2003). *A user's guide to FACETS Rasch-model computer programs*. Chicago: John Linacre.

Linacre, J. M., & Wright, B. D. (1994). *A user's guide to BIGSTEPS*. Chicago: MESA Press.

Linacre, J. M., & Wright, B. D. (2000). *WINSTEPS: Multiple-choice, rating scale, and partial credit Rasch analysis* [Computer software]. Chicago: MESA Press.

Lindley, D. V., & Smith, A. F. M. (1972). Bayesian estimates for the linear model. *Journal of the Royal Statistical Society, Series B, 34*, 1-41.

Linn, R. L. (Ed.) (1989). *Educational measurement* (3rd ed.). New York: Macmillan.

Linn, R. L. (1990). Diagnostic testing. In N. Frederiksen et al. (Eds.), *Diagnostic monitoring of skill and knowledge acquisition* (pp. 489-497). Hillsdale, NJ: Lawrence Erlbaum Associates.

Linn, R. L., & Gronlund, N. E. (2000). *Measurement and assessment in teaching* (8th ed.). Upper Saddle River, NJ: Prentice-Hall.

Linn, R. L., & Harnisch, D. (1981). Interactions between item content and group membership on achievement test items. *Journal of Educational Measurement, 18*, 109-118.

Linn, R. L., Levine, M. V., Hastings, C. N., & Wardrop, J. L. (1981). Item bias in a test of reading comprehension. *Applied Psychological Measurement, 5*, 159-173.

Liou, M. (1990). Effect of scale adjustment on the comparison of item and ability parameters. *Applied Psychological Measurement, 14*, 313-321.

Liou, M. (1993). Exact person tests for assessing model-data fit in the Rasch model. *Applied Psychological Measurement, 17*, 187-195.

Liou, M., & Chang, C. (1992). Constructing the exact significance level for a person fit statistic. *Psychometrika, 57*, 169-181.

Lohman, D. F., & Ippel, M. J. (1993). Cognitive diagnosis: From statistically based assessment toward theory-based assessment. In N. Frederiksen, R. J. Mislevy, & I. I. Bejar (Eds.), *Test theory for a new generation of tests* (pp. 41-71). Hillsdale, NJ: LEA.

Lord, F. M. (1952). A theory of test scores. *Psychometric Monograph, No. 7*.

Lord, F. M. (1970a). Estimating item characteristic curves without knowledge of their mathematical form. *Psychometrika, 35*, 43-50.

Lord, F. M. (1970b). Some test theory for tailored testing. In W. H. Holtzman (Ed.), *Computer assisted instruction, testing, and guidance* (pp. 139-183). New York: Harper & Row.

Lord, F. M. (1974). Estimation of latent ability and item parameters when there are omitted responses. *Psychometrika, 39*, 247-264.

Lord, F. M. (1977). Practical applications of item characteristic curve theory. *Journal of Educational Measurement, 14*, 117-138.

Lord, F. M. (1980). *Application of item response theory to practical testing problems*. Hillsdale, NJ: Lawrence Erlbaum Associates.

Lord, F. M., & Novick, M. R. (1968). *Statistical theories of mental test scores*. Reading, MA: Addison-Wesley.

Ludlow, L. H. (1985). A strategy for the graphical representation of Rasch model residuals. *Educational and Psychological Measurement, 45*, 851-859.

Ludlow, L. H. (1986). Graphical analysis of item response theory residuals. *Applied Psychological Measurement, 10*, 217-229.

Luecht, R. M. (1996). Multidimensional computerized adaptive testing in a certification or licensure context. *Applied Psychological Measurement, 20*, 389-404.

Luecht, R. M., & Miller, T. R. (1992). Unidimensional calibrations and interpretations of composite traits for multidimensional tests. *Applied Psychological Measurement, 16*, 279-293.

Lunz, M. E., Wright, B., & Linacre, J. M. (1991). Measuring the impact of judge severity on exam-

ination scores. *Applied Psychological Measurement, 3*, 331-345.

Mantel, N., & Haenszel, W. M. (1959). Statistical aspects of the analysis of data from respective studies of disease. *Journal of the National Cancer Institute, 22*, 719-748.

Maris, E. M. (1995). Psychometric latent response models. *Psychometrika, 60*, 523-547.

Marshall, S. P. (1990). Generating good items for diagnostic tests. In N. Frederiksen et al. (Eds.), *Diagnostic monitoring of skill and knowledge acquisition* (pp. 433-452). Hillsdale, NJ: Lawrence Erlbaum Associates.

Masters, G. N. (1982). A Rasch model for partial credit scoring. *Psychometrika, 47*, 149-174.

Masters, G. N. (1984). Constructing an item bank using partial credit scoring. *Journal of Educational Measurement, 21*, 19-32.

Masters, G. N. (1985). A comparison of latent trait and latent class analyses of Likert-type data. *Psychometrika, 50*, 69-82.

Masters, G. N. (1987). Measurement models for ordered response categories. In R. Langeheine & J. Rost (Eds.), *Latent trait and latent class models* (pp. 11-29). New York: Plenum.

Masters, G. N. (1988a). Partial credit models. In J. P. Keeves (Ed.), *Educational research methodology, measurement and evaluation* (pp. 292-296). Oxford: Pergamon.

Masters, G. N. (1988b). The analysis of partial credit scoring. *Applied Measurement in Education, 1*, 279-298.

Masters, G. N., & Evans, J. (1986). Banking non-dichotomously scored items. *Applied Psychological Measurement, 10*, 355-367.

Masters, G. N., & Keeves, J. P. (Eds.) (1999). *Advances in measurement in educational research and assessment*. Amsterdam: Pergamon.

Masters, G. N., & Wright, B. D. (1982). Defining a 'fear-of-crime' variable: A comparison of two Rasch models. *Educational Research and Perspectives, 9*, 18-31.

Masters, G. N., & Wright, B. D. (1984). The essential process in a family of measurement models. *Psychometrika, 49*, 529-544.

Masters, G. N., & Wright, B. D. (1997). The partial credit model. In W. J. van der Linden & R. K. Hambleton (Eds.), *Handbook of modern item response theory* (pp. 101-121). New York: Springer-Verlag.

Maydeu-Olivares, A., & McArdle, J. J. (Eds.) (2005). *Contemporary psychometrics*. Mahwah, NJ: Lawrence Erlbaum Associates.

McDonald, R. P. (1967). Non-linear factor analysis. *Psychometric Monographs, No. 15.*

McDonald, R. P. (1981). The dimensionality of tests and items. *British Journal of Mathematical and Statistical Psychology, 34,* 100-117.

McDonald, R. P. (1982). Linear versus non-linear models in item response theory. *Applied Psychological Measurement, 6,* 379-396.

McDonald, R. P. (1989). Future directions for item response theory. *International Journal of Educational Research, 13,* 205-220.

McDonald, R. P. (1999). *Test theory: A unified treatment*. Mahwah, NJ: Lawrence Erlbaum Associates.

McDonald, R. P., & Ahlawat, K. S. (1974). Difficulty factors in binary data. *British Journal of Mathematical and Statistical Psychology, 27,* 82-99.

McIntire, S. A., & Miller, L. A. (2006). *Foundations of psychological testing: A practical approach*. Thousand Oaks, CA: Sage.

McKinley, L. R., & Mills, C. N. (1985). A comparison of several goodness-of-fit statistics. *Applied Psychological Measurement, 9,* 49-57.

McLaughlin, M. E., & Drasgow, F. (1987). Lord's chi-square test of item bias with estimated and with known person parameters. *Applied Psychological Measurement, 11,* 161-173.

Mead, A. D. (2006). An introduction to multistage testing. *Applied Measurement in Education, 19,* 185-187.

Mediax Interactive Technologies (1986). *Microscale* [Computer software]. Black Rock, CT: Author.

Meijer, R. R. (1996). Person-fit research: An introduction. *Applied Measurement in Education, 9,* 3-8.

Meijer, R. R., & Nering, M. L. (1999). Computerized adaptive testing: Overview and introduction. *Applied Psychological Measurement, 23,* 187-194.

Meijer, R. R., & Sijtsma, K. (1995). Detection of aberrant item score patterns: A review of recent developments. *Applied Measurement in Education, 8,* 261-272.

Meijer, R. R., & Sijtsma, K. (2001). Methodology review: Evaluating person fit. *Applied Psychological Measurement, 25*, 107-135.

Meijer, R. R., Sijtsma, K., Smid, N. G., & Eindhoven, P. (1990). Theoretical and empirical comparision of the Mokken and the Rasch approach to IRT. *Applied Psychological Measurement, 14*, 283-298.

Mellenberg, G. J. (1982). Contingency table models for assessing item bias. *Journal of Educational Statistics, 7*, 105-118.

Mellenbergh, G. J. (1994a). Generalized linear item response theory. *Psychological Bulletin, 115*, 300-307.

Mellenbergh, G. J. (1994b). A unidimensional latent trait model for continuous item responses. *Multivariate Behavioral Research, 29*, 223-236.

Millman, J. (1973). Passing scores and test lengths for domain-referenced measures. *Review of Educational Research, 43*, 205-216.

Millman, J., & Arter, J. A. (1984). Issues in item banking. *Journal of Educational Measurement, 21*, 315-330.

Mills, C. N. (1999). The computerized adaptive testing version of the Graduate Record Examination. In F. Drasgow & J. B. Olson-Buchanan (Eds.), *Innovations in computerized assessment* (pp. 117-135). Hillsdale, NJ: Lawrence Erlbaum Associates.

Mills, C. N., Potenza, M. T., Fremer, J. J., & Ward, W. C. (Eds.) (2002). *Computer-based testing: Building the foundation for future assessments*. London: Lawrence Erlbaum Associates.

Mills, G. N., & Steffen, M. (2000). The GRE computer adaptive test: Operational issues. In W. J. van der Linden, & C. A. W. Glas (Eds.), *Computerized adaptive testing: Theory and practice* (pp. 75-100). Boston: Kluwer Academic Press.

Mills, C. N., & Stocking, M. L. (1996). Practical issue in large-scale computerized adaptive testing. *Applied Measurement in Education, 9*, 287-304.

Mislevy, R. J. (1983). Item response models for grouped data. *Journal of Educational Statistics, 8*, 271-288.

Mislevy, R. J. (1986). Bayes modal estimation in item response models. *Psychometrika, 51*, 177-195.

Mislevy, R. J. (1993). Foundations of a new test theory. In N. Frederiksen, R. J. Mislevy, & I. I. Bejar (Eds.), *Test theory for a new generation of tests* (pp. 19-39). Hillsdale, NJ: Lawrence Erlbaum Associates.

Mislevy, R. J., & Bock, R. D. (1982). *BILOG: Maximum likelihood item analysis and test scoring with logistic models for binary items* [Computer software]. Chicago: International Educational Services.

Mislevy, R. J., & Bock, R. D. (1989). A hierarchical item-response model for educational testing. In R. D. Bock (Ed.), *Multilevel analysis for educational data* (pp. 57-74). San Diego, CA: Academic Press.

Mislevy, R. J., & Bock, R. D. (1990). *BILOG 3: Item analysis and test scoring with binary logistic model* [Computer software]. Chicago: International Educational Services.

Mokken, R. J. (1971). *A theory and procedure of scale analysis with applications in political research*. Berlin, Germany: de Gruyter.

Mokken, R. J. (1997). Nonparametric models for dichotomous responses. In W. J. van der Linden & R. K. Hambleton (Eds.), *Handbook of modern item response theory* (pp. 351-367). New York: Springer-Verlag.

Mokken, R. J., & Lewis, C. (1982). A nonparametric approach to the analysis of dichotomous item responses. *Applied Psychological Measurement, 6*, 417-430.

Molenaar, I. W. (1997). Non-parametric models for polytomous responses. In W. J. van der Linden & R. K. Hambleton (Eds.), *Handbook of modern item response theory* (pp. 369-380). New York: Springer-Verlag.

Molenaar, I. W., & Hoijtink, H. (1990). The many null distributions of person fit indices. *Psychometrika, 55*, 75-106.

Molenaar, I. W., & Hoijtink, H. (1996). Person-fit and the Rasch model, with an application to knowledge of logical quantors. *Applied Measurement in Education, 9*, 27-45.

Monahan, P. O., & Ankenmann, R. D. (2005). Effect of unequal variances in proficiency distributions on type-I error of the Mantel-Haenszel chi-square test for differential item functioning. *Journal of Educational Measurement, 42*, 101-131.

Monahan, P. O., McHorney, C. A., Stump, T. E., & Perkins, A. J. (2007). Odds ratio, delta, ETS classification, and standardization measure of DIF magnitude for binary logistic regression. *Journal of Educational and Behavioral Statistics, 32*, 92-109.

Muller, H. (1987). A Rasch model for continuous ratings. *Psychometrika, 52*, 165-181.

Muraki, E. (1990). Fitting a polytomous item response model to Likert-type data. *Applied Psychological Measurement, 14*, 59-71.

Muraki, E. (1992). A generalized partial credit model: Application of an EM algorithm. *Applied Psychological Measurement, 16*, 159-176.

Muraki, E. (1993). Information functions of the generalized partial credit model. *Applied Psychological Measurement, 17*, 351-363.

Muraki, E. (1999). Stepwise analysis of differential item functioning based on multiple-group partial credit model. *Journal of Educational Measurement, 36*, 217-32.

Muraki, E., & Bock, R. D. (1997). *PARSCALE 3: IRT based test scoring and item analysis for graded items and rating scales*. Chicago: Scientific Software International, Inc.

Nandakumar, R. (1991). Traditional dimensionality versus essential dimensionality. *Journal of Educational Measurement, 28*, 99-117.

Nandakumar, R. (1994). Assessing dimensionality of a set of item responses—Comparison of different approaches. *Journal of Educational Measurement, 31*, 17-35.

Nandakumar, R., & Stout, W. (1993). Refinements of Stout's procedure for assessing latent trait unidimensionality. *Journal of Educational Statistics, 18*, 41-68.

Nandakumar, R., & Yu, F. (1996). Empirical validation of DIMTEST on nonnormal ability distributions. *Journal of Educational Measurement, 33*, 355-368.

Nandakumar, R., Yu, F., Li, H. H., & Stout, W. (1998). Validation of Poly-DIMTEST to assess unidimensionality of polytomous data. *Applied Psychological Measurement, 22*, 99-115.

Narayanan, P., & Swaminathan, H. (1996). Identification of items that show nonuniform DIF. *Applied Psychological Measurement, 20*, 257-274.

Nering, M. L. (1997). The distribution of indexes of person fit within the computerized adaptive testing environment. *Applied Psychological Measurement, 21*, 115-127.

Nichols, P. D. (1994). A framework for developing cognitively diagnostic assessment. *Review of Educational Research, 64*, 575-603.

Nichols, P. D., Chipman, S. F., & Brennan, R. C. (1995). *Cognitively diagnostic assessment.* Hillsdale, NJ: Lawrence Erlbaum Associates.

Nunnally, J. C., & Bernstein, I. H. (1994). *Psychometric theory* (3rd ed.). New York: McGraw-Hill.

Orlando, M., & Thissen, D. (2000). Likelihood-based item-fit indices for dichotomous item response theory models. *Applied Psychological Measurement, 24*, 50-64.

Orlando, M., & Thissen, D. (2003). Further investigation of the performance of S_x^2: An item fit index for use with dichotomous item response theory models. *Applied Psychological Measurement, 27*, 289-298.

Osterlind, S. J. (1998). *Constructing test items: Multiple-choice, constructed-response, performance, and other formats* (2nd ed.). Boston, MA: Kluwer.

Ostini, R. (2005). *Polytomous item response theory models.* Thousand Oaks, CA: Sage.

Owen, R. (1975). A Bayesian sequential procedure for quantal response in the context of adaptive mental testing. *Journal of the American Statistical Association, 70*, 351-356.

Parchall, C. G., Davey, T. A., Spray, J. A., & Kalohn, J. C. (Eds.) (2001). *Practical considerations in computer-based testing.* New York: Springer Verlag.

Park, H. S., Pearson, P. D., & Reckase, M. D. (2004). Assessing the effect of cohort, gender, and race on differential item functioning (DIF) in an adaptive test designed for multi-age groups. *Reading Psychology: An International Quarterly, 26*, 81-101.

Pastor, D. A., Dodd, B. G., & Chang, H. H. (2002). A comparison of item selection techniques and exposure control mechanisms in CATs using the generalized partial credit model. *Applied Psychological Measurement, 26*, 147-163.

Patz, R. J., Junker, B. W., Johnson, M. S., & Mariano, L. T. (2002). The hierarchical rater model for rated test items and its application to large-scale educational assessment data. *Journal of Educational and Behavioral Statistics, 27*, 341-384.

Penny, J., & Johnson, R. L. (1999). How group differences in matching criterion distribution and IRT item difficulty can influence the magnitude of the Mantel-Haenszel chi-square DIF index. *Journal of Experimental Education, 67*, 343-66.

Peterson, N. S., Kolen, M. J., & Hoover, H. D. (1989). Scaling, norming, and equating. In R. L.

Linn (Ed.), *Educational measurement* (3rd ed.) (pp. 221-262). New York: Macmillan.

Phillips, S. E., & Mehrens, W. A. (1987). Curricular differences and unidimensionality of achieve-ment test data: An exploratory analysis. *Journal of Educational Measurement, 24*, 1-16.

Popham, W. J. (1978). *Criterion-referenced measurement*. Englewood Cliffs, NJ: Prentice-Hall.

Potenza, M. T., & Dorans, N. J. (1995). DIF assessment for polytomously scored items: A frame-work for classification and evaluation. *Applied Psychological Measurement, 19*, 23-37.

Prosser, F. (1974). Item banking. In G. Lippey (Ed.), *Computer-assisted test construction* (pp. 29-66). Englewood Cliffs, NJ: Educational Technology.

Raju, N. S. (1988). The area between two item characteristic curves. *Psychometrika, 53*, 495-502.

Raju, N. S. (1990). Determining the significance of estimated signed and unsigned areas between two item response functions. *Applied Psychological Measurement, 14*, 197-207.

Rao, C. R., & Sinharay, S. (Eds.) (2007). *Handbook of statistics, Volume 26: Psychome-trics*. Am-sterdam, The Netherlands: North-Holland.

Rasch, G. (1977). On specific objectivity: An attempt at formalizing the request for generality and validity of scientific statements. *Danish Yearbook of Philosophy, 14*, 58-94.

Rasch, G. (1980). *Probability models for some intelligence and attainment tests*. Chicago: The University of Chicago Press. (Original edition was published in 1960 by The Danish Institute for Educational Research, Copenhagen)

Raudenbush, S. W., & Bryk, A. S. (2002). *Hierarchical linear models: Applications and data analysis methods* (2nd ed.). Newbury Park, CA: Sage.

Raudenbush, S. W., Bryk, A. S., Cheong, Y. F., & Congdon Jr., R. T. (2004). *HLM 6: Hierarchical linear and nonlinear modeling*. Lincolnwood, IL: Scientific Software International.

Reckase, M. D. (1979). Unifactor latent trait models applied to multifactor tests: Results and im-plications. *Journal of Educational Statistics, 4*, 207-230.

Reckase, M. D. (1981). *Tailored testing, measurement problems and latent trait theory*. Paper pre-sented at the annual meeting of the National Council for Measurement in Education, Los Angeles.

Reckase, M. D. (1985). The difficulty of test items that measure more than one ability. *Applied Psychological Measurement, 9*, 401-412.

Reckase, M. D. (1997a). A linear logistic multidimensional model for dichotomous item response data. In W. J. van der Linden & R. K. Hambleton (Eds.), *Handbook of modern item response theory* (pp. 271-286). New York: Springer-Verlag.

Reckase, M. D. (1997b). The past and future of multidimensional item response theory. *Applied Psychological Measurement, 21*, 25-36.

Reckase, M. D., & McKinley, R. L. (1991). The discriminating power of items that measure more than one dimension. *Applied Psychological Measurement, 15*, 361-373.

Reise, S. P., & Yu, J. (1990). Parameter recovery in the graded response model using MULTILOG. *Journal of Educational Measurement, 27*, 133-144.

Rentz, R. R., & Bashaw, W. L. (1977). The national reference scale for reading: An application of the Rasch model. *Journal of Educational Measurement, 14*, 161-180.

Revuelta, J., & Ponsoda, V. (1998). A comparison of item exposure control methods in computerized adaptive testing. *Journal of Educational Measurement, 35*, 311-327.

Richardson, M. W. (1936). The relationship between difficulty and the differential validity of a test. *Psychometrika, 1*, 33-49.

Rogers, H. J., & Hambleton, R. K. (1989). Evaluation of computer simulated baseline statistics for use in item bias studies. *Educational and Psychological Measurement, 49*, 355-369.

Rogers, H. J., & Hattie, J. A. (1987). A Monte Carlo investigation of several person and item fit statistics for item response models. *Applied Psychological Measurement, 11*, 47-57.

Rogers, H. J., & Swaminathan, H. (1993). A comparison of logistic regression and Mantel-Haenszel procedures for detecting differential item functioning. *Applied Psychological Measurement, 17*, 105-116.

Rosenbaum, P. R. (1988). Item bundles. *Psychometrika, 53*, 349-359.

Roskam, E. E. (1997). Models for speed and time-limited tests. In W. J. van der Linden & R. K. Hambleton (Eds.), *Handbook of modern item response theory* (pp. 187-208). New York: Springer-Verlag.

Rost, J. (1985). A latent class model for rating data. *Psychometrika, 50*, 37-49.

Rost, J. (1988a). Rating scale analysis with latent class models. *Psychometrika, 53*, 327-348.

Rost, J. (1988b). Measuring attitudes with a threshold model drawing on a traditional scaling concept. *Applied Psychological Measurement, 12,* 397-409.

Rost, J. (1990). Rasch models in latent classes: An integration of two approaches to item analysis. *Applied Psychological Measurement, 14,* 271-282.

Rost, J. (1991). A logistic mixture distribution model for polychotomous item responses. *British Journal of Mathematical and Statistical Psychology, 44,* 45-92.

Rost, J., Carstensen, C., & von Davier, M. (1997). Applying the mixed Rasch models to personality questionnaires. In J. Rost & R. Langeheine (Eds.), *Applications of latent trait and latent class models in the social sciences* (pp. 324-332). New York: Waxmann Munster.

Roussos, L. A., & Stout, W. F. (1996). Simulation studies of the effects of small sample size and studied item parameters in SIBTEST and Mantel-Haenszel Type I error performance. *Journal of Educational Measurement, 33,* 215-230.

Roussos, L. A., Schnipke, D. L., & Pashley, P. J. (1999). A generalized formula for the Mantel-Haenszel differential item functioning parameter. *Journal of Educational and Behavioral Statistics, 24,* 293-322.

Rudner, L. M., Getson, P. R., & Knight, D. L. (1980). Biased item detection techniques. *Journal of Educational Statistics, 5,* 213-233.

Saal, F. E., Downey, R. G., & Lahey, M. A. (1980). Rating the ratings: Assessing the psychometric quality of rating data. *Psychological Bulletin, 88,* 413-428.

Salkind, N. J. (2005). *Tests & measurement for people who (think they) hate tests & measurement.* Thousand Oaks, CA: Sage.

Samejima, F. (1969). Estimation of latent ability using a response pattern of graded scores. *Psychological Monograph, No 17.*

Samejima, F. (1972). A general model for free-response data. *Psychological Monograph, No 18.*

Samejima, F. (1973a). A comment on Birnbaum's three-parameter logistic model in the latent trait theory. *Psychometrika, 38,* 221-223.

Samejima, F. (1973b). Homogeneous case of the continuous response model. *Psychometrika, 38,* 203-219.

Samejima, F. (1974). Normal ogive model on the continuous response level in the multidimensional latent space. *Psychometrika, 39,* 111-121.

Samejima, F. (1977). A use of the information function in tailored testing. *Applied Psychological Measurement, 1*, 233-247.

Samejima, F. (1997). The graded response model. In W. J. van der Linden & R. K. Hambleton (Eds.), *Handbook of modern item response theory* (pp. 85-100). New York: Springer-Verlag.

Sands, W. A., Waters, B. K., & McBride, J. R. (Eds.) (1997). *Computerized adaptive testing: From inquiry to operation*. Washington, DC: American Psychological Association.

Schvaneveldt, R. W. (Ed.) (1990). *Pathfinder associative networks: Studies in knowledge organization*. Norwood, NJ: Ablex.

Segall, D. O. (1996). Multidimensional adaptive testing. *Psychometrika, 61*, 331-354.

Segall, D. O. (2000). Principles of multidimensional adaptive testing. In W. J. van der Linden & C. A. W. Glas (Eds.), *Computerized adaptive testing: Theory and practice* (pp. 53-57). Dordrecht, the Netherlands: Kluwer.

Segall, D. O. (2001). General ability measurement: An application of multidimensional item response theory. *Psychometrika, 66*, 79-97.

Segall, D. O. (2004). A sharing item response theory model for computerized adaptive testing. *Journal of Educational and Behavioral Statistics, 29*, 439-460.

Seong, T. J. (1990). Sensitivity of marginal maximum likelihood estimation of item and ability parameters to the characteristics of the prior ability distributions. *Applied Psychological Measurement, 14*, 299-311.

Sharon A., Shrock , S. A., & Coscarelli, W. C. (2007). *Criterion-referenced test development: Technical and legal guidelines for corporate training* (3rd ed.). New York: John Wiley & Sons.

Shavelson, R. J., & Webb, N. M. (1991). *Generalizability theory: A primer*. Newbury Park, CA: Sage.

Shealy, R., & Stout, W. (1993). A model-based standardization approach that separates true bias/DIF from group ability differences and detects test bias/DTF as well as bias/DIF. *Psychometrika, 58*, 159-194.

Shepard, L. A., Camilli, G., & Williams, D. M. (1984). Accounting for statistical artifacts in item bias research. *Journal of Educational Statistics, 9*, 93-128.

Shepard, L. A., Camilli, G., & Williams, D. M. (1985). Validity of approximation techniques for detecting item bias. *Journal of Educational Measurement, 22*, 77-105.

Shultz, K. S., & Whitney, D. J. (2004). *Measurement theory in action: Case studies and exercises*. Thousand Oaks, CA: Sage.

Sijtsma, K. (1998). Methodology review: Nonparametric IRT approaches to the analysis of dichotomous item scores. *Applied Psychological Measurement, 22*, 3-31.

Sijtsma, K., & Molenaar, I. W. (2002). *Introduction to nonparametric item response theory*. Thousand Oaks, CA: Sage.

Sireci, S. G., Thissen, D., & Wainer, H. (1991). On the reliability of testlet-based tests. *Journal of Educational Measurement, 28*, 237-247.

Skaggs, G., & Stevenson, J. (1989). A comparison of Pseudo-Bayesian and joint maximum likelihood procedures for estimating item parameters in the three-parameter IRT model. *Applied Psychological Measurement, 13*, 391-402.

Smith, R. M. (1987). Assessing partial knowledge in vocabulary. *Journal of Educational Measurement, 24*, 217-231.

Smith, E. V. Jr., & Smith, R. M. (2004). *Introduction to Rasch measurement: Theory, models, and applications*. Maple Grove, MN: JAM Press.

Snow, R. E., & Lohman, D. F. (1993). Cognitive psychology, new test design, and new test theory: An introduction. In N. Frederiksen, R. J. Mislevy, & I. I. Bejar (Eds.), *Test theory for a new generation of tests* (pp. 1-17). Hillsdale, NJ: Lawrence Erlbaum Associates.

Spray, J. A. (1997). Multiple-attempt, single-item response models. In W. J. van der Linden & R. K. Hambleton (Eds.), *Handbook of modern item response theory* (pp. 202-223). New York: Springer-Verlag.

Stocking, M. L., & Lewis, C. (1998). Controlling item exposure conditional on ability in computerized adaptive testing. *Journal of Educational and Behavioral Statistics, 23*, 57-75.

Stocking, M. L. & Lewis, C. (2000). Methods of controlling the exposure of items in CAT. In W. J. van der Linden & C. A. W. Glas (Eds.), *Computerized adaptive testing: Theory and practice* (pp. 163-182). Boston: Kluwer Academic.

Stocking, M. L., & Lord, F. M. (1983). Developing a common metric in item response theory. *Ap-*

plied Psychological Measurement, 7, 201-210.

Stocking, M. L., & Swanson, L. (1993). A method for severely constrained item selection in adaptive testing. *Applied Psychological Measurement, 17,* 277-292.

Stocking, M. L., & Swanson, L. (1998). Optimal design of item banks for computerized adaptive tests. *Applied Psychological Measurement, 22,* 271-279.

Stone, C. A. (1992). Recovery of marginal maximum likelihood estimates in the two-parameter logistic response model: An evaluation of MULTILOG. *Applied Psychological Measurement, 16,* 1-16.

Stone, C. A. (2000). Monte Carlo based null distribution for an altenative goodness-of-fit test statistic in IRT models. *Journal of Educational Measurement, 37,* 58-75.

Stone, C. A., & Zhang, J. (2003). Assessing goodness of fit of item response theory models: A comparison of traditional and alternative procedures. *Journal of Educational Measurement, 40,* 331-352.

Stout, W. (1987). A nonparametric approach for assessing latent trait unidimensionality. *Psychometrika, 52,* 589-617.

Stout, W. (1990). A new item response theory modeling approach with applications to unidimensionality assessment and ability estimation. *Psychometrika, 55,* 293-325.

Stout, W., Habing, B., Douglas, J., Kim, H. R., Roussos, L., & Zhang, J. (1996). Conditional covariance-based nonparametric multidimensionality assessment. *Applied Psychological Measurement, 20,* 331-354.

Straetmans, G. J., & Eggen, T. J. (1998). Computerized adaptive testing: What it is and how it works. *Educational Technology, 38,* 45-52.

Stricker, L. J., & Emmerich, W. (1999). Possible determinants of differential item functioning: Familiarity, interest, and emotional reaction. *Journal of Educational Measurement, 36,* 347-66.

Suen, H. K. (1990). *Principles of test theories.* Hillsdale, NJ: Lawrence Erlbaum Associates.

Swaminathan, H., & Gifford, J. A. (1981). Estimation of parameters in the three-parameter latent trait model. *Laboratory of Psychometric and Evaluation Research Report, No. 93.* Amherst, Mass.: School of Education, University of Massachusetts.

Swaminathan, H., & Gifford, J. A. (1982). Bayesian estimation in the Rasch model. *Journal of Educational Statistics*, *7*, 175-192.

Swaminathan, H., & Gifford, J. A. (1983). Estimation of parameters in the three-parameter latent trait model. In D. Weiss (Ed.), *New horizons in testing* (pp. 13-30). New York: Academic Press.

Swaminathan, H., & Gifford, J. A. (1985). Bayesian estimation in the two-parameter logistic model. *Psychometrika*, *50*, 349-364.

Swaminathan, H., & Gifford, J. A. (1986). Bayesian estimation in the three-parameter logistic model. *Psychometrika*, *51*, 589-601.

Swaminathan, H., & Rogers, H. J. (1990). Detecting differential item functioning using logistic regression procedures. *Journal of Educational Measurement*, *27*, 361-370.

Sympson, J. B., & Hetter, R. D. (1985). Controlling item-exposure rates in computerized adaptive testing. *Proceedings of the 27th annual meeting of the Military Testing Association* (pp. 973-977). San Diego, CA: Navy Personnel Research and Development Center.

Takane, Y., & de Leeuw, J. (1988). On the relationship between item response theory and factor analysis of discretized variables. *Psychometrika*, *52*, 393-408.

Tate, R. L. (1995). Robustness of the school-level IRT model. *Journal of Educational Measurement*, *32*, 145-162.

Tate, R. L., & Heidorn, M. (1998). School-level IRT scaling of writing assessment data. *Applied Measurement in Education*, *11*, 371-383.

Tate, R. L., & King, F. J. (1994). Factors which influence precision of school-level IRT ability estimates. *Journal of Educational Measurement*, *31*, 1-15.

Tatsuoka, K. K. (1983). Rule space: An approach for dealing with misconceptions based on item response theory. *Journal of Educational Measurement*, *20*, 345-354.

Tatsuoka, K. K. (1986). Diagnosing cognitive errors: Statistical Pattern classification and recognition approach. *Behaviormetrika*, *19*, 73-86.

Tatsuoka, K. K. (1987). Validation of cognitive sensitivity for item response curves. *Journal of Educational Measurement*, *24*, 233-245.

Tatsuoka, K. K. (1990). Toward an integration of item-response theory and cognitive error diagnosis. In N. Frederiksen et al. (Eds.), *Diagnostic monitoring of skill and knowledge acquisition* (pp. 453-488). Hillsdale, NJ: Lawrence Erlbaum Associates.

Tatsuoka, K. K., & Tatsuoka, M. M. (1987). Bug distribution and pattern classification. *Psychometrika, 52*, 193-206.

Tatsuoka, K. K., & Tatsuoka, M. M. (1988). Rule space. In S. Kotz, & N. L. Johnson (Eds.), *Encyclopedia of statistical sciences, 8* (pp. 217-220). New York: John Wiley & Sons.

Terman, L. M. (1916). *The measurement of intelligence*. Boston, MA: Houghton Mifflin.

Thissen, D. M. (1982). Marginal maximum likelihood estimation for the one-parameter logistic model. *Psychometrika, 47*, 175-186.

Thissen, D. M. (1991). *MULTILOG user's guide: Multiple category item analysis and test scoring using item response theory*. Chicago: Scientific Software International, Inc.

Thissen, D. M. (1993). Repealing rules that no longer apply to psychological measurement. In N. Frederiksen, R. J. Mislevy, & I. I. Bejar (Eds.), *Test theory for a new generation of tests* (pp. 79-97). Hillsdale, NJ: Lawrence Erlbaum Associates.

Thissen, D. M., & Steinberg, L. (1984). A response model for multiple choice items. *Psychometrika, 49*, 501-519.

Thissen, D. M., & Steinberg, L. (1986). A taxonomy of item response models. *Psychometrika, 51*, 567-577.

Thissen, D. M., & Steinberg, L. (1988). Data analysis using item response theory. *Psychological Bulletin, 104*, 385-395.

Thissen, D. M., Steinberg, L., & Mooney, J. (1989). Trace lines for testlets: A use of multiple-categorical-response models. *Journal of Educational Measurement, 26*, 247-260.

Thissen, D. M., Steinberg, L., & Wainer, H. (1988). Use of item response theory in the study of group distribution. *Proceedings of the Third Berkeley Symposium of Mathematical Statistical and Probability* (Vol. 1, pp. 197-206). Berkeley, CA: University of California Press.

Thissen, D. M., Steinberg, L., & Wainer, H. (1993). Detection of differential item functioning using the parameters of item response models. In P. W. Holland & H. Wainer (Eds.), *Differential item functioning* (pp. 67-113). Hillsdale, NJ: Lawrence Erlbaum Associates.

Thurstone, L. L. (1929). Theory of attitude measurement. *Psychological Bulletin, 36*, 222-241.

Traub, R. E., & Lam, Y. R. (1985). Latent structure and item sampling models for testing. *Annual Review of Psychology*, *36*, 19-48.

Traub, R. E., & Wolfe, R. G. (1981). Latent trait theories and the assessment of educational achievement. In D. C. Berliner (Ed.), *Review of research in education* (pp. 377-435). Washington, DC: American Educational Research Association.

Tucker, L. R. (1946). Maximum validity of a test with equivalent items. *Psychometrika*, *11*, 1-13.

Tucker, L. R., Humphreys, L. G., & Roznowski, M. A. (1986). *Comparative accuracy of five indices of dimensionality of binary items*. Champaign-Urbana, IL: University of Illinois, Department of Psychology.

Uiterwijk, H., & Vallen, T. (2005). Linguistic sources of item bias for second generation immigrants in Dutch tests. *Language Testing*, *22*, 211-234.

Urry, B. W. (1977). Tailored testing: A successful application of latent trait theory. *Journal of Educational Measurement*, *14*, 181-196.

Urry, V. W. (1978). *ANCILLES: Item parameter estimation program with normal ogive and logistic three-parameter model options*. Washington, DC: Development Center, U. S. Civil Service Commission.

Vale, C. D. (1986). Linking item parameters onto a common scale. *Applied Psychological Measurement*, *10*, 333-344.

Van de Vijver, F. J. R., & Poortinga, Y. H. (1991). Testing across cultures. In R. K. Hambleton & J. N. Zaal (Eds.), *Advances in educational and psychological testing: Theory and applications* (pp. 277-308). Boston, MA: Kluwer.

Van den Noortgate, W., & de Boeck, P. (2005). Assessing and explaining differential item functioning using logistic mixed models. *Journal of Educational and Behavioral Statistics*, *30*, 443-464.

Van den Wollenberg, A. L. (1982a). Two new test statistics for the Rasch model. *Psychometrika*, *47*, 123-140.

Van den Wollenberg, A. L. (1982b). A simple and effective method to test the dimensionality axiom of the Rasch model. *Applied Psychological Measurement*, *6*, 83-91.

Van den Wollenberg, A. L., Wierda, F. W., & Jansen, P. G. W. (1988). Consistency of Rasch model parameter estimation: A simulation study. *Applied Psychological Measurement*, *12*, 307-313.

Van der Linden, W. J. (1998). Bayesian item selection criteria for adaptive testing. *Psychometrika*, *63*, 201-216.

Van der Linden, W. J. (1999). Multidimensional adaptive testing with a minimum error-variance criterion. *Journal of Educational and Behavioral Statistics*, *24*, 398-412.

Van der Linden, W. J. (2003). Some alternatives to Sympson-Hetter item-exposure control in computerized adaptive testing. *Journal of Educational and Behavioral Statistics*, *28*, 249-265.

Van der Linden, W. J. (2005a). A comparison of item-selection methods for adaptive tests with content constraints. *Journal of Educational Measurement*, *42*, 283-302.

Van der Linden, W. J. (2005b). *Linear models for optimal test design*. New York: Springer-Verlag.

Van der Linder, W. J., & Boekkooi-Timminga, E. (1989). A maximum model for test design with practical constraints. *Psychometrika*, *54*, 237-247.

Van der Linden, W. J., & Glas, C. A. W. (Eds.) (2000). *Computerized adaptive testing: Theory and practice*. Boston: Kluwer Academic.

Van der Linden, W. J., & Hambleton, R. K. (1997). *Handbook of modern item response theory*. New York: Springer-Verlag.

Van der Linden, W. J., & Pashley, P. J. (2000). Item selection and ability estimation in adaptive testing. In W. J. van der Linden & C. A. W. Glas (Eds.), *Computerized adaptive testing: Theory and practice* (pp. 1-25). Boston: Kluwer Academic.

Van der Linden, W. J., & Veldkamp, B. P. (2004). Constraining item exposure in computerized adaptive testing with shadow tests. *Journal of Educational and Behavioral Statistics*, *29*, 273-291.

Van Krimpen-Stoop, E. M. L. A., & Meijer, R. R. (1999). The null distribution of person-fit statistics for conventional and adaptive tests. *Applied Psychological Measurement*, *23*, 327-345.

Veerkamp, W. J. J., & Berger, M. P. F. (1997). Some new item selection criteria for adaptive testing. *Journal of Educational and Behavioral Statistics*, *22*, 203-226.

Veldkamp, B. P., & van der Linden, W. J. (2002). Multidimensional adaptive testing with constraints on test content. *Psychometrika*, *67*, 575-588.

Verhelst, N. D., & Glas, C. A. W. (1995). Dynamic generalizations of the Rasch model. In G. H.

Fischer & I. W. Molenaar (Eds.), *Rasch moels: Foundations, recent developments and applications* (pp. 181-201). New York: Springer-Verlag.

Verhelst, N. D., & Verstralen, H. H. F. M. (2001). An IRT model for multiple raters. In A. Boomsma, M. A. J. Van Duijn, & T. A. B. Snijders (Eds.), *Essays on item response theory* (pp. 89-108). New York: Springer-Verlag.

Verhelst, N. D., Verstralen, H. H. F. M., & Jansen, M. G. H. (1997). A logistic model for time-limit tests. In W. J. van der Linden & R. K. Hambleton (Eds.), *Handbook of modern item response theory* (pp. 169-186). New York: Springer-Verlag.

Viswanathan, M. (2005). *Measurement error and research design*. Thousand Oaks, CA: Sage.

Von Davier, M. (2001). *WINMIRA: Latent class analysis, dichotomous and polytomous Rasch models* [Computer software]. St. Paul, MN: Assessment Systems Corporation.

Wainer, H., & Braun, H. I. (Eds.) (1988). *Test validity*. Hillsdale, NJ: Lawrence Erlbaum Associates.

Wainer, H., & Kiely, G. L. (1987). Item clusters and computerized adaptive testing: A case for testlets. *Journal of Educational Measurement, 24*, 185-201.

Wainer, H., & Messick, S. (Ed.) (1983). *Principals of modern psychological measurement: A Festschrift for Frederic M. Lord*. Hillsdale, NJ: Lawrence Erlbaum Associates.

Wainer, H., & Thissen, D. (1987). Estimating ability with the wrong model. *Journal of Educational Statistics, 12*, 339-368.

Wainer, H., & Thissen, D. (1996). How is reliability related to the quality of test scores? What is the effect of local dependence on reliability? *Educational Measurement: Issue and Practice, 15*, 22-29.

Wainer, H., Bradlow, E. T., & Du, Z. (2000). Testlet response theory: An analog for the 3-PL model useful in testlet-based adaptive testing. In W. J. van der Linden & C. A. W. Glas (Eds.), *Computerized adaptive testing: Theory and practice* (pp. 245-269). The Hague, Netherlands: Kluwer-Nijhoff.

Wainer, H., Dorans, N. J., Eignor, D., Flaugher, R., Green, B. F., Mislevy, R. J., Steinberg, L., & Thissen, D. (Eds.) (2000). *Computerized adaptive testing: A primer* (2nd ed.). Hillsdale, NJ: Lawrence Erlbaum Associates.

Wainer, H., Dorans, N. J., Flaugher, R., Green, B. F., Mislevy, R. J., Steinberg, L., & Thissen, D. (1990). *Computerized adaptive testing: A primer*. Hillsdale, NJ: Lawrence Erlbaum Associates.

Walker, C. M., & Beretvas, N. S. (2001). An empirical investigation demonstrating the multidimensional DIF paradigm: A cognitive explanation for DIF. *Journal of Educational Measurement, 38* , 147-163.

Walker, C. M., & Beretvas, N. S. (2003). Comparing multidimensional and unidimensional proficiency classifications: Multidimensional IRT as a diagnostic aid. *Journal of Educational Measurement, 40*, 255-275.

Walker, C. M., Zhang, B., & Surber, J. (2008). Using a multidimensional differential item functioning framework to determine if reading ability affects student performance in mathematics. *Applied Measurement in Education, 21*, 162-181.

Waller, M. I. (1981). A procedure for comparing logistic latent trait models. *Journal of Educational Measurement, 18*, 119-125.

Wang, T., & Vispoel, W. P. (1998). Properties of ability estimation methods in computerized adaptive testing. *Journal of Educational Measurement, 35*, 109-135.

Wang, W. C., Wilson, M., & Adams, R. J. (1997). Rasch models for multidimensionality between and within items. In M. Wilson, & G. Engelhart (Eds.), *Objective Measurement: Theory into Practice, 4*, 139-156.

Warm, T. A. (1978). *A primer of item response theory*. Springfield, VA: National Technical Information Service.

Way, W. D., Ansley, T. N., & Forsyth, R. A. (1988). The comparative effects of compensatory and non-compensatory two-dimensional data on unidimensional IRT estimates. *Applied Psychological Measurement, 12*, 239-252.

Weiss, D. J. (Ed.) (1980). *Proceedings of the 1979 computerized adaptive testing conference*. Minneapolis: University of Minnesota.

Weiss, D. J. (1982). Improving measurement quality and efficiency with adaptive testing. *Applied Psychological Measurement, 6*, 473-492.

Weiss, D. J. (Ed.) (1983). *New horizons in testing: Latent trait test theory and computerized ad-*

aptive testing. New York: Academic Press.

Weiss, D. J. (1985). Adaptive testing by computer. *Journal of Consulting and Clinical Psychology*, *53*, 774-789.

Weiss, D. J., & Kingsbury, G. G. (1984). Application of computerized adaptive testing to educational problems. *Journal of Educational Measurement*, *21*, 361-375.

Weissman, A. (2006). A feedback control strategy for enhancing item selection efficiency in computerized adaptive testing. *Applied Psychological Measurement*, *30*, 84-99.

Westers, P., & Kelderman, H. (1992). Examining differential item functioning due to item difficulty and alternative attractiveness. *Psychometrika*, *57*, 107-118.

Whitely, S. E. (1980). Multicomponent latent trait models for ability tests. *Psychometrika*, *45*, 479-494.

Whitely, S. E., & Dawis, R. V. (1973). The nature of objectivity with the Rasch model. *Journal of Educational Measurement*, *11*, 163-178.

Wilcox, R. (1976). A note on the length and passing score of a mastery test. *Journal of Educational Statistics*, *1*, 359-364.

Williams, N. J., & Beretvas, S. N. (2006). DIF identification using HGLM for polytomous items. *Applied Psychological Measurement*, *30*, 22-42.

Wilson, M. (1988). Detecting and interpreting local item dependence using a family of Rasch models. *Applied Psychological Measurement*, *12*, 353-364.

Wilson, M. (1989). SALTUS: A psychometric model of discontinuity in cognitive development. *Psychological Bulletin*, *105*, 276-289.

Wilson, M. (Ed.) (1992a). *Object measurement: Theory into practice* (Vol. 1). Norwood, NJ: Ablex.

Wilson, M. (1992b). The ordered partition model: An extension of the partial credit model. *Applied Psychological Measurement*, *16*, 309-325.

Wilson, M. (2005). *Constructing measures: An item response modeling approach*. Mahwah, NJ: Lawrence Erlbaum Associates.

Wilson, M., & Adams, R. J. (1995). Rasch models for item bundles. *Psychometrika*, *60*, 181-198.

Wilson, D. T., Wood, R., & Gibbons, R. (1991). *TESTFACT: Test scoring, item statistics, and item factor analysis*. Chicago: Scientific Software International, Inc.

Wilson, M., & Wang, W. C. (1995). Complex composites: Issues that arise in combining different models of assessment. *Applied Psychological Measurement, 19*, 51-71.

Wingersky, M. S. (1983). LOGIST: A program for computing maximum likelihood procedures for logistic test models. In R. K. Hambleton (Ed.), *Applications of item response theory* (pp. 45-56). Vancouver, BC: Educational Research Institute of British Columbia.

Wingersky, M. S., Barton, M. A., & Lord, F. M. (1982). *LOGIST user's guide*. Princeton, NJ: Educational Testing Service.

Wood, R., Wilson, D. T., Gibbons, R., Schilling, S., Muraki, E., & Bock, R. D. (2003). *TESTFACT 4: Classical item and item factor analysis* [Computer software]. Chicago: Scientific Software International.

Woodcook, R. W. (1978). *Development and standardization of the Woodcook-Johnson Psycho-Educational Battery*. Hingham, MA: Teaching Resources Corporation.

Wright, B. D. (1977a). Solving measurement problems with the Rasch model. *Journal of Educational Measurement, 14*, 97-116.

Wright, B. D. (1977b). Misunderstanding of the Rasch model. *Journal of Educational Measurement, 14*, 219-226.

Wright, B. D. (1988). The efficacy of unconditional maximum likelihood bias correction: Comment on Jansen, van den Wollenberg, and Wierda. *Applied Psychological Measurement, 12*, 315-318.

Wright, B. D., & Douglas, G. A. (1977a). Best procedure for sample-free item analysis. *Applied Psychological Measurement, 1*, 281-295.

Wright, B. D., & Douglas, G. A. (1977b). Conditional versus unconditional procedures for sample-free item analysis. *Educational and Psychological Measurement, 37*, 573-586.

Wright, B. D., & Masters, G. N. (1982). *Rating scale analysis*. Chicago: MESA Press.

Wright, B. D., Mead, R. J., & Bell, S. R. (1979). BICAL: Calibrating items with the Rasch model (*Statistical Laboratory Research Memorandum No. 23B*). Chicago: School of Education, University of Chicago.

Wright, B. D., Mead, R. J., & Draba, R. (1976). Detecting and correcting item bias with a logistic response model. *Research Memorandum, No. 22.* Chicago: University of Chicago.

Wright, B. D., & Panchapakesan, N. (1969). A procedure for sample-free item analysis. *Educational and Psychological Measurement, 29,* 23-48.

Wright, B. D., Schulz, M., & Linacre, J. M. (1989). *BIGSCALE: Rasch analysis computer program.* Chicago: MESA Press.

Wright, B. D., & Stone, M. H. (1979). *Best test design.* Chicago: MESA Press.

Wright, R. J. (2007). *Educational assessment: Tests and measurements in the age of accountability.* Thousand Oaks, CA: Sage.

Wu, M. L., Adams, R. J., & Wilson, M. R. (2007). *ACER ConQuest: Generalized item response modeling software* (2nd ed.). Hawthorn, Australia: Australian Council for Educational Research.

Xiao, B. (1999). Strategies for computerized adaptive grading testing. *Applied Psychological Measurement, 23,* 136-146.

Yan, D., Lewis, C., & Stocking, M. (2004). Adaptive testing with regression trees in the presence of multidimensionality. *Journal of Educational and Behavioral Statistics, 29,* 293-316.

Yen, W. M. (1981). Using simulation results to choose a latent trait model. *Applied Psychological Measurement, 5,* 245-262.

Yen, W. M. (1983). Use of the three-parameter logistic model in the development of a standardized achievement test. In R. K. Hambleton (Ed.), *Applications of item response theory* (pp. 123-141). Vancouver, BC: Educational Research Institute of British Columbia.

Yen, W. M. (1984). Effect of local item independence on the fit and equating performance of the three-parameter logistic model. *Applied Psychological Measurement, 8,* 125-145.

Yen, W. M. (1987). A comparison of the efficency and accuracy of BILOG and LOGIST. *Psychometrika, 52,* 275-291.

Yen, W. M. (1992). Item response theory. In M. Alkin (Ed.), *Encyclopedia of educational research* (6th ed.) (pp. 657-667). New York: Macmillan.

Yen, W. M. (1993). Scaling performance assessments: Strategies for managing local item dependence. *Journal of Educational Measurement, 30,* 187-213.

Yen, W. M., Burket, G. R., & Sykes, R. C. (1991). Non-unique solutions to the likelihood equation for the three-parameter logistic models. *Psychometrika, 56*, 39-54.

Yen, W. M., & Fitzpatrick, A. R. (2006). Item response theory. In R. L. Brennan (Ed.), *Educational measurement* (4th ed.) (pp. 111-153). Washington, DC: National Council on Measurement in Education.

Yu, F., & Nandakumar, R. (2001). Poly-Detect for quantifying the degree of multidimensionality of item response data. *Journal of Educational Measurement, 38*, 99-120.

Yu, M. N. (1991a). *A two-parameter partial credit model.* Unpublished doctoral dissertation of University of Illinois at Urbana-Champaign.

Yu, M. N. (1991b). The assessment of partial knowledge. *Journal of National Chengchi University, 63*, 401-428.

Yu, M. N. (1993). A two-parameter partial credit model for the ordinal data. *Journal of National Chengchi University, 66*, 217-252.

Zenisky, A., Hambleton, R. K., & Robin, F. (2003). Detecting of differential item functioning in large scale state assessments: A study evaluating a two-stage approach. *Educational and Psychological Measurement, 63*, 51-64.

Zenisky, A. L., Hambleton, R. K., & Robin, F. (2004). DIF detection and interpretation in large-scale science assessments: Informing item writing practices. *Educational Assessment, 9*, 61-78.

Zhang, J., & Stout, W. (1999). The theoretical DETECT index of dimensionality and its application to approximate simple structure. *Psychometrika, 64*, 213-249.

Zieky, M. (2006). Fairness review in assessment. In S. M. Downing & T. M. Haladyna (Eds.), *Handbook of test development* (pp. 359-376). Mahwah, NJ: Lawrence Erlbaum Associate.

Zimowski, M. F., Muraki, E., Mislevy, R. J., & Bock, R. D. (1996). *BILOG-MG: Multiple-group IRT analysis and test maintenance for binary items.* Chicago: Scientific Software International, Inc.

Zwick, R. (2000). The assessment of differential item functioning in computer adaptive tests. In W. J. van der Linden & C. A. W. Glas (Eds.), *Computerized adaptive testing: Theory and practice* (pp. 221-244). Boston: Kluwer Academic Publishers.

Zwick, R., & Erickan, K. (1989). Analysis of differential item functioning in the NAEP history assessment. *Journal of Educational Measurement, 26*, 55-66.

Zwick, R., Donoghue, J. R., & Grima, A. (1993). Assessment of differential item functioning for performance tasks. *Journal of Educational Measurement, 30*, 233-51.

Zwick, R., Thayer, D. T., & Mazzeo, J. (1997). Descriptive and inferential procedures for assessing differential item functioning in polytomous items. *Applied Measurement in Education, 10*, 321-44.

Zwick, R., Thayer, D. T., & Wingersky, M. (1994). A simulation study of methods for assessing differential item functioning in computerized adaptive tests. *Applied Psychological Measurement, 18*, 121-140.

Zwick, R., Thayer, D. T., & Wingersky, M. (1995). Effect of Rasch calibration on ability and DIF estimation in computer-adaptive tests. *Journal of Educational Measurement, 32*, 341-63.

國家圖書館出版品預行編目（CIP）資料

試題反應理論（IRT）及其應用／余民寧著.
-- 初版. -- 臺北市：心理, 2009.09
面；公分. -- （社會科學研究系列；81209）
參考書目：面
ISBN 978-986-191-293-6（平裝）

1. 教育測驗

521.3   98013638

社會科學研究系列 81209

試題反應理論（IRT）及其應用

作　　　者：余民寧
執行編輯：李　晶
總　編　輯：林敬堯
發　行　人：洪有義
出　版　者：心理出版社股份有限公司
地　　　址：台北市大安區和平東路一段 180 號 7 樓
電　　　話：(02) 23671490
傳　　　真：(02) 23671457
郵撥帳號：19293172　心理出版社股份有限公司
網　　　址：http://www.psy.com.tw
電子信箱：psychoco@ms15.hinet.net
駐美代表：Lisa Wu（tel: 973 546-5845）
排　版　者：辰皓國際出版製作有限公司
印　刷　者：辰皓國際出版製作有限公司
初版一刷：2009 年 9 月
初版二刷：2011 年 8 月
I S B N：978-986-191-293-6
定　　　價：新台幣 450 元（含光碟）

■有著作權·侵害必究■